Kerstin Merz-Atalik
Interkulturelle Pädagogik in
Integrationsklassen

Kerstin Merz-Atalik

Interkulturelle Pädagogik in Integrationsklassen

Subjektive Theorien von Lehrern
im gemeinsamen Unterricht von Kindern
mit und ohne Behinderungen

Leske + Budrich, Opladen 2001

Gedruckt auf säurefreiem und altersbeständigem Papier.

Die Deutsche Bibliothek – CIP-Einheitsaufnahme
Ein Titeldatensatz für diese Publikation ist bei
Der Deutschen Bibliothek erhältlich.

ISBN: 3-8100-3210-7

© 2001 Leske + Budrich, Opladen

Das Werk einschließlich aller seiner Teile ist urheberrechtlich geschützt. Jede Verwertung außerhalb der engen Grenzen des Urheberrechtsgesetzes ist ohne Zustimmung des Verlages unzulässig und strafbar. Das gilt insbesondere für Vervielfältigungen, Übersetzungen, Mikroverfilmungen und die Einspeicherung und Verarbeitung in elektronischen Systemen.

Druck: Druck Partner Rübelmann, Hemsbach
Printed in Germany

Inhaltsverzeichnis

1	**Einleitung**	11
2	**Umgang mit Heterogenität in der Schule**	17
2.1	Strategien zur Bewältigung der Heterogenität intellektueller Fähigkeiten	17
2.1.1	Exkurs: Der Begriff Integration	20
2.1.2	Homogenisierung durch Selektion, Separation und Segregation	22
2.1.3	Unterstützung von Assimilation	25
2.1.4	Integration auf der Basis der traditionellen Klassifizierungen	26
2.2	Strategien zur Bewältigung ethnischer, kultureller und muttersprachlicher Heterogenität	29
2.2.1	Homogenisierung durch Selektion, Separation und Segregation	32
2.2.2	Assimilation und Akkulturation	32
2.2.3	Fremdheit und Fremd sein	34
2.2.4	Interkulturelle Pädagogik auf der Basis eingegrenzter Ethnizität	35
2.2.5	Formen der Binnengestaltung von Schule	38
2.2.6	Muttersprachlicher Unterricht, Bilinguale Erziehung und Alphabetisierung	39
2.2.7	Interreligiöse Erziehung?! – Ein vernachlässigter Aspekt der Interkulturellen Pädagogik	42
2.3	Pädagogik der Vielfalt – Voraussetzung für Nichtaussonderung	43
2.3.1	Bildungspolitische und schulorganisatorische Rahmenbedingungen einer nichtaussondernden Pädagogik	44
2.3.2	Nichtaussondernde Perspektiven der Interkulturellen Pädagogik	47
2.3.3	Nichtaussondernde Perspektiven der Integrationspädagogik	48
2.3.4	Dialektik von Gleichheit und Verschiedenheit in einer Pädagogik der Vielfalt	51
2.3.5	Pädagogische Aspekte eines nichtaussondernden Unterrichts und konzeptionelle Ansätze einer nichtaussondernden Didaktik	54

2.4	Wahrnehmung, Einstellungen, Subjektive Theorien und Konzepte von LehrerInnen in der Auseinandersetzung mit Heterogenität	60
2.4.1	Anforderungen der Pädagogik der Vielfalt an die pädagogische Arbeit der LehrerInnen	60
2.4.2	Kulturelle, ethnische und sprachliche Heterogenität	65
2.4.3	Heterogenität der intellektuellen Fähigkeiten	72
2.5	Handlungsleitende Fragestellungen und Ableitung von Hypothesen	79
3	**Segregation von Migrantenkindern im Bildungswesen**	**85**
3.1	Migrantenkinder im deutschen Bildungswesen	85
3.1.1	Allgemeine Bildungssituation	85
3.1.2	Migrantenfamilien und Frühförderung	91
3.1.3	Kinder aus Migrantenfamilien an Sonderschulen	94
3.1.4	Kinder aus Migrantenfamilien in Integrationsklassen	99
3.2	Ursachen und Erklärungsmodelle für das „Schulversagen"	101
3.2.1	Migrationsgeschichtliche Aspekte	103
3.2.2	Sozioökonomische, -kulturelle und psychosoziale Faktoren	105
3.2.3	Sprach- und Verständnisschwierigkeiten	107
3.2.4	Diagnostik und Leistungsbeurteilung	108
3.2.5	Strukturelle Aspekte	110
3.2.6	Das deutsche Bildungswesen	114
4	**Berlin auf dem Weg zu einer Schule für *alle* Kinder**	**117**
4.1	Gemeinsamer Unterricht von Kindern mit und ohne Behinderungen	117
4.1.1	Gesetzliche und administrative Grundlagen	117
4.1.2	Entwicklung des gemeinsamen Unterrichts	118
4.1.3	Rahmenbedingungen für Integrationsklassen in der Grundschule	119
4.1.4	Das Förderausschussverfahren	121
4.2	Integration von Kindern nichtdeutscher Muttersprache	122
4.2.1	Gesetzliche und administrative Grundlagen	122
4.2.2	Allgemeinbildende Schulen und Sonderschulen	124
4.3	Kinder ethnischer Minderheiten in Integrationsklassen	128
5	**Der Stellenwert Subjektiver Theorien in der Schule**	**129**
5.1	Das Forschungsprogramm Subjektive Theorien	129
5.1.1	Das Konstrukt „Subjektive Theorie"	129

5.1.2	Epistemologisches Subjektmodell	131
5.1.3	Dialog-Konsens-Verfahren: Heidelberger Struktur-Lege-Technik	132
5.2	Subjektive Theorien, Lehrerkognitionen und pädagogisches Handeln	138
5.2.1	Handlungstheoretische Grundlagen	139
5.2.3	Handlungssteuernde Funktionen von Subjektiven Theorien	143
5.2.4	Modifikation Subjektiver Theorien	144

6 Methodische Vorgehensweise 147

6.1	Forschungsinstrumentarium – Datenerhebungsverfahren	147
6.1.1	Anpassung des Verfahrens und Methodenkombination	148
6.1.2	Gleichstellung und Transparenz im Forschungsprozess	151
6.1.3	Interviewdesign und Entwurf des Interviewleitfadens	152
6.1.4	Rekonstruktion der Subjektiven Theorien mit der Heidelberger-Struktur-Legetechnik (SLT) und Kommunikative Validierung	157
6.2	Motiv und Begründung der Stichprobenauswahl	161
6.2.1	Der Berliner Bezirk Kreuzberg	161
6.2.2	Auswahlkriterien für die Grundschulen	170
6.2.3	Schulprofile der ausgewählten Grundschulen im Stadtteil	171
6.2.3.1	Grundschule 1: „An der Peripherie des multikulturellen Stadtteils"	173
6.2.3.2	Grundschule 2: „Geringer Ausländeranteil – Unter anderem wegen des Gemeinsamen Unterrichts"	176
6.2.3.3	Grundschule 3: „Abstimmung mit den Füßen"	177
6.2.4	Auswahlkriterien und -verfahren für die Untersuchungspartnerinnen und -partner	180
6.3	Datenerhebung, -aufbereitung und Kommunikative Validierung	180
6.3.1	Durchführung der Interviews	180
6.3.2	Transkription und Extrahierung der Konzepte	182
6.3.3	Durchführung der Rekonstruktion der Subjektiven Theorien mit der Heidelberger Struktur-Lege-Technik	184

7 Präsentation und Analyse der Subjektiven Theorien 187

7.1	Beschreibung der individuellen Rekonstruktionsprozesse	187
7.1.1	Grundschule 1: „An der Peripherie des multikulturellen Stadtteils"	187
7.1.1.1	Interview: Code Salomon	187

7.1.1.2	Interview: Code Welat	189
7.1.2	Grundschule 2: „Geringer Ausländeranteil – unter anderem wegen des Gemeinsamen Unterrichts"	190
7.1.2.1	Interview: Code Musik	190
7.1.2.2	Interview: Code Orchidee	191
7.1.2.3	Interview: Code Tee	192
7.1.2.4	Interview: Code Tuba	194
7.1.3	Grundschule 3: „Abstimmung mit den Füßen"	196
7.1.3.1	Interview: Code Blau	196
7.1.3.2	Interview: Code Ira	197
7.2	Kontrastivierung der Subjektiven Theorien	198
7.2.1	Integration und Gemeinsamer Unterricht	199
7.2.2	Wahrnehmungen und Einstellungen zur kulturellen Heterogenität im Unterricht	209
7.2.3	Wahrnehmung der Lern- und Leistungsentwicklung der türkischen und kurdischen SchülerInnen im Unterricht	217
7.2.4	Modifikationen des Unterrichts zur erfolgreichen Integration der türkischen und kurdischen Kinder im Gemeinsamen Unterricht	221
7.2.5	Qualifikationen und Kompetenzen der LehrerInnen für den Unterricht in kulturell heterogenen Lerngruppen	227
7.2.6	Wahrnehmungen und Bezüge zur kulturellen Lebenswelt der Migrantenkinder aus der Türkei	231
7.2.7	Wahrnehmungen und Einstellungen zur ethnischen und kulturellen Heterogenität in der Lerngruppe	234
7.3	Hypothesenprüfung	236
7.4	Überlegungen zu einer explanativen Validierung	246
8	**Reflexion und Diskussion der Untersuchungsergebnisse**	249
8.1	Zusammenfassung und Reflexion der Ergebnisse	249
8.2	Herausforderungen für die Pädagogik der Vielfalt im Kontext einer nichtaussondernden Schule	252
8.3	Offene und neue Forschungsfragen	253
8.4	Perspektiven für die Lehreraus- und Fortbildung	254
Verzeichnis der Abbildungen und Tabellen		259
Literaturverzeichnis		261
Forschungsinstrumentarium		281

Strukturabbildungen der Subjektiven Theorien.. 294
I.   Code: Salomon 296
II.   Code: Welat... 298
III.   Code: Musik 300
IV.   Code: Orchidee.. 302
V.   Code: Tee 304
VI.   Code: Tuba 306
VII.   Code: Blau 308
VIII. Code: Ira 310

1 Einleitung

„Daß Rassismus und Sozialrassismus zusammengehören und gegen beide gehandelt werden muß, ist [...] keine Selbstverständlichkeit" (Sierck 1995, 6). Erziehungs- und Bildungseinrichtungen in einer demokratischen Gesellschaft stehen vor der Herausforderung, dem heterogenen Anspruch der von ihnen betreuten Kinder und Jugendlichen auf individuelle Unterstützung und Förderung ihrer kognitiven, sozialen und emotionalen Persönlichkeitsentwicklung gerecht zu werden. Um der wachsenden lebensweltlichen Vielfalt der Schülerschaft (intellektuell, sozial, ethnisch, kulturell, sprachlich, emotional, etc.) mit ihren differenten Verhaltens- und Lernmustern entsprechen zu können, wird seit mehr als 30 Jahren in verschiedenen Disziplinen der Erziehungs- und Unterrichtswissenschaften an der integrativen Ausgestaltung pädagogischer Konzepte und Institutionen gearbeitet und geforscht. Dabei konzentrierten sich die diversen Ansätze, wie die Interkulturelle, die Feministische oder die Integrative Pädagogik auf die Anerkennung und Berücksichtigung individueller Bedürfnisse dezidierter Zielgruppen und Minderheiten in kollektiven und institutionellen Strukturen.

Nach Kobi (1990, 59) ist selektive Integration ein Widerspruch in sich selbst. Dennoch scheinen sich die Effekte der Selektionsmechanismen in deutschen Schulen, auch in Anbetracht einer zunehmenden Entwicklung des Gemeinsamen Unterrichts, für Kinder aus Migrantenfamilien zu potenzieren (vgl. Merz-Atalik 1998a). Im Zuge des aktuell konstatierten Wandels in der Integrationspädagogik, von der Phase des Qualitätsnachweises zur Phase der Qualitätssicherung, werden zunehmend auch andere Minderheiten und deren Perspektiven in einem Gemeinsamen Unterricht bzw. in einer nichtaussondernden Schule zum Gegenstand des Forscherinteresses. Besonders in Folge der gravierenden Überrepräsentation von Kindern nichtdeutscher Muttersprache an Sonderschulen (vgl. Kornmann und Kornmann et al. 1999, 1998b, 1997, 1996), wird die Frage eines *erweiterten Adressatenkreises*[1] der Integrationspädagogik durch sozial benachteiligte oder randständige Personengrup-

---

1 Thema einer Arbeitsgruppe auf der Tagung der IntegrationsforscherInnen vom 19.-22.2.1997 in Münchenwiler (Schweiz).

pen (Hinz et al. 1998a+b) sowie ethnische Minderheiten thematisiert. Auch auf internationaler Ebene wird der Thematik besondere Bedeutung zuerkannt, wie es das Programm des „International Special Education Congress – Including the excluded" in Manchester (England) im Juli 2000 zeigte, das sich unter anderem die Frage stellte: „Does inclusive education benefit all children within a school?"

Ausgangspunkt der vorliegenden Studie war die Annahme, dass Heterogenität und Verschiedenheit in der integrativen Pädagogik im Gemeinsamen Unterricht akzeptiert werden und dadurch Migrantenkinder aus der Türkei mit ihrem, von der Mehrheit der Mitschülerinnen und -schüler abweichenden, sprachlichem, kulturellem und ethnischem Habitus, in ihrer Heterogenität wahrgenommen, akzeptiert und angenommen werden, ihre spezifischen Lernfähigkeiten und -bedürfnisse von den Lehrerinnen und Lehrern erkannt, und diesen im Unterricht planungs-, struktur- und organisationsbezogen besondere Rechnung getragen wird.

Dabei liegt der Forschungsschwerpunkt auf den pädagogischen Handlungskonzepten und -intentionen von Lehrerinnen und Lehrern im Gemeinsamen Unterricht der Primarstufe, ihren Wahrnehmungen, Einstellungen und Konzepten in der Auseinandersetzung mit sprachlicher, ethnischer und kultureller Heterogenität und den darin resultierenden Orientierungen für eine erfolgreiche Integration von Kindern aus türkischen und kurdischen Migrantenfamilien.

Um der Komplexität des Untersuchungsgegenstandes sowie dem interdisziplinären Handlungsfeld zwischen Interkultureller, Integrativer und Zweisprachiger Erziehung gerecht zu werden, erfolgte zu Beginn der Auseinandersetzung in den Kapiteln 2.1 und 2.2 eine Literaturanalyse. Die aus der Interkulturellen Pädagogik und der Integrationspädagogik resultierenden, aktuell in der schulischen Praxis relevanten „Strategien zur Bewältigung[2] der Heterogenität" werden dokumentiert und in Kapitel 2.3 ihre Konsequenzen und Handlungsmaxime für eine Pädagogik der Vielfalt im Kontext einer nichtaussondernden Schule thematisiert. Bereits die Verwendung des Begriffes *Bewältigung* in beiden Überschriften soll darauf verweisen, dass es sich bei den skizzenhaft referierten pädagogischen Konzepten in Bezug auf die Heterogenität der intellektuellen Fähigkeiten und Fertigkeiten bzw. der ethnischen, kulturellen oder sprachlichen Herkunft der Kinder und Jugendlichen in der Schule eher um Bewältigungsformen als um *Formen des Umgangs* handelt. Der Begriff der Bewältigung der Verschiedenheit impliziert, dass es sich bei der Verschiedenheit um eine explizit unerwünschte, für die Entwicklung im

---

2   Mit dem Begriff Bewältigung bezeichnete Hinz (1993) den gemeinsamen Nenner von integrativer, interkultureller und koedukativer Pädagogik. „Hier wie dort geht es um die Bewältigung von Verschiedenheit, nämlich der Verschiedenheit der Begabungen, der Verschiedenheit der Kulturen und der Verschiedenheit der Geschlechter" (Wocken in Hinz 1993, 5).

System hinderliche Abweichung von der Norm handelt, die es zu bewältigen gilt und zu deren *Bewältigung*[3] es besonderer Anstrengungen und Aufwendungen bedarf. Dabei lassen sich im Gemeinsamen Unterricht als auch in der Interkulturellen Pädagogik nach wie vor in einer erheblichen Zahl der in der Praxis verwirklichten Konzepte das Separierungsmodell (isolierende und segregative Position) und das Anpassungsmodell[4] (assimilative und ignorierende, positiv diskriminierende Position) nach Hinz (1993, 398) erkennen. Noch handelt es sich in den meisten Bundesländern um die Minorität der Schulen, die sich, mit einem dezidierten eigenen Profil in Bezug auf Gemeinsamen Unterricht von behinderten und nichtbehinderten Kindern oder mit muttersprachlichen Unterrichtsangeboten im Rahmen der Interkulturellen Pädagogik, an dem Ergänzungsmodell (a.a.O.) orientieren. In diesem wird der Umgang mit Verschiedenheit und Gleichheit der intellektuellen Fähigkeiten[5], der ethnischen, sprachlichen oder kulturellen Vielfältigkeiten in der Gemeinsamkeit gefördert. Der Begriff „Umgang mit Heterogenität" wurde bewusst kontradiktorisch als Synonym für eine nichtaussondernde, die menschliche Heterogenität akzeptierende pädagogische Haltung gewählt, die Verschiedenheit von Kindern und Jugendlichen im Erziehungs-, Unterrichts- und Bildungswesen *nicht* mit einer selektiven oder assimilativen Strategie sanktioniert.

Anschließend erfolgt in Kapitel 2.4 eine Reflexion der Anforderungen einer *Pädagogik der Vielfalt* an die pädagogische und didaktisch-methodische Arbeit von Lehrerinnen und Lehrern im Schulalltag. Im Kontext der Relevanz von pädagogischen Handlungskonzepten werden Forschungsarbeiten zu den Wahrnehmungen, Einstellungen und Konzepten von Lehrerinnen und Lehrern[6] in der Auseinandersetzung mit Heterogenität in Lerngruppen rezipiert. Auf der Basis der zuvor dargelegten theoretischen Konzepte und wissenschaftlichen Forschungsergebnisse wurden daraufhin (in Kapitel 2.5) handlungsleitende Forschungsfragen formuliert und in Hypothesen transferiert.

---

3   Im Sinne von: Etwas zu schaffen, zu Stande oder zu Wege bringen; zu bewerkstelligen; zurande kommen. Nach: Textor, A. M.: Sag es treffender. Handbuch mit sinnverwandten Wörtern und Ausdrücken; Hamburg 1996.
4   Im Folgenden wird dem Begriff Assimilation auch im Zusammenhang mit der Perspektive für Kinder mit Beeinträchtigungen in der Schule der Vorrang gegeben, obwohl er stärker von der Interkulturellen Pädagogik geprägt ist.
5   Der Begriff intellektuelle Fähigkeiten wurde entgegen dem von Hinz verwandten Begriff Begabungen (siehe Fußnote Nr. 2, 11) gewählt, da dieser die institutionellen Bedingungen für den individuellen Entwicklungsstand weniger kategorisch auszuschließen scheint, wie der Begriff der Begabungen, der sich eher auf die personalen Voraussetzungen der Betroffenen bezieht.
6   Im Text wurden generell beide Geschlechtsformen verwandt. In zusammengesetzten Wörtern wurde auf die Ergänzung der weiblichen Endungen verzichtet. Im Inhaltsverzeichnis, den Überschriften, Diagrammen und Abbildungen sowie den Fußnoten wurde sich im Interesse der sprachlichen Komplexität für das große I entschieden.

Im Sinne einer ökosystemisch orientierten, zyklischen Vorgehensweise erfolgt anschließend in Kapitel 3.1 eine aktuelle Analyse der Bildungsbeteiligung von Migrantenkindern am Beispiel von Kindern, deren Familien ursprünglich aus dem Staatsgebiet der heutigen Türkei[7] einwanderten. Die Familien türkischer Herkunft sind seit den 70er Jahren die größte Minderheit und stellen nach Auernheimer die „visible minority"[8] in der Bundesrepublik dar (1996, 46). Im Folgenden werden in Kapitel 3.2 die wesentlichen Ursachen- und Erklärungsmodelle für das vermeintliche „Schulversagen" bei Migrantenkindern dargestellt.

Vor dem Hintergrund der gesetzlichen und administrativen Ausgestaltung der Interkulturellen und der Integrativen Pädagogik werden daraufhin in Kapitel 4.1 und 4.2 die konkreten Schritte auf dem Weg zu einer nichtaussondernden Schule in Berlin dokumentiert. Die Erkenntnisse zur aktuellen Bildungssituation von Migrantenkindern in Integrationsklassen wurden in Kapitel 4.3 hinterfragt.

Die Subjektiven Theorien von Lehrerinnen und Lehrern in der Schule und in ihrem Unterricht erfahren bereits seit Anfang der 80er Jahre einen besonderen Stellenwert in der Schulforschung. Insbesondere im Rahmen des Forschungsprogramms Subjektive Theorien traten die individuellen Handlungsimplikationen von Lehrkräften verschiedener Schulformen und -stufen in das Interesse der schul- und erziehungswissenschaftlichen Forschung. Die theoretischen Grundannahmen des Forschungsprogramms werden in Kapitel 5 vorgestellt sowie, vor dem Hintergrund der Forschungsmethoden und -fragen im Zusammenhang mit pädagogischen Einstellungen oder Handlungen in Schule und Unterricht, diskutiert.

Im Anschluss erfolgt im Kapitel 6 eine Einführung in die methodische Vorgehensweise zur Exploration der *Subjektiven Theorien*. Die konkreten Schritte zur Anpassung des Dialog-Konsens-Verfahrens der *Heidelberger Struktur-Lege-Technik* an die Anforderungen des Forschungsgegenstandes werden in Kapitel 6.1 dargelegt sowie die einzelnen Forschungsphasen erläutert. Auf der Basis der methodischen Grundlagen werden in Kapitel 6.2 im Anschluss die Motive und Kriterien für die Auswahl des Untersuchungsfeldes, der involvierten Schulen und der Untersuchungspartnerinnen und -partner aufgezeigt. Statistische Daten und Analysen zur Bildungssituation türkischer und kurdischer Migrantenkinder in Berlin und dem ausgewählten Stadtteil Kreuzberg sowie zur Entwicklung des Gemeinsamen Unterrichts werden in

---

7 Im Text wird der Begriff Migrantenfamilien aus der Türkei für alle Volksgruppen verwandt, die ehemals aus dem Staatsgebiet der Türkei nach Deutschland eingewandert sind. Dies bezieht auch die kurdische Bevölkerung mit ein. Da zahlreiche Familien kurdischer Abstammung ein ambivalentes Verhältnis zum Herkunftsland Türkei haben, wird in den Gesprächen und Interviews durch die Nennung beider Volkszugehörigkeiten (türkisch und kurdisch) darauf verwiesen, dass diese Volksgruppe in die Fragestellungen einbezogen ist.
8 Im Sinne einer „deutlich sichtbaren Minderheit" (Anm. d. Verf.).

Beziehung gesetzt, um wechselseitige Wirkungen und Effekte aufzuzeigen. Die Erstellung von Schulprofilen soll dazu beitragen, die Umfeldbedingungen und den situativen Kontext der Lehrerhandlungen hervorzuheben. Im anschließenden Abschnitt 6.3 werden die einzelnen Forschungsphasen in ihrer Struktur und den Verknüpfungen nachgezeichnet.

Die Präsentation der Untersuchungspartnerinnen und -partner vor dem Hintergrund der Fragebogenerhebung zur Person und zur Klassensituation in Kapitel 7.1 sowie die Darstellung der Interviewverläufe und der Rekonstruktionsprozesse der Lehrerinnen und Lehrer werden aus der subjektiven Wahrnehmung der Forscherin, auf der Grundlage von Aufzeichnungen in einem prozessbegleitend geführten Forschungstagebuch, nachgezeichnet. Die eigentliche Auswertung der Subjektiven Theorien erfolgt in Kapitel 7.2 anhand der Erstellung von Modalstrukturen und der Kontrastivierung der individuellen Subjektiven Theorien. Im Kapitel 7.3 werden die zuvor formulierten Hypothesen verifiziert bzw. falsifiziert und daraufhin die Möglichkeiten zu einer explanativen Validierung der Forschungsergebnisse im Kapitel 7.3 problematisiert.

Kapitel 8 geht der Frage nach, welche Implikationen die empirischen Forschungsergebnisse und die angewandte Methode für eine Pädagogik der Vielfalt in multiperspektivische heterogenen Lerngruppen sowie die diesbezüglich als notwendig erachteten Aus- und Fortbildungsperspektiven aufwerfen. Insbesondere werden hier offene Forschungsfragen rekurriert und vor dem Hintergrund der Ergebnisse der vorliegenden Studie neue Forschungsfragen für die Integrations- und Schulpädagogik aufgeworfen.

Im Anhang der vorliegenden Veröffentlichung befinden sich die von den Untersuchungspartnerinnen und -partnern erstellten Strukturabbildungen zu den Subjektiven Theorien und das Forschungsinstrumentarium.

„Geist ist nicht im Ich, sondern zwischen Ich und Du" (Buber 1962).

„Jeder Mensch ist angewiesen auf personale Beziehungen, auf eine Vielfalt von Beziehungen, auf ein Beziehungsgeflecht, in dem jeder in unterschiedlicher Weise mitgetragen wird und mitträgt" (Lüpke 1994, 20).

In diesem Sinne danke ich allen, die auf unterschiedlichste Weise an der vorliegenden Arbeit mitgetragen haben. Ein ausdrücklicher Dank gilt den im Forschungsprozess involvierten LehrerInnen aus Kreuzberg, die meine Fragestellungen zu den ihren machten sowie durch ihre Bereitschaft zum Dialog und zur Selbstreflexion dazu beigetragen haben, einige Fragen zu beantworten und neue für die Zukunft aufzuwerfen. Dank gilt allen Kolleginnen und Kollegen, Freundinnen und Freunden, die durch viele kritische und anregende Diskussionen meine wissenschaftliche Auseinandersetzung bewegten. Mein besonderer Dank gilt Frau Prof. Dr. Jutta Schöler von der Technischen Universität Berlin und Herrn Prof. Dr. Reimer Kornmann von der Pädagogischen Hochschule Heidelberg. Beide waren stets offen für meine inhaltlichen und methodischen Fragestellungen, für kritische Diskurse und für Anregungen zur Alltagsbewältigung.

Meinen Eltern und meiner Familie verdanke ich, dass ich menschliche Vielfältigkeit als Bereicherung erfahren konnte und meinen eigenen Weg ins Leben finden durfte. Ohne die verständnisvolle und zuversichtliche Haltung meines Mannes in den mannigfaltigen Krisen und intensiven Arbeitsphasen der Dissertation, ohne die anregenden inhaltlichen Diskurse mit ihm, wäre diese Arbeit nicht möglich gewesen.

2 Umgang mit Heterogenität in der Schule

2.1 Strategien zur Bewältigung der Heterogenität intellektueller Fähigkeiten

Die Pluralisierung (vgl. Heimlich 1996; Sander 1996) und das pragmatische Nebeneinander unterschiedlicher Organisationsformen und Handlungskonzepte (Heimlich 1997) der Beschulung, Unterrichtung und Förderung von Kindern mit einem (sonder-) pädagogischen Förderbedarf[9] lässt sich zum aktuellen Zeitpunkt nach Heimlich (1996) auf einer Verbindungslinie zwischen den Polen Separation und Integration einordnen. Eine hierarchisierende Anordnung der Angebotsformen wird von Sander (1998) in einer modifizierten Abbildung einer Pyramide[10] dargestellt (siehe Abb. 1). Die Einordnung der Organisationsformen wird mit der Zunahme der Betreuung durch sonderpädagogische Fachkräfte und der Abnahme des möglichen Sozialkontaktes mit nichtbehinderten Kindern begründet. Die Breite der Rahmung der Organisationsformen soll den eigentlichen Bedarf an der entsprechenden Form symbolisieren, welcher sich konträr zur aktuellen Angebotssituation in den deutschen Bundesländern erweist. Nach Sander kommt es bei dem Transfer der Schülerinnen und Schüler von einer in die andere Schulform „entscheidend auf die Richtung des Schrittes an" (1998, 57), und aufsteigende Schritte in der hierarchischen Darstellung von 13 nach 1, sind nach seiner Auffassung „Annäherungen an die Schule ohne Aussonderung" (a.a.O.). Dabei könnte der Eindruck entstehen, dass eine Unterrichtung von Kindern, unabhängig von einer eventuellen Beeinträchtigung des Lernens, in einer Regelklasse ohne besondere pädagogische Betreuung (in der Darstellung auf Platz 1) die Zielorientierung für Fördermaßnahmen als auch für die institutionelle Entwicklung, im Sinne einer nichtaussondernden Schule, sein sollte.

---

9   Anm. der Verfasserin: Eine eindeutige Demarkation zwischen pädagogischem und sonderpädagogischem Förderbedarf erscheint nicht möglich und sinnvoll. Deshalb wurde für die Diskussion auf der Ebene der Gruppe der Kinder mit besonderen Förderbedürfnissen (Zum Begriff sonderpädagogischer Förderbedarf siehe Kapitel 2.1.4) die kumulative Terminologie (sonder-)pädagogisch gewählt. In der Auseinandersetzung mit einzelnen Individuen, bei denen auf Grund institutionalisierter diagnostischer Prozeduren ein sonderpädagogischer Förderbedarf festgestellt wurde, wird im Weiteren auf die Klammern verzichtet.

10 Angelehnt an die Darstellungen von Dunn 1973 und Schindele 1980.

Abbildung 1: Formen der schulischen Erziehung behinderter Kinder, geordnet nach Möglichkeiten des Sozialkontaktes mit nichtbehinderten Kindern

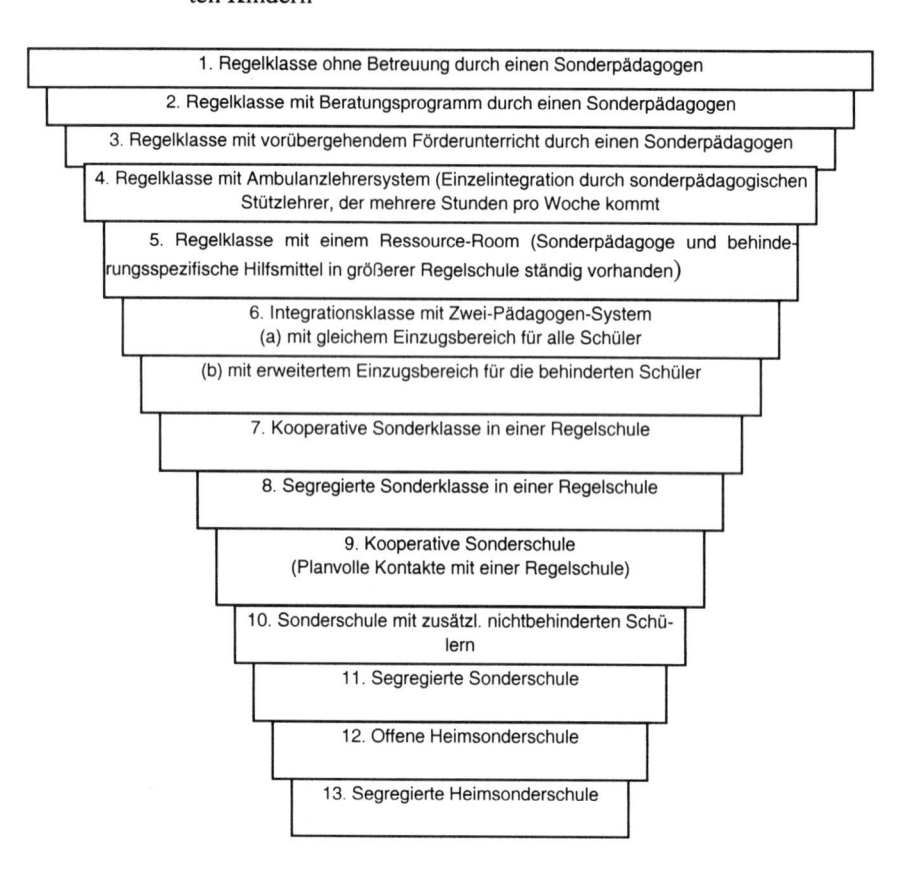

1. Regelklasse ohne Betreuung durch einen Sonderpädagogen
2. Regelklasse mit Beratungsprogramm durch einen Sonderpädagogen
3. Regelklasse mit vorübergehendem Förderunterricht durch einen Sonderpädagogen
4. Regelklasse mit Ambulanzlehrersystem (Einzelintegration durch sonderpädagogischen Stützlehrer, der mehrere Stunden pro Woche kommt
5. Regelklasse mit einem Ressource-Room (Sonderpädagoge und behinderungsspezifische Hilfsmittel in größerer Regelschule ständig vorhanden)
6. Integrationsklasse mit Zwei-Pädagogen-System
   (a) mit gleichem Einzugsbereich für alle Schüler
   (b) mit erweitertem Einzugsbereich für die behinderten Schüler
7. Kooperative Sonderklasse in einer Regelschule
8. Segregierte Sonderklasse in einer Regelschule
9. Kooperative Sonderschule (Planvolle Kontakte mit einer Regelschule)
10. Sonderschule mit zusätzl. nichtbehinderten Schülern
11. Segregierte Sonderschule
12. Offene Heimsonderschule
13. Segregierte Heimsonderschule

(Nach Sander 1998, 56)

Die *Empfehlungen zur sonderpädagogischen Förderung in den Schulen der Bundesrepublik Deutschland* durch die Kultusministerkonferenz von 1994 nehmen Bezug auf die sich entwickelnde Pluralisierung und greifen diese für ihren „Wegweise- und Leitcharakter" (Wittmann 1997) auf, ohne jedoch richtungsweisende Empfehlungen zu formulieren (vgl. Bleidick/Rath/Schuck 1995). Offizielle Vorgaben für konkret zu präferierende Formen und Orte sonderpädagogischer Förderung werden in den Empfehlungen vermisst. Die Angebote werden jedoch in einer Reihung genannt, die eine Gewichtung erkennen lässt. An erster Stelle wird die „Sonderpädagogische Förderung durch vorbeugende Maßnahmen" genannt, gefolgt von der „Sonderpädagogischen Förderung im gemeinsamen Unterricht". Die separativen und kooperativen Formen erscheinen nachrangig. Nach Sander findet die so präferierte sonderpädagogische Prävention jedoch oftmals nur als „Nebeneffekt von schulischer Integration eines Kindes statt, weil die in der Klasse eingesetzte sonderpädagogische Lehrkraft sich in der Regel auch um die besonderen pädagogischen Bedürfnisse von Mitschülern und Mitschülerinnen der Regelschulklasse kümmert" (1998, 59). Eine Darstellung der Organisationsformen nach den Platzierungskriterien *nichtaussondernd* und *aussondernd* müsste m.e. den Präferenzen der KMK-Empfehlungen angepasst werden. Das würde eine Listung nach den Kriterien *besondere Kompetenzen und Qualifikationen der (präventiven) Pädagogik* erfordern und bedeuten, dass die Regelschule ohne spezifische Kompetenzen der individuellen Förderung, die für eine präventiv ausgerichtete, nichtaussondernde Pädagogik unerlässlich sind, einen wesentlich niedrigeren Stellenwert erfahren dürfte. Eine Neustrukturierung der Darstellung der Organisationsformen von Sander könnte nach diesen Prämissen folgendermaßen erfolgen:

– Integrationsklasse mit Zwei-Pädagogen-System[11] (a) mit gleichem Einzugsbereich für alle Schülerinnen und Schüler (6a);
– Regelklasse bei einem Ressource-Room/(Sonder-)pädagoge und behinderungsspezifische Hilfsmittel an der Regelschule (5);
– Regelklasse mit Beratung oder Ambulanzlehrer nach Bedarf (2 + 4);
– Integrationsklasse mit erweitertem Einzugsbereich für die Schülerinnen und Schüler mit besonderem pädagogischem Förderbedarf (6b);
– Regelklasse mit vorübergehendem zusätzlichen Förderunterricht durch einen (Sonder-)pädagogen (3);

Gefolgt von 1 + 7 – 13 in vorgegebener Reihung.

Diese Neukonstruktion der Rangfolge der Organisationsformen sonderpädagogischer Förderung orientiert sich stärker an der KMK-Empfehlung, indem die präventive Aufgabe der (Sonder-)pädagogik hervorgehoben wird, sowie die Prämissen eines „least restriktive environment" und die Bedeutung der Wohnortnähe stärkere Betonung erfahren. Dies würde die Annäherung an eine schulische Lernwelt bewirken, in welcher „die Entwicklungsmöglichkeiten und Förderbedürfnisse behinderter Kinder einerseits und die Förderkompetenzen und pädagogischen Ressourcen der Schule andererseits in einem stimmigen Verhältnis stehen" (Wocken 1987, 119).

---

11 Die pädagogischen MitarbeiterInnen oder LehrerInnen neben den eigentlichen KlassenlehrerInnen sollten je nach spezifischem Bedarf ausgewählt werden. Denkbar wären auch Qualifikationen wie Sozialpädagogik, zweisprachiger oder muttersprachlicher Unterricht.

2.1.1 Exkurs: Der Begriff Integration

„Integration ist in einem dynamischen, rings offen Fließgleichgewichtssystem zu realisieren. – Integration ist nicht maximierbar; totale Integration ist Fusion. Früchteschale oder Fruchtkompott?, das ist hier die Frage!" (Kobi 1998, 374)

Die folgende Auseinandersetzung mit Organisationsstrukturen und -formen der „Integration" von Kindern mit einem besonderen Förderbedarf im deutschen Bildungs- und Erziehungswesen erfordert die Analyse und definitorische Grundlegung des Begriffes Integration. Historische Entwicklungen und Ansätze für ein Zusammenleben von Menschen mit und ohne Behinderungen in allen Lebensbereichen der Gesellschaft[12] in den 60er und 70er Jahren führten zu einer Etablierung des Begriffes „Integration" als Ausdruck der Eingliederung von Menschen mit Behinderungen in das für so genannte nichtbehinderte Menschen konzipierte soziale System der Gesellschaft und dessen Institutionen. Der Begriff Integration gilt dabei mittlerweile weitgehend als überstrapaziert, bereits inflationär gebraucht und missbraucht (vgl. Feuser 1995), ist „zu einem Schlagwort verkommen, unter dessen schützender, weil aufgeschlossen und fortschrittlich klingender Decke" (Feuser 1998b, 2) unkritisch alles zusammengefasst wird, was im Zusammenhang mit der (Wieder-) Eingliederung von, in ihrer gesellschaftlichen Teilhabe beeinträchtigten, Personen steht. Das vielfach verwendete Attribut, teilweise mit der Bedeutung eines Prädikates verknüpfte, „Integrativ" gibt per se noch keinen Hinweis auf die Qualität einer Institution, Initiative oder Situation. Es ermöglicht lediglich dem Gestalter dieser, seine moralischen Intentionen in Sprache zu fassen und Außenstehenden offenzulegen. Für viele steht der separative Grundgedanke der Sonderbeschulung nicht der Zielperspektive einer gesellschaftlichen Integration entgegen. Kobi (1990) differenziert begrifflich zwischen der Integration als Weg und/oder Ziel bzw. Prozess versus Zustand. Integration ist s. E. „eine Lebens- und Daseinsform für oder gegen die sich die Gesellschaft und deren Untersysteme entscheiden können und die daher als solche situativ und temporal auch frei wählbar bleiben muss" (Kobi 1990, 62). Aus der Sicht der Behinderten als Minorität (Cloerkes 1997) lässt sich daraus der Anspruch auf freie Entscheidung für oder gegen die gemeinsame Lebensgestaltung mit nichtbehinderten Mitmenschen ableiten. Der Majorität der nichtbehinderten Menschen wird jedoch in gleichem Zuge dasselbe Wahlrecht zugestanden. Muth greift dieser Auffassung deutlich vor, indem er Integration als „ein Grundrecht im Zusammenleben der Menschen" (Muth 1986) definiert und sie bereits 1973 als eine der vordringlichen Aufgaben jedes demokratischen

---

12 Beispielhaft können die Elternbewegung für Integration (in: Rosenberger 1998), der Einfluss der Selbstvertretung von Menschen mit Behinderungen, die Enthospitalisierung sowie die, der Innovationsbereitschaft einzelner zu verdankenden, Modellversuche bspw. die 1968 von Hellbrügge in München gegründete Initiative „Aktion Sonnenschein e.V." genannt werden.

Staates gewertet hat. Integration bezweckt nicht die Angleichung der Minorität an eine Majorität, deren Lebensform universelle Gültigkeit zugesprochen wird (vgl. Prengel 1995) oder den „Wechsel vom Status *Behinderter* zum Status *Nichtbehinderter*" (Markowetz 1997, 194). Integration ist vielmehr ein „gegenseitiger psychosozialer Annäherungs- und Lernprozess zwischen Integratoren und Integranden" (Kobi 1990, 58) und kann nur in einem homöostatischen, labilen Fließgleichgewicht über die Annäherung der diversen Existenzen in einer „solidarischen Kultur des Miteinander aller" (Begemann, 1993, 153) verwirklicht werden.

Eine statische Rollenfestlegung der Positionen *Integrand* und *Integrator* würde konkrete Kategoriensysteme mit einer eindeutigen Trennschärfe (behindert – nichtbehindert; Ausländer – Deutscher; etc.) erfordern, deren Existenz angezweifelt werden kann. Setzt man *Integrator* mit Majorität, und *Integrand* mit Minorität in Bezug auf ein bestimmtes Charakteristikum gleich, ändern sich die Rollen jedoch situations- und umfeldbedingt und eine Person kann in Bezug auf eine Kategorie zur Mehrheit und in Bezug auf eine andere zur Minderheit zählen[13]. Die enge konzeptionelle Ausrichtung pädagogischer Konzeptionen im Klassenraum an Klassifikationen wie *lernbehindert, nichtdeutscher Muttersprache* etc. führt zur kollektiven Wahrnehmung von Gruppen, die bei genauer Betrachtung keinesfalls die Kriterien der Homogenität erfüllen und verhindert die Verwirklichung der Integration in einem Fließgleichgewicht der Rollen von Integratoren und Integranden.

Nicht nur die Determination des Begriffes Integration, sondern auch die Bewertung und die Umsetzung in die schulpädagogische Praxis unterliegen einer unvergleichlichen Vielfalt. Während der bayerische Gesetzgeber sich aus „pädagogischen und organisatorischen Gründen[14] gegen eine lernzieldifferente Integration in so genannten Integrationsklassen entschieden" (Bayerischer Verwaltungsgerichtshof 1996, 16[15]) hat, setzen andere Bundesländer auf die quantitative und qualitative Ausweitung des Angebotes an zieldifferenten Unterrichtsmaßnahmen (bspw. Brandenburg, Berlin und Hamburg).

Im Zusammenhang mit der Fragestellung der vorliegenden Untersuchung wird der Begriff *Integration*, gemäß dem Wortlaut und der definitorischen Grundlegung diverser zitierter wissenschaftlicher Autorinnen und Autoren, als Synonym für die gängige, den schulorganisatorischen Rahmenbedingun-

---

13 So kann eine Person in einer Gruppe zugleich anderer ethnischer Herkunft/damit Minorität und nichtbehindert/damit zur Majorität gehörend sein.
14 Da man eine Kollidierung im Verfassungsrecht zwischen dem Benachteiligungsverbot (Art. 3 Abs. 3 Satz 2 GG) und der Ausgestaltung der staatlichen Schulhoheit (Art. 7 Abs. 1 GG) feststellte, fiel die Entscheidung über die Beschulung von Kindern mit Behinderungen in Integrationsklassen mit lernzieldifferentem Unterricht oder in besonderen Förderschulen „in den Entscheidungsbereich des Gesetzgebers, in dem den Eltern ein Mitspracherecht grundsätzlich untersagt ist" (ebd. 15; vgl. Eberwein 1998, 72).
15 Bayerischer Verwaltungsgerichtshof: Urteil zur Integration vom 11.12.1996 (Az.: 7 B 96. 2568).

gen geschuldeten Praxis des Gemeinsamen Unterrichts verwandt, und der Begriff *integrativ* gilt als globale Beschreibung für eine pädagogische Grundhaltung von Lehrerinnen und Lehrern, respektable der Bildungspolitik oder der Institutionen. Für die ideologisch von der Verfasserin angestrebte „eine Schule für *alle* Kinder", insofern als Idealzustand konstituiert, werden die Begriffe *nichtaussondernde Schule* bzw. *Pädagogik* und *Gemeinsamer Unterricht* favorisiert.

Im folgenden werden die aktuellen Modelle und Organisationsformen, vor dem Hintergrund ihrer theoretischen und praktischen Implikationen für die Bewältigung der Heterogenität der intellektuellen Fähigkeiten, hinterfragt. Die Auseinandersetzung erfolgt auf dem Hintergrund der von Hinz (1993) idealtypisch konstruierten Positionen. Segregative Position: die Andersartigkeit von Menschen mit Behinderungen wird betont und eine Sonderbeschulung favorisiert. Assimilative Position: Verschiedenheit wird ignoriert, *weg*therapiert oder -gefördert mit dem Ziel der Angleichung an die Majorität. Integrative Position: Gemeinsamkeit der Verschiedenen in der allgemeinen Schule (vgl. Hinz 1993, 400).

2.1.2 Homogenisierung durch Selektion, Separation und Segregation

Die Aussonderung von Menschen mit Behinderungen im deutschen Erziehungs- und Bildungswesen und mit ihr die Entwicklung aussondernder Einrichtungen sowie der bezüglich der segregativen Erziehung und Unterrichtung entwickelten, oftmals den Personenkreis der Betroffenen inferiorisierenden, speziellen Pädagogiken „hat eine lange Geschichte und viele Namen" (Speck 1998, 16). Die wissenschaftliche Entwicklung der vergangenen Jahrzehnte ist gekennzeichnet von diversen Konzepten, die nach Bleidick (1976) auf vier konkurrierenden Paradigmata des Behinderungsbegriffs beruhen; der Heilpädagogik als medizinischem Modell (personorientiert), der Sonderpädagogik als systemsoziologisch fassbaren Modell (systemtheoretisch) und der Behindertenpädagogik als interaktions- und gesellschaftstheoretischem Modell[16] (ders. nach Cloerkes 1997). Allen Disziplinen gleich ist die selbst postulierte Anwaltschaft für Menschen mit Behinderungen und Beeinträchtigungen in unserer Gesellschaft, die jedoch historisch zu einer segregativen Strategie der Förderung und Erziehung geführt hat.

Auch in der aktuellen Bildungslandschaft ist „*Segregation* (Ausschluss Behinderter), *Selektion* der Schülerschaft (nach Leistung) und *Parzellierung* der zu lehrenden Inhalte (auch im Sinne reduzierter Curricula) nach Maßgabe

---

16 Theoretische Grundauffassungen zur Erziehung der Behinderten nach Bleidick (1985; 1992), in welchen die ursprünglich von ihm konkurrierend konstatierten Paradigmata, das interaktionistische und das gesellschaftstheoretische, zusammengefasst wurden.

einer jeweils gesellschaftlich definierten, fiktiven Normalität für alle Schüler Realität" (Feuser 1998b, 17f). Die Segregation in diversen Schulformen, Ausdruck der selektiven Funktion von Schule, „mittels derer man glaubt, den „Begabungen" der Kinder besonders gerecht zu werden" (Feuser 1998b, 14), führt jedoch besonders bei Kindern mit einer Beeinträchtigung oder einer irgendwie gearteten Abweichung von vorgegebenen (un-)spezifischen Normen zur *Separation* in eigenständigen Schulformen, -zweigen und -maßnahmen. Die Effektivität von Unterricht in Sonderschulen rechtfertigt durch die Bildung homogener Leistungsgruppen die stärkere Individualisierung und Differenzierung, die besonders qualifizierten Pädagoginnen und Pädagogen, die speziellen Curricula, spezifische Unterrichtsmethoden und selbstentwickelte Lehrmittel (vgl. Eberwein 1995b). Die didaktischen Orientierungen der speziellen Pädagogik basieren auf den Prämissen der Kleinschrittigkeit, Anschaulichkeit und der Handlungsorientierung. Das zu vermittelnde Wissen wird durch die Aufbereitung in der speziellen Pädagogik minimiert und dadurch das Lernangebot für die Kinder und Jugendlichen an den Sonderschulen reduziert. Werning sieht die Gefahr dieser didaktischen Orientierung in „der sich selbsterfüllenden Prophezeiung: Indem zunächst definiert wird, was ein Kind nicht kann, reproduziert man eine Defizitorientierung und damit eine Lernverhinderung" (1996, 463). Die mit der institutionellen Besonderung einhergehenden „defekt- und abweichungsbezogene *Atomisierung* der behinderten Kinder und Schüler" (Feuser 1998b, 18) ist die Basis für Kritiker der Sonderbeschulung. Eine Kritik an der Institution Sonderschule[17] lässt sich „seit Anbeginn ihrer Existenz vor nunmehr einhundert Jahren für die verschiedenen Epochen der Hilfsschulentwicklung nachweisen" (Ellgar-Rüttgardt 1990, 48). Eberwein (1998) kritisiert insbesondere den Automatismus, mit welchem die Sonderschulen als besserer Förderort für Kinder mit Lernbeeinträchtigungen gewertet werden, denn „die Erfüllung des Kriteriums *hinreichende Förderung* ist nicht nur von anthropologischen und behinderungsspezifischen, also individuellen Gegebenheiten abhängig, sondern u.a. auch von der Anwendung bestimmter didaktisch-methodischer Grundsätze und einer entsprechenden Lernorganisation sowie der Einstellung und den Handlungskompetenzen der Lehrer" (ebd., 76). Trotz der vielfältigen didaktischen Konzepte der Heil-, Sonder-, Behinderten- oder Rehabilitationspädagogik für die Erziehung und Bildung von Kindern und Jugendlichen im eigenständigen Sonderschulwesen, ist jedoch die schulische Praxis „in weiten Teilen immer noch geprägt durch Alltagstheorien, schablonenhafte Vereinfachungen und eine unüberschaubare Vielzahl von Einfachsttheorien, die kaum durch eine konzeptionelle Klammer verbunden sind" (Jetter 1996, 86).

Die „Spezielle Pädagogik" befindet sich in einer Krise (Jantzen 1995, 368) und gleichsam als „praktisches und theoretisches System durch epochale

---

17 Andere Benennungen: Hilfsschule, Förderschule, Schulen für Lern- und Geistigbehinderte, Schule für Erziehungshilfe etc.

Umbrüche in ihrer Umwelt seit einiger Zeit in einem Umbruch ihres Selbstverständnisses" (Speck 1998, 33). Insbesondere nationale und internationale, integrativ orientierte Entwicklungen des Erziehungs- und Bildungswesens (vgl. u.a. Schöler 1998a; Oertel 1998; Bürli 1994) haben diese Umbruchsituation „mit wechselseitiger Polemik und mit allen Krisensymptomen der Herausforderung, der Beharrung, der vorübergehenden Resignation und des Aufbruchs" (Hinz 1993, 405) forciert. So sind auch bislang verhaltene Stimmen zur Integration in den Wissenschaften in einem Umbruch und haben erkannt, dass sich jegliche Spezielle Pädagogik, wie die Heil-, Sonder-, Behindertenoder Rehabilitationspädagogik, vor dem Hintergrund dieser Entwicklungen nur als integrative Theorie (vgl. Speck 1998) legitimieren kann. Solange jedoch die Strategien an der Segregation festhalten, sind wir noch weit davon entfernt, dass die „Heilpädagogik als ganzheitliche Pädagogik [...] eo ipso immer auch Integrationspädagogik" (Speck 1998, 66) ist.

In letzter Zeit erfährt unter den Modellen und Konzepten der sonderpädagogischen Förderung das so genannte Kooperationsmodell wieder verstärkt Zuspruch (vgl. u.a. Staatsinstitut für Schulpolitik und Bildungsforschung München 1993, 1996; Klein 1996 a+b; Schor/Eberhard 1994, 1996, 1997; Stoellger 1997), wenn auch teilweise nur für spezifische Zielgruppen wie Kinder mit geistigen Behinderungen (vgl. Theunissen 1999). Es ist aber auch mithin das am stärkste kritisierte Modell der Integration, da oftmals keine oder nicht ausreichend Gelegenheiten für Gemeinsamen Unterricht von Kindern mit und ohne Behinderungen oder Beeinträchtigungen eingeräumt werden. Zu den kooperativen Formen der integrativen Beschulung zählen u.a. auch die so genannten *Sonderpädagogischen Förderzentren*, welche sich durch eine kulminante Heterogenität der organisatorischen und pädagogischen Konzepte darstellen. Die Angebotsformen reichen von der Umettikettierung der althergebrachten Sonderschule, über Förderzentren mit mehr oder weniger ambulant und präventiv beratend in Regelschulen eingesetztem Kollegium, reinen Förderzentren ohne eigene Unterrichtsangebote bis zu Schulstandorten, an welchen das Lernen vorwiegend in Integrationsklassen[18] organisiert wird. „Als multiprofessionelle Beratungszentren ohne Schüler könnten sie durchaus Integration im Kontext einer Allgemeinen Pädagogik befördern" (Feuser 1999, 9), stellen aber in der Praxis vorwiegend ein kooperatives Angebot dar, denn „Kooperation ist nicht Integration" (a.a.O.), welches durch die selektiven Strukturen nachweislich Minoritäten und Randgruppen unserer Gesellschaft benachteiligt.

---

18 Bspw. Comeniusschule Berlin

2.1.3 Unterstützung von Assimilation

Konzentriert auf die Normabweichung, bzw. auf das behinderungsspezifische, waren und sind die Förderstrategien und Lernkonzepte innerhalb der speziellen Pädagogiken stark kompensatorisch und verhaltensmodifikatorisch angelegt (Eberwein 1998). Bereits die ersten Hilfsschulklassen hatten das Ziel, die Kinder, nach einer intensiven Förderung und der Angleichung des Leistungsstandes, in das Allgemeinbildende Schulwesen zu reintegrieren. Schulgesetzlich ist dieser Anspruch auch heute noch formuliert, es bleibt jedoch überwiegend bei Lippenbekenntnissen, wie die geringen Rückschulungsquoten eindrücklich zeigen. Dies betrifft nicht nur die Sonderschulen an sich, sondern unterliegt insbesondere den pädagogischen Zielen der so genannten Klein- oder Diagnose-Förderklassen.

Auch unter dem inflationär verwandten Begriff der Integration wird vielerorts die einseitige Anpassung und Eingliederung von Menschen mit Behinderungen oder Beeinträchtigungen in die Gemeinschaft der Nichtbehinderten verstanden. Mit dieser Auffassung von Integration geht nicht selten eine Orientierung der Erfolgskriterien einer Integrationsmaßnahme am Normwert der so genannten nichtbehinderten, in der Realität der heterogenen Lernbedingungen, -bedürfnisse und -leistungen fiktiven Durchschnittsschülerinnen und -schüler einher. Dieses Verständnis von Integration findet sich in institutionellen Strukturen, in Ausführungsvorschriften und in wissenschaftlichen Publikationen nach wie vor ebenso wie in Äußerungen und Einstellungen von Vertretern der verschiedensten am Entscheidungsprozess beteiligten Berufs- und Fachgruppen. Dieses Verständnis von Integration gründet auf der „assimilativen [...] Fiktion und meint letztlich eine angleichende Einpassung in das Bestehende, ohne dass dieses sich im Ganzen verändert" (Hinz 1993, 403).

Bis heute werden in einigen Bundesländern (bspw. Bayern, Sachsen) im schulischen Sektor lediglich Modelle der lernzielgleichen Integration durch schulgesetzliche Bestimmungen befördert und umgesetzt. Diese schulgesetzlichen Einschränkungen bedingen eine Selektion derjenigen Kinder, welche den Schulleistungsanforderungen der Regelschule nicht in einem Mindestmaße entsprechen können resp. alle Kinder, deren Lernentwicklung von der statisch gesetzten Norm abweicht[19]. Die Problematik der Selektionsmechanismen innerhalb einer *zielgleichen* Integrationsgruppe, die folglich für Kinder die der Leistungs- und Verhaltensnorm nicht entsprechen Sondermaßnahmen oder Sonderbeschulung vorsehen, erscheint in Relation zu einer strikten Trennung von Sonder- und Regelschülerinnen und -schülern kaum abgeschwächt. Wenn das „Regelschullehrziel" (Müller 1998) zum Maß wird und ein „Regelschullehrerziel" (ebd.) in den Integrationsklassen prognostiziert, unterliegen

---

19 Insbesondere Kinder mit Lernentwicklungsverzögerungen, geistig und schwer mehrfachbehinderte Schülerinnen und Schüler.

u.U. auch den Handlungskonzepten von Lehrerinnen und Lehrern assimilative Förder- und Integrationskonzepte im Unterricht. An sich sollten „kollektiv vorhandene kleine Rassismen, Sexismen und Sozialdarwinismen bei uns PädagogInnen reflektiert werden, die sich womöglich in solchen kompensatorisch eingefärbten Förderkonzepten widerspiegeln" (Hinz 1998a, 132).

2.1.4 Integration auf der Basis der traditionellen Klassifizierungen

In den meisten Bundesländern, in denen die Möglichkeit des Gemeinsamen Unterrichts in der Schulgesetzgebung eingeräumt wird, sind nach wie vor Sonderpädagogische Gutachten für die Bereitstellung der personellen, sachlichen und finanziellen Mittel zur Ausstattung oder Einrichtung einer Integrationsklasse[20] notwendig vorausgesetzt. Nur wenige Schulen verfügen über eine Ausstattung an Ressourcen wie: Sonder- oder sozialpädagogisch ausgebildete Lehrkräfte, technische Hilfsmittel, ausreichend (Lehrer-) Personal für eine konsequente Arbeit im Zwei-Pädagogen-System. Um eine Schule mit integrationspotenter[21] Ausstattung als erstrebenswerte Utopie[22] zu denken, muss man nach Kornmann auch um die retardierenden Momente auf dem Wege dorthin wissen.

„Ein solches retardierendes Moment ist die Förderdiagnostik dann, wenn sie [...] gezwungen ist, pädagogische Sonderleistungen für einzelne junge Menschen zu reklamieren" (Kornmann 1998b, 139).

Die gegenwärtige Praxis des Gemeinsamen Unterrichts wird dominiert von der „Realisierung integrativer Pädagogik mittels verschiedener Curricula in einer Integrationsklasse" (Feuser 1998a, 27). Grundlage für die diversen Curricula sind in der Regel die Lehrpläne und Lernzielvorgaben der entsprechenden Sonderschulen. Dies veranlasst die fortgeführte diagnostische Orientierung an den traditionellen, auf das Sonderschulsystem bezogenen, Klassifizierungen der Behinderungen und damit Vorurteilsbildung, Stigmatisierung und separierende kategoriale Rollenzuweisung der Schülerinnen und Schüler. Dies gilt gleichsam auch im Kontext des Förderausschussverfahrens zur Feststellung eines besonderen Förderbedarfs und der Fördermaßnahmen. Die *zu integrierenden* Kinder werden im integrativen setting einer heterogenen Lern-

---

20 Dies gilt für weitgehend alle Modelle der zielgleichen und zieldifferenten Integration. Ausnahme: Integrative Regelklassen in Hamburg; diverse Privat- und Modellschulen wie die Montessorischulen.
21 Der Begriff *Integrative Potenz* findet sich bei Feuser 1995.
22 Roser (1995) beschreibt den Utopiebegriff von Bloch als eine „Denkform, in welcher Realität [nicht] verdrängt oder degradiert werden soll, sondern [als] den Versuch, das Reale zunächst zu verstehen und zu durchdenken, um es zu ‚überschreiten' auf der Suche und im ‚Experimentieren' eines Sinnes" (ebd., 1). Demzufolge könnte angenommen werden, dass die schulische Integration die Phase der Utopie bereits verlassen hat.

gruppe, zwar nicht mehr behindert genannt, erhalten dennoch ein „förmliches Label"[23] (Hinz et al. 1998b, 14).

Bereits seit geraumer Zeit ist gleichsam ein euphemisierender Zug nach „Dekategorisierung" (Benkmann 1994; vgl. in Opp 1993) zu beobachten, der mit der Hoffnung einer geht, die Außenseiterposition der Betroffenen wegzudefinieren (vgl. Bleidick 1996). Die Ersetzung des Begriffs *Sonderschulbedürftigkeit* durch den Begriff *sonderpädagogischer Förderbedarf* in den KMK-Empfehlungen 1994 erschien lange Zeit als „kopernikanische Wende" (Bleidick et al. 1995) in der Debatte um die Dekategorisierung Heil- und Sonderpädagogik. Bei genauerer Betrachtung stellt sich heraus, dass es sich hierbei eher um eine „Neuettikettierung" (Bundschuh 1996) und einen Legitimationsversuch für eine spezielle Pädagogik als um eine adäquate Lösung für das „Ettikettierungs-Ressourcen-Dilemma" (Füssel/Kretschmann 1993, 43) handelt. Steht nun der Förderbedarf[24], unabhängig von dem Förderort im Zentrum der Diagnostik, unterliegt die Anwendung in der Praxis nach wie vor den subjektiven Einstellungen der diagnostisch Tätigen; der Namenswechsel an sich signalisiert noch kein verändertes pädagogisches Programm und lässt die tatsächlichen Schulverhältnisse unangetastet (vgl. Bleidick 1996).

„Wenn man zwischen Bedarf und Bedürfnis unterscheidet, dann steht Bedürfnis für die subjektiv empfundenen Wünsche, Bedarf dagegen für das, was jemand aus der Sicht ‚erfahrener' anderer Personen nötig hat oder später einmal gebrauchen wird. Bedarf wird also auf Grund bestimmter Wertentscheidungen unterstellt – und ist keineswegs ein objektiver Sachverhalt wie zumeist suggeriert wird. [...] Das Risiko des Begriffs ‚Förderbedarf' besteht nun in seiner vermeintlichen Objektivität, in der Unterstellung, dass seine Überprüfung und Begründung entbehrlich sei" (Bach 1996, 43; vgl. auch in Eberwein 1998).

An sich hat *jedes* Schulkind individuelle Förderbedürfnisse oder spezielle Erziehungsbedürfnisse[25] und es darf nicht außer Acht gelassen werden, dass die besonderen Bedürfnisse, die im Rahmen der Feststellung des sonderpädagogischen Förderbedarfs diagnostiziert und konstatiert werden, „immer auch auf dem Hintergrund eines hierarchisch gegliederten Schulsystems zu betrachten sind [und] dass individuelle Förderbedürfnisse in hohem Maße ein sozioökonomisches Bedingungsgefüge haben" (Bundschuh 1996, 67). Häufig wird es vernachlässigt, die *Behinderung* oder den *Sonderpädagogischen Förderbedarf* als ein „relationales Phänomen zu sehen, das nur in Bezug zu den Anforderungen der Schule, den Leistungserwartungen und dem Beurteilungsverhalten der Lehrer, ihren Lernarrangements und Toleranzgrenzen" (Eberwein 1996b, 51) zu deuten ist. Auch der Versuch von Speck (1998), der Mög-

---

23 Als Gutachtenkinder, Integrationskinder, Kinder mit (sonder-)pädagogischem Förderbedarf etc.
24 Eine OECD-Studie verweist darauf, dass viele Länder das System der Kategorisierungen verlassen haben und den Begriff der *besonderen pädagogischen Bedürfnisse* oder *special educational needs* verwenden (OECD 1995 nach Schöler 1998, 116).
25 Entsprechend dem englischsprachigen Terminus *special educational needs* (Speck 1998).

lichkeit der subjektivierenden Deutung des Begriffes *Bedürfnisse* mit dem seines Erachtens objektivierenden Begriff der *speziellen Erziehungserfordernisse* zu begegnen, indem der Bezugspunkt nicht mehr das einzelne Kind, sondern die besondere Erziehungssituation ist, verbleibt als Legitimationsversuch für eine Spezielle Pädagogik, solange man die Notwendigkeit einer solchen nicht anzweifelt. Nach Eberwein (1998) kann nur eine systemisch und lebensweltorientierte Sichtweise das monokausale Denken in der sonderpädagogischen Diagnostik und damit die defektorientierte Betrachtung überwinden.

Solange die Integrationspädagogik auf einer „additiven Konstruktion der Integration aus Regel- und Heil- und Sonderpädagogik" (Feuser 1999, 5) verharrt, kann sie „nur als Artefakt nicht überwundener Segregation verstanden werden" (ebd., 1). Die Umsetzung der Integration mit „Operatoren des segregierenden EBU" führt dann zu einer „als *Integration* bezeichneten Sonder-Pädagogik, die im Kern selektierend bleibt" (ebd., 165). Speziell ausgebildeten Pädagoginnen und Pädagogen mit einem Fokus auf einem speziellen *Erziehungserfordernis*[26] kann meines Erachtens dieselbe stabilisierende Funktion zuerkannt werden, wenn ihr professionelles Profilierungsbedürfnis nicht an der Entwicklungsförderung *aller* Kinder, sondern einer ausgewählten Minderheit orientiert bleibt[27]. Es ist nicht vorrangig wichtig, eine Abweichung von der Norm zu diagnostizieren oder zu klassifizieren, sondern vielmehr das einzelne Kind „human anzunehmen und so zu akzeptieren, wie es ist" (Wocken 1987b, 122), *alle* Kinder so anzunehmen, wie sie sind (vgl. Heyer 1998a). Sander (1996) sieht den Paradigmenwechsel in der Integrationspädagogik erst gegeben, wenn „nicht mehr über Formen der sonderpädagogischen Förderung gesprochen wird, sondern über solche der integrationspädagogischen Förderung oder, besser noch, über Formen der optimalen pädagogischen Entwicklungsanregung" (ebd., 187).

Einzelfallregelungen zur Durchführung des Gemeinsamen Unterrichts für Kinder mit Beeinträchtigungen waren vielerorts die ersten Initiativen, die es Schülerinnen und Schülern mit einem besonderen Förderbedarf ermöglichten, die gleiche Schule wie ihre nichtbehinderten Nachbarskinder zu besuchen (dies trifft nach wie vor auf viele Bundesländer zu, so auch bspw. Bayern, Thüringen, Sachsen und Sachsen-Anhalt). Viele dieser Einzelfallregelungen konnten und können ohne die Ettikettierung oder Kategorisierung der Kinder[28] auf der Basis von Einzelengagement von Lehrerinnen und Lehrern, El-

---

26 Oder wie auch immer.
27 Nach wie vor ist die Ausbildung für das sonderpädagogische Lehramt stark nach Fachrichtungen gegliedert. Die Fachrichtungsorientierung forciert eine stark an Behinderungsbildern orientierte Professionalität der SonderpädagogInnen.
28 Häufig war die Ettikettierung der Kinder sogar unmöglich, da die Integrationsmaßnahme offiziellen Charakter bekommen hätte und mit großer Wahrscheinlichkeit untersagt worden wäre.

tern und anderen Beteiligten erfolgen. Ohne die individuelle Bedeutung für das Kind und seine Familie zu schmälern, gilt es anzuerkennen, dass auch die Einzelintegration „die Verhältnisse, die Kinder und Jugendliche fortgesetzt wegen Behinderungen oder anderen zweifelhaften Kriterien aussondern und segregieren, nicht überwinden" (Feuser 1998b, 16) wird. Feuser vermutet hinter der Form der Einzelintegration verborgene Strategien der administrativen Kräfte des Schulwesens zur Befriedung von besonders engagierten Eltern, um deren reformerische Kräfte zu binden, verdeckte Sparmaßnahmen sowie eine Alibifunktion, um innovatorische Fortschritte vorzeigen zu können (vgl. 1998). Es ist ihm insofern zuzustimmen, dass sicherlich sozioökonomisch benachteiligte Familien und deren Kinder – bspw. Sozialhilfeempfänger, Arbeitslose, ethnische Minderheiten oder andere Randgruppen unserer Gesellschaft, deren Alltags- und Lebenswelt überdurchschnittlich belastet ist – die diesbezüglichen Interessen nicht in gleichem Maße vertreten können. Die Analysen in Kapitel 3 bestätigen dies exemplarisch für die Gruppe der Migrantinnen und Migranten aus der Türkei.

Erstmals werden in der Bundesrepublik im Kontext eines offiziellen Modells, den *Integrativen Regelklassen* in Hamburg, Kinder mit Entwicklungsproblemen im Bereich Sprache, Lernen und Verhalten ohne die Notwendigkeit einer Etikettierung für die Ressourcenzuweisung durch die klassen- und schulbezogene sonderpädagogische Grundausstattung, integrativ beschult (Hinz et al. 1998 a+b; Rauer/Schuck 1999; Katzenbach/Hinz 1999). Dies muss jedoch als selektive Integration gewertet werden, solange anderen Gruppen von Kindern und Jugendlichen der Zugang verweigert wird. Cloerkes bezeichnet die Aufnahme Schwerstbehinderter als einen „Prüf- bzw. Stolperstein" (1997, 229) für die Integration, denn diese Kinder werden auch in vielen Integrationsmodellen als „Grenzfälle" betrachtet. Es gilt zu fordern, dass sich nichtaussondernde Schulen für alle Kinder gleichermaßen öffnen, damit es nicht zu den beiden neuen Behindertenkategorien „integrierbar" und „nicht integrierbar" kommt (vgl. Hinz 1987, 307). Die Klärung der Frage: Inwieweit eine erstrebte nichtaussondernde Vorgehensweise im Erziehungs- und Bildungswesen auch dazu führt, dass Lehrerinnen und Lehrer zukünftig ebenso ohne *implizite* Kategorisierungen arbeiten werden, steht noch aus.

2.2 Strategien zur Bewältigung ethnischer, kultureller und muttersprachlicher Heterogenität

Im Zuge der seit den 50er Jahren unvermindert anhaltenden demografischen Entwicklung zu einer stärkeren kulturellen, ethnischen und sprachlichen Pluralisierung der Bevölkerung, bedingt durch eine „Vielzahl von inter- und intrakontinentalen" (Klafki 1998, 237) Migrationsbewegungen[29], hat Deutschland den dauerhaften Status einer multikulturellen Gesellschaft erlangt. Für die Entwicklung und Ausgestaltung des Zusammenlebens in einer multikulturellen Gesellschaft „fehlen weithin gelungene Modelle, die zur Orientierung dienen könnten" (Weiß 1996, 5). Das Zusammenleben in einer multikulturell geprägten Gesellschaft erfordert die Relativierung monokultureller Normen und die Formulierung von universellen Regeln unter Berücksichtigung der kulturellen Vielfalt sowie „einen veränderten Bildungsbegriff und neue Lehrinhalte" (Dietrich 1997, 65) im Bildungs- und Erziehungswesen. Die Pädagogik, „eingebunden in gesellschaftliche und politische Rahmenbedingungen, die ihre Möglichkeiten und Unmöglichkeiten mitdefinieren" (Hinz 1993, 177), hat sich seit den 70er Jahren zunehmend den neuen und veränderten Aufgabenfeldern gestellt, wie es die „Fülle der Publikationen" (Auernheimer 1996, IX) zum interkulturellen Lernen nachweist. Die bildungspolitische und wissenschaftliche Diskussion um pädagogische Probleme im Zusammenhang mit der Immigrationsentwicklung in Deutschland kann nach Nieke (1995) in vier Phasen gegliedert werden:

Phase 1: Ausländerpädagogik als Nothilfe. In den Sozial- und Erziehungswissenschaften konstituierte sich eine spezialisierte Disziplin, die so genannte Ausländerpädagogik. Sie galt als Antwort auf „die sich aus diesem Arbeitskräfteimport ergebenen politischen, soziologischen und letztlich auch pädagogischen Probleme [...]. Pädagogische Integration ist also hier das Folgeproblem eines ökonomischen Prozesses" (Schmidt 1981, 60). Die Ausländerpädagogik hat sich damit begnügt, „die Situation der vorübergehend hier anwesenden Kinder zu beleuchten und ggf. kompensatorische Maßnahmen für einen besseren Schulerfolg quasi im Sinne von Entwicklungshilfe zu fordern" (Bukow 1999b, 271). Sie versuchte den spezifischen Lebenslagen und Bedürfniskonstellationen der angenommenerweise *nur vorübergehend* anwesenden ausländischen Kinder und Jugendlichen vorrangig durch Spracherwerbsförderung und Vorbereitungs- und Ausländerregelklassen gerecht zu werden.

Phase 2: Kritik an der Ausländerpädagogik. Die Einsicht in die gesellschaftlichen Ursachen von „Integrationsproblemen", wie sozioökonomische Benachteiligung der Familien, soziokulturelle und kulturelle Bedingungen in der Lebenswelt der Migranten sowie die Erkenntnis, dass das Rotationsprinzip nicht aufrecht erhalten werden konnte, führte in den 80er Jahren in den Sozialwissenschaften zu einer umfassenden Kritik an der „Ausländerpädagogik als kompensatorische Erziehung und Assimilationspädagogik" (Nieke 1986, 462). Der „begrenzte Problemhorizont der Ausländerpädagogik" (Klafki 1998, 236) wurde realisiert und die Strategie verändert, wobei „aus der sozialisatorischen

---

29 Ausführliches zu Migrationsmotivation, spezifischen Herkunftsländern und Migrantenstatus in: Auernheimer 1996, 38ff.

schnell eine alles überwölbende kulturalistische Perspektive" (Bukow 1999b, 271) wurde. Als Folge entwickelte sich eine konzentrierte Migrantenforschung mit der Aufmerksamkeit auf den problematischen Integrationsprozess und weniger auf den problematischen Desintegrationsprozess (vgl. a.a.O.), den Radtke (1995) als Einbruch für ethnologistische Betrachtungsweisen bezeichnet.

„Integration wird in dieser Perspektive nicht in erster Linie analysiert unter dem Aspekt der politisch-rechtlich-sozialen Gleichstellung (Inkorporation) in den sozialen Institutionen des Aufnahmelandes [...], sondern Integration wird verstanden als individuelle Aufgabe des einzelnen Migranten, der die aus der Kulturdifferenz entstehende Anomie zu bewältigen und sich mit den vorgegebenen Normen der Aufnahmegesellschaft auseinanderzusetzen habe. Integrationsschwierigkeiten werden auf Grund mangelnder Akkulturation und fehlender Handlungskompetenz tendenziell den Zuwanderern zugerechnet" (ebd., 391).

Phase 3: Differenzierung von Förderpädagogik und Interkultureller Erziehung. Die Entwicklungen Ende der 70er Jahre mit dem Übergang von der Gastarbeiterbeschäftigung zur Einwanderung (Hamburger 1983, 276) und die Gewissheit, dass Deutschland den dauerhaften Status einer multikulturellen Gesellschaft erlangt hatte, leiten die 3. Phase der Theorieentwicklung ein. Die Erkenntnis, dass diese Entwicklung „nicht als Defizit, Problem oder gar als Bedrohung, sondern als kulturelle Bereicherung und als gemeinsame Lernchance für die einheimische Bevölkerungsmajorität und die zugewanderten Minoritäten" (Glumpler 1995, 10) verstanden werden sollte, führte zu einem Paradigmenwechsel, hin zu der Interkulturellen Erziehung. Angelehnt an internationale Entwicklungen[30] wie die *multiculturel education* (u.a. Kanada, Großbritannien, USA) oder *education interculturel* (u.a. Frankreich, Belgien) entwickelten sich Konzepte der Interkulturellen Pädagogik im Sinne einer Vorbereitung von Majorität und Minorität auf das Leben in der multikulturellen Gesellschaft (siehe Kapitel 2.2.4).

Phase 4: Erweiterung des Blicks auf die ethnischen Minderheiten. In der Auseinandersetzung mit kulturell und sprachlich definierten Minderheiten wurden in den 90er Jahren Ähnlichkeiten mit anderen Minderheiten, subkulturellen Gruppierungen und benachteiligten Bevölkerungsmitgliedern festgestellt. So rekrutieren sich unter dem Begriff der Pädagogik der Vielfalt (Preuss-Lausitz 1993; Prengel 1995; Hinz 1993) spezifische pädagogische Konzepte für eine gemeinsame, chancengerechte Erziehung und Bildung in heterogenen Gruppen mit strukturell benachteiligten Gruppenmitgliedern (siehe Kapitel 2.3), die ihren Ursprung in den Überlegungen zum Gemeinsamen Unterricht von behinderten und nichtbehinderten Kindern und Jugendlichen hatten.

---

30 Ausführliche Darstellung der wissenschaftlichen und konzeptionellen Ansätze im Ausland in: Auernheimer 1996.

2.2.1 Homogenisierung durch Selektion, Separation und Segregation

In der Konfrontation mit veränderten organisatorischen und pädagogischen Aufgaben in Bildungseinrichtungen durch die zunehmend multikulturelle Prägung der Zielgruppen kamen in den 70er Jahren vorrangig die Sprachschwierigkeiten der Migrantenkinder als dominantes Problem ins Bewusstsein. Durch eine gezielte *Förderung der Sprachkenntnisse* im Deutschen sollte die Integration der ausländischen Kinder und Jugendlichen in die Regelschulen gefördert werden. Einige Beschulungskonzepte, angelehnt an das für Gastarbeiter wirtschaftspolitisch angestrebte Rotationsprinzip[31] (nach Klemm 1984, 1985), zeichneten sich durch das Ziel des *Erhalts der Remigrationsfähigkeit* aus. Die Kinder der Migrantenfamilien sollten in „möglichst ungebrochener kultureller Kontinuität" (Hinz 1993, 181) gemeinsam mit ihren Familien in das Herkunftsland zurückkehren können. Beide Zieldefinitionen – Sprachliche und kulturelle Kontinuität – führten zur Einrichtung von sprach- und nationalhomogenen Ausländerklassen (bilinguale, Vorbereitungs- u. Ausländerregelklassen).

„Beim Rotationskonzept wird die Frage der Bewältigung kultureller Heterogenität für die deutsche Schule nicht real [...]. Kulturelle Heterogenität wird durch völlige Separierung bewältigt, der Pol kultureller Verschiedenheit dominiert so, dass ein gemeinsamer Schulbesuch nicht sinnvoll erscheint" (Hinz 1993, 181).

In einigen Bundesländern sind zwischenzeitlich die so genannten Ausländerregelklassen kritisiert oder bereits abgeschafft worden, dennoch werden allerorts segregative Förderkonzepte praktiziert. Nach Glumpler/Apeltauer (1997) sind mit der breiten Thematisierung und Umsetzung der Integration von Kindern mit und ohne Behinderungen in den Regelschulen „die besonderen Klassen für ausländische und ausgesiedelte Kinder mit sprachbedingten Lernschwierigkeiten zu einem Anachronismus geworden" (ebd., 4).

2.2.2 Assimilation und Akkulturation

Im Verlauf der 80er Jahre kristallisierte sich insbesondere bei Eltern nichtdeutscher Herkunft, Immigrantenverbänden, aber auch Wissenschaftlerinnen und Wissenschaftlern, Lehrerinnen und Lehrern sowie Publizistinnen und Publizisten eine Position heraus, die verstärkt auf die Berücksichtigung der Muttersprache und der Herkunftskultur ausgerichtet war (vgl. Auernheimer 1996). Parallel zu Initiativen der deutschen Obrigkeit und der schuladministrativen Aktivitäten gab es auch Bestrebungen der verschiedenen Herkunftsländer um die Bildung der Emigrantenkinder. So entstanden erste bikulturelle

---

31 Rückkehr in die Heimatländer nach Erfüllung der befristeten Arbeitsverträge.

und bilinguale Schulen unter der Obrigkeit der Entsendeländer, Bildungs- und Förderangebote der Konsulate, und es wurden Lehrerentsendungen aus den Herkunftsstaaten organisiert. Das Konzept der bilingualen Bildung basiert auf der Annahme, dass eine entfaltete Entwicklung der Zweisprachigkeit Grundlage und Voraussetzung für die Identitätsbildung der Migrantenkinder in ihrer bilingual-bikulturellen Lebenssituation ist (siehe ausführlicher in Kapitel 2.2.6).

In *Europaschulen* bspw. lernen die Kinder zunächst Lesen und Schreiben in ihrer Muttersprache und werden danach erst mit der Zweitsprache Deutsch konfrontiert. Europaschulen sind zweisprachig ausgerichtet und haben oftmals eine stark binationale Schülerschaft. Es haftet ihnen häufig ein elitärer Habitus an, indem das Angebot in der Regel durch die fehlende Wohnortnähe und dem damit verbundenen erhöhten Aufwand nur von Eltern mit einer hohen Bildungsaspiration und aus gesicherten ökonomischen Verhältnissen wahrgenommen wird. Insbesondere die Englisch-Deutschen Europaschulen werden von Eltern höherer Bildungsgänge frequentiert, da sie den Englischkenntnissen erhöhte Bedeutung im Zusammenhang mit höheren Bildungsgängen und mit entsprechenden beruflichen Karriereperspektiven zumessen. Die Bezeichnung Europaschule ist meines Erachtens verfehlt, denn ein europäisches Bewusstsein sollte in kultureller und sprachlicher Vielfalt erstrebt, entwickelt und realisiert werden. Der Mensch ist nicht begrenzt kultur- und sprachfähig und die Lebenswelten in einer multikulturellen und globalisierten Umwelt sind generell individuell und interkulturell geprägt. Verschiedene Kulturen stehen nicht in Konkurrenz zueinander, sondern können in ihrer Vielfältigkeit bereichernd sein. *Bi-kulturelle* oder *Zwei-sprachige* Konzepte stehen dieser Zielperspektive entgegen. Hinzu kommt, dass diesen Konzepten Förderstrategien unterliegen, welche ein eindeutig assimilatives Grundanliegen verfolgen (im Sinne einer Anpassung an die Herkunfts- *oder* Residenzgesellschaft) und der Entwicklung einer individuellen kulturellen Identität (mit ausbalancierten kulturellen Werten und Normen) entgegenstehen.

„Föransätze gehen primär von der Förderbedürftigkeit ihres Klientels, seinen Defiziten, Problemen und Schwierigkeiten aus, anstatt auch vorhandene Kompetenzen als Bildungsvoraussetzungen anzuerkennen. Dieses gilt auch für Ansätze einer Bikulturellen Bildung" (Hinz 1993, 277).

Auch das Konzept der Integration ethnischer Minderheiten in der deutschen Schule basiert in der Regel auf „einem Machtgefälle zwischen der deutschen Mehrheitsgesellschaft und den Angehörigen der Minoritätengruppen" (Dietrich 1997, 66). Die ethnische Minorität wird den ethnozentrischen Leistungs- und Verhaltensnormen unterworfen und ihre einseitige Anpassung erwartet. Nach Kornmann (1998b) sind einerseits alle Maßnahmen, die lediglich auf eine Kompensation der wahrgenommenen Defizite auf Seiten der Migrantenkinder abzielen – wie zusätzliche Deutschkurse, Beratung der Eltern, gezielte Nachhilfe oder Förderangebote – verkürzte Schlussfolgerungen, welche in der Praxis jedoch unbestritten vereinzelten Kindern bessere Entwicklungsbedingungen bieten können. Die Entwicklung spezieller Förderkonzepte zur Angleichung der Leistungsfähigkeit an die einheimischen Mitschülerinnen und Mitschüler ist Ausdruck einer defizitären Sichtweise der ausländischen Kinder, unterliegt einer „homogenisierenden Logik" (Hinz 1993, 184) und einem assimilativen Verständnis von Integration.

2.2.3 Fremdheit und Fremd sein

Die Deutungen der *Fremdheit* basieren auf differenten Erklärungsansätzen des Phänomens *fremd*. Anthropologische Perspektiven vermuten die Ursache in eingeschriebenen Fremdheitsängsten, psychologische Perspektiven sehen in dem Fremdeln von Kindern die Begründung, und in einer historischen oder ethnologischen Sicht wird begründet, dass es immer und überall Fremdheitsbegriffe gibt.

Bukow (1999a) nähert sich der Frage nach den Fremdheitskonzepten in einer multikulturellen Gesellschaft aus einer konstruktivistischen Perspektive. Er geht davon aus, dass das Fremde nur eine Projektionsfolie des Eigenen darstellt und wir in der Auseinandersetzung mit dem Fremdheitsbegriff die Frage auf die Perspektive und den Kontext im Alltagshandeln (siehe ausführlicher in Kapitel 5.2) richten müssen, unter denen es zu Fremdheitsbeschreibungen und deren Instrumentalisierung oder Unüberwindlichkeitsvorstellung kommt. Scherr geht so weit, dass er fordert, interkulturelle Soziale Arbeit oder Pädagogik konsequent nur noch unter einem sozialkonstruktivistischen Blickwinkel anzugehen,

„d.h. im Kern: davon auszugehen, dass es Fremdheit sowie darin begründete Probleme und Konflikte nicht als quasi natürliche Tatsachen des sozialen Lebens gibt, sondern dass Wahrnehmungen von Fremdheit in gesellschaftlichen Prozessen unter angebbaren Bedingungen hervorgebracht und nur unter spezifischen Bedingungen zum Bestandteil sozialer Konflikte werden" (Scherr 1999, 49).

Er sieht die Notwendigkeit einer veränderten Perspektive in der sozialen und pädagogischen Arbeit besonders durch die Verschärfung gesellschaftlicher Ausgrenzung und Repressionen begründet, wie sie sich u.a. in Analysen wie der von Heitmeyer 1997[32] widerspiegeln. Scherr stellt fest, dass die soziale Konstruktion von Fremdheit „keine spezifische und exklusive Eigenschaft von Immigranten" (ebd., 51) ist, sondern jedweder heterogenen sozialen

---

32 Heitmeyer, W. u.a.: Türkische Jugendliche und islamischer Fundamentalismus, Frankfurt a.M. 1997. In: Der Spiegel 4.4.1997. Auf diese Studie soll nicht detaillierter eingegangen werden, zur Kritik an der fragwürdigen methodischen Herangehensweise derselben und den kritischen Interpretationen der Ergebnisse siehe u.a. diverse Aufsätze in: Kiesel, Doron u.a. Die Erfindung der Fremdheit. Frankfurt 1999 sowie Scherr, Albert: Rezension zu Heitmeyer u.a.. In: Migration und Soziale Arbeit (1997) Heft 3, 130-131.

Gruppe zugeschrieben werden kann, wie bspw. Menschen mit Behinderungen. Dabei verweist er auf eine unlängst gefällte Gerichtsentscheidung, die nichtbehinderten Erwachsenen zugestand, dass die ihnen *fremden* unartikulierten Äußerungen von Menschen mit Behinderungen durchaus als ein störender Faktor gewertet werden kann. Die Fremdheit ist seines Erachtens Ergebnis einer Zuschreibung, welche die Etabliertengruppe entwickelt, um eine Außenseitergruppe als minderwertig darzustellen. Dieser Prozess beruht auf einem hierarchischen Machtgefälle, denn als fremd, anders (-artig) und minderwertig müssen sich nur jene darstellen lassen, die Stigmata nicht abwehren können, festgelegte Regeln der Zugehörigkeit nicht ändern und die zu Grunde liegenden sozialen Beziehungen nicht aufkündigen können. Kühl (1990) beschreibt die Situation wie folgt:

„Das eigentliche Problem liegt darin, dass es uns Deutschen schwerfällt ein Anderssein zu akzeptieren oder zumindest zu respektieren. Geschichtlich ist der Weg der Aussonderung vorgezeichnet, und er ist einfacher" (1990, 106).

Ethnisch, kulturell oder sprachliches Anderssein muss wertfrei angenommen und keinesfalls beurteilt oder gar verurteilt werden, denn „jeder Mensch, dem ich begegne, ist nicht, wie ich bin, aber nicht wertend besser oder schlechter als ich, sondern eben anders, und jeder Mensch hat ein grundgesetzliches Recht darauf, anders sein zu dürfen" (Reiser 1981, 10).

2.2.4 Interkulturelle Pädagogik auf der Basis eingegrenzter Ethnizität

Der Terminus Interkulturelle Pädagogik[33] taucht in Deutschland erstmals Mitte der 70er Jahre auf. Interkulturelle Pädagogik ist eine Subdisziplin der Erziehungswissenschaften, die sich mit den pädagogischen Konsequenzen und Reaktionen auf die multikulturelle Situation in unserer Gesellschaft auseinandersetzt. Der Begriff der Interkulturellen Pädagogik subsumiert eine Vielzahl von Definitionen und Interpretationen, Ziele und pädagogische Maßnahmen werden kontrovers diskutiert. Interkulturelle Pädagogik soll Toleranz und Empathie[34] gegenüber diversifizierten Lebensformen stärken, das gleichberechtigte solidarische Zusammenleben von Menschen aus verschiedenen Kulturkreisen sowie die interkulturelle Verständigung und Konfliktfähigkeit fördern.

---

33 Teilweise synonym verwandte Begriffe: Inter- oder multikulturelle Erziehung/Bildung/Pädagogik, bikulturelle Erziehung, transkulturelle Erziehung, Kulturkontakt- oder -konfliktpädagogik, Begegnungspädagogik; Verbindungen in den Handlungsstrategien zur Friedenspädagogik und der Antirassistischen Erziehung.
34 Nach Rogers (1974) ist Empathie die Fähigkeit, die *phänomenale Lebenswelt* einer anderen Person zu erfahren als ob es die eigene Lebenswelt wäre.

Aufgabe der Interkulturellen Pädagogik ist es, den Prozess des interkulturellen Dialoges und der kritischen Reflexion und Weiterentwicklung der je eigenen Kultur zu begleiten und zu stärken. Klafki sieht in der internationalen und der interkulturellen Bildung keine voneinander abweichenden Konzepte, sondern „allenfalls zwei Akzentuierungen einer Aufgabendimension heutiger und künftiger Pädagogik in Theorie und Praxis" (1998, 235). Die Interkulturelle Pädagogik stellt für ihn folglich nicht nur einen speziellen Teilbereich oder eine spezielle Teildisziplin der Erziehungswissenschaften, sondern vielmehr „eine generelle konstitutive Dimension jeder Erziehungs- und Bildungspraxis und jeder pädagogischen Theorie" (a.a.O.) dar. Bildung in und für Europa müsste grundsätzlich auch als internationale bzw. interkulturelle Bildung mit universalem Horizont und als „Bildung in weltbürgerlicher Absicht" (ebd., 237) verstanden werden.

Konzepte der Ausländerpädagogik als auch der Interkulturellen Pädagogik basieren häufig auf einem stark sprachlich, national-territorial bzw. ethnisch geprägten Kulturbegriff[35]; Kultur ist jedoch nicht nur Sprache, Tradition und Folklore, sondern die Gesamtheit der kollektiven Deutungsmuster (Muster des Wahrnehmens, Orientierens, Deutens, Denkens, Fühlens, Wertens und Handelns) einer Lebenswelt (Nieke 1995) und der Orientierungsmuster, mit denen sich Menschen in dieser Lebenswelt orientieren und ihr Handeln anleiten lassen. Die Lebenswelt eines Menschen oder einer Gruppe besteht aus kulturell überlieferten kollektiven Deutungsmustern und aus individuellen, auf persönlichen gesellschaftlichen Erfahrungen beruhenden Deutungsmustern. Kultur ist somit nicht statisch, sondern verändert sich (insbesondere durch den Generationenwechsel und durch den Migrationsprozess) historisch individuell. Auernheimer (1997) kritisiert die undialektische Betrachtungsweise und den darin begründeten unreflektierten Eurozentrismus. Ein solcher Kulturalismus macht die Menschen zu „Geschöpfen und Gefangenen ihrer Kultur", schließt den interkulturellen Dialog (ebd., 349) und damit die Entwicklung einer „transkulturellen Identität[36]" (Weiß 1996) aus.

„Transkulturelle Identität befähigt das Subjekt, sich wesentlich nicht als Repräsentant bzw. Repräsentantin einer partikulären Kultur, sondern als Mensch unter Menschen zu begreifen, denen allesamt gleichermaßen Achtung gebührt" (ebd., 7).

Nach Bukow sind es gerade zuvor dargestellte ethnologistische Strategien des Umgangs mit Migrantinnen und Migranten, die im Grunde die ethnischen Minoritäten und ethnische Elemente erst schaffen, einseitig qualifizieren und im

---

35 Häufig kommt es sogar zu einer impliziten Identifizierung von *multikulturell* und *multiethnisch* (vgl. Weiß 1997).
36 Identität im Sinne der „Summe unseres Orientierungswissens" (Weiß 1996, 6).

Rahmen der so konstituierten ethnischen Minoritäten weitere ethnologistische Lösungen herausfordern[37] (Bukow 1987).

„Nicht die Tatsache, dass es gewisse kulturelle Differenzen zwischen verschiedenen Ethnien gibt [...], sondern die Behauptung, dass gerade sie konstitutiv für die spezielle Lebenslage von Migranten [...] seien, das ist das hier zu kritisierende Missverständnis, diese ethnologistische Deutung der Lage ist zum vorherrschenden Paradigma im Alltag wie in der Wissenschaft geworden" (a.a.O., 29).

Ethnisierungsverfahren dienen zur Regulierung des Zugangs zu sozialen Prozessen, zur internen Steuerung sozialer Prozesse und haben insofern eine kontextabhängige Rolle (nach Bukow 1996, 164). Dabei kommt dem Bildungssektor eine exemplarische Bedeutung zu, da der ethnisierende Diskurs im Sinn einer „strukturellen Härtung von Chancen" fungiert (a.a.O.; siehe ausführlicher in Kapitel 3.2.5). Konzepte der interkulturellen Pädagogik gehen in der Regel davon aus, „dass MigrantInnen und Eingewanderte ‚Fremde' sind, deren Fremdheit durch ihre Herkunftskultur bzw. die Entwicklung eigenständiger Einwandererkulturen in der Aufnahmegesellschaft bedingt ist" (Scherr 1999, 54). Der Ansatzpunkt jeglicher Forderungen interkultureller Pädagogik, nach wechselseitiger Verständigung im empathischen Sinne, basiert auf der Annahme, dass es interkulturelles Konfliktpotenzial gibt und dass die Kinder aus Migrantenfamilien auf Grund ihrer Sozialisation stets *anders* sind. Unbeachtet bleibt dabei die Tatsache, „dass auch MigrantInnen Subjekte sind, die sich eigensinnig mit kulturellen Traditionen, Erwartungen von Bezugsgruppen, Normen und Werten usw. auseinander setzen" (ebd., 56). Nach Scherr sind die Grundannahmen einer Interkulturellen Pädagogik zweifelhaft und dadurch stellt diese bereits „die Antwort auf eine von vornherein falsch gestellte Frage dar" (a.a.O.).

In der Form der ethnologistischen Lösungen verbirgt sich eine besonders subtile Form der Diskriminierung, denn der „ethnologistische Blick sensibilisiert für Unterschiede, macht sie sichtbar" (ebd., 63). Diese Form der Diskriminierung kann auf allen Ebenen der integrativen Prozesse (Reiser et al. 1987) festgestellt werden; so haben Personen ethnologistische Wahrnehmungen und Situationsdeutungen, verwenden ethnologistisches Unterrichtsmaterial in ethnologistisch selektiven Bildungssystemen usw.

„Ethno-, eurozentristische und rassistische Diskriminierung des Fremden findet sich den allgemeinen gesellschaftlichen Normen entsprechend auch in Lehrplänen und Schulbüchern. [...] Weiter umfasst Rassismus auch paternalistische Variationen von Diskriminierung. Als Ausdruck derartiger Diskriminierungen werden auch punktuelle, folkloristische Aktivitäten in der Schule angesehen; sie bestätigen geradezu die Ausnahme und Abweichung vom Normalen" (Hinz 1993, 277).

---

37 Die Diskussion erinnert dabei stark an die Auseinandersetzungen zum Behinderungsbegriff, den Klassifizierungen und Etikettierungen sowie Zusammenhängen mit der real existierenden Praxis des integrativen Unterrichts.

Kulturell geprägte Lebensgewohnheiten und Handlungsweisen können „ein gegenseitiges Gefühl der Fremdheit vermitteln" und fordern „eine professionelle Haltung, die von Neugierde und Aufgeschlossenheit für das Fremde und von der Bereitschaft, ‚das andere' auch fremd sein lassen zu können" (Körner 1996, 39) bestimmt sein sollte[38]. Voraussetzung ist, dass das *Fremde* im Sinne einer Differenz im Gegensatz zum Defizit wahrgenommen werden muss. Das Verstehen zwischen *Fremden* wird durch „kollektive Fremdbilder, Stereotypen oder gar Vorurteile sowie durch unbewusste Erwartungen und Ängste" (Auernheimer 1997, 351) beeinträchtigt. Pädagogik muss sich zur Aufgabe machen ihre Anwaltsfunktion für eine Gruppe, indem sie alle Kinder dieser Gesellschaft einschließt (vgl. Hamburger 1994) auf die Idee der Interkulturalität (vgl. Auernheimer 1997) auszuweiten. Dies gilt gleichsam auf der Ebene der Bildungspolitik, der Institutionen, der Lehrenden und Lernenden, denn die Vernachlässigung oder gar Abwertung subjektiv bedeutsamer Kulturelemente ist als unpädagogisch (a.a.O.) zu bewerten.

2.2.5 Formen der Binnengestaltung von Schule

Die wachsende Heterogenität der kulturellen Lebenswelten von Kindern und Jugendlichen erfordert eine Pädagogik und mit ihr Unterrichtskonzepte, welche lebensweltliche, muttersprachliche und kulturelle Vielfalt als Bereicherung für die konkrete Ausgestaltung von Erziehungs- und Lernprozessen wahrnimmt und deutet. Eine offene, individualisierte und fähigkeitsorientierte Gestaltung von sozialen und intellektuellen Lernprozessen, ohne statische kulturelle oder sprachliche Leistungsnormen, ermöglicht die Berücksichtigung spezifischer Lernbedürfnisse von Schülerinnen und Schülern in multiethnischen, multikulturellen und multilingualen Lerngruppen und fördert interkulturellen Dialog und interkulturelles Lernen. Als didaktisch-methodische Elemente der Gestaltung von Unterricht und Schulleben „wird auf jene verwiesen, die den Zielhorizont einer kindgerechteren Schule ausmachen: Lebensweltorientierung, Binnendifferenzierung und Individualisierung, Öffnung des Unterrichts, Gemeinwesenorientierung, HelferInnensysteme. Diese Elemente sind nicht spezifisch interkulturell" (Hinz 1993, 274). Hinz stellt weiter fest, dass diese allgemeinen didaktischen Prinzipien nicht ausreichend sind und „auf spezifische Erfordernisse kultureller Heterogenität bezogen und konkretisiert werden" (ebd., 274) müssen.

„Maßnahmen der Binnendifferenzierung, die auf einer positiven Berücksichtigung d[ies]er Verschiedenheit der Migranten- und Flüchtlingskinder und deren Zweisprachigkeit aufbauen, müssten in multikulturellen Klassen zum selbstverständlichen Handwerkszeug der

---

[38] Diese von Körner für die Zusammenarbeit mit Eltern in der Frühförderung von Migrantenkindern formulierte These erfährt meines Erachtens dieselbe Bedeutsamkeit für eine professionelle Haltung von Lehrerinnen und Lehrern in multikulturellen Lerngruppen.

LehrerInnen gehören (z.B. Etablierung von Dolmetscherdiensten, von zweisprachiger Gruppenarbeit und Helfersystemen)" (ebd., 66).

Lehrerinnen und Lehrer nichtdeutscher Muttersprache, nach Möglichkeit in der Muttersprache des überwiegenden Nationalitätenanteils, sollten nicht nur im Bereich der muttersprachlichen Unterrichtsangebote, „sondern möglichst umfassend (im Team Teaching) als Experten für Herkunftskulturen und Sprachen im Unterricht *aller* SchülerInnen" (Dietrich 1997, 65) eingesetzt werden. „Die Überarbeitung von Richtlinien, Lehrplänen und Schulbüchern unter interkulturellen Gesichtspunkten" (ebd. 65) zur Anpassung an die aktuelle Bevölkerungssituation ist längst überfällig[39].

2.2.6 Muttersprachlicher Unterricht, Bilinguale Erziehung und Alphabetisierung

Mit der wachsenden kulturellen und ethnischen Pluralisierung in unserer Gesellschaft, fällt es auch zunehmend schwerer, die Muttersprache eines Kindes auszumachen. Viele Kinder wachsen bereits im Herkunftsland zweisprachig auf (bspw. in kurdischen Familien), leben in einem binationalen Elternhaus[40] oder in einer Migrantenfamilie der 2. und 3. Generation, in welchen häufig bereits die deutsche Sprache zur Alltagssprache avanciert ist. Folglich ist nicht immer die Sprache der Mutter auch die erste Sprache im Spracherwerb der Kinder. Der in der Konsequenz von der Spracherwerbsforschung verwandte Terminus *Erstsprache* bezeichnet „diejenige Sprache des Kindes, welche die Eltern sprechen, mit der es im familiären und vorschulischen Bereich hauptsächlich kommuniziert" (Steinmüller/Engin 1999, 4) und die es „im Vergleich zu anderen Sprachen am besten beherrscht" (Glumpler/Apeltauer 1997, 10). In der Regel wird auch bei einem gleichzeitigen ausgewogenen Aufwachsen in zwei Sprachen, dem so genannten primären Bilingualismus, eine der beiden Sprachen dominieren, deshalb wird diese Sprache in der Zweitspracherwerbsforschung auch als *starke*, bzw. das Pendant als *schwache* Sprache bezeichnet (vgl. ebd.). Nach einem Modell von Cummins (1982) ist das Erlernen der Zweitsprache abhängig von den transferierten Fähigkeiten im Erlernen der Erst- oder Muttersprache. Verschiedenste Studien haben die Korrelation zwischen den muttersprachlichen und den Zweitsprachkompetenzen für diverse Migrantengruppen bestätigt (für jugoslawische, griechische und türkische Migrantenkinder, siehe u.a. Baur/Meder 1989). In vielen Fällen

---

39 Als ich das Anliegen der vorliegenden Studie bei der Pressestelle des Landesschulamtes in Berlin vortrug, fragte der Mitarbeiter, wo es denn da einen Forschungsbedarf gäbe, die Interkulturelle Pädagogik sei doch in den Rahmenrichtlinien verankert.
40 In der BRD leben weit über 2 Mill. Menschen in binationalen Familien und zurzeit wird etwa jede neunte Ehe zwischen PartnerInnen verschiedener Nationalitäten geschlossen (nach Coburn-Staege 1996).

entwickelte sich durch die Trennung der Spracherwerbsphasen und -bereiche[41] der Migrantenkinder (bspw. türkisch in der Familie und deutsch in der Kindertagesstätte) sowie bedingt durch einen umweltbezogenen Sprachstand und Wortschatz das Phänomen einer *Halbsprachigkeit*[42] heraus, die sich auch als *doppelte Halbsprachigkeit* (in Erst- und Zweitsprache) manifestieren kann. Der bilinguale Alltag von Migrantenkindern ist durch die Schrift- und Verbalsprache in beiden Sprachen beeinflusst. Nach Fthenakis et al. (1985) äußern sich die Probleme der Migrantenkinder mit einer entwickelten Halbsprachigkeit oder doppelten Halbsprachigkeit nicht in der allgemeinen Kommunikationsfähigkeit, sondern in Bezug auf die kognitiv-akademische Sprachkompetenz. Die Muttersprache ist „der Basisträger jedes sprachlichen und sozialen Lernens" (Goltz 1996, 241) und wird als Instrument des Denkens genutzt, kognitive Operationen werden mit Sprache repräsentiert und metasprachliche Kenntnisse durch sie erworben (Fthenakis et al. 1985). Fthenakis Schlussfolgerungen beruhen auf den Theorien von Piaget und Wygotsky und basieren auf der Annahme einer Interdependenz der Sprach- und Denkentwicklung bei Kindern. Nach Wygotski beginnt der Spracherwerb mit der Geburt und endet ungefähr mit dem 12. Lebensjahr. Er basiert auf einer Stufenentwicklung: 1. Synkretische Bildungen; ca. drittes Lebensjahr – es werden bereits mehr oder weniger wesentliche Zusammenhänge erkannt, aber nur so weit sie im äußeren Erscheinungsbild oder dem sinnlichen Inhalt erfahren werden können; 2. Komplexbildung; ab viertem Lebensjahr – auf der Basis der zuvor erworbenen Fähigkeiten und Fertigkeiten werden nun die Voraussetzungen für objektives Denken erworben, Begriffe werden auf Grund der tatsächlich bestehenden objektiven Zusammenhänge gebildet und Alltagsbegriffe entstehen im Prozess der alltäglichen Kommunikation; 3. Wissenschaftliche Begriffsbildung; ca. ab dem 12. Lebensjahr – wissenschaftliche Begriffe bilden die Grundlage für abstraktes Denken, das Denken kann sich unabhängig von der Wahrnehmung mit abstrakten Begriffen befassen. Diese Spracherwerbsphasen basieren aufeinander, durch die Sprachentwicklungsverzögerung verzögert sich die kognitive Entwicklung und den Kindern fehlt das entsprechende sprachliche Material, um die Denk- und Kommunikationsoperationen in der Schule nachzuvollziehen.

Goltz sieht die Integration in unsere Gesellschaft „nur in einer bilingualen, beide Lebens- und Sprachwelten berücksichtigenden Erziehung" gewährleistet (1996, 241). Dies wird als Voraussetzung für eine konfliktfreie Identitätsbildung bei Migrantenkindern, unabhängig von der Migrationsgeneration gewertet[43]. Die

---

41 Verstärkt durch Trennungs- und Pendelerfahrungen zwischen Herkunfts- und Einwanderungsland der Migrantenkinder.
42 Auch Semilinguismus (nach Fthenakis).
43 Vgl. Hikmet Koese, Vorsitzender des rheinlandpfälzischen Ausländerausschusses LAILA: Mehrsprachigkeit nur als langfristige Perspektive. In: Erziehung und Wissenschaft (2000) Heft 4.

Chance eines Kindes auf muttersprachlichen Unterricht ist bislang in erster Linie von seinem Wohnort abhängig, denn es gibt keine einheitlichen Vorgehensweisen[44] (vgl. Neumann 1994, 435) in den Bundesländern.

Nach Glumpler/Apeltauer (1997) ist die sprachliche Förderung und der Erwerb der Zweitsprache Deutsch am ehesten in der deutschen Regelklasse gemeinsam mit den einheimischen deutschen Kindern gewährleistet (ebd. 9). Sie legen erstmals ein systematisches Konzept für den Unterricht in multilingualen Grundschulklassen vor und entwerfen Ziele für einen Unterricht, „der nicht auf gemeinsam altersgemäßen Kenntnissen des Deutschen als Erst- oder Zweitsprache aufbauen kann" (ebd., 8). Zudem werden konkrete Inhalte benannt, „die Kinder zur Erschließung ihrer Lebenswelten mit Hilfe von Sprache motivieren" (a.a.O.) können. Sie begründen, ausgehend von Überlegungen zum Unterrichtsfach Deutsch, methodische Entscheidungen für fächerübergreifende Kooperationen und die Auswahl von Materialien und Medien und kommen zu dem Schluss, dass ausländische und Aussiedlerkinder die Zweitsprachkompetenzen am besten in deutschen Regelklassen mit den deutschen Mitschülerinnen und -schülern erwerben, allerdings nur „unter der Voraussetzung, dass der individuelle Lernweg jedes einzelnen Kindes, des deutschen wie des ausländischen, dort angemessen unterstützt und begleitet wird" (ebd., 9). Diese Prämissen lassen darauf schließen, dass ein integrativer subjektorientierter Unterricht auch ein erfolgreicher Unterricht für Kinder nichtdeutscher Muttersprache sein dürfte. Die Integration der Migrantenkinder erfordert jedoch von den Lehrenden, vorgegebene monolingual ausgerichtete Lernzielvorgaben der Lehrpläne für die Grundschule und die Wertigkeit einer konformen Unterrichtsplanung für das eigene Berufsrollenverständnis zu reflektieren und zu modifizieren (ebd., 20).

Augenblicklich wird der muttersprachliche Unterricht in einer Vielzahl von Trägerschaften und konzeptionellen Formen angeboten, die oftmals sogar nebeneinander existieren, und es kann auch in den Wissenschaften und der Bildungspolitik keine einhellige Auffassung bzw. Positionierung erkannt werden. Die besonderen sprachlichen Kompetenzen der Migrantenkinder durch ihre Zwei- und Mehrsprachigkeit sollten ebenso wie die vermittelten Fremdsprachenkenntnisse in den dominanten Schulsprachen Englisch und Französisch als „hoher kultureller Wert" in der Schule geachtet, gepflegt und erhalten werden (Dietrich 1997) und langfristig, anstelle eines segregativen Muttersprachenunterrichts[45], eine Erziehung zur Mehrsprachigkeit aller Kin-

---

44 In einigen Bundesländern finanziert und organisiert in der Aufsicht der Schulbehörden, in anderen in der Obhut der Konsulate oder diverser Organisationen.
45 Teilweise nicht mal innerschulisch organisiert, sondern durch externe Anbieter im Freizeitbereich. Die Durchführung durch religiöse Vereine oder Konsulate birgt die Gefahr der Verknüpfung mit konfessionellen und nationalistischen Positionen. Dies gilt gleichsam für die Arrangements mit muttersprachlichen PädagogInnen, welche von den Herkunftsländern entsandt wurden und das interkulturelle Anliegen nicht aus Überzeugung mitzutragen bereit sind.

der forciert werden[46]. Reformfreudigere europäische Nachbarländer haben längst erkannt, dass „Aktiver Bilingualismus" und „interkulturelle Erziehung" als tragende „Prinzipien der Pädagogik und Bildungspolitik" (Auernheimer 1996, 29) anerkannt und verwirklicht werden müssen. Diese Kompetenzen sollten zunehmend auch bei monolingual aufgewachsenen Kindern gefördert werden. In Schweden hat jedes Kind aus einer sprachlichen Minderheit einen Rechtsanspruch auf Unterricht in der Muttersprache, der in 80 Sprachen erteilt wird.

2.2.7 Interreligiöse Erziehung?! – Ein vernachlässigter Aspekt der Interkulturellen Pädagogik

Roth bezeichnet es als erstaunlich, dass in der Interkulturellen Pädagogik scheinbar der religiöse Hintergrund der Kinder und damit die „Bedeutung religiöser Werthaltungen, insbesondere des Islam, für eine sich interkulturell verstehende Pädagogik [...] in der Regel ausgeblendet" (Roth 1999, 210) wird und diese sich gleichsam wie die Pädagogik allgemein als religionsfrei darstellt. Dass dieses Handlungsfeld scheinbar trotz einer Fülle an Studien und Veröffentlichungen zum Einfluss des Islams auf den Sozialisationsprozess muslimischer Kinder und Jugendlicher und trotz der grundlegenden didaktischen Prämissen jeder interkulturellen Pädagogik, wie Lebenswelt- und Subjektorientierung, bislang nicht ausreichend konzeptionell erarbeitet wurde, vermutet er ursächlich in vier wesentlichen Arrangements auf Seiten der Wissenschaftlerinnen und Wissenschaftler: 1. In einer materialistischen Ausrichtung mancher Autorinnen und Autoren; 2. einem implizierten, ambivalenten Verhältnis zum Islam, bedingt durch die allgemein mit dem Islam assoziierten Werte wie Intoleranz und Ungleichbehandlung, die einer humanistisch ausgerichteten Pädagogik vermeintlich entgegenstehen; 3. einer grundlegenden Distanz der pädagogischen Überlegungen zu religiösen Faktoren; 4. einer starken Ausrichtung der Interkulturellen Pädagogik am Handlungsfeld Schule, welches sich generell monokulturell präsentiert. In einer Analyse der Veröffentlichungen renommierter Autorinnen und Autoren, Wissenschaftlerinnen und Wissenschaftler der Interkulturellen Pädagogik stellte Roth fest, dass das Religiöse im Kontext einer interkulturellen Erziehung oder Pädagogik geringen Stellenwert erfährt.

„Das Thema Islam erscheint eher indirekt oder nur in Auseinandersetzung mit dem Phänomen Fundamentalismus" (ebd., 213), denn die „Religiöse Zugehörigkeit taucht in den Passagen zum Thema ‚kulturelle Identität' nur als Negativfolie auf, gegen die sich abgegrenzt wird: als antimoderner Traditionalismus oder als aggressiver Fundamentalismus" (ebd., 215).

---

46 Ebd.

Der Fokus der Betrachtungen liegt verstärkt auf der Minorität (in diesem Fall auf den muslimischen Gläubigen) und die ursprünglichen Prämissen der Interkulturellen Erziehung, wie Toleranz, Empathie und gegenseitige Annäherung im Dialog, verlieren an Bedeutung. Selbst wenn die Autorinnen oder Autoren sich von einer soziologischen Warte aus mit der Religiosität befassen, diese u.U. sogar in ihrer Vielschichtigkeit darstellen, verweisen sie eher „auf den problematischen, ethnisierenden Umgang mit dem Thema" (ebd., 226). Roth verbleibt auf dieser kritisch analysierenden Ebene, stellt den stereotypisierenden Bildern des Islam keine Gegenentwürfe gegenüber und bekennt sich abschließend zu seiner eigenen ungeklärten Position zum Gegenstand des Islam in der Interkulturellen Pädagogik. Die durch ihn erneut entfachte Debatte regt hoffentlich nun auch die Theoretiker an, sich im Zuge einer neu zu entwickelnden „Interreligiösen Erziehung" mit der eigenen Toleranz, Empathie und Annäherungsbereitschaft auseinanderzusetzen.

„Kulturspezifische Glaubensunterweisung z.B., wie sie bis heute im Religionsunterricht praktiziert wird, ist wenig geeignet, in eine universalistische Richtung zu wirken; die vergleichende Information über verschiedene Religionen, die Erörterung ihrer Unterschiede und Gemeinsamkeiten und die kritische Diskussion ihrer Gehalte finden im Rahmen schulischen Unterrichts wenig oder erst spät Raum" (Weiß 1996, 19).

Diese Prämissen einer *Interreligiösität* dürfen nicht nur im Rahmen eines Ethik- oder Weltreligionsunterrichts bedacht werden, sondern bedürfen der persönlichen Reflexion durch alle beteiligten Personengruppen, wie Eltern, Lehrende, Lernende etc. Implizite Theorien auf der Basis unserer christlich dominierten Kultur müssen bewusst gemacht werden, denn bei Lehrerinnen und Lehrern werden in der Auseinandersetzung mit Religiösität, Konfession und religiösen Traditionen nur zu oft Grenzbereiche erreicht. Zum Beispiel durch das Kopftuch, welches in der Regel nicht als „Symbol sowohl für Individuen wie für Gesellschaften mit sehr unterschiedlichen Bedeutungen und Wertigkeiten" (Thomas 1998, 60) wahrgenommen und gedeutet wird, sondern häufig stereotypisierende Implikationen, unabhängig von der Person der Trägerin, impliziert (siehe Kapitel 2.4.2).

2.3 Pädagogik der Vielfalt – Voraussetzung für Nichtaussonderung

„Wenn Bildung tatsächlich als demokratisches Bürgerrecht und Bedingung der Selbstbestimmung anerkannt wird, so muss sie Bildung für alle sein; das ist ihr radikal-demokratischer Anspruch" (Klafki 1998, 240).

2.3.1 Bildungspolitische und schulorganisatorische Rahmenbedingungen einer nichtaussondernden Pädagogik

Nationale Bildungssysteme sind mit „einem Spannungsverhältnis zwischen der Norm bürgerlicher Gleichheit und der faktischen Ungleichheit der Lebensverhältnisse konfrontiert" (Lenhardt 1999, 90). Sozioökonomische und -kulturelle Prägungen der Lebensverhältnisse haben erwiesenermaßen einen nachhaltigen Einfluss auf Bildungsperspektiven und -chancen von Kindern und Jugendlichen. Nachdem die sozialen Schichtgrenzen unserer Gesellschaft sich verwischt haben, sind Schichtgrenzen und Bildungsbarrieren anderer Art hinzugekommen, wie ethnische Zugehörigkeit, Migrantenstatus, und soziale Abstiegsprozesse, wie Arbeitslosigkeit und Sozialhilfeabhängigkeit (vgl. Iben 1995, 171). Die Ungleichheit der Bildungschancen findet ihren Ausdruck in der BRD „vor allem in der Mehrgliedrigkeit der Sekundarstufe, also in der Hierarchie von Hauptschule, Realschule und Gymnasium; hinzu kommt die Gesamtschule, deren interne Ungleichheit durch egalisierende Tendenzen relativiert wird" (Lenhardt 1999, 91). Auch diese als „Paradebeispiel der Blütezeit der Bildungsreform der 60er und 70er Jahre" geltende Schulform ist dem Ziel einer chancengerechten Bildungsverteilung in der Bevölkerung, unabhängig von sozioökonomischen Benachteiligungen, nur unweit näher gerückt, da sie ebenfalls der Orientierung am Modell der „Äußeren Differenzierung" gefolgt ist. Durch die Verlegung der vielgliedrigen Schulwirklichkeit nach innen (Leistungskurse, a,b,c-Kurse, etc.), ausgenommen der Kinder mit Behinderungen und der Sonderschulen, wurden die selektiven Strukturen nur miniaturisiert, aber nicht überwunden (vgl. Feuser 1998b). Die Grundintentionen scheiterten an den Systembedingungen und die Gesamtschulreform war letztlich „*alter Wein in neuen Schläuchen*" (ebd. 11). Kinder mit Behinderungen blieben von dieser Reform ausgenommen, der Ausbau des separierenden Sonderschulwesens erfolgte parallel weitgehend kritiklos und mehr Kinder denn je wurden in Sonderschulen eingewiesen (vgl. Prengel 1995).

Die Grundschule im deutschen Schulsystem dient der Vorbereitung auf das höhere Schulwesen und kommt in der Regel ihrem Bildungsauftrag als *Schule der Grundlegung von Allgemeinbildung* nach, indem sie die Bildungsaspiration ihrer Schülerinnen und Schüler für den weiteren Bildungsweg vorsondiert. Solange das selektive „mehrgliedrige System des Sekundarbereichs folgt, hat die Grundschule auch immer eine selektive Funktion" (Heyer 1998a, 90) und fühlt sich genötigt, diese Selektionsfunktion durch separative und selektive Strategien innerhalb des Schulsystems (Sonderschulen, Förderklassen etc.), mit Mitteln der „intraschulischen Selektion" (Rückstellungen, Klassenwiederholungen etc.; vgl. Hinz et al. 1998a) und der selektiven Maßnahmen innerhalb der Lerngruppen (Norm- und bezugsgruppenorientierte Bewertung kognitiver Leistungen, abgestufte Curricula etc.) zu erfüllen. Eine

Ausweitung der Dauer der Grundschulzeit[47] kann infolgedessen nur als ein Schritt in Richtung *Schule ohne Aussonderung* gewertet werden, wenn sich die Selektionsfunktion erübrigen würde, keine Schülergruppe generell ausgeschlossen wäre und jegliche „formale[n] Trennungen überwunden werden: Ausländerregelklassen, Sonderschulen und -klassen für Langsamlerner, körperlich, sinnes- und geistig Behinderte, für Kinder unterschiedlicher Religionen und Geschlechter" (Preuss-Lausitz 1988, 416). Die selektiven Momente der Schulstruktur, der Lerninhalte und der Lernformen sollten generell abgebaut und das „Ausmaß gemeinsamen Lernens sollte konsequent so weit wie möglich ausgeweitet werden" (Klafki 1998, 240).

Im Widerspruch dazu stehen faktische Mechanismen wie das Sitzenbleiben, die Ausgrenzung von Menschen mit Behinderungen, religiöse oder weltanschauliche Privatschulen oder die Ausgrenzung so genannter sozial Schwacher aus dem Bildungsprozess (vgl. Preuss-Lausitz 1998a). Da das gemeinsame Lernen für die Dauer der Pflichtschulzeit wie in zahlreichen anderen Ländern (siehe Schöler 1998a) bislang nicht gewährleistet scheint, haben auch Maßnahmen zur Verlängerung der gemeinsamen Schulzeit, wie die Förder- oder Orientierungsstufe, nur die Funktion einer „Schullaufbahnverteilungsdrehscheibe" (Feuser 1999) und nichtaussondernde Unterrichtskonzepte, wie der Gemeinsame Unterricht von Kindern mit und ohne Behinderungen und Beeinträchtigungen, verbleiben in der Schullandschaft peripher, wie „neuer Wein in alten Schläuchen" (Feuser 1998b, 11).

Eine nichtaussondernde Schule für *alle* Kinder muss sich von der selektiven Programmatik lösen und Integration auf allen Ebenen, „die Integration von Kindern mit Behinderungen, die Integration von Kindern nichtdeutscher Muttersprache und die Integration von Kindern, die durch ihre soziale Situation und die Benachteiligung ihrer Familien am Rande unserer Gesellschaft stehen" (Schöler 1999a, 12) zu ihrer wichtigsten Aufgabe machen.

„Wenn Kinder, die bisher in Schulen für Behinderte eingeschult wurden, nun allgemeine Schulen besuchen, besteht das Ziel nicht mehr in der Minimierung von Verschiedenheit, sondern in der Veränderung von Schule im ganzen, innerhalb dessen die Verschiedenen ihren Möglichkeiten gemäß sich entwickeln können sollen. Diesem Verständnis nach basiert Integration auf einer dialogischen Entwicklungsvorstellung. Hier geht es nicht um die Integration von Kindern mit Behinderungen, mit nichtdeutscher Herkunft und Kindern weiblichen Geschlechts, sondern um eine integrative Schule für alle, die Freiräume für die soziale und individuelle Entwicklung aller Kinder ohne Anpassungsdruck und Aussonderungsdrohung bereithält und auf die Forderung nach Homogenisierung von Lerngruppen verzichtet" (Hinz 1993, 403).

Die „existierende institutionelle Realität" (Feuser 1995) im deutschen Schulwesen realisiert diese Neudefinition ihres Bildungsauftrages und die damit zusammenhängende Aufgabenerweiterung bislang noch ungenügend und „Erziehungs- und Bildungsbedürfnisse der Kinder und Jugendlichen, wie sie sich

---

47 Bspw. auf sechs Schuljahre wie in Berlin und Brandenburg.

in komplexer Weise aus der Persönlichkeitsentwicklung des einzelnen Menschen in seinem kulturellen und gesellschaftlichen Kontext ergeben, scheinen nur zufällig oder als Nebenprodukt Berücksichtigung zu finden" (ebd., 12). Die Gemeinsame Erziehung „als Reform prinzipiell nur im Rahmen des selektierenden und segregierenden, ständisch und vertikal gegliederten Schulsystems und nach Maßgabe dessen, was es (auch juristisch) an Reformen erlaubt" zu entwickeln und zu praktizieren, muss ebenfalls als Revisionismus betrachtet werden (ebd., 230). Integration bleibt dann ihrerseits selektiv und segregativ und „wirkt bezüglich der bestehenden Verhältnisse stabilisierend" (a.a.O.). In kritischer Sicht, jedoch ohne den Prozesscharakter einer so weitgreifenden und von vielen als radikal empfundenen Bildungsreform zu bedenken, wirft Feuser (2000) ihr sogar vor, dass sie „dem Kern nach überwiegend und längst die Sache der Segregierung in modernistischer Passung" betreibt.

Positiver bewertet ist inzwischen unverkennbar „ein deutlicher Schritt in der Allgemeinen Schule zu sehen, das eigene Verhältnis zu heterogenen Lerngruppen zu verändern, indem sie nicht mehr als möglichst schnell zu beseitigendes oder wenigstens zu verringerndes Übel, sondern als Normalität mit Chancen und Problemen verstanden werden" (Hinz 1998b, 227). Eine konsequente Neuorientierung würde allerdings die „Überwindung der Egalisierungspädagogik mit den bekannten negativen Folgen wie Jahrgangsklassen, Frontalunterricht, Schulreifeprüfungen, kompensatorischer Erziehung, ‚Lift' kursen, Über- und Unterforderung sowie Sitzenbleiben und Sonderschuleinweisung" (Eberwein 1995b, 242) implizieren sowie auf allen Ebenen der Schuladministration und der Praxis „ein Management des permanenten Wandels" (Müller 1998), orientiert an den Entwicklungen der Schülerschaft, erfordern. Seines Erachtens muss Erziehung und Unterrichtung, in Zeiten eines permanenten Organisationswandels und komplexen ethnischen Situationen, mit einer gesellschaftspolitischen und ethischen Verantwortung verbunden sein. Klafki (1998) fordert einen „neugefassten Bildungsbegriff als Orientierungsrahmen für die Weiterentwicklung, insbesondere die inhaltliche, methodische und strukturelle Reform unseres Bildungswesens" (ebd., 239), einen umfassenden, zugleich pädagogischen und politischen Entwurf, „im Blick auf Notwendigkeiten, Probleme, Gefahren und Möglichkeiten unserer Gegenwart und der vorhersehbaren Zukunft" (a.a.O.).

Die voranschreitende europäische Einigung stellt die Pädagogik und die Bildungspolitik ebenfalls vor neue Herausforderungen. Auernheimer (1996) sieht die aktuelle Debatte vorrangig von drei Aufgaben dominiert: Die Herstellung einheitlicher Qualifikationsstandards, die Förderung eines europäischen Bewusstseins für die politische Integration und den Abbau von Vorurteilen und Klischeebildern (negativer als auch positiver Art). Insbesondere die Salamanca Erklärung (1994) gilt als richtungsweisendes Dokument für die internationale Ausgestaltung einer Gemeinsamen Erziehung für alle Kinder, unabhängig von besonderen Bedürfnissen. Im Aktionsrahmen zur Pädagogik für besondere Bedürfnisse werden die Anforderungen an die Schule von morgen formuliert, indem Schulsysteme und Lernprogramme entworfen werden sollen, die der Vielfalt an Eigenschaften und Bedürfnissen gerecht werden, damit alle Kinder mit besonderen Bedürfnissen Zugang zu Regelschulen erhalten. Regelschulen sind „mit dieser integrativen Orientierung das beste Mittel [...], um diskriminierende Haltungen zu bekämpfen, um Gemeinschaften zu schaffen, die alle willkommen heißen, um eine integrierende Gesellschaft aufzubauen und um Bildung für *alle* zu erreichen" (Salamanca Erklärung 1994, 9; Hervorh. d. Verf.). Dabei beziehen sich die formulierten Anforderungen an eine zukunftsfähige Pädagogik dezidiert auf die Qualität und Bedeutung der Pädagogik für *alle* Schülerinnen und Schüler. Nach Eberwein (1999) ist Deutschland mit einer Quote von integrativ beschulten Kindern von ca. 5% ein Entwicklungsland im Vergleich zu Italien und Norwegen (100%), Portugal (70%), Spanien (50%) sowie Schweden, Dänemark und Östereich (30%). Obwohl Deutschland gemessen am Bruttoinlandsprodukt eines der reichsten Länder ist, steht es bezüglich der Bildungsausgaben weit hinter anderen Ländern (vgl. a.a.O. ; Carle 1995, 10).

2.3.2 Nichtaussondernde Perspektiven der Interkulturellen Pädagogik

Scherr (1999) fordert eine Weiterentwicklung der Programmatik interkultureller Pädagogik, die vielfältige Fremdheitserfahrungen (durch die zunehmenden Teil- und Subkulturen in der modernen Gesellschaft, Minderheitengruppen wie Obdachlose, Skinheads, Homosexuelle etc.) aufgreift und vor dem Hintergrund der sozialen Beziehungen und Konflikte analysiert. Gogolin, Krüger-Potratz und Meyer konstatieren, dass sich die Frage nach dem Verhältnis von Universalität, Partikularität und Differenz heute auf neue Weise stellt, „weil nationalstaatlich organisierte Gesellschaften mit der zunehmenden ‚Verflüssigung' ihres universalistisch konzipierten kulturellen Selbstverständnisses fertig werden müssen: Sie erleben, dass Minderheiten der unterschiedlichsten Provenienz, partikulare Ansprüche gegenüber der ‚Gesamtgesellschaft' geltend machen und dabei ihrerseits ein universalistisches Verständnis demonstrieren" (1998, 8). In der Konsequenz ist das Bildungssystem vor die Aufgabe gestellt, allgemeine Bildungskonzepte für eine pluralistische Gesellschaft mit heterogenen kulturellen Lebensentwürfen zu entwickeln, welche zum Umgang mit der Heterogenität der Anforderungen in der Lage scheinen. Dabei erscheint insbesondere die Grenzziehung vom Allgemeinen zum Besonderen schwierig.

„Wie viel Übereinkunft im Verhalten, in der Einstellung ist notwendig in einem Gemeinwesen, das zunehmend heterogen zusammengesetzt ist (‚multikulturell'), und welches

Ausmaß an unterschiedlichem Verhalten und vielfältigen Einstellungen ist tolerierbar, ja zu unterstützen, im Bildungsbereich zu integrieren, solange es nicht übergeordneten ‚zentralen' oder gar ‚universalistischen' Werten zuwiderläuft" (Thomas 1998, 55)[48].

Bildung ist in dem Maße allgemein, „in dem sie der Verständigung unter den Menschen dient" (Hentig 1980, 109), diese Prämisse liegt auch den interaktionistischen und dialogorientierten Konzepten der Interkulturellen Pädagogik zu Grunde (Borelli 1986; Auernheimer 1996 u.a.). „Erziehung zu gegenseitiger Empathie, Toleranz und Solidarität", ursprünglich Schlagworte der Interkulturellen Pädagogik, sind mittlerweile als konstituierende Bestandteile eines Allgemeinbildungskonzeptes (Klafki 1985) auf der Theorieebene anerkannt. Angesichts der zunehmenden Globalisierung der Lebenswelten müssen Erziehungs- und Unterrichtswissenschaften pädagogische und didaktische Konzepte aus einem weltweiten Blickwinkel heraus neu überdenken. Solange die Interkulturelle Pädagogik eine Subdisziplin der Allgemeinen Pädagogik bleibt (vgl. Behnke 1996, 15) und nicht als fächer- und handlungsfelder übergreifendes, Erziehungs- und Unterrichtsprinzip verstanden wird, kann sie den Anforderungen der Moderne nicht gerecht werden.

„Welche Erkenntnisse, Fähigkeiten und Einstellungen benötigen junge Menschen heute und für ihre Zukunft, um sich produktiv mit jenen universalen Entwicklungen und Problemen, die sich – wenn auch zunächst oft unerkannt – in ihrer Erfahrungswirklichkeit widerspiegeln, auseinander setzen zu können und schrittweise urteilsfähig, mitbestimmungsfähig und mitgestaltungsfähig zu werden?" (Klafki 1998, 238).

Institutionalisierte Erziehung und Bildung können immer nur unter den konkreten und individuellen Bedingungen stattfinden „im Rahmen eines ausgehandelten Konsenses und einer zugestandenen Pluralität, aber sie müssen inzwischen auch den vorhersehbaren wie unvorhersehbaren künftigen Notwendigkeiten und Eventualitäten einer Nah- und Fernwelt in Bewegung Rechnung tragen" (Thomas 1998, 56).

2.3.3 Nichtaussondernde Perspektiven der Integrationspädagogik

Nach Eberwein wissen wir heute, „dass Nichtaussonderung – ungeachtet ihrer ethischen und gesellschaftspolitischen Begründung – pädagogisch geleistet werden kann und muss" (1995c, 250). Vielfältige Schulversuche[49], aber auch Erfahrungen mit einer zunehmenden „Selbstverständlichkeit" (Schöler 1999) des Gemeinsamen Unterrichts im Rahmen der schulgesetzlichen Ausgestal-

---

48 Im Zusammenhang mit der Frage nach der Akzeptanz des Kopftuches an Schulen.
49 Zu den ersten gehörten ab 1970 die Montessorischule der Aktion Sonnenschein (München), die Fläming Grundschule und die Uckermark Grundschule (Berlin).

tung in einzelnen Bundesländern[50], bestätigen dies. Trotz der, nach wie vor erheblichen Barrieren für die Entwicklung einer integrativen Schule, wie unzureichende Verwaltungsstrukturen, mangelnder Informationsstand und häufig geringe Akzeptanz bei Schulbehörden, Schulleitungen, Pädagoginnen und Pädagogen sowie Eltern, gilt es als unbestritten, dass die Integrative Erziehung „der allgemeinen Schule wichtige Anstöße gegeben [hat,] zur Veränderung ihres Verhältnisses zur Heterogenität von Lerngruppen und zur Individualisierung des pädagogischen Blicks" (Hinz 1998, 222).

Die Heterogenität der Integrationsklassen „spiegelt die gesellschaftliche Vielfalt und ermöglicht gegenseitig bereichernde Erfahrungen und Beziehungen auch zwischen Kindern, die sich zunächst fremd sind" (Heyer 1998 a, 95).

„Hier zeigen sich deutlich die Chancen, die mit gemeinsamen Unterricht verbunden sind: Mit Verschiedenheit zu leben, Unterschiede als Bereicherung zu verstehen, die Individualität des Gegenübers als einzigartig wahrzunehmen, aber auch Konflikte, die sich aus der Heterogenität ergeben, produktiv auszutragen und Regeln für das gemeinsame Zusammenleben zu finden und einzuhalten, sind gemeint" (Werning 1996,468).

Die Vielfalt der Schülerschaft steht „explizit im Mittelpunkt aller theoretischer Überlegungen und praktischen Vorhaben" (Prengel 1995, 158) der Integrationspädagogik und dennoch „ist es immer noch von vielen Zufällen abhängig, ob die notwendige Akzeptanz von Verschiedenheit in der Schulklasse so praktiziert wird, dass das einzelne Kind mit einer Behinderung ein gutes Lernklima erlebt" (Schöler 1999, 284).

Preuss-Lausitz sieht in den veränderten Bedingungen für das Aufwachsen der Kinder und Jugendlichen in liberaler gewordenen Familienmilieus der heutigen Generation die Ursache „einer erheblich integrativeren Einstellung gegenüber ‚Differenz' – auch gegenüber Behinderung – als in früheren Generationen" (1998, 69). Sowohl objektiv als auch subjektiv wird s. E. das integrative gemeinsame Lernen und Aufwachsen durch den gesellschaftlichen Wandel erleichtert. In der Integration von Kindern mit Behinderungen sieht er den „Motor" für die Veränderung und Reformation von Unterricht und damit für die

„Modernisierung einer Schule, die sich auf veränderte Kindheit, auf Pluralismus und auf mehr Demokratie einlässt [...]. Individualismus und ‚soziale Kohäsion', also der soziale Kitt in der sozial, ökonomisch und auch ethnisch so auseinanderdriftenden Gesellschaft werden in der integrativen Schule miteinander verbunden" (ebd. 70).

Ziel des Gemeinsamen Unterrichts ist die Schaffung einer Lern- und Unterrichtskultur, in der alle Kinder mit ihren individuellen Schwächen und Stärken akzeptiert und anerkannt werden. Dies betrifft nach Auffassung vieler Autorinnen und Autoren nicht nur Kinder mit Beeinträchtigungen oder Be-

---

50 Bspw.: Berlin. Zu den differenten Entwicklungen und der Vielfältigkeit der schuladministrativen Ausgestaltung des Gemeinsamen Unterrichts in den einzelnen Bundesländern siehe: Rosenberger (1998).

hinderungen, sondern schließt alle Kinder im Kontext ihrer Lebensbezüge, gleichsam der „Community School", „konkretisiert an ethnischen, sozialen und kulturellen Lebensbedingungen eines Wohngebiets", mit ein (vgl. Preuss-Lausitz 2000, 89). Dennoch wurden Personengruppen, die systematisch und massiv von Aussonderung bedroht oder betroffen sind, wie Angehörige ethnischer Minderheiten, Menschen mit einer anderen Muttersprache, sozioökonomisch Benachteiligte, lange Zeit von der Integrationsforschung vernachlässigt,

„weil sie durchweg mit einem individuell gefassten Begriff von Behinderung operieren. Dies verstellt jedoch den Blick für Behinderung als sozial vermittelten Zustand – z.B. als Folge von Auslesemechanismen im Bildungswesen und fehlenden Unterstützungssystemen im außerschulischen Bereich" (Ginnold/Hovorka/Kornmann/Merz-Atalik/Peper 1997[51]).

Die „Feinabstimmung von Schule/Unterricht auf so heterogene individuelle Lebens- und Kulturlagen unter Aufrechterhaltung qualitativer Anforderungen stellt eine fast überfordernde Herausforderung für die Grundschul-/Integrationspädagogik dar" (Hinz et al. 1998, 73). Hinz (1998) verweist deshalb, auf der Basis der Forschungsergebnisse in Integrativen Regelklassen sozialer Brennpunktschulen in Hamburg, auf die Notwendigkeit, bei den differerierenden sprachlich-kulturellen Kontexten die Erstsprache der Kinder in den Unterricht einzubeziehen und nicht in die Zuständigkeit von Konsulaten abzuschieben. Zudem fordert er die Reflexion und Modifikation von impliziten (ethnisch zentristischen) Bewertungen von Unterrichtsinhalten vor dem Hintergrund der kulturellen und ethnischen Klassenzusammensetzung. Auf jeden Fall sieht er die Notwendigkeit muttersprachlichen Unterrichts und Zweitsprachförderung konzeptionell stärker mit dem allgemeinen Unterricht zu verzahnen (Hinz 1997).

Speck (1998) sieht ein Problem in der Ausweitung des Begriffes Integration

„auf andere Gruppen, vor allem auf Kinder, deren Familien aus dem Ausland stammen. Diese allgemeine Integrationsaufgabe überragt nicht nur quantitativ die des gemeinsamen Unterrichts ‚behinderter und nichtbehinderter' Kinder im Schulalltag heute. Soll es fachbegrifflich gleichgültig sein, auf welchen Personenkreis sich eine *integrative* Pädagogik bezieht? Wird damit spezifisch nötige pädagogische Hilfe nicht nochmals reduziert? Wenn die Aufgabe der integrativen Förderung behinderter Kinder zu einer Subkategorie der allgemeinen Integrationsaufgabe jeglicher Schulpädagogik wird, besteht die Gefahr, dass sie zu einer Randgröße in der immer komplexer werdenden Aufgabenstellung der Schule an sich wird" (Speck 1998,64).

Die Erfahrungen aus dem Hamburger Schulversuch zur „Integrativen Grundschule im sozialen Brennpunkt" zeigen, dass insbesondere den konstatierten organisatorisch-institutionellen Problemen, durch die „konzeptionell unver-

---

51 Unveröffentlichtes Protokoll einer Arbeitsgruppensitzung auf der Jahrestagung der IntegrationsforscherInnen in Münchenwiler (Schweiz) , Februar 1997.

bundene und zum Teil widersprüchliche integrative bzw. interkulturelle Praxis[52]„ (Hinz et al. 1998, 62), Lösungskonzepte gegenübergestellt werden müssen. Die Kategoriensysteme einfach durch weitere Ettikettierungen zu ergänzen (wie Benachteiligte, Kinder ethnischer Minderheiten etc.) sowie die pädagogischen Konzepte an diesen, gleichsam dem Behinderungsbegriff nicht objektivierbaren Kategorien auszurichten wäre ein „Revisionismus" (Feuser 1995). Vielmehr geht es um eine Erweiterung der allgemeinen Pädagogik insgesamt zur Integrationspädagogik, „die sich ebenso mit Aspekten der Migrationspolitik bzw. noch allgemeiner mit jener der Randgruppenproblematik auseinandersetzt" (Müller, 1998, 366). Die Integrationspädagogik beschreibt müller als umfassende Disziplin, da sie s.E. die Sonderpädagogik, die Migrationspädagogik, die Randgruppenpädagogik und die Regelschulpädagogik einschließt. Die Frage, welche Qualifikationen ein solcher *omnipotenter Integrationspädagoge* für die schulische Praxis haben sollte, oder ob diese omnipotente Integrationspädagogik auf eine multiprofessionelle Zusammenarbeit, durch in den bislang existierenden Fachdisziplinen ausgebildeten Pädagoginnen und Pädagogen aufbaut, bleibt offen.

Die Überwindung jeglicher *speziellen Pädagogik* durch Reformen der Erziehung, der Bildung, der Schule und des Unterrichts im Hinblick auf eine „Allgemeine (integrative[53]) Pädagogik" (Feuser 1995) mit dem bildungspolitischen Leitbild einer nichtaussondernden Pädagogik der Vielfalt ist eine Voraussetzung für einen bewussten und aktiven Umgang mit Heterogenität in der Schule. Eine weitere ist meines Erachtens in der Kooperationsfähigkeit der verschiedenen Berufsgruppen und ihrer inhaltlichen Schwerpunkte in einer gemeinsamen subjektorientierten Pädagogik für individuell gestaltete Heterogenität zu sehen.

2.3.4 Dialektik von Gleichheit und Verschiedenheit in einer Pädagogik der Vielfalt[54]

„Sowohl das Beispiel ‚Politik' als auch das Beispiel ‚Wissenschaft' führen dazu, dass Ungleichheit oder Verschiedenheit der Menschen als Ungleichwertigkeit thematisiert werden. ... Angesichts dieser desintegrativen Zeitsituation stellt sich die brennende Frage: Wie können wir dem Anderen zeigen, dass er in dem Gemeinwesen, in dem er lebt, das wert ist, was er meint, wert zu sein, damit seine Identität ausbalancieren und finden kann" (Klein 1999, 70).

---

52 Als Konzepte wurden die Interkulturelle Erziehung an sich und die Zweisprachige Alphabetisierung genannt (Hinz 1998, 66).
53 Integration als die Transmission leistender und richtungsweisender Operator und Attraktor (Nach Feuser 2000).
54 Vgl.: Preuss-Lausitz: Die Kinder des Jahrhunderts. Zur Pädagogik der Vielfalt im Jahr 2000. Weinheim und Basel 1993.

Die Erziehungswissenschaft hat sich im Laufe der vergangenen Jahrzehnte immer wieder der wachsenden Heterogenität der Schülerschaft im Rahmen von Einzeldisziplinen, wie der Feministischen Pädagogik, der Interkulturellen Erziehung und der Integrationspädagogik gestellt. Erst seit Beginn der 90er Jahre findet eine intensivierte Auseinandersetzung mit den strukturellen Gemeinsamkeiten und Differenzen dieser pädagogischen Ansätze im Hinblick auf die Bewältigung der verschiedenen Dimensionen der Heterogenität (Intellektuelle Fähigkeiten, Kultur und Geschlecht) statt (u.a. Preuss-Lausitz 1993; Prengel 1995; Hinz 1993). Im Mittelpunkt steht dabei das Ziel einer demokratischen Schule für *alle* Kinder und Jugendliche, bzw. einer Pädagogik der Vielfalt, in der ein Miteinander des Verschiedenen angestrebt wird. Prengel (1995) kommt dabei im Kontext ihrer Analyse der Beiträge dieser pädagogischen Bewegungen zu einer „Allgemeinen Pädagogik der Vielfalt" zu dem Schluss, dass Integrationspädagogik „die einzige und erste Pädagogik, die den demokratischen Slogan der Einheitsschule ‚Eine Schule für alle Kinder' verwirklicht" (ebd., 169) ist. Einzigartig erscheint ihr die Verbindung von Aufmerksamkeit für individuelle Heterogenität mit der Aufmerksamkeit für Gemeinsamkeit, allerdings bemängelt sie das mangelnde Bewusstsein für kollektive Heterogenität[55]. Prengel entwickelt einen demokratischen Differenzbegriff der „egalitären Differenz" und konkretisiert die Prämissen in der Ableitung von Handlungsimplikationen in einer „Pädagogik der Vielfalt[56]" wie folgt:

„1. Selbstachtung und Anerkennung der Anderen; 2. Übergänge: Kennenlernen der Anderen; 3. Entwicklungen zwischen Verschiedenen; 4. Kollektivität: Gemeinsamkeit zwischen Menschen mit ähnlichen Erfahrungen; 5. Innerpsychische Heterogenität; 6. Begrenztheit und Trauerarbeit – Entfaltung und Lebensfreude; 7. Prozesshaftigkeit; 8. Keine Definitionen; 9. Keine Leitbilder; 10. Aufmerksamkeit für die ; 11. Individuelle und kollektive Geschichte; 12. Aufmerksamkeit für gesellschaftliche und ökonomische Bedingungen; 13. Achtung vor der Mitwelt; 14. Didaktik des offenen Unterrichts, Lernentwicklungsberichte; 16. Grenzen, Rituale und Regeln; 17. Kinderelend oder ‚Störungen als Chance'?; 18. Selbstachtung und Anerkennung der Anderen in der Rolle der Lehrerinnen und Lehrer; 19. Verschiedenheit und Gleichberechtigung als institutionelle Aufgabe" (Prengel 1995, 185).

Dabei geht es um die Integration der pädagogischen Konzepte einer interkulturellen, feministischen und integrativen Pädagogik in einer allgemeinen Pädagogik, die jedoch nach Feuser auf Grund ihrer höheren Komplexität die Vielfalt ihrer Diversifikationen nicht nivelliert (2000, 39). Unbestritten scheint das Erfordernis, „dass die Mitglieder der Diskursgemeinschaft sich als Gleiche und Verschiedene – jeweils in anderer Hinsicht – akzeptieren" (Weiß 1996,

---

55 Verwandt im Sinne der potenziellen Kollektivität von Kindern und Jugendlichen, wie im Rahmen von Selbsthilfebewegungen oder unterschiedlichen peer-groups. Sozusagen den Bedarf der SchülerInnen nach Identifikationsobjekten, bzw. den parziellen Wunsch „Gleiche/-r unter Gleichen zu sein".
56 Bezeichnung der Pädagogik, die zu wechselseitiger Anerkennung zwischen Verschiedenen erzieht (vgl. Prengel 2000).

15). Der Gemeinsame Unterricht von Kindern mit heterogenen Lernfähigkeiten und -bedürfnissen erfordert dazu die „Gestaltung des dialektischen Verhältnisses zwischen allgemein und besonders, zwischen Gemeinsamkeit und Individualität" (Werning 1996, 463; vgl. Eberwein 1995) und ist damit mit „Herausforderungen verknüpft, die im Prinzip jeden guten Unterricht auszeichnen" (Werning 1996, 463).

Auf der Basis von Forschungsergebnissen aus Armutsgebieten der Hansestadt Hamburg empfiehlt Hinz (1998) die Ergänzung der zuvor genannten Heterogenitätsdimensionen – Kultur, Sprache, Geschlecht, intellektuelle Fähigkeiten – um die der sozialökologischen Lebenswelten und die des Alters zur Überwindung der Diskrimination durch Alltagstheorien des in Armut lebenden Kindes. Gerade diese Kinder werden im Zuge der *self-fulfilling prophecy* schnell in die Sonderschule ausgesondert. Insbesondere für die gesellschaftliche Ebene der integrativen Prozesse fordert er die Überwindung mittelschichtsorientierter Normalitätskonzepte sowie hierarchisch-linearer Vorstellungen von Lernen und Entwicklung im Jahrgangsklassenprinzip.

Auernheimer kritisiert den Vergleich der Interkulturellen Pädagogik mit der Behindertenpädagogik, solange diese „der stigmatisierenden Sicht auf Behinderungen verhaftet bleibt" (1996, 18), bezieht sich dabei aber deutlich auf weitgehend überholte Sichtweisen und reflektiert die integrationspädagogischen Entwicklungen und Forderungen nur unzureichend[57].

„In der Tat geht es auch dort um die Akzeptanz von Andersheit in dem Bemühen um gleichberechtigte Teilhabe am gesellschaftlichen Prozess. Dem Vergleich wird allerdings eine Grenze gezogen durch die in der interkulturellen Begegnung geforderte Auseinandersetzung. Wollte man hier das Anderssein vorbehaltlos akzeptieren, würde dies den Dialog gerade verhindern" (a.a.O.).

Doch gerade die Akzeptanz des Andersseins im Kontext der Bewusstmachung, der eigenen Vorbehalte und der ethnologistischen Stereotypen und Stigmen ist m.E. Voraussetzung für einen interkulturellen Dialog, der zur Relativierung und gegenseitigen Assimilation grundlegender Werte und Normen in einer multikulturellen Gesellschaft gelten muss. Nach Habermas (1974, 96) ist der Andere oder das Andere „nicht länger durch seine Nicht-Zugehörigkeit als ein Fremder definiert [...], sondern für das Ich beides in einem [...]: absolut gleich und absolut verschieden" (ebd., nach Weiß 1996).

---

57 Ebenso wie bei verschiedenen Vertretern der Heil- und Sonderpädagogik kann hier eine relative Distanz zu den jeweils anderen Disziplinen festgestellt werde, die dazu führt, dass aktuelle Konzepte und Modelle für die eigene Theorie nicht ausreichend reflektiert werden.

2.3.5 Pädagogische Aspekte eines nichtaussondernden Unterrichts und konzeptionelle Ansätze einer nichtaussondernden Didaktik

Nach Kornmann liegen zahlreiche Vorschläge zur innovativen Veränderung der Unterrichtsgestaltung in einem nichtaussondernden Unterricht „mit der Zielsetzung, allen Kindern angemessene Impulse für ihre Entwicklung zu geben und sie gemäß ihrer individuellen Lernvoraussetzungen und Lernmöglichkeiten zu fördern", (1997, 207) vor. Doch trotz einer nunmehr fast 30-jährigen Tradition der Praxis und einer nur unwesentlich kürzeren Geschichte der Integrationsforschung, liegen nur wenige didaktisch-methodische Konzepte für die konkrete Unterrichtspraxis in Integrationsklassen vor (vgl. in Wocken 1998). Als Ursache für dieses Defizit führt Wocken einerseits die Belastungen der Integrationsbewegung durch die rechtlichen und administrativen Hürden an und andererseits sieht er die Ursache in

„der wissenschaftlichen Diskussion, die [die] Frage nach einer speziellen integrativen Didaktik über weite Strecken so beantwortet, es handele sich dabei um „nicht um eine andere Pädagogik, sondern um eine gute allgemeine Pädagogik" (Hinz 1993, 117). Integrativer Unterricht wurde schlichtweg gleichgesetzt mit gutem Unterricht – und diese Auskunft wurde auch weithin so als eine erschöpfende Antwort akzeptiert (Maikowski/ Podlesch 1988, Meier/Heyer 1988, Schwarz 1994) kritische Stimmen waren eine Rarität (Ramsegger 1992). Es fehlte also einerseits an der Zeit, andererseits an der Notwendigkeit, sich über eine Theorie integrativer Didaktik sonderlich Gedanken zu machen" (Wocken 1998, 37).

Ausgangspunkt für den nichtaussondernden Unterricht ist die Prämisse, dass jedes Kind „konsequent auf der Grundlage seiner eigenen bisherigen Lernentwicklung [...] lernen" kann und die „unterschiedlichen Entwicklungen der Kinder [...] nicht nur toleriert, sondern respektiert und auf vielfältige Weise unterstützt werden" (Heyer 1998 a, 93). Integrative oder nichtaussondernde Didaktik „ist also die Lehre eines Lehrens und Lernens, das sich den vielfältigen Unterschieden zwischen allen in einer Gruppe/Klasse gemeinsam Lernenden stellt und sie als pädagogische Herausforderung annimmt" (ebd., 89), unabhängig von der Ebene der Heterogenität.

Die Ansätze der Reformpädagogik Anfang des Jahrhunderts, wie das *tätige Wirken* bei Freinet, die Programmatik des *Hilf mir es selbst zu tun* oder das *Lernen mit allen Sinnen* nach Montessori und die Auflösung des Jahrgangsklassenprinzips sowie die Förderung eines Helfersystems unter der Schülerschaft nach Petersen werden einerseits als Grundlage für die integrative Arbeit gewertet (Prengel 1995), scheinen andererseits häufig erst durch die Integration realisierbar (vgl. Eberwein 1995) zu sein. Generell kann festgestellt werden, dass unter dem Deckmantel der Integration vielerorts restauriert wird, was bereits längst Reformen bedurft hätte und „es wird *viel* alter Wein in neuen Schläuchen transportiert" (Hervorhebung der Verf.; Feuser 1998, 4).

„Die integrative Schule ist nicht wählerisch. Sie verzichtet darauf, Kinder zu mustern und auszumustern, sie auszusuchen und sie anzupassen. In der integrativen Schule verlieren uralte Symbole und Rituale der Schule, die homogene Jahrgangsklasse, das Sitzen in Reih und Glied, das Lernen im Gleichschritt ihr Gültigkeit. Der Kult der Vereinheitlichung bricht zusammen und die mächtige Institution Schule verneigt sich vor der Würde der Individualität von Kindern" (Wocken 187, 77).

Eine Unterrichtsdidaktik und -methodik, orientiert an rein fiktiv existenten Durchschnittsschülerinnen und -schülern, ist auf Grund der wachsenden Pluralisierung und Heterogenität der Schülerschaft wenig erfolgversprechend. Lehrerinnen und Lehrer müssen akzeptieren, dass Schüler „sich die angebotenen Lerninhalte nach ihren Regeln und Vorerfahrungen, nach ihren eigenen Verständniszugängen und im Kontext ihrer je individuellen Lebenswelt aneignen" (Werning 1996, 463). Unterrichten ist der Versuch, „komplexe Systeme, die nach ihrer eigenen Logik operieren, anzuregen" und „es ist prinzipiell unmöglich zu lehren, sondern es ist nur möglich, Lernprozesse zu aktivieren" (ebd., 464).

„Vieles spricht dafür, dass einer systematischen Benachteiligung bestimmter Personen- oder Bevölkerungsgruppen im Bildungssystem nur beggenet werden kann, wenn auf die bisher praktizierte Kopplung von Förderung und Auslese – zumindest teilweise – verzichtet und *individualisiert gestalteten Unterrichtskonzepten* ohne segregierende Wirkung der Vorzug gegeben wird" (Kornmann/Klingele 1996, 8; Hervorh.d.Verf.).

Nach Hinz (1998) werden in der Praxis die Fragen des interkulturellen wie des integrativen Lernens und z.B. Bedarfe in sozialen Brennpunkten immer noch zu wenig zusammengedacht. Er warnt vor einer integrativen Pädagogik, die ausschließlich die Individualisierung in den Mittelpunkt stellt und die sozialen Randbedingungen, unter denen diese Kinder häufig aufwachsen, nicht ausreichend beachtet. Lernhemmungen und -beeinträchtigungen gründen häufig in einer Distanz zwischen den schulischen Lerninhalten und der außerschulischen Lebenswelt der Schülerinnen und Schüler. „Die abstrakten schulischen Lerninhalte repräsentieren den *Ausschluss* vom wirklichen Leben" (Puritz 1998, 26), denn Kinder finden sich „mit ihren Erlebnissen und Problemen nur selten in den durch die fachwissenschaftliche Systematik vorgegebenen inhaltlichen Strukturen der Schulfächer wieder" (Eberwein 1995a, 242). Oftmals gelingt eine erfolgversprechende Lern- und Leistungsentwicklung „nur unter Trieb- und Wunschverzicht mittels Versprechungen auf ein *besseres* Leben nach der Schule" (Puritz a.a.O.) und nichtbeachtete Entwicklungsbedürfnisse der Kinder führen zu „Aneignungsbehinderungen" (Suhrweier 1993). Nach Heyer gilt dies in besonderem Maße „für sozial am Rande stehende Kinder, deren außerschulische Lebens- und Lernbedingungen sich häufig in besonderem Maße von den üblichen Normen schulischer Lern- und Leistungserwartungen unterscheiden" (Heyer 1998 a, 96; vgl. auch Werning 1996).

Speck (1998) kritisiert den Vorgang, das „Behinderungsspezifische" lediglich durch bloße Individualisierung zu ersetzen. Seines Erachtens handelt es sich um eine Illusion, dass der „künftige *Integrationspädagoge*, der in sich allgemeine Erziehungswissenschaft und ein bisschen spezielle Pädagogik [...] vereint, für alles kompetent sein soll" (ebd. 65). Die Überlegungen zu einer integrativen, subjektorientierten Pädagogik schließen jedoch die Zusammenarbeit zwischen verschiedenen Professionen, und so die Mitarbeit oder Kooperation mit sonderpädagogisch qualifizierten Personen, nicht gänzlich aus.

Wohnortnahe Schulen können unterstützend in Bezug auf ein lebenswelt- und handlungsorientiertes Arbeiten mit den Schülerinnen und Schülern wirken, da die räumliche Einheit von schulischem und außerschulischem Erfahrungsraum die Allianz zwischen außerschulischem Erfahrungs- und Handlungsraum und damit das Lernen der Kinder fördert. Ansätze der Nachbarschafts- oder Community-Schulen[58], Schulen mit offenem Ganztagsbereich und interne Angebote der Schulsozialarbeit gewichten die Einbeziehung der heterogenen kindlichen Lebenswelten in ihren pädagogischen Konzepten. Die Sonderschulen haben durch den oft weit gestreuten Einzugsbereich für eine Gemeinwesen-Orientierung nur geringere Chancen im Gegensatz zu den „integrative[n] Klassen und Schulen, für die ja die Wohnungsnähe ein Hauptargument ist" (Iben 1995, 180). Im Zuge einer Europäisierung des Bildungsgedankens und einer stärkeren Orientierung an der Alltagswirklichkeit und den Bedürfnissen von Kindern, wird von Klafki (1995) die Erarbeitung von international relevanten, epochaltypischen Schlüsselproblemen, wie Kritikfähigkeit, Argumentationsbereitschaft, Empathie und vernetztes Denken, gefordert, welche ganz besonders durch sozialpädagogische Profilbildung der Schulen gefördert und gewährleistet werden können.

Soziale, kulturelle, ethnische, sprachliche oder intellektuelle Heterogenität und Vielfalt wird im Rahmen einer nichtaussondernden Pädagogik „als Chance und Herausforderung für pädagogisches Handeln gesehen und nicht mehr als Störung oder Bedrohung" (Werning 1996, 464) wahrgenommen. Dies erfordert eine Unterrichtsgestaltung im Kontext eines „gemeinsamen Curriculums für alle, das jedoch unter vielen Heterogenitätsdimensionen zu individualisieren ist" (vgl. Hinz 1999). Das Prinzip der Gemeinsamkeit im Rahmen einer integrativen Didaktik

„...bezieht sich nicht nur auf das gemeinsame Lernen von Kindern mit und ohne Beeinträchtigungen, mit und ohne besonderem Förderbedarf, sondern auf alle Verschiedenheiten von Kindern: Mädchen und Jungen, Einzelkinder und solche mit mehreren Geschwistern, Kinder aus verschiedenen Familienformen, Kinder von arbeitslosen und von gut verdienenden Eltern, Kinder mit unterschiedlicher Muttersprache und/oder verschiedener Religionszugehörigkeit, [...] u.a.m.. Integrative Didaktik toleriert diese Unterschiede nicht nur nolens volens bis zu einem bestimmten Grade als letztlich unvermeidbar, sondern bejaht sie ausdrücklich und versteht sie als pädagogische Chance, als vielfältige Möglichkeit der Bereicherung individueller Bildungserfahrungen durch gemeinsames schulisches Lernen" (Heyer 1998, 89).

---

58 In Berlin auch Kiezschulen oder Stadtteil-Schulen.

Werning 1996 sieht die didaktischen Herausforderungen eines Unterrichts in heterogenen Lerngruppen in:
- der konsequenten Individualisierung der Lern- und Entwicklungsanregungen,
- der Anregung, Unterstützung und Begleitung sozialer Ressourcen im solidarischen Handeln,
- der Einbeziehung von Erlebnissen und Erfahrungen der Alltagswelt, von Ängsten, Wünschen und Träumen der SchülerInnen in den gemeinsamen Unterricht,
- der Vermeidung einer „Reparaturdienstorientierung" für das sonderpädagogische Handeln. Sonderpädagogen sollten Experten für die Wahrnehmung, Anregung und Unterstützung von Lern- und Entwicklungspotenzialen von Kindern in ihren lebensweltlichen Kontexten werden (vgl. ebd.).

Der konsequenteste und oftmals als radikal bezeichnetste Ansatz eines integrativen didaktischen Konzeptes liegt in der „Entwicklungslogischen Didaktik" vor. Feuser u.a. (Feuser 1984; Feuser/Wehrmann 1985; Feuser/Meyer 1987[59]) haben eine pädagogische Konzeption vorgelegt, „die sich in historischer Bestimmung als Gegenkraft gegen die o.a. Prinzipien segregierender Erziehungs-, Bildungs- und Unterrichtspraxis definiert" (Feuser 1998, 19). Das Konzept der Entwicklungslogischen Didaktik soll es allen Kindern eines Wohn-Einzugsbereiches ermöglichen, den gleichen Lernort aufzusuchen und dort in Kooperation miteinander auf dem individuellen Entwicklungs- und Handlungsniveaus *an* und *mit* dem *Gemeinsamen Gegenstand* lernen und leben zu können. Das Konzept greift mit der Einbeziehung geistig- und schwerstmehrfachbehinderter Kinder, der konsequenten Orientierung der Unterrichtsprozesse und -planungen an der Persönlichkeit der einzelnen Kinder und der kritischen Haltung gegenüber dem selektiven Erziehungs-, Bildungs- und Unterrichtswesen allen bisherigen didaktischen Ansätzen vor. In den konservativen didaktischen Modellen dominiert „eine einseitig und auf den Stoff und die zu vermittelnden Inhalte bezogene Lern- und Unterrichtsplanung; dies ist auch mit der bildungstheoretischen (Klafki 1963, 1985) und lerntheoretischen Didaktik (Heimann u.a 1966) nicht prinzipiell überwunden worden" (Feuser 1989, 26).

„Diese integrative Pädagogik ist insofern eine *basale* Pädagogik, als sie Kinder und Jugendliche aller Entwicklungsniveaus, Grade der Realitätskontrolle, Denk- und Handlungskompetenzen ohne sozialen Ausschluss zu lehren und mit ihnen zu lernen vermag, eine *kindzentrierte* Pädagogik, als sie die nach Maßgabe der Individualität erscheinende Subjekthaftigkeit des Menschen und damit die Heterogenität einer jeden menschlichen Gruppe voraussetzt und die Individualisierung der Lernangebote an den Kriterien der Gesetzmä-

---

59 Auf die detaillierte Darstellung der „Entwicklungslogischen Didaktik" wird an dieser Stelle verzichtet und auf die Originalliteratur verwiesen. Feuser, Georg: Behinderte Kinder und Jugendliche – Zwischen Integration und Aussonderung. Darmstadt 1995.

ßigkeiten menschlicher Wahrnehmung und Entwicklung orientiert, die im Prozess humanwissenschaftlicher Forschung grundsätzlich menschlicher Erkenntnis und Vernunft zugänglich sind und eine *allgemeine* Pädagogik, als sie unter den vorgenannten Bedingungen keinen Menschen von der Aneignung der für alle Menschen in gleicher Weise bedeutenden gesamten gesellschaftlichen Erfahrung ausschließt, weshalb sie folglich prinzipiell auf die Institutionalisierung verschiedener Schulformen und -typen verzichten kann" (Feuser 1986, nach Feuser 1989, 28).

Am Gemeinsamen Gegenstand werden Schülerinnen und Schüler unterschiedlicher Wahrnehmungs-, Denk- und Handlungskompetenzen im Hinblick auf die nächste Zone der Entwicklung einbezogen. Es handelt es sich nicht um einen dinglichen Gegenstand, sondern ein System von inneren Zusammenhängen und Wechselbeziehungen, das einem Prozess zugrundeliegt (Jantzen 2000). Da die persönliche Sinnbildung und Bedeutungskonstituierung an dem gemeinsamen Gegenstand durch die einzelne Person selbst vorgenommen und nicht durch die Inhalte des Unterrichts vorgegeben wird, ist die Einheit von Tätigkeit, Sinn und Bedeutung im Lernprozess gewährleistet.

„Pädagogische Prozesse, die im Sinne der anskizzierten entwicklungslogischen Didaktik geplant und realisiert werden, vermögen durch Innere Differenzierung auf der Basis der Individualisierung (eines Gemeinsamen Gegenstandes) im integrativen Unterricht sowohl die ‚Einheit des Menschen' im Sinne der Ganzheit seiner Erkenntnistätigkeit wie dessen ‚Einheit in der Menschheit' (Séguin) im Sinne der Kollektivbildung wiederherzustellen. Sie ermöglichen, alle Schüler in einer Schule zu unterrichten, auch ohne Ausschluss behinderter Kinder und Jugendlicher, unabhängig von Art und Schweregrad ihrer Behinderung" (Feuser 1998, 37).

Dabei ist die Pädagogik nicht auf Wissensakkumulation, sondern auf Erkenntnisgewinn ausgerichtet und erfordert von den Pädagoginnen und Pädagogen die Erstellung von Tätigkeits-, Handlungs- und Sachstrukturanalysen für eine „Allgemeine Pädagogik, mittels derer allen alles in einer jedem adäquaten Weise gelehrt werden kann" (Feuser 1999, 8). Inwieweit *alle* Lernenden in diesem didaktischen Konzept, insbesondere die im Mittelpunkt dieser Untersuchung stehenden Kinder ethnischer, kultureller oder sprachlicher Minderheiten gemäß ihren spezifischen Bedürfnissen und Lebenslagen gefördert werden können, unterlag bis heute keiner wissenschaftlichen Prüfung. Mit der Entwicklungslogischen Didaktik liegt jedoch einer der wenigen Versuche vor, eine Allgemeine Pädagogik „integrativer Potenz (auch für Schüler mit anderen Sprachen und aus anderen Kulturen)" (Feuser 1995, 165) ohne sozialen Aus- und Einschluss zu fundieren. Die Voraussetzung für die Umsetzung in die Schulpraxis ist jedoch die intensive, gleichgewichtige Kooperation, Aus- und Weiterbildung und die Begleitung der Lehrerinnen und Lehrer, welche vor dem Hintergrund der aktuellen bildungspolitischen Präferenzen der jeweiligen Bundesländer die Divergenzen zwischen dem didaktischen Modell und der selektiven Wirklichkeit von Schule zu bewältigen haben.

„Integration ist prinzipiell unteilbar", d.h. es gibt nicht *integrierbare* und *nicht integrierbare* Kinder oder Jugendliche, jegliche Aussonderung „kann weder unter pädagogischen noch unter humanen Gesichtspunkten legitimiert werden" (Eberwein 1995, 244). Die gemeinsame Situation, der gemeinsame Lebens- und Lernraum „in der Sicherheit der nichtaussondernden Gemeinschaft" (Schöler 1999, 10) einer heterogenen Lerngruppe vermittelt Kindern das Gefühl von Zugehörigkeit und Anerkennung in der Gemeinschaft. Grundlage muss die didaktische Umgestaltung des Unterrichts sein. Wocken (1998) bezweifelt, dass das Theorem des Gemeinsamen Gegenstandes auch immer im Urhebersinn verstanden wird, sowie dass es zu einem gestaltgebenden Prinzip integrativer Unterrichtspraxis geworden ist[60] und stellt den Ausschließlichkeitsanspruch in Frage. Er hebt für den Integrativen Unterricht die Bedeutung eines ausgewogenen dialektischen Spannungsverhältnisses zwischen individuellen und gemeinsamen Lernsituationen hervor. Er konstatiert eine schier unendliche Vielzahl von Lern- und Lebenssituationen im schulischen Alltag und diversifiziert exemplarisch für andere, die

- *koexistenten Lernsituationen:* Dominanz der individuellen Handlungspläne (Inhaltsaspekt), alle Individualisierung und Differenzierung dienen der Realisierung koexistenter Lernsituationen;
- *kommunikativen Lernsituationen:* In der Regel pädagogisch nicht geplant aber unausweichlich, Momente im Schul- und Unterrichtsleben, wo die offizielle Pädagogik nicht zum Tragen kommt;
- *subsidiären Lernsituationen:* in der Regel asymmetrisch strukturierte, unterstützende oder prosoziale Lernsituationen; und
- *kooperativen Lernsituationen:* mit komplementären Zielsetzungen oder einem solidarischen Ziel.

Wocken fordert eine stärkere Erkenntnis und Würdigung der „nutzlosen, inhaltsarmen, informellen Zeiten als pädagogisch fruchtbar" (ders. 1998, 45) und nimmt dabei Bezug auf die gemeinsamen Themen im Sinne der Frankfurter Forschungsgruppe. Es ginge gerade nicht um den veranstalteten Unterricht oder die offiziellen Themen, sondern um die vor-, zwischen, neben- und außerunterrichtliche Kommunikation. Die gemeinsamen Themen werden nicht erzeugt, sondern „in der Interaktion selbst hervorgebracht" (Reiser 1991, 313 nach Wocken a.a.O.). Eine vergleichende Untersuchung zu den diversen gemeinsamen Situationen[61] zwischen Kindern mit und ohne Behin-

---

60 Er bezieht sich dabei auf zwei Forschungsberichte: Cowlan, Deppe-Wolfinger, Kreie, Kron, Reiser (Hrsg.): Endbericht der wissenschaftlichen Begleitung der Gemeinsamen Förderung Behinderter und Nichtbehinderter in Kindergarten und Grundschule. Frankfurt 1991; Sucharowski, Lieb, Kaak, Nehlsen: Verhalten zwischen Verständigung und Verstehen. Kommunikationsanalysen zum gemeinsamen Unterricht von behinderten und nichtbehinderten Kindern in der Grundschule; Kiel 1988 .
61 Auf der Basis einer umfangreichen und umfassenden Dokumentation gemeinsamer Situationen erfolgte eine Interpretation der integrativen Wirkungen derselben und Schlussfolgerungen auf die grundlegenden Bedingungen und planerischen Notwendigkeiten für einen integrationskompetenten Unterricht.

derungen oder Beeinträchtigungen im Schulalltag von Meier (1998) zeigt einerseits, dass gemeinsame Situationen auch ohne einen dezidierten Gemeinsamen Gegenstand integrativ wirksam sein können, dass ein gemeinsamer Gegenstand oftmals erst in den gemeinsamen Situationen, abhängig von der sozialen Qualität, den Fähigkeiten und Einstellungen aller Beteiligten, entsteht. Er kommt zu der Schlussfolgerung, dass die Entwicklung des Gemeinsamen Gegenstandes nicht Grundlage und Ziel aller Unterrichtsarbeit sein muss und kann, sondern dass es vielmehr auf eine Synthese der wesentlichen strukturellen Komponenten, wie: Gemeinsame Arbeit, Gemeinsame Situation, Gemeinsamer Gegenstand und einem prinzipiell differenzierten Unterricht sowie auf eine diesbezügliche mehrperspektivische Unterrichtsplanung ankommt (Klein/Meier 1998, vgl. Merz-Atalik 1999). Die Gemeinsame Situation, in einer als Bereicherung erfahrbaren heterogenen Lerngruppe, ermöglicht soziales und kognitives Imitationslernen am positiven Modell, „also das Lernen durch Miterleben, Nachvollziehen und Beobachten" (Eberwein 1995, 245).

2.4 Wahrnehmung, Einstellungen, Subjektive Theorien und Konzepte von LehrerInnen in der Auseinandersetzung mit Heterogenität

„Heterogenität ist Chance und Aufgabe zugleich" (Hinz/Wocken in: Hinz et al. 1998, 115).

2.4.1 Anforderungen der Pädagogik der Vielfalt an die pädagogische Arbeit der Lehrerinnen und Lehrer

Lehrerinnen und Lehrer sind in den vergangenen Jahrzehnten mit einer wachsenden Komplexität der Aufgaben und steigenden Anforderungen an die fachlichen, sozialen und personalen Kompetenzen konfrontiert (vgl. Bildungskommission NRW 1995). Im Zuge der gesellschaftlichen und kulturellen Veränderungen müssen sie sich „weit stärker als früher auf Schülerinnen und Schüler mit unterschiedlichen individuellen Voraussetzungen, Bedürfnissen und Fähigkeiten einstellen" (ebd. 301). Nicht nur die Erwartungen der Gesellschaft an die Lehrerinnen und Lehrer, sondern auch die Erwartungen an die eigene Berufsausübung haben sich geändert.

„Unsicherheiten über die Qualität der eigenen Arbeit, Ungewissheit über die Wirkung des eigenen Engagements, über dessen Erfolg oder Versagen belasten Lehrerinnen und Lehrer häufig. Vielfalt und Komplexität der beruflichen Aufgaben machen es zudem schwer, Kriterien für eine erfolgreiche Berufstätigkeit zu definieren. Für Beratung und gezielte

Förderung sind im System kaum Vorkehrungen getroffen. Lehrerinnen und Lehrer sind den Veränderungen in ihrem Berufsalltag gegenwärtig in der Regel unvermittelt ausgesetzt" (Bildungskommission NRW 1995, 302).

Unter diesem persönlichen Druck werden neue Anforderungen einer reformerischen Schulpraxis zuerst mit verhaltener Skepsis betrachtet. Die Hauptlast einer Reform zu einer Schule ohne Aussonderung scheint auf den Schultern der Lehrerinnen und Lehrer zu liegen, denn es gilt als unbestritten, dass sich durch eine „Pädagogik der Vielfalt die Komplexität und damit die Schwierigkeit des pädagogischen Auftrags erhöht" (Eberwein 2000, 103). Die Belastungen sind kein Phänomen, welches auf solche Klassen mit so genannten „Integrationskindern" beschränkt ist, die Lehrerinnen und Lehrer sind bei einer Klassenfrequenz von 20-25 Kindern bereits mit der Erfüllung der individuellen Bedürfnisse von so genannten Regelschülerinnen und -schülern überfordert und deshalb sollte zumindest in den ersten beiden Klassen durchgängig ein Zwei-Pädagogen-System praktiziert werden (vgl. Eberwein 2000).

Die pädagogischen Konzepte, die dem Lehrerhandeln zu Grunde liegen, rekrutieren sich aus einem Spannungsfeld zwischen den eigenen Handlungsintentionen und den Umwelterwartungen. Die Umsetzung der eigenen Konzepte kann in Anpassung an die für unzureichend erachteten Rahmenbedingungen oder in einer zu dieser kontroversen Form erfolgen. Häufig ist die Art und Weise wie Erziehung und Unterricht organisiert und durchgeführt wird der institutionellen Realität geschuldet und „Erziehungs- und Bildungsbedürfnisse, wie sie sich in komplexer Weise aus der Persönlichkeitsentwicklung des einzelnen Menschen in seinem kulturellen und gesellschaftlichen Kontext ergeben, scheinen nur zufällig oder als Nebenprodukte Berücksichtigung zu finden" (Feuser 1995, 12). Die Vorstellung einer humanen, nichtaussondernden Schule verharrt solange in einer Utopie, die von wenigen Idealisten getragen und gefordert wird, bis die „Integratoren" (vgl. Kobi 1998, 374; Markowetz 1997,195) sich selbst als Teil des integrativen Settings verstehen. Lehrerinnen und Lehrer sind durch ihre persönliche Existenz ebenfalls Teil der Majoritäten im Klassenraum: Sie sind in der Regel nichtbehindert und mit der deutschen Muttersprache aufgewachsen. Ihre Handlungsintentionen unterliegen dadurch häufig den, in der Residenzgesellschaft geprägten Normen und Werten im Umgang mit Gleichheit und Verschiedenheit.

Im Augenblick vollzieht sich ein Wandel von dem Anspruch des Qualitätsnachweises, über die Qualitätskontrolle zu einer Phase der Qualitätssicherung in der Integrationspädagogik und so geraten auch die Voraussetzungen, Qualifikationen und Kompetenzen der Lehrerinnen und Lehrer stärker in den Blick. Verschiedene Autorinnen und Autoren betonen die Notwendigkeit einer „integrativen pädagogischen Grundhaltung" (Heyer 1998 a), einer „inneren Einstellung der Erwachsenen" (Schöler 1999, 9; vgl. Eberwein 1998) oder der „Motivation" (Müller 1998) als Voraussetzung für den Erfolg einer zukunftsorientierten, integrativen Pädagogik. Andere halten es für „unerlässlich, dass sich Lehrerinnen und Lehrer in diesen Klassen um Gemeinsamkeit bemühen, sie stellt sich keineswegs von selbst her" (Prengel 1995, 161). Die Lehrerinnen und Lehrer müssen jedes Kind annehmen, unabhängig von seiner Herkunft oder seinen konkreten Bedürfnissen. Sie müssen die individuellen Vorerfahrungen[62] als Grundlage für das weitere Lernen akzeptieren, individuelle Bildungsprozesse ermöglichen (Preuss-Lausitz 2000), und der Unterricht muss so gestaltet sein, dass die Kinder sich als *Akteure ihres Lernens* (Heyer 1998, 98) begreifen. Lehrerinnen und Lehrer müssen die Heterogenität der Kinder und Jugendlichen akzeptieren sowie ihre eigene Rolle in diesem Zusammenhang reflektieren und gegebenenfalls ändern.

„Ein Unterricht, in dem das Kind Subjekt seiner Lernentwicklung ist, nicht Objekt der Belehrung, verlangt vom Lehrer eine ihm oft noch ungewohnte neue Haltung: des Begleiters der kindlichen Gesamtentwicklung, des Beraters bei der Entscheidung des Kindes für seine vorrangigen Lernziele, des Erwachsenen, der das Lernen jedes einzelnen Kindes als seine Aktivität ernst nimmt, der die Anstrengungen des Kindes und seine Lernfortschritte würdigt, der das Kind beim Lernen unterstützt und es ermutigt, wenn es nicht weiter weiß, der einfach da ist wenn das Kind ihn braucht, der hilft, wenn ‚Sand im Getriebe' ist, die des Lotsen, der dafür sorgt, dass das Kind beim Lernen nicht in Untiefen gerät und das die Richtung stimmt" (Heyer 1998 a, 98).

Ein nicht aussondernder Unterricht auf der Basis einer „‚Pädagogik der Vielfalt' verlangt kompetente Lehrer, die sich als Lernbegleiter verstehen, wobei ‚fachlich kompetent' sich sowohl auf die Inhalte des Unterrichts als auch auf die individuellen Umstände der Lernvoraussetzungen und das Lernen als einen kognitiven, emotionalen und sozialen Vorgang bezieht. Die Lehrer des 21. Jahrhunderts müssen also Experten für ihre Schulfächer, für ihre Schüler und für das Lernen selbst sein" (Preuss-Lausitz 1998) und ihre eigene Rolle in diesem Kontext reflektieren.

Die individuellen Lern- und Aneignungsprozesse bei Schülerinnen und Schülern zu begleiten, erfordert eine ökosystemische Sicht auf die lernfördernden und -behindernden Bedingungen im Umfeld des Kindes (bspw. anhand der Kind-Umfeld-Diagnose nach Sander/Hildeschmidt 1987), eine lernprozessbegleitende, fähigkeitsorientierte und ganzheitliche Lernprozessanalyse[63]. Lehrerinnen und Lehrer müssen dazu die Individualität jedes einzelnen Kindes anerkennen, „sein So-sein ohne negative Folgen für ihn [...] akzeptieren und zum Ausgangspunkt von Lernprozessen machen (vgl. Eberwein 1987 a). Daraus folgt, dass

---

62 Die unterschiedlichen physischen, psychischen, kognitiven, sozialen, kulturellen und motivationalen Bedingungen und Haltungen der Mädchen und Jungen im Unterricht (vgl. Preuss-Lausitz 2000).

63 Anstelle des Begriffes Diagnostik proklamiert Eberwein den Begriff Lernprozessanalyse (Eberwein 2000). In dem Verzicht auf Kategoriensysteme, Generalisierungen und Klassifizierungen sieht er die Chance zur Überwindung von Ausgrenzung und Ettikettierung (Zur Dekategorisierung siehe auch Benkmann 1994; zur Nichtettikettierung Wocken 1996).

„Lehrer/innen in einem verstehenden Zugang versuchen sollten, das individuelle Bedingungsfeld, in dem der Schüler Lernen selbst aktiv gestaltet, zu erkunden und auf diesem Informationshintergrund entsprechende Lernmöglichkeiten bereitzustellen sowie als Lernbeobachter und -begleiter in Problemsituationen Hilfen anzubieten. Dabei ist das Kind systemisch-ganzheitlich zu betrachten und die Prozesshaftigkeit von Lernen und Verhalten zu berücksichtigen. Fördermaßnahmen dürfen nicht nur als Interventionen verstanden werden, weil diese unterstellen, dass der Lehrer in normativer Absicht genau weiß, was für das Kind gut ist, was es braucht, was und wie es zu lernen hat, und deshalb *seine* Wirklichkeitskonstruktionen missachtet (vgl. Eberwein/Knauer)" (Eberwein 2000).

Unter den Integrationsbefürwortern dominiert die Auffassung, dass „Gemeinsamkeit in der Vielfalt nicht nur für alle Beteiligten bereichernd, pädagogisch sinnvoll, ja notwendig, sondern auch methodisch-didaktisch gestaltbar ist" (Schnell 1998, 55). Prengel vermutet jedoch, dass viele „Lehrerinnen durch Heterogenität in ihren Klassen äußerst belastet sind, weil sie nicht über jene Qualifikationen und Haltungen verfügen, die anderen die Arbeit mit heterogenen Lerngruppen so befriedigend sein lässt" (2000, 81). Ähnlich argumentieren Hinz u. Wocken (1998), die darauf verweisen, dass die Heterogenitätshypothese (nach Feuser 1995[64]) nicht aufrecht erhalten werden kann. Heterogenität wird generell ein positiver Effekt auf das soziale Lernen zuerkannt, sie führt jedoch nicht unmittelbar zu besseren Leistungsergebnissen (bspw. wenn die Leistungsstreuung zu groß ist oder wenn die leistungsstarken Schülerinnen und Schüler fehlen). „In heterogenen Lerngruppen ist mehr und Größeres möglich, aber eben nicht gewiss" (Hinz/Wocken 1998, 119). Die Überlegung, inwiefern es sich bei der Schülerschaft an den von ihnen untersuchten „Integrativen Regelklassen" wirklich um eine heterogene Schülerschaft handelt, klingt in der formulierten Milieuthese[65] an, wird meines Erachtens jedoch nur zu gering gewertet. Das in den Klassen „keine leistungsstarken" Kinder sind unterliegt der Wahrnehmung der Lehrerinnen und Lehrer, ihrer Definition von Leistung und den Vorgaben des Rahmenplanes ebenso, wie die Wertung, dass die „Leistungsstreuung zu groß ist". Solange das Ziel dieser Schulen darin liegt, die Heterogenität der intellektuellen Fähigkeiten – in einem kompensatorischen Sinne – zu verringern, ist das Primat einer „Pädagogik der Vielfalt" nicht ausreichend bedacht.

„Wenngleich z.B. die Entwicklung der Didaktik einer integrationspotenten Erziehungs- und Unterrichtspraxis selbstverständlich eine i.e.S. von der Pädagogik zu leistende Aufgabe darstellt, ist sie dennoch keine, die sie allein aus sich heraus erbringen könnte. Vielmehr geht es um die Transformation allgemeiner wie spezieller Erkenntnisse über den Zusammenhang menschlicher Entwicklung und menschlichen Lernens mit dem pädagogischen Werkzeug ‚Didaktik' in die Beziehungs- und Kooperationsverhältnisse der Kinder, Erzieher, Lehrer und Schüler" (Feuser 1995, XI).

---

64 „Je heterogener, desto besser".
65 Der Einfluss des sozialen Milieus des schulischen Einzugsbereiches reduziert den Einfluss von Unterricht auf Schulerfolg (nach Hinz/Wocken 1998).

So werden die Anforderungen einer „Pädagogik der Vielfalt" an den Lehrerberuf umfangreich und präzise von Wissenschaftlerinnen und Wissenschaftlern beschrieben. Die Komplexität der Forderungen lässt sich oftmals nur durch eine vermeintliche Distanz zum schulischen Alltag erklären, denn in den seltensten Fällen bauen die Konzepte auf den subjektiven Erfahrungen der Lehrenden im Schulalltag auf. Reiser, Loeken u. Dlugosch (1998) konstatieren die Notwendigkeit, Grenzen der Integrationsfähigkeit von Grundschulen nicht zu leugnen, sie zu untersuchen, um Möglichkeiten der Modifikation zu entwickeln. Ihres Erachtens hängt die Nichtaussonderung von bestimmten pädagogischen Haltungen und Unterrichtsweisen ab, „die zwar allenthalben in der pädagogischen Literatur als selbstverständlich angenommen werden, die jedoch in der Mehrheit der Grundschulen nicht in der organisatorischen Struktur der Schule, der Kommunikationsform der Kollegien und der Mentalität der Lehrkräfte verankert sind" (ebd., 145). Bei der Untersuchung der Beweggründe von Grundschullehrkräften zur Beantragung der Feststellung eines sonderpädagogischen Förderbedarfs stellten sie fest, dass „die Entscheidung in den meisten Fällen eine ‚quasi-persönliche' Angelegenheit der Lehrkräfte bleibt, die im Zusammenhang mit einem festgestellten Trend zur Absicherung steht"(a.a.O.).

Konflikte, durch die Neudefinierung des Aufgabenverständnisses und der Handlungskonzepte mit der althergebrachten Rollenidentität der Lehrkräfte, geprägt von dem Bild des Wissensvermittlers und -kontrolleurs, dem *Einzelkämpferimage*, erscheinen oftmals unvermeidbar. Dies wird noch verstärkt durch die Kooperationserfordernisse[66] im Zusammenhang mit der Teamarbeit im Zwei-Pädagogensystem oder der Zusammenarbeit mit Ambulanz- oder Beratungslehrern. Mit der Vielfalt und Heterogenität der

„Voraussetzungen, Bedürfnissen, Interessen und Zugängen in einer bewusst heterogenen Lerngruppe [ist] eine pädagogische ausgebildete Person überfordert, wenn sie eine Kultur der Heterogenität und eine Pädagogik der Vielfalt pflegen will. Da die Komplexität von Unterricht nicht mehr durch Aussonderung von Kindern reduziert werden soll, muss sie durch ein Mehr-PädagogInnen-System reduziert werden. Die zweite Pädagogin begründet sich damit nicht primär in der Anwesenheit bestimmter ‚Problemkinder', die Unterstützung durch SpezialistInnen brauchen, sondern in der Problematik der komplexen Unterrichtssituation selbst" (Hinz 1993, 91-93, nach Hinz 1998, 130).

Dennoch werden die subjektiv erfahrenen Belastungen nur dann abnehmen, wenn einerseits die Rahmenbedingungen an die individuelle Situation angeglichen werden, die konkreten Erfahrungen aus dem Schulalltag akzeptiert und anerkannt werden und wenn Lehrerinnen und Lehrer den Eindruck gewinnen, einen persönlichen Einfluss auf die konkrete Ausgestaltung ihrer beruflichen Praxis zu haben. In einem von Mitbestimmung und professionel-

---

66 Auf die Thematik der Kooperation zwischen LehrerInnen und (Sonder-)PädagogInnen soll an dieser Stelle nicht detaillierter eingegangen werden. Siehe dazu u.a.: Zielke 1990, Kreie 1990, Schöler 1997a.

ler Akzeptanz geprägten Verhältnis zwischen schuladministrativer Ebene und den in der Praxis Handelnden liegt eine wesentliche Basis für die subjektive Zufriedenheit und Belastbarkeit von Lehrerinnen und Lehrern in der Schule.

2.4.2 Kulturelle, ethnische und sprachliche Heterogenität

„Manche sind Ausländer, manche ausländerer und manche am ausländersten" (Kemal Kurt[67])

Bereits in den 80er Jahren, im Zuge der aufkommenden wissenschaftlichen Diskussion zum interkulturellen Lernen (Kapitel 2.2.4), erfolgte „eine Überprüfung der Ausbildungsangebote für Lehrerinnen und andere Pädagoginnen" (Auernheimer 1996, 11). Die Qualifizierung von Pädagoginnen und Pädagogen an den Hochschulen war bis zu diesem Zeitpunkt stark an den kompensatorischen Handlungsstrategien der Ausländerpädagogik[68] orientiert. Studienangebote wie *Deutsch als Fremdsprache* sollten angehende Lehrkräfte für die Arbeit mit Migrantenkindern spezialisieren, damit diese sich „vorrangig der Förderung der ausländischen Schüler widmen" (a.a.O. 13) könnten. Bis heute sind nicht in allen Bundesländern Lehrveranstaltungen zum Unterricht in kulturell und sprachlich heterogenen Lerngruppen obligatorisch in den Studienordnungen verankert, einheitliche Konzepte oder Modelle werden vermisst. Obwohl bereits früh die Notwendigkeit einer Qualifikation und Ausbildung erkannt wurde, wie folgerndes Zitat aus den 80er Jahren verdeutlicht:

„Alle LehrerInnen müssen in Zukunft so qualifiziert sein, dass sie mit der Heterogenität und Pluralität der Schüler angemessen umgehen können" (Radtke 1987, 67; nach Auernheimer a.a.O.).

Die Interkulturelle Pädagogik ist im Kontext der Lehrerausbildung vielerorts noch eine fakultative Lehrveranstaltung, die im Studienkanon oftmals zusätzlich davon abhängig ist, ob eine Mitarbeiterin oder ein Mitarbeiter des Fachbereiches zufällig persönliches Interesse an der Thematik hat. In zahlreichen Universitäten gehört die Interkulturelle Erziehung zu den Pflichtveranstaltungen in den Lehramtsstudiengängen, ihre inhaltliche Orientierung erfährt jedoch selten Kontrolle. Den in Deutschland aufgewachsenen und hier lebenden Menschen sind die selektiven Strukturen unserer Gesellschaft oftmals ebenso unbewusst wie die der Schule. Kornmann konstatiert, dass die „hier wirksamen selektiven Strukturen und Mechanismen als eine kaum mehr hinterfragte Selbstverständlichkeit unser Tun und Denken prägen" und das gilt sowohl

---

67 Autor von Gedichten, Essays und Kindergeschichten; Türke und Migrant.
68 Zur Institutionalisierung und Expansion der Ausländerpädagogik in den deutschen Hochschulen zu Beginn der 70er Jahre (siehe Auernheimer 1996, 13).

„für die so genannten Normalbürger als auch für die in der Pädagogik praktisch und wissenschaftlich tätigen Menschen" (Kornmann 1998, 60).

„Es ist erstaunlich wie unkritisch auch unter Pädagoginnen und Pädagogen die Integration der Immigrantenkinder gesehen wird: als Anpassungsleistung des einzelnen an die gegebenen Verhältnisse, die nicht weiter in Frage gestellt werden. Das entspricht den ausländerpolitischen Integrationsvorstellungen mit ihrer Unterteilung in ‚integrationswillige' und ‚integrationsunwillige Ausländer' und beraubt den Begriff der Integration seines emanzipatorischen Gehalts, den er gerade in der fachwissenschaftlichen Diskussion hat" (Wagner 1993, 108).

Anhand der Analyse der vorgestellten Beobachtungen von Lehrerverhalten und den Lehreraussagen aus Interviews im Zusammenhang mit der Darstellung von Tagesabläufen türkischer Schülerinnen und Schüler[69] stellt Lörzer fest, dass Westberliner Lehrerinnen und Lehrer „in den unzulänglichen Deutschkenntnissen ihrer Schüler das Hauptproblem für den Unterricht (1989, 93)" sehen. In Bezug auf die eigene Unterrichtsarbeit sehen sich viele Lehrkräfte durch die Anwesenheit von ausländischen Schülerinnen und Schülern „mit besonderen Belastungen konfrontiert (a.a.O.)"[70], wie: Überforderung durch mangelnde Verständigungsmöglichkeiten; Schwierigkeit dem individuellen Leistungsstand der Schülerinnen und Schüler gerecht zu werden; Erschwerung der Planung von Lernprozessen durch häufige Fluktuation der Schülerschaft im Verlauf des Schuljahres; Kontaktschwierigkeiten zu den Eltern; Mehrarbeit durch besondere Unterrichtsvorbereitung und Hausbesuche; Ablehnende Haltung gegenüber den Lehrerinnen durch traditionellreligiös erzogene Schüler; Fehlen, Zuspätkommen, Übermüdung und fehlende Hausaufgaben der Kinder (nach Lörzer 1986, 81f).

Zudem werden von ihnen, in Bezug auf die soziale Situation in der Klassengemeinschaft, Kontaktmängel und Spannungen zwischen deutschen und ausländischen Schülerinnen und Schülern (u.a. bedingt durch gesonderte Ausländerregel- und Vorbereitungsklassen), Diskriminierungen ausländischer Kinder durch deutsche oder in die Klassengemeinschaft integrierte ausländische Kinder, große Altersunterschiede in der Schülerschaft und eine Isolierung derselben z.B. durch Verbot der Teilnahme an Schullandheimaufenthalten (vgl. a.a.O.) beklagt. Unter den von Lörzer wiedergegebenen Klagen der Lehrkräfte finden sich auch Äußerungen zur sprachlichen und inhaltlichen Überforderung der ausländischen Kinder[71]. Seine Feststellung, dass Lehr-

---

69 Forschungsprojekt im Auftrag des Zentralinstituts für Unterrichtswissenschaften und Curriculumentwicklung, Institut für Interkulturelle Erziehung und Bildung der Freien Universität Berlin (1982).
70 Hinweis zu der Forschungsmethode in Lörzer 1986.
71 Dass die LehrerInnen bei den Anforderungen an ihre Arbeit überwiegend eigene Belastungen und Belastungen der sozialen Situation in der Klasse und nur mit einer Äußerung die Auswirkungen auf die ausländischen SchülerInnen nennen, kann einerseits in der Fragestellung im Zusammenhang mit der Erforschung der Tagesabläufe türkischer SchülerInnen begründet sein, könnte jedoch auch Indiz für ein geringes Bewusstsein gegenüber den

kräfte ausländische Kinder diskriminieren, basiert auf der folgenden Definition von Diskriminierung:

„Diskriminierung ist eine Form von Gewalt, da sie die betroffenen Menschen in der Entwicklung und Entfaltung ihrer Persönlichkeit beeinträchtigt" (Lörzer 1989, 103).

Die Vorenthaltung von muttersprachlichem Unterricht und die Segregation in Ausländerregelklassen werden von ihm als zentrale Diskriminierungsstrategie gewertet und die Struktur der Schule mit verantwortlich gemacht für das Verhalten der in ihr mit beschränkten pädagogischen Möglichkeiten handelnden Lehrerinnen und Lehrer. Ursachen für diskriminierendes Lehrerverhalten, wie Ethnozentrismus, Ignorierung von Anderssein und didaktisch-methodisch unzulänglichen Unterricht, werden in Verunsicherung, Überforderung, Zeitmangel und Resignation gesehen. Hinter der Ausdrucksform von Lehrkräften, wie „Problemkinder" oder „noch nicht richtig integriert", verbirgt sich das Assimilationskonzept der deutschen Schule (Dietrich 1997, 66) sowie eine defizitorientierte Sicht auf die Migrantenkinder. Das eigene pädagogische und methodisch-didaktische Handeln wird nur unzureichend reflektiert.

„Durch die Vorgabe der Lehrpläne werden die Problemwahrnehmung und das problemlösende Denken der Lehrkräfte einseitig auf die zu erfüllenden schulischen Anforderungen und die zur Bewältigung erforderlichen Voraussetzungen der Lernenden fixiert. Dabei gerät das eigentliche Problem der Selektivität des Schulsystems aus dem Bewusstsein" (Kornmann 1998, 61).

Die Autoren eines Forschungsberichtes zum Umgang von Lehrerinnen und Lehrern mit interkulturellen Konflikten (Auernheimer/Petzel/Sommer/van Dick 1998; 1999) konstatierten, dass es kaum aktuelle empirische Analysen zu Einstellungen und zum Umgang mit interkulturellen Begegnungen und Konflikten in der Schule gibt, als Ausnahmen benennen sie Auernheimer, Blumenthal, Stübig u. Willmann (1996) sowie Marburger, Helbig u. Kienast (1997). Ihre eigene Studie basiert auf der Frage nach dem Umgang mit Problemsituationen[72] (interkulturelle Differenzen und Konflikte), Ausländerfeindlichkeit, allgemeine Probleme sowie Probleme durch ausländische Schülerinnen und Schüler. Sie fanden heraus, dass Probleme interkultureller Erzie-

---

einschränkenden Bedingungen und Konsequenzen für die Lernsituation der Ausländerkinder sein.
72 Diese defizitären Vorgaben für die Befragungen könnten einen Erwartungseffekt, im Sinne der selbsterfüllenden Prophezeiung, provozieren. Hinzu kommt, dass die gewählten Situationen, mit denen die LehrerInnen konfrontiert wurden – bspw. „ausländische Schülerin trägt Kopftuch" für interkulturelle Differenzen oder „deutscher und ausländischer Schüler prügeln sich" für interkulturelle Konflikte – durchaus umstritten sind. Einerseits beruhen sie auf stereotypisierenden und stigmatisierenden Sichtweisen (gerade weil sie durch eine Studie von Auernheimer u.a. 1996 bei LehrerInnen in der Praxis erhoben wurden) und andererseits beruhen sie eher auf religiös bzw. traditionell motivierten Differenzen als auf kulturellen. Die Untersuchung hat mit ihrer Sicht auf problemhafte Situationen den Blick auf positive Aspekte verwehrt.

hung und mit ausländischen Kindern generell nicht als besonders belastend empfunden werden, aber im Einzelfall mit substanziellen Schwierigkeiten (Belastung, Bedrohung) verbunden waren. Die Veröffentlichung von Heintze et al. (1997) ist für die vorliegende von besonderem Interesse, da sie sich mit Sichtweisen, Orientierungen und Handlungsmustern von Lehrerinnen und Lehrern befasst und zwei der drei Aufsätze auf Untersuchungen und Modellversuchen in Berlin basieren. Marburger et al. (1997) stellten sich die Frage: „Wie stehen Lehrerinnen und Lehrer zur wachsenden gesellschaftlichen Multiethnizität, und welche Konsequenzen sehen sie für Schule und Unterricht?" (ebd. 5). Im Rahmen der Untersuchung wurden 40 Grundschullehrerinnen und -lehrer aus 14 Berliner Stadtteilen (östliche und westliche) auf der Basis eines Leitfadeninterviews befragt. Dabei wurde das Ziel nur die Sichtweisen und Orientierungen zu evaluieren konsequent umgesetzt, indem die Untersuchungspartnerinnen und -partner, wenn sie sich auf ihre konkrete Unterrichtserfahrung zurückzogen, in ihrem Redefluss unterbrochen würden. Im Kontrast dazu sollen bei der vorliegenden Studie gerade die Praxiserfahrungen erfragt und abgerufen werden. Der Grundtenor der Lehrerinnen und Lehrer aus dem westlichen Stadtgebiet[73] war, das Schulwesen muss sich nicht ändern. Dieser Auffassung waren immerhin rund drei Viertel der Befragten. Global wurde die Minderheitenkultur der Kinder zwar als Bereicherung für die Schule definiert, die diesbezüglichen Interventionen verblieben jedoch auf der Ebene von einzelnen Projekten (gestaltet mit Essen, Trinken, Liedern, Tänzen, Festen und anderen Volksbräuchen), die Öffnung der offiziellen Unterrichtscurricula für die Kulturen der ethnischen Minderheiten, geschweige denn „eine gleichberechtigte Auseinandersetzung mit deren Inhalten, Perspektiven und Einschätzungen" wurde jedoch nur von Zweien der 40 Lehrkräfte als erstrebenswert genannt. Kronig (1996) sieht einen direkten Zusammenhang zwischen der Verschlechterung der Rahmenbedingungen (Klassenfrequenz, Teilungsstunden...) in den Primarklassen, den dadurch zunehmenden Belastungen des lehrenden Personals und der Anmeldung von Migrantenkindern zur sonderpädagogischen Diagnostik.

„Sicherlich melden viele Lehrkräfte ein Kind mit der guten Absicht zur Abklärung an, ihm so helfen zu können. Gleichzeitig wird aber auch eine Entlastung der Klassensituation erreicht; und dies ist der einzige Weg einer einzelnen Lehrperson zur direkten Einflussnahme auf die Rahmenbedingungen" (Kronig 1996, 70).

Diese Strategie, ob unbewusst oder bewusst, kann sicherlich auch für die Anmeldung in allgemeine Förderkurse, Zweitsprachförderkurse oder muttersprachlichen Unterricht angenommen werden. Die von den mittelschichtsorientierten Lebenswelten der Lehrerinnen und Lehrer vermeintlich abweichenden Lebenswelten und -erfahrungen der Migrantenkinder, welche häufig eine

---

73 Es gab deutliche Divergenzen zwischen den beiden Gruppen, auf welche an dieser Stelle nicht dezidiert eingegangen werden soll. Dazu wird auf die Originalliteratur verwiesen.

Ettikettierung als „negative Hypothek" (Iben 1995) erfahren, beeinflussen im Sinne der *self-fullfilling prophecy* die Verhaltenserwartungen und -erfüllungen im Unterricht. In der Konsequenz ziehen sich Lehrkräfte häufig auf die schulische Domestizierung mit Hilfe von fremdbestimmten Inhalten und Zensuren (ebd.) zurück. Generell wird festgestellt, dass die meisten Lehrerinnen und Lehrer sich im Verlauf ihrer Schulpraxis persönliche Formen des Umgangs mit mehrsprachigen Grundschulklassen angeeignet haben.

„Die Bandbreite der Lösungen reicht von sorgfältiger Differenzierung der sprachlichen Lern- und Förderangebote bis zur schlichten Vernachlässigung der Kinder, die mit den sprachlichen Anforderungen des Lehrangebots und dem durchschnittlichen Lerntempo ihrer Klasse nicht mithalten können" (Glumpler/Apeltauer 1997, 8).

Die von Glumpler/Apeltauer vorgelegte konzeptionelle Ausarbeitung der empfehlenswerten Handlungsrepertoires für multilinguale Lerngruppen setzt an den Spracherfahrungen und an den außerschulischen Lernerfahrungen jedes einzelnen Kindes an und stellt zugegebenermaßen „hohe Anforderungen an die diagnostischen Kompetenzen und an die didaktische und methodische Kreativität von Lehrerinnen und Lehrern" (ebd., 9). Nach dem Motto *Neue Wege entstehen beim Gehen* vertreten die Autoren die Auffassung, dass die kompetenten Entscheidungen über Lernangebote und individuell abgestimmte Lernhilfen nur von den Lehrkräften vor Ort im pädagogischen Alltag getroffen werden können.

„Das Schulversagen der Kinder auf Grund des mangelnden sprachlichen und methodischen Kenntnisstandes der LehrerInnen müsste ausgeschlossen sein" (Dietrich 1997, 66).

Entscheidend für den Erfolg Interkultureller Erziehung sind nach Auernheimer (1997) zwei Bedingungen: Erstens, dass die Pädagoginnen und Pädagogen ein gutes Modell für interkulturelle Kompetenz abgeben und zweitens, dass sie Anstöße geben zur Metakommunikation, Voraussetzung ist die Sensibilität für die Subjektivität der Wahrnehmung und Bedeutung von kulturellen Kontexten. Vielfach werden jedoch auch Tendenzen der stereotypen Wahrnehmung von Kindern nichtdeutscher Muttersprache festgestellt.

„Die genannten Stereotypen über ausländische Familien lassen sich im Zusammenhang mit dem das westeuropäische Denken prägenden Traditions-Modernitäts-Paradigma erklären" (Herwartz-Emden 1997, 13).

Scherr zeigt auf, dass der Zuschreibung von Andersartigkeit keineswegs notwendig auch eine Andersartigkeit vorausgeht oder zu Grunde liegt, sondern dass „in sozialen Konflikten die Wahrnehmung der Fremdheit/Andersartigkeit von Minderheiten und Außenseitern erst hervorgebracht wird" (1999, 60). Vielfach bleibt in der Wahrnehmung außer acht, dass sich Traditionalität und Modernität, Ethnizität und Universalität in *jedem* Lebenslauf auf eine spezifische Weise verknüpfen (vgl. Hamburger 1998). Die Schülerinnen und Schüler werden mit einer ethnischen Identifikation und einer abgeleiteten Mitgliedschaftsinterpretation versehen (Bukow 1996). Die Ethnizität wird im Sinne einer kulturellen Operation gedeutet und Deutungsmuster, Konzepte, Karriere-, und Biografiemodelle der Lehrenden, basierend auf dieser Ethnizität (vgl. a.a.O.), beeinflussen den Umgang mit den Kindern. Besonders für die Gruppe der Migrantinnen wird unabhängig vom Alter und dem sozialen Status häufig von Lehrerinnen und Lehrern ein von Unterdrückung und mangelnder Gleichstellung beeinträchtigtes Rollenklischee unreflektiert unterstellt (vgl. Herwartz-Emden 1998b). Nach Bukow (1999) hat insbesondere der Populärfeminismus „die Aufmerksamkeit auf die patriarchalischen Strukturen der Einwanderer gerichtet" (ebd., 270). Der ethnozentristischen Wertung unterliegen aber ebenso andere familiäre und soziale Bestimmungsmomente, wie z.B. der elterliche Erziehungsstil, die Elternschaft und Beziehungen zwischen Mann und Frau, Mutterschaft und Vereinbarkeit von Beruf und Familie etc.

Der folgende Dialog soll exemplarisch die Auswirkungen der ethnozentristischen Sichtweisen und der darin resultierenden Stereotype auf die Kooperation zwischen Schule und Elternhaus veranschaulichen. Die türkischen Eltern eines Mädchens, was nach eigenen Angaben vielfältigen diskriminierenden Situationen in der Schule ausgesetzt war, äußerten den ausdrücklichen Wunsch, das Thema Rassismus im Unterricht ihrer Tochter zu behandeln. Daraufhin antwortete ihnen eine Hamburger Lehrerin:

„... in der 6. Klasse ist das noch zu früh für die Kinder. Später gibt es ja Politikunterricht, da sollte das dann behandelt werden. Und außerdem: Die ausländischen Kinder selbst lehnen ja diese Themen ab, wissen sie! Sie wollen gar nicht, dass das so behandelt wird, sie wollen nicht so im Mittelpunkt stehen und bedauert werden. Sie bekommen dann einfach schlechte Gefühle, wenn extra auf sie hingewiesen wird" (INCI 1989, 36).

Der faktisch alltäglich gegenwärtige Rassismus in ihrer Klasse war der Lehrerin verborgen geblieben, sie fürchtete durch die Thematisierung von Rassismus oder Ausländerfeindlichkeit im Unterricht eine Überforderung der Schülerschaft. Das Problem lag i.E. auf Seiten der Ausländerkinder, sollte durch Nichtbeachtung und Verleugnung gelöst werden und keineswegs „Strukturen und Verhaltensweisen der deutschen Gesellschaft in den Mittelpunkt stellen" (ebd., 37). Von einem Elterngespräch mit der besagten Lehrerin berichtete die Mutter in der Frauenkooperative wie folgt:

„Sie [die Lehrerin; Anm.d.Verf.] fragte, sie wüsste gern, ob wir jedes Jahr unseren Urlaub in der Türkei verbringen. Ob wir unsere Tochter in die türkische Schule schickten. Was wir von der Religion hielten, und ob sie am mohammedanischen Unterricht teilnehme. Was ich als Mutter dazu meine, dass sie so zwischen zwei Kulturen hängt? Das sei doch sicher problematisch für sie, wie sie denn in der Schule klarkäme? Ob sie ein eigenes Zimmer habe und in Ruhe lernen könne? Oder wie viele Geschwister sie wohl hätte? Ob sie vielleicht von ihnen gestört wird und ob sie auf sie aufpassen muss? Oder ob sie auf sie eifersüchtig sei? Wer ihr bei den Hausaufgaben hilft und ob sie damit zurecht kommt. Und dann hat sie noch gefragt welche Sprache wir zuhause sprechen! Dann kam ein anderes Thema, und sie fragte mich, was denn mein Mann dazu sagen würde, wenn unsere Tochter mit auf die Klassenreise fahren würde" (ebd. 37).

Auf die ausführliche Erklärung der Mutter, dass sie in keiner Weise dieser stereotypisierenden Sicht entsprechen würde, sie vielmehr der Auffassung wäre, dass die als monokulturell sozialisierte deutsche Lehrerin scheinbar Probleme hätte, außer der eigenen, auch noch gleichberechtigt andere Kulturen akzeptieren zu können, geschweige denn in ihren Unterricht einzubeziehen oder sie als Bereicherung für die Mitschülerinnen und -schüler zu erfahren, reagierte die Lehrerin erstaunt und stellte fest, „dass ich aber nun gar keine typische Türkin sei" (a.a.O.).

Gerade der Umgang mit dem Thema Islam und der religiösen Bekennung der Migrantenfamilien „ist für viele PädagogInnen ein „vermintes Gelände". Unwissenheit und Unsicherheit sind weit verbreitet – auch wenn sie sich häufig hinter mit großer Überzeugung vorgetragenen Stereotypen verbergen" (Roth 1999, 207). Von vielen Lehrerinnen und Lehrern wird dem Kopftuch „als zentrale[m] Symbol traditionalistischer, uneuropäischer und unaufgeklärter Geistes- und Lebenshaltung" (ebd., 208) eine dem schulischen Emanzipationsprozess revidierende Funktion zuerkannt. Es wird zum Ausdruck eines sehr änderungsresistenten Stereotyps, dass einerseits eine individuelle Bedeutsamkeit für die Trägerin negiert und andererseits die Wahrnehmung der Persönlichkeit der Frauen und Mädchen beeinträchtigt[74].

„Die Begegnung der Mitglieder verschiedener Kulturen, die zu gemeinsamen Lernprozessen führen soll, erfordert die Orientierung an transkulturellen Gesichtspunkten, die freilich nicht auf gewaltsamem oder appellativem Wege eingelebt werden können, sondern effizienter persönlich vermittelter Modelle, sensibler und taktvoller Initiativen und geduldiger kommunikativer Anstrengungen bedürfen. Dass die Akzeptanz kultureller Unterschiede dabei keinesfalls mit der Akzeptanz traditionalistischer Beliebigkeit zu identifizieren ist, mit transkulturellen Aspekten unvereinbare Traditionselemente – etwa die für manche Kulturen[75] charakteristische Forderung nach Unterordnung der Frauen unter die Männer [...], sollte nach dem Bisherigen deutlich geworden sein" (Weiß 1996, 20).

Nicht zuletzt sollte Multikulturalität die Sache des ganzen Kollegiums sein (vgl. Auernheimer 1997) und nicht wie gegenwärtig in der Praxis zur Aufgabe der spezifisch ausgebildeten Kolleginnen und Kollegen im Zweitsprachen- oder Muttersprachenunterricht degradiert zu werden. Vielmehr sollten alle Lehrkräfte einer Schule sich, bspw. im Rahmen von Gruppensupervisionsverfahren, über die multikulturelle Situation und die diesbezüglichen Handlungsimplikationen in ihren Klassen auseinander setzen. Die Mitarbeit von mutter-

---

74 Dies kann nach den Erfahrungen einer türkischen Studentin an der Technischen Universität bestätigt werden. Sie führte die kommunikative Isolation unter den Studierenden u.a. auf das Tragen des Kopftuches zurück und beschrieb die Erwartungshaltung ihrer Person gegenüber durch die KommilitonInnen, die von der Annahme geprägt waren, dass sie keinesfalls in einer befriedigenden und gleichberechtigten Partnerschaft leben könne. Modernistische Entwicklungen und Tendenzen im Islam und der muslimischen Gemeinschaft, werden von vielen unreflektiert ausgeschlossen.

75 Trotz der Relativierung des Begriffes Kultur an anderer Stelle wird er in diesem Zusammenhang von Weiß unreflektiert übernommen.

sprachlichen Kolleginnen und Kollegen könnte dazu beitragen, dass die Lehrerinnen und Lehrer eine stärkere Sensibilität entwickeln und nicht nur die besonderen Lernbedürfnisse, sondern auch besondere Lernfähigkeiten der Migrantenkinder entdecken.

2.4.3 Heterogenität der intellektuellen Fähigkeiten

Die Einstellungen von Lehrerinnen und Lehrern zur gemeinsamen Beschulung von Kindern und Jugendlichen mit und ohne Behinderungen und somit zur Unterrichtung von leistungsheterogenen Lerngruppen ist „von wesentlicher Bedeutung für die praktische Umsetzung von Integration" (Markowetz 1997, 223).

Die USA kann auf eine erheblich längere Forschungstradition in Bezug auf die Einstellungen von Lehrerinnen und Lehrern zur schulischen Integration verweisen und es liegen weitaus mehr Forschungsarbeiten und daraus resultierende „Programme zur Einstellungsänderung und zur Schulung von Lehrern im Umgang mit beeinträchtigten Schülern" vor (vgl. Theis 1992, 48). Theis begründet die kürzere Forschungstradition in Deutschland u.a. mit der heterogenen Ausprägung der Entwicklungen und der Realisierung des „Gemeinsamen Unterrichts" in den verschiedenen Bundesländern. Meines Erachtens können die Forschungsergebnisse der anglo-amerikanischen Länder nicht unmittelbar für die Interpretation der Einstellungserhebungen herangezogen werden. Für die persönlichen biografischen Zugänge von Lehrerinnen und Lehrern zu einer „nichtaussondernden Erziehung und Bildung" müssen u.a. auch die gesellschaftlichen Bedingungen und sozialgeschichtlichen Entwicklungen des Heimatlandes berücksichtigt werden. Die national geprägte professionelle Aufgabendeklaration, das Berufsrollenverständnis, die Akzeptanz des Berufsstandes in der Bevölkerung, aber auch selektive Strukturen und Prägungen der Bildungsgeschichte können ebenfalls als Einflussfaktoren nicht negiert werden. Darum werden im Folgenden lediglich Forschungsergebnisse aus deutschsprachigen Ländern rezipiert.

Die Ausprägung der individuellen Einstellungen ist von verschiedenen Faktoren abhängig. Dumke (1989) unterscheidet auf der Basis der Untersuchungsergebnisse seiner Mitte der 80er Jahre erfolgten Studie die kindbezogenen, berufsbezogenen und schulbezogenen Variablen des Einflusses auf die individuelle Ausprägung der Einstellung. Den *kindbezogenen* Einflussvariablen liegen häufig defizitäre Stereotypen von Menschen mit Behinderungen (eher am kognitiven als am sozialen Bereich orientiert) zu Grunde. Dumke belegte jedoch auch, dass sich die Lehrerurteile über Menschen mit Behinderungen durch zunehmende Informationen, Beobachtung, Kontaktmöglichkeiten und durch das Kennenlernen des Vorurteilsobjekts positiv verändern können (vgl. 1989, 77f). Nach Cloerkes (1997) ist dabei die Intensität und die emotionale Qualität, nicht die Häufigkeit des Kontaktes, ausschlaggebend.

Von Verhaltensstörungen und -auffälligkeiten wurde ein generell negativer Einfluss auf die Einstellungen zur Integration festgestellt. Einzelne Behinderungsarten und deren spezifische Ausprägung, wie funktional-psychosoziale Schäden (wie Lernbehinderungen, geistige Behinderungen, psychische Erkrankungen oder Verhaltensauffälligkeiten), bei denen Lern- und Erziehungsprobleme dominierend sind und für zieldifferente Lernangebote das eigene Unterrichtsprogramm modifiziert werden muss, führten eher zu einer ablehnenden Haltung der Lehrerinnen und Lehrer. Nach Dumke (1989) trauten sich dies viele Pädagoginnen und Pädagogen nicht zu oder schreckten vor dem daraus resultierenden Mehraufwand zurück.

Dumke, Krieger u. Schäfer (1989) stellen fest, dass mit der wachsenden Erfahrung auch die Bereitschaft der Lehrkräfte zum Gemeinsamen Unterricht steigt. Nach Schöler (1999) sind es oftmals die eigene Betroffenheit oder Erfahrungen aus dem Bekanntenkreis, die bei Lehrerinnen und Lehrern zu einer verstärkten Motivation und Bereitschaft und dem damit in Zusammenhang stehenden Engagement für die Arbeit in einer Integrationsklasse führen. Viele andere werden erstmals mit der Auseinandersetzung mit Menschen mit einer Behinderung konfrontiert und oftmals unbewusst und unausgesprochen erzeugt „die Anwesenheit eines Kindes mit Behinderung [...] bei ihnen die Ängste, selbst krank oder behindert und aus der Gemeinschaft ausgegrenzt zu werden" (ebd., 64). Ängste vor dem „behinderten Kind" sind in der Regel Ausdruck der in der eigenen Sozialisation vermittelten Normen, Werte und Erfahrungen. Lehrerinnen und Lehrer unterscheiden sich durch ihre professionelle Rolle nicht unmittelbar in den Einstellungen vom Rest der Bevölkerung.

Bei der Analyse der Determinanten für die Einstellungen von Sonderschullehrerinnen und -lehrern stellen Dumke, Eberl u. Venker (1998) fest, dass die Bereitschaft zur Arbeit im Gemeinsamen Unterricht von der Bedeutung für die eigene Person, den wahrgenommenen Qualifikationen und Kompetenzen, den Behinderungsarten (bspw. wurden schwere Lern- und Erziehungsprobleme bei Kindern als negativer Faktor auf die Motivation erkannt) abhängig ist. Dreiviertel der Befragten waren überzeugt, dass die Sonderschule den günstigeren Lernort für die Kinder darstellt[76]. Generell muss an solchen Einstellungsuntersuchungen Kritik geübt werden. Die Vorgehensweise durch eine Fragebogenerhebung impliziert, dass nur Befragte mit einer eindrücklichen Aussage bereit sind, den Fragebogen auszufüllen und zurückzusenden. Durch die so begrenzte Rücklaufquote begründet sich oft eine mangelnde Aussagekraft der Forschungsergebnisse.

In der vorliegenden Studie geht es im Gegensatz zu den durch Fragebogenerhebungen erfassten Meinungen und Einstellungen um die Erhebung der Handlungskonzepte und der Deutungs- und Argumentationsstrukturen. Er-

---

76 Dies verwundert kaum, da die befragten LehrerInnen alle an Sonderschulen tätig waren. Somit bestätigt sich auch der Faktor 1: Dass die Wertung des Gemeinsamen Unterrichts an erster Stelle abhängig von der Bedeutung für die eigene Person ist.

weiterung der Handlungskompetenz ist nicht zwangsweise die Folge von systemstrukturellen Veränderungen im Zusammenhang mit Integration.

„Ein Schlüsselproblem für die Schwierigkeiten der involvierten LehrerInnen sieht Springer in der Nichtreflexion der interaktionalen Ebene auf der Lehrerseite und den daraus resultierenden pädagogischen und professionellen Unzulänglichkeiten" (nach Theis 1992, 54)

Ausgehend von der Annahme, dass der Bereitschaft und der Kompetenz von Lehrerinnen und Lehrern Schlüsselfunktionen bei der Realisierung integrativer Maßnahmen zukommt, untersuchte Theis (1992) die subjektiven Theorien von 40 Grundschullehrerinnen und -lehrern zur Integration lernbeeinträchtigter Schülerinnen und Schüler an 8 Grundschulen im Großraum Koblenz. Definiertes Ziel der Untersuchung war die Analyse und Reflektion der „Ursachen und Bedingungen für die Einstellung und das Meinungsbild der von integrativen schulischen Reformmaßnahmen betroffenen Lehrergruppen" (ebd., 60) und die Integrationsbereitschaft der befragten Lehrerinnen und Lehrer. Zur Erfassung der Subjektiven Theorien wurde ein Interview durchgeführt; der Interviewleitfaden war an folgenden handlungsleitenden Fragestellungen ausgerichtet:

„Wie definieren die befragten Grundschullehrer den Begriff ‚Integration'? Wie begründen die befragten Grundschullehrer ihre Bereitschaft, Befürwortung oder Ablehnung im Hinblick auf ein integratives Fördersystem? Unter welchen Voraussetzungen stimmen die befragten Grundschullehrer den Konditionen eines integrativen Fördersystems zu bzw. lehnen dieses ab? Wie beurteilen die befragten Grundschullehrer ihre eigene Qualifikation und Handlungskompetenz und die der Sonderschullehrer hinsichtlich integrativer Arbeit?" (1992, 62f).

Mit Hilfe der Kombination qualitativer und quantitativer Verfahren (Triangulation) wurde eine mehrperspektivische Synthese der gewonnen Forschungsergebnisse angestrebt. Deshalb wurde in einem zweiten Schritt der Arbeit, zum Nachweis der Existenz einer Korrelation zwischen der Reformbereitschaft und der Akzeptanz der notwendigen integrativen pädagogischen Konzepte sowie der individuellen Berufszufriedenheit, der erlebten Belastung, der wahrgenommenen Eignung und den Wertvorstellungen bei Unterrichtszielen, von Theis eine Fragebogenuntersuchung zur Erfassung der Erziehungs- und Unterrichtsvorstellungen sowie der Initiativbereitschaft in Bezug auf die Integration lernbeeinträchtigter Schülerinnen und Schüler durchgeführt. Damit sollten Unterschiede zwischen den befragten Lehrpersonen hinsichtlich ihrer Präferenz für Unterrichts- und Erziehungsziele, ihrer wahrgenommenen Berufseignung, ihrer Berufszufriedenheit und ihrer erlebten Belastung eruiert werden. Auf Grund der Antworten auf eine spezifizierte Fragestellung wurde eine Gruppeneinteilung nach den Typisierungen: 1. Reformer, 2. Gemäßigter Reformer, 3. Traditionalist und 4. Unentschlossener der teilgenommenen Lehrer vorgenommen. So entstand in der Auswertung eine Klassifizierung der subjektiven Theorien nach den vier genannten „Prototypen[77]".

---

77 Da die Verfasserin die Vorgehensweise kritisch betrachtet, werden an dieser Stelle die quantitativen Ergebnisse der Studie nicht benannt.

Zum Forschungsschwerpunkt „Lehrerinnen und Lehrer in Integrationsklassen" haben über die Jahrzehnte auch die diversen wissenschaftlichen Modellversuche in den Bundesländern beigetragen. An dieser Stelle soll lediglich auf die beiden jüngst veröffentlichten Berichte aus Brandenburg und Hamburg eingegangen werden. Die Ergebnisse der wissenschaftlichen Begleitung in Brandenburg zeigen auf, dass Lehrerinnen und Lehrer in Integrationsklassen eine große Bereitschaft zur Gemeinsamen Erziehung und positive Grundeinstellungen haben (Heyer/Preuss-Lausitz/Schöler 1997). Die Befragten machten jedoch auch deutlich, dass es Grenzen der Integration gibt, die allerdings in direktem Zusammenhang mit den Rahmenbedingungen und den Erfahrungen der Lehrenden gesehen werden. Nur 23,8% sind der Auffassung, dass manche Kinder mit Behinderungen in keinem Fall integriert werden können. Ein Schwerpunkt der wissenschaftlichen Begleitung des Schulversuches „Integrative Grundschule" (Hamburg) lag auf der Realisierung der „Integrativen Regelklassen" im sozialen Brennpunkt[78]. Die Erhebung der subjektiven und objektiven Realität der Sonderpädagoginnen und -pädagogen in den Integrativen Regelklassen erfolgte durch Interviews. Die befragten Personen wiesen nach Aussagen der Verfasser trotz ihrer Heterogenität durchweg klare integrative Überzeugungen auf, bei den unterrichtsbezogenen Handlungen dominierten die Unterrichts- und Lernassistenzsituationen quantitativ und qualitativ gegenüber den Einzelfördersituationen (vgl. Hinz/Katzenbach/Rauer/ Schuck/Wocken/Wudtke 1998)[79]. Ihre persönlichen Kompetenzen definieren die Sonderschullehrerinnen und -lehrer als einen stärkeren Fokus auf das einzelne Kind im Verhältnis zu den Grundschullehrerinnen und -lehrern, welche nach ihren Aussagen eher eine „Zentrierung auf die Gruppe, den Überblick, den Lehrplan und die Vermittlung der Kulturtechniken wahrnehmen" (ebd., 52). Die Einschätzungen des Schulversuches durch die Lehrenden unterlag einem „dramatischen Wandel"; von „außerordentlich positiv" im ersten Schuljahr zu den Statements „positiv" und „gemischt" in den vierten Schuljahren. Als Ursachen wurden einerseits die ungelöste Fortführung im Sekundarbereich (nach Klasse 4) und die Wahrnehmungen und Befürchtungen, das Konzept der Integrativen Regelklassen werde zunehmend von einem integrativen zu einem kompensatorischen umgeformt (vgl. ebd., 54). Eine ergän-

---

78 Diese Ergebnisse sind folglich stärker auf die, für diese Untersuchung ausgewählte, Population übertragbar, als die Ergebnisse aus dem Bundesland Brandenburg.
79 Die Tätigkeiten der SonderschullehrerInnen im Klassenraum wurden in fünf Typisierungen abgebildet: Dem Typ der Co-LehrerInnen (Schwerpunkt Unterricht und Assistenz für Kinder), der ErgänzungslehrerInnen (Schwerpunkt Unterricht und ergänzende Einzelangebote), der Assistenz- oder HilfslehrerInnen (AssistentIn der Kinder, mit der Gefahr zur Assistentin der GrundschullehrerIn zu werden) und der Unterrichtenden (Tendenz zur FachlehrerIn). Typ 5, die so genannten IndividuallehrerInnen, haben sich, häufig auf Grund von Kooperationsproblemen, in die Emigration des Einzelförderbereichs außerhalb der Klasse zurückgezogen.

zend durchgeführte schriftliche Befragung[80] aller am Schulversuch beteiligten Pädagoginnen und Pädagogen ergab ein hohes Maß an allgemeiner Zufriedenheit; als positive Elemente wurden vor allem das Zwei-Pädagogen-System und die verbesserten Möglichkeiten für Differenzierung und Individualisierung gesehen. Als problematisch wurden die Fortführung in Sek I, das veränderte Rollenverständnis sowie andere Aspekte des Zwei-Pädagogen-Systems (bspw. Mitarbeit der Sonderpädagoginnen und -pädagogen in mehreren Klassen), die heterogenen Vorstellungen von Integration sowie die Leistungsbewertung (vor allem Zeugnisbestimmungen und sonderpädagogische Berichte in Klasse vier) eingeschätzt. Ein Kriterium, welches ebenfalls von 11% der Befragten benannt wurde war die Klassenfrequenz und die Zusammensetzung; Zusammenhänge zum Anteil der Kinder nichtdeutscher Muttersprache wurden nicht genannt[81]. Generell konnte festgestellt werden, dass die Befragten die bildungspolitische und pädagogische Zielsetzung bejahen sowie Zieldifferenz und individuelle Bezugsnormorientierung in ihr pädagogisches Selbstverständnis aufgenommen haben. Dies wird auch von den Moderatorinnen und Moderatoren bestätigt:

„Die Sensibilität der PädagogInnen für individuelle Ausgangslagen und Schwierigkeiten, speziell im Bereich des Lernens, des Verhaltens und der Sprache, hat zugenommen, ebenso die Akzeptanz für Unterschiede in den Lernwegen – ohne bestimmte gleich als Umwege zu begreifen" (ebd., 60).

Die mangelhafte Vernetzung und Beziehung mit den Konzepten der Interkulturellen Pädagogik (Interkulturelle Erziehung und Zweisprachige Alphabetisierung) wirkte sich nach Aussagen der Moderatorinnen und Moderatoren als „konkrete Erschwernis in Problemfällen, aber auch als grundsätzliche Irritation in der Arbeit der KollegInnen aus" (ebd., 67).

Lange Zeit wurde das Prinzip der Freiwilligkeit, die „freiwillige Beteiligung aller" (Meier/Heyer 1990) als Grundvoraussetzung für die erfolgreiche Initiierung und Umsetzung des Gemeinsamen Unterrichtes gewertet. Für Markowetz erscheint dies plausibel, weil „zwangsrekrutierte Kollegen/-innen weniger hilfreich wären und sich eher als Störfaktor erweisen könnten" (1997, 223). Feuser hingegen sieht in dem Prinzip der Freiwilligkeit „eine einmalige und unerträgliche Diskreditierung und Diskriminierung von Menschen mit Behinderungen" (1995, 223). Eigene Erfahrungen aus der Praxis in Integrationsklassen beweisen, dass auch Lehrerinnen und Lehrer, welche sich vorab vorurteilsbelastet nur mühevoll für die Einrichtung einer Integrationsklasse

---

80 Die Befragung zeichnete sich durch eine relativ geringe Rücklaufquote von 53% aus, deshalb können die folgenden Aussagen nur relativiert gedeutet werden.
81 In den am Schulversuch beteiligten Schulen war durchweg ein deutlich höherer Ausländeranteil (39,4%) im Vergleich zum Ausländeranteil an Grundschulen allgemein (20,6%) festzustellen. Alle türkischen SchülerInnen erreichten die Grundschulziele und wechselten in die Beobachtungsstufen der Regelschulen; sie wurden häufig von den LehrerInnen ettikettiert als: Pflegeleicht, lerneifrig und ehrgeizig (vgl. Hinz et al. 1998, 76).

durch die Aufnahme eines Kindes mit einer Behinderung entscheiden konnten, unabhängig von der grundlegenden Motivation die Vorzüge der pädagogischen Arbeit im Gemeinsamen Unterricht für sich selbst und die Lerngruppe erkennen können.

„Hier zeigen sich deutlich die Chancen, die mit Gemeinsamen Unterricht verbunden sind: Mit Verschiedenheit leben, Unterschiede als Anregung und Bereicherung zu verstehen, die Individualität des Gegenübers als einzigartig wahrzunehmen, aber auch die Konflikte, die sich aus der Heterogenität ergeben, produktiv auszutragen und Regeln für das gemeinsame Zusammenleben zu finden und einzuhalten, sind gemeint. Die hiermit verbundenen Herausforderungen können eine einzelne Lehrerin, einen einzelnen Lehrer sehr schnell überfordern" (Werning 1996, 468).

Die Überforderung führt dann häufig zu selektiven Handlungsstrukturen, indem die „Problemkinder" beiseite genommen – im Rahmen von gesonderter Einzelförderung oder gar ausgesondert werden. Auch im Rahmen meiner Tätigkeit als sozialpädagogische Einzelfallhilfe in Integrationsklassen konnte ich beobachten, dass Lehrerinnen und Lehrer in Integrationsklassen, unabhängig von ihrem persönlichen Engagement in Bezug auf die Integrationskinder, keinesfalls gegen aussonderndes Denken oder Verhalten mit aussondernder Wirkung immun waren. In einer Arbeitsgruppe[82] von Integrationsforscherinnen und -forschern, auf dem Jahrestreffen 1996 in Hamburg, wurden Hintergründe und Bedingungen aussondernden Denkens und Handelns von Lehrerinnen und Lehrern diskutiert und folgende Einflussfaktoren als wesentlich erachtet:

Im vertikal gegliederten Schulsystem, das zugleich stark bürokratisiert ist, dominiert das Prinzip der Auslese gegenüber dem der Förderung. Durch gesellschaftliche Vorgaben werden Lehrerinnen und Lehrern ausreichend Auslesekriterien im Sinne von zu erfüllenden Normen vorgegeben, derer sie sich bedienen können. Die Anwendung von Auslesekriterien geschieht oft unreflektiert: Weder wird dabei der Anspruch des Lernenden auf eine angemessene Unterstützung ihrer Entwicklung bedacht, noch ist das Bemühen um Überwindung der Außenperspektive und des Verstehens der subjektiven Gründe für das Nichterfüllen der Auslesekriterien zu bemerken. Vielen Lehrkräften fehlt die Einsicht in die o.g. Zusammenhänge oder die Bereitschaft, sich mit ihnen kritisch auseinanderzusetzen. Dieser Mangel an widerständigem Denken und Handeln ist sicherlich lebensgeschichtlich begründet (spezifische Sozialisationsmuster von Lehrerinnen und Lehrern)[83].

Lehrerinnen und Lehrer die einen individualisierenden Blick auf ihre Schülerinnen und Schüler haben, Heterogenität nicht nur als Belastung sondern auch als Bereicherung wahrnehmen und sich an alternativen Konzepten orientieren, können „,Behinderungen des Lernens und der Entwicklung' eher vermeiden"

---

82 Protokoll der Arbeitsgruppe *Diagnostik und Methoden*, unveröffentlichtes Manuskript (1996).
83 Vgl. ebd.

(Kornmann 1998). Die Notwendigkeit einer inneren Schulreform mit der Orientierung an den individuellen Handlungs- und Entwicklungsniveaus der Kinder und Jugendlichen und einem konsequent individualisierten Curriculum hat weder in der Pädagogik, noch in den Köpfen der in Integrationsklassen arbeitenden Lehrerinnen und Lehrer eine hinreichende Bewusstheit erreicht (vgl. Feuser 1999) und nach nunmehr über 20 Jahren könnte man schlussfolgern, dass die Gemeinsame Erziehung in der Schulpädagogik nach wie vor einen marginalen und zu geringen Stellenwert hat.

Lehrerinnen und Lehrer brauchen die kontinuierliche Anerkennung ihrer Unterrichtsarbeit, pädagogische Beratung und Begleitung und das Gefühl die Schulleitung „hinter sich zu haben" (Schöler 1999b). Die wesentlichen pädagogischen Aufgaben für die Schulleitungen an Schulen, an welchen Integrationsklassen einzurichten oder vorhanden sind, fasst Schöler in zwölf Punkten zusammen: 1. Ein kooperationsfreundliches Klima schaffen; 2. Integrationsklassen langfristig vorbereiten; 3. Den Elternwillen nach gemeinsamer Erziehung respektieren; 4. Sich selbst ein eigenes Bild von den möglichen Alternativen verschaffen; 5. Die geeigneten Kolleginnen und Kollegen für die Zusammenarbeit motivieren; 6. Das Zweipädagogensystem schützen und nicht als Vertretungsreserve nutzen; 7. Die Arbeit in der Integrationsklasse würdigen; 8. Den Gedanken der gemeinsamen Erziehung im Kollegium verankern; 9. Die materiellen Ressourcen sichern; 10. Die Fähigkeiten und Entwicklungen der Kinder mit Behinderungen wahrnehmen; 11. Integration in der Schulumgebung absichern und 12. Das Verständnis für Kinder mit Behinderungen bei den Eltern der nichtbehinderten Kinder sichern (vgl. ebd.).

Mein persönlicher Eindruck von dem Engagement der Schulleiterinnen und Schulleiter, an den für die Untersuchung ausgewählten Grundschulen, bestätigt die besondere Relevanz der positiven Grundhaltung und der engagierten Arbeit einer Schulleitung für die Ausgestaltung und Organisation der Integration. Weithin unbeachtet scheint mir, dass die Schulleitung als jene Ebene, die Entscheidungen und reformerische Bestrebungen an der Schule auf der schuladministrativen Ebene zu vertreten hat, und der somit eine „Motorfunktion in den Prozessen der Schulentwicklung" (Hinz et al. 1998, 61) zukommt, ebenfalls auf die geschlossene Haltung eines Kollegiums im Sinne einer „keilförmigen Anordnung des Lehrerkollegiums hinter dem Schulleiter[84]„ vertrauen können muss. Vor dem Hintergrund meiner Erfahrungen sollte dem Katalog als weitere förderliche Komponente eine generelle Sensibilität und integrative Disposition für Minderheiten, ob sprachlich, ethnisch, sozial oder kulturell, ergänzt werden.

Im Sinne einer humanen Werten verpflichteten, nicht aussondernden Pädagogik darf es jedoch „nicht primär darum gehen, das Integrationsspektrum lediglich um bestimmte Personengruppen zu erweitern, die auch noch zu

---

[84] Assoziation von Alfred Sander in einer Wortmeldung zu einem Vortrag. IntegrationsforscherInnentagung in Innsbruck 1995.

integrieren seien, sondern vielmehr darum, die vielfältigen Bedingungen aufzudecken, die zum Ausschluss, zur Ausgrenzung und Verbesonderung von Menschen aus den als ‚normal' geltenden Lebenszusammenhängen führen" (Ginnold/Hovorka/Kornmann/Merz-Atalik/Peper 1997[85]).

Der gemeinsame, integrative Unterricht stellt immer neue pädagogische Herausforderungen an die Lehrerinnen und Lehrer (vgl. Werning 1996) und eine „veränderte Schulkonzeption im Sinne einer dialogischen, solidarischen und ökologischen Pädagogik braucht auch eine entsprechende Lehrerbildung" (Iben 1995, 181). Ebenso wie eine entwicklungslogische Didaktik in der Pädagogik mit Kindern und Jugendlichen gefordert wird (Feuser 1995), sollten die Basisannahmen dieser, auch für die Zusammenarbeit in der Aus- und Fortbildung, Supervision und Begleitung von Lehrerinnen und Lehrern sowie und Pädagoginnen und Pädagogen reflektiert werden. Die Vielfältigkeit der Anwendung von professionellen pädagogischen Handlungsansätzen und die Heterogenität der Persönlichkeit sowie der biografischen Zugänge der Auszubildenden oder Fortzubildenden müssen einbezogen werden, ebenso wie die differenten Anforderungen variabel konstituierter Lerngruppen. Individuelle Einzelfälle und Lernsituationen lassen eine solche Rückkopplung besonders für schulinterne oder -begleitende Fortbildungen sinnvoll erscheinen. Lehrerinnen und Lehrer unterliegen in ihrer Tätigkeit gleichsam wie Kinder und Jugendliche einer „Entwicklungslogik des Subjekts" (Feuser 1995) und benötigen deshalb zur Weiterbildung ein „individualisiertes Curriculum" (Feuser 1998), welches an ihrem persönlichen pädagogischen Handlungsrepertoire ansetzt. Als Methode der Eruierung des aktuellen Handlungsniveaus, in diesem Sinne der individuellen Handlungsintentionen der Lehrerinnen und Lehrer, wird in der vorliegenden Studie die Erfassung Subjektiver Theorien und ihrer Struktur (Sinndeutungsdimension) geprüft.

2.5 Handlungsleitende Fragestellungen und Ableitung von Hypothesen

Wie werden türkische und kurdische Schülerinnen und Schüler im unterrichtlichen Kontext von Integrationsklassen der Primarstufe durch ihre Lehrerinnen und Lehrer wahrgenommen?

Meine Beobachtungen und Erfahrungen im Zusammenhang mit meiner beruflichen Tätigkeit in Integrationseinrichtungen[86] veranlassen mich zu der An-

---

85 Unveröffentlichtes Protokoll einer Arbeitsgruppensitzung auf der Jahrestagung der IntegrationsforscherInnen in Münchenwieler (Schweiz), Februar 1997.
86 Als sozialpädagogische Einzelfallhilfe im Rahmen von Eingliederungshilfemaßnahmen nach dem BSHG, Bundessozialhilfegesetz.

nahme, dass auch Lehrerinnen und Lehrer in Integrationsklassen, entgegen den in Kapitel 2.4 wiedergegebenen theoretischen Annahmen der integrationspädagogischen Literatur, sowohl die besonderen Fähigkeiten als auch die besonderen Lernbedürfnisse türkischer und kurdischer Kinder oftmals nicht ausreichend wahrnehmen und erkennen. Vielmehr wird das durch die kulturelle, ethnische und sprachliche Herkunft bestimmte „Anderssein" der türkischen und kurdischen Migrantenkinder vorrangig als defizitär sowie problemhaft und diffizil für die Unterrichtsarbeit bewertet. Entgegen den Intentionen einer Pädagogik der Vielfalt, in welchen Heterogenität als Bereicherung und anregende Vielfalt wahrgenommen werden soll, konnte ich oftmals den Eindruck gewinnen, dass sowohl das Lern- und Sozialverhalten dieser Schülerinnen und Schüler als auch ihre kulturelle Sozialisation von Lehrerinnen und Lehrern in Integrationsklassen stereotypisierend interpretiert wurden. Begründet durch diese eingeschränkte selektive Wahrnehmung der Lebenswelt der türkischen und kurdischen Kinder wurden deren besondere Lernfähigkeiten und -bedürfnisse nicht ausreichend in die konzeptionelle oder inhaltliche Unterrichtsplanung einbezogen.

Ausgangspunkt für die Fragestellung ist, dass in einer Integrationsklasse für behinderte und nichtbehinderte Kinder, entsprechend den theoretischen Ansprüchen an eine integrative Pädagogik, bereits viele Lehrerinnen und Lehrer eine kindzentrierte, basale Pädagogik (Feuser) umsetzen, von den Fähigkeiten des einzelnen ausgehen und die Heterogenität einer Lerngruppe akzeptieren. Hier soll in besonderem Maße erforscht werden, wie sich diese Akzeptanz der Verschiedenheit im Gemeinsamen Unterricht in Bezug auf die besonderen Fähigkeiten, Bedingungen und Bedürfnisse der türkischen und kurdischen Kinder auswirkt: Wie wird das *Anderssein* von Kindern aus türkischen und kurdischen Migrantenfamilien wahrgenommen und vor dem Hintergrund der Anforderungen an die Unterrichtsgestaltung definiert? Welche besonderen Lern- und Entwicklungsbedürfnisse werden erkannt? Wird die kulturelle Vielfalt eher als positive Herausforderung, als Bereicherung für den Schulalltag oder eher als eine Belastung wahrgenommen? Etc.

Wird den Lernbedürfnissen und -voraussetzungen der türkischen und kurdischen Schülerinnen und Schüler im Unterricht planungs-, struktur- und organisationsbezogen von den Lehrerinnen und Lehrern besondere Rechnung getragen?

Nach Dumke (1980, 94) gehört es im integrativen Unterricht „zu den selbstverständlichen Pflichten des Lehrers, den Lernenden entsprechend ihren voneinander abweichenden Voraussetzungen differenzierte Maßnahmen anzubieten". Im Rahmen meiner beruflichen Tätigkeit in Integrationsklassen der Primarstufe erwies es sich, dass die Lehrerinnen und Lehrer sich im Laufe ihrer Tätigkeit in Integrationsklassen ein umfangreiches pädagogisches und didaktisches Handlungsrepertoire in Bezug auf den gemeinsamen Unterricht von Schülerinnen und Schülern mit und ohne Behinderungen erarbeitet hatten. Im Gegensatz dazu schienen viele Lehrerinnen und Lehrer der kulturellen

Dimension von Heterogenität in ihren Klassen nicht ausreichend Aufmerksamkeit zu schenken (vgl. Hinz 1993, 16). Vielmehr wurden die verschiedensten Erfahrungen mit dem Unterricht und der Erziehung von nichtdeutschen Kindern häufig problematisiert, aber es folgte selten eine konkrete Erarbeitung oder Umsetzung von Lösungsstrategien.

Im Rahmen der Untersuchung sollen Lehrerinnen und Lehrer befragt werden, ob und inwieweit die Erziehung und Unterrichtung türkischer und kurdischer Schülerinnen und Schüler im Klassenverband Einflüsse auf die je individuelle erzieherische und didaktische Gestaltung des Unterrichts haben. Durch die Analyse der individuellen Subjektiven Theorien der Lehrerinnen und Lehrer können dann differenzierte Rückschlüsse auf die Zusammenhänge zwischen der Wahrnehmung der türkischen und kurdischen Kinder vor dem spezifischen kulturellen Hintergrund sowie auf die Einflüsse auf die erzieherische und didaktische Unterrichtsplanung und -gestaltung gezogen werden. Es stehen also Fragen im Mittelpunkt, wie: Wie werden die wahrgenommenen Lernbedürfnisse von Kindern aus türkischen Migrantenfamilien in lern- und entwicklungsförderliche Anteile des Unterrichts umgesetzt? Welche Einschätzung erfahren die persönlich individuellen unterrichtlichen Bemühungen (Sozialerzieherisch/pädagogisch/didaktisch) durch die Lehrerinnen und Lehrer? Welche Kriterien liegen den Urteilen der Lehrerinnen und Lehrer für die Messung des Erfolges einer Intervention oder Methode zu Grunde? Liegen den Handlungen der Lehrerinnen und Lehrern konkrete Zieldefinitionen für die Unterrichtsarbeit mit Migrantenkindern aus der Türkei zu Grunde? Fühlen sich Lehrerinnen und Lehrer für die Unterrichtung von Kindern aus Migrantenfamilien türkischer Herkunft durch Aus- und Fortbildung ausreichend vorbereitet? Welche Beratungs- und Fortbildungsbedürfnisse werden von den Lehrerinnen und Lehrern erkannt? Etc.

Die wesentlichen zentralen Grundannahmen der handlungsleitenden Fragestellungen wurden in Hypothesen abgeleitet, da der Verzicht auf explizite Hypothesen die Gefahr birgt, mit impliziten zu operieren. Implizite Hypothesen der Forscherin könnten dann mehr oder weniger unreflektiert und unkontrolliert bei der Interpretation und Auswertung wirksam werden. Daher wurde im Vorfeld ein Modell konstruiert, welches die im Forschungsfeld vermuteten bzw. wirkenden Bedingungszusammenhänge konstatiert (siehe Kapitel 6.1). Diese Vorgehensweise wiederum birgt das Risiko, dass die vorab formulierten Hypothesen dem untersuchten Gegenstand nicht gerecht werden oder mit fortschreitender Entwicklung zunehmend spezieller und enger formuliert werden müssten. In der Abwägung zwischen Authentizität und Strukturierung wurde deshalb ein Vorgehen gewählt, welches der Dialektik derselben gerecht zu werden versucht. Anhand der individuellen Strukturlegungen der Subjektiven Theorien durch die Untersuchungspartnerinnen und -partner soll das Erfassen und Verstehen des Forschungsgegenstandes in dessen eigenen Strukturen, seiner Einzigartigkeit und Besonderheit gewährleistet werden. Die anschließende Kontrastivierung der Subjektiven Theorien im Kontext der Hypothesen dient der vergleichenden, verallgemeinernden und abstrahierenden Perspektive und schließt die qualitative Analyse nicht gänzlich aus.

Abgeleitete Hypothesen

1. *Rekonstruierbarkeit Subjektiver Theorien – Rekonstruktionshypothese*: Die Lehrerinnen und Lehrer haben rekonstruierbare Subjektive Theorien zur „Integration türkischer und kurdischer Kinder in den gemeinsamen Unterricht".
2. *Beeinflussung der Wahrnehmung durch Subjektive Theorien:* Diese Subjektiven Theorien der Lehrerinnen und Lehrer beeinflussen deren Wahrnehmung der türkischen und kurdischen Schülerinnen und Schüler im unterrichtlichen Kontext.
3. *Stereotyp-Hypothese*: Es kommt zu einer stereotypisierenden Wahrnehmung der türkischen und kurdischen Schülerinnen und Schüler durch die Lehrerinnen und Lehrer.

3.1 *Defizithypothese:* Die türkischen und kurdischen Schülerinnen und Schüler werden durch die Lehrerinnen und Lehrer im unterrichtlichen Kontext vorrangig problembehaftet und defizitorientiert (im Gegensatz zu fähigkeitsorientiert) wahrgenommen.

3.2 *Potenzialhypothese*: Die türkischen und kurdischen Schülerinnen und Schüler werden durch die Lehrerinnen und Lehrer im unterrichtlichen Kontext vorrangig fähigkeitsorientiert (im Gegensatz zu defizitorientiert) und vor dem Hintergrund des besonderen kulturellen Potenzials wahrgenommen.

3.3 *Patt-Hypothese*: Die türkischen und kurdischen Schülerinnen und Schüler werden von den Lehrerinnen und Lehrern im unterrichtlichen Kontext im Verhältnis zu ihren deutschen und den übrigen nicht-deutschen Mitschülerinnen und Mitschülern nicht abweichend wahrgenommen.

4. *Unterrichtsanalyse bezüglich Anforderungen kultureller Heterogenität:* Der eigene Unterricht der Lehrerinnen und Lehrer wird analysiert in Bezug auf die besonderen Anforderungen einer kulturell heterogenen Lerngruppe.
5. *Wahrnehmung der kulturellen Heterogenität:* Die kulturelle Heterogenität in (Integrations-)Klassen wird von den Lehrerinnen und Lehrern als anregende Vielfalt für die pädagogische Arbeit wahrgenommen.
6. *Didaktisch-methodische Ausrichtung in Bezug auf kulturelle Heterogenität/Homogenität:* Die Intentionen von didaktischen und methodischen Anpassungen an die kulturell heterogene Lerngruppe verfolgen das Ziel der

6.1 *Förderung kultureller Heterogenität:* Die kulturelle Heterogenität in (Integrations-)Klassen wird von den Lehrerinnen und Lehrern durch ihre pädagogischen und methodisch-didaktischen Interventionen bewusst gefördert.

6.2 Förderung kultureller Homogenität: Die kulturelle Homogenität in (Integrations-)Klassen wird von den Lehrerinnen und Lehrern durch ihre pädagogischen und methodisch-didaktischen Interventionen bewusst gefördert.
7. *Subjektives Empfinden der Integrationsleistung durch die Lehrerinnen und Lehrer als ...*
7.1 Analoge Integrationsleistung: Die Lehrerinnen und Lehrer nehmen die Aufgabe des gemeinsamen Unterrichts ihrer türkischen/kurdischen Schülerinnen und Schüler mit den deutschen und übrigen nichtdeutschen Mitschülerinnen und -schülern nicht als eine spezifische Integrationsleistung wahr.
7.2 Spezifische Integrationsleistung: Die Lehrerinnen und Lehrer nehmen die Aufgabe des gemeinsamen Unterrichts ihrer türkischen und kurdischen Schülerinnen und Schüler mit den deutschen und übrigen nichtdeutschen Mitschülerinnen und -schülern als eine spezifische Integrationsleistung wahr.
7.3 Spezifische Integrationsleistung bei festgestelltem sonderpädagogischem Förderbedarf: Die Lehrerinnen und Lehrer nehmen die Aufgabe des gemeinsamen Unterrichts ihrer türkischen und kurdischen „Gutachtenkinder", Schülerinnen und Schüler mit festgestelltem sonderpädagogischem Förderbedarf, mit den deutschen und übrigen nichtdeutschen Mitschülerinnen und -schülern als eine spezifische Integrationsleistung wahr.
8. *Wissensdefizite der Lehrerinnen und Lehrer in Bezug auf Unterricht in kulturell heterogenen Lerngruppen*: Die Lehrerinnen und Lehrer haben in ihrer Selbsteinschätzung ein Wissens- und Kompetenzdefizit in Bezug auf die Bewältigung oder den Umgang mit der kulturellen Heterogenität im gemeinsamen Unterricht.
9. *Entwicklung konkreter Lösungsansätze*: Die Lehrerinnen und Lehrer entwickeln eigene konkrete Lösungsansätze und -strategien in Bezug auf die Integration der türkischen und kurdischen Schülerinnen und Schüler in ihren Unterricht.

3 Segregation von Migrantenkindern im Bildungswesen

3.1 Migrantenkinder im deutschen Bildungswesen

3.1.1 Allgemeine Bildungssituation

Durch die vielfältigen migrationsgeschichtlichen Entwicklungen in der Bundesrepublik leben wir bereits seit geraumer Zeit nicht mehr in einer monokulturellen, sondern in einer zunehmend multikulturellen und multiethnischen Gesellschaft. Die Schul- und Bildungslandschaft reflektiert die dadurch entstandene kulturelle Heterogenität in der Praxis nach wie vor nicht ausreichend, wie es die nachfolgenden Statistiken zur Bildungbeteiligung deutlich nachweisen, obwohl es in den verschiedensten Ansätzen einer Interkulturellen Pädagogik gefordert wird. Das ist umso erstaunlicher, als es mittlerweile eine lange Tradition des Unterrichts mit Kindern nichtdeutscher Muttersprache gibt. Eine erste „Bestandsaufnahme und Problemvergewisserung von Seiten der Wissenschaft" (Auernheimer 1996, 6) zur spezifischen Situation der Migrantenkinder[87] in deutschen Schulen erfolgte Anfang der 70er Jahre im Zusammenhang mit den Entwicklungen durch die gesetzlich geregelten Möglichkeiten des Familiennachzuges der Arbeitsmigranten[88]. Begriffe wie Gastarbeiterproblematik, Ausländerproblematik, Integrationsprobleme etc. vermitteln die einseitige Sicht der Problemanalysen der 70er Jahre auf die Migrantenfamilien. Die geringe Erkenntnis über die Problemhaftigkeit auf Seiten der Mitglieder der Residenzgesellschaft reduzierte die Aufmerksamkeit für die „Probleme, die die Gastarbeiter uns machen" (Reiser 1981, 7). Die wirklichen Probleme der Migrantinnen und Migranten, wie sozioökonomische, rechtliche und politische Benachteiligungen, wurden lange Zeit von der Wissenschaft nicht erkannt. Die eingewanderten Menschen hatten Mängel und Defizite in sprachlicher, kultureller und sozialer Hinsicht gemessen an bundesdeutschen Normen und Standards und man sah „die Notwendigkeit diese Mängel aufzu-

---

[87] Der Begriff Migration (respektable Migrant/-in, migrieren, Migrantenkinder, Migrantenfamilien etc.) überwiegt in der Literatur zur Interkulturellen Pädagogik, da er die Kohärenz der Emigration (Auswanderung) und der Immigration (Einwanderung) im Migrationsprozess vermittelt.

[88] Die stark ökonomisch motivierte Anwerbung von Arbeitskräften aus den so genannten Schwellenländern hatte in den 60er Jahren bis zur Wirtschaftskrise 1973 ihren Höhepunkt in Deutschland. Arbeitskräfte wurden entsprechend des Bedarfes in der Industrie und Wirtschaft „nach gründlicher Untersuchung auf Gesundheit, Tüchtigkeit, Kraft und Fleiß" (Reiser 1981, 7) selektiert und ausgewählt.

heben oder zu kompensieren" (a.a.O.). Die defizitäre Sicht auf die Migrantenkinder im Bildungswesen wurde theoretisch bereits Ende der 70er Jahre kritisiert, fand jedoch ihre Umsetzung in pädagogischen Ansätzen erst viele Jahre später (siehe Kapitel 2.2).

Nach einem leichten Rückgang der Zahl der Schülerinnen und Schüler nichtdeutscher Staatsangehörigkeit[89] in den Jahren 1983 und 1984, bedingt durch das Rückkehrhilfegesetz (vgl. Boos-Nünning/Henscheid 1999, 7), hat die Zahl nach 1987 von 707.503 (KMK 1997) kontinuierlich zugenommen auf 950.707 im Jahr 1998, das sind 9,4%[90] anteilig an der Gesamtschülerzahl der allgemeinbildenden Schulen im Bundesgebiet. Dies ist insbesondere auf den Zuwachs an Flüchtlingskindern aus dem ehemaligen Jugoslawien sowie den statistisch zusammengefassten sonstigen Herkunftsländern zurückzuführen. 41,4 % dieser Schülerinnen und Schüler besuchten 1996 die Grundschulen, 22,1% die Hauptschulen, 9,2% die Gymnasien, 8,3% die Realschulen, 6,5% die Gesamtschulen, 3,2% die Orientierungsstufe und immerhin 6,8% die Sonderschulen der Bundesrepublik (a.a.O.). Die Zahl der türkischen Kinder und Jugendlichen an den allgemeinbildenden Schulen stieg in den vergangenen Jahren ebenfalls an „und zwar in einer Wellenbewegung mit Rückgängen in den Jahren 1991 und 1992 um insgesamt 18,4% in den allgemeinbildenden Schulen (von 331.592 im Jahre 1985 auf 392.567 im Jahre 1996)" (Boos-Nünning/Henscheid 1999, 8). Dahingegen verhielten sich die Zahlen der griechischen, italienischen, spanischen und portugiesischen Schülerinnen und Schüler[91] sinkend oder gleich bleibend (vgl. ebd.). Die 392.567 Kinder und Jugendlichen türkischer Staatsangehörigkeit sind mit 41,7% deutlich die stärkste Gruppe unter den ausländischen Kinder und Jugendlichen[92], gefolgt von denen aus den zusammengefassten sonstigen Saaten mit 28,5% und aus dem ehemaligen Jugoslawien mit 16,2% (KMK 1997).

In Bezug auf die Bildungsbeteiligung in der Sekundarstufe zeigt sich, dass die Schülerinnen und Schüler spanischer Nationalität die relativ beste Beteiligung an den Realschulen und Gymnasien aufweisen, wohingegen die Kinder aus türkischen Migrantenfamilien 1997 (im Vergleich zu Schüler/-innen aus Griechenland, Italien, Spanien und Portugal) die niedrigste Beteili-

---

89 Statistisches Kriterium für die Erfassung von Ausländerkindern.
90 In: Grund- und Strukturdaten 1997/98. Statistisches Jahrbuch der Bundesrepublik Deutschland von 1992-1998.
91 In den Statistischen Veröffentlichungen der Kultusministerkonferenz generell ausgewiesene Nationalitäten: Griechenland, Italien, Spanien, Türkei, Jugoslawien, Portugal und sonstige Staaten gesamt.
92 Die Begriffe Ausländer (-kinder, -familien, -eltern etc.) und ausländische Bevölkerung (Kinder, Familien, Eltern etc.) werden nur verwandt im Zusammenhang mit statistischen Angaben und Analysen (Festlegung durch vorliegendes Material) und in zitierten Textbestandteilen. Der Begriff MigrantInnen (Migrantenkinder, -familien, -eltern etc.) wird ansonsten favorisiert, da er, unabhängig von der Staatsangehörigkeit, die Minderheitensituation hervorhebt, aber meines Erachtens einen weniger segregativen Charakter und eine größere Perspektivität in Bezug auf die Situation der MigrantInnen in unserer Gesellschaft hat.

gung in diesen Schulformen hatten (Boos-Nünning/Henscheid 1999, 10). Die Verteilung der statistisch dominierenden Nationalitätengruppen auf die verschiedenen Schulformen des allgemeinbildenden Schulwesens im Schuljahr 1995/96 ist in der Abbildung 2 dargestellt. Das Diagramm zeigt deutlich, dass ein relativ großer Anteil der ausländischen Schülerinnen und Schüler, unabhängig von der Nationalität, im Vergleich zur Gesamtschülerschaft im Sekundarbereich die Hauptschulen besucht. Lediglich die Kinder und Jugendlichen aus den sonstigen Herkunftsstaaten und aus Spanien scheinen in Bezug auf das Gymnasium eine an die Quote in der Gesamtschülerschaft angenäherte Beteiligung aufzuweisen. Generell kann festgestellt werden, dass der Anteil der Jugendlichen nichtdeutscher Nationalität seit 1992 am Gymnasium gleich bleibend, an den Haupt- und Realschulen leicht rückläufig und in den integrierten Gesamtschulen steigend ist[93].

Auffällig ist der deutlich steigende Anteil in den Bildungsgängen des zweiten Weges – Abendgymnasien, -haupt- und -realschulen – der weit über dem durchschnittlichen Anteil an der Gesamtbevölkerung liegt (bspw. 45,5% an den Abendhauptschulen).

„In einem Punkt gleicht die Bildungssituation der Schüler und Schülerinnen ausländischer Herkunft derjenigen der deutschen: Aus der in einigen Länderstatistiken vorgenommenen Differenzierung nach Geschlecht lässt sich ableiten, dass die Mädchen ausländischer Herkunft in den höherwertigen Bildungsgängen gegenüber den Jungen über- und in Hauptschule und Integrierter Gesamtschule unterrepräsentiert sind" (Boos-Nünning/Henscheid 1999, 10).

---

93 Vgl. Grund- und Strukturdaten 1997/98. Statistisches Jahrbuch der Bundesrepublik von 1992-1998.

Abbildung 2: Bildungsbeteiligung von Migrantenkindern im Deutschen Schulsystem (Schuljahr 1995/96)

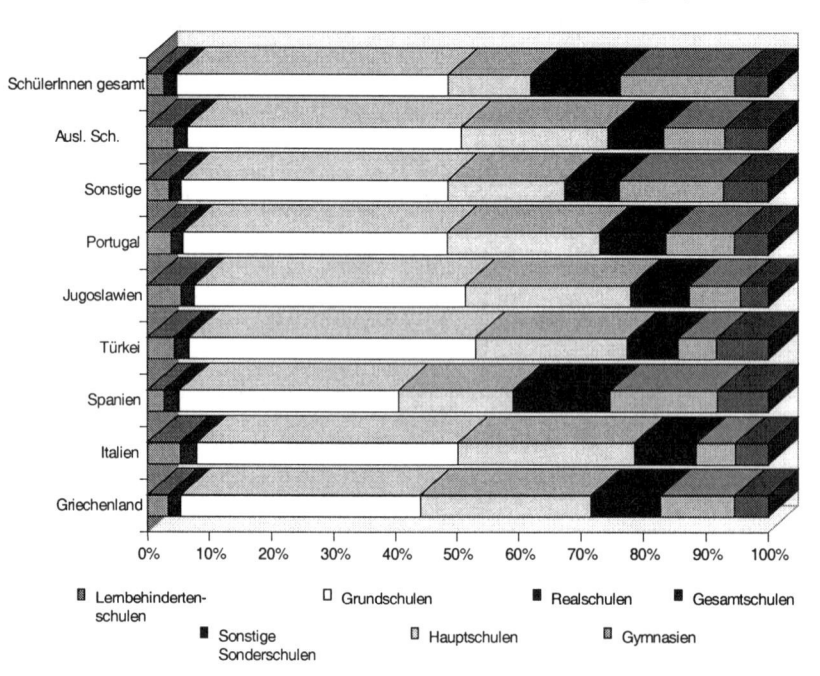

Verteilung der SchülerInnen verschiedener Nationen auf die allgemeinbildenden Schulen im Schuljahr 1996 (Gesamtes Bundesgebiet)

[Balkendiagramm mit Kategorien: SchülerInnen gesamt, Ausl. Sch., Sonstige, Portugal, Jugoslawien, Türkei, Spanien, Italien, Griechenland]

Legende:
- Lernbehindertenschulen
- Grundschulen
- Realschulen
- Gesamtschulen
- Sonstige Sonderschulen
- Hauptschulen
- Gymnasien

(Berechnung auf der Basis: Konferenz der Kultusminister der Länder i.d. Bundesrepublik Deutschland (Hg.): Ausländische Schüler und Schulabsolventen 1987-1996, Statistische Veröffentlichungen der Kultusministerkonferenz/Heft 143, November 1997).[94]

Bei den regionalen Vergleichen zwischen den Bundesländern fällt auf, dass in jenen Ländern, in welchen ein stark ausgebautes Gesamtschulangebot existiert, Schülerinnen und Schüler nichtdeutscher Staatsangehörigkeit „recht hohe Anteile in dieser Schulform als auch höhere Gymnasialquoten erreichen als in Ländern mit nur vereinzelten Gesamtschulen" (ebd., 11). Die Differenzen zwischen den einzelnen Bundesländern sind erheblich, so waren 1996 bundesweit 4% der Schülerschaft an Gymnasien Ausländer, in Schleswig-Holstein nur 2,5%, aber 10,6% in Hamburg (KMK 1997b). In allen alten

---

94 Das Diagramm wurde erstellt für einen Vortrag der Verfasserin, auf dem „7th European Rehabilitation Congress" im November 1998 in Jerusalem (Israel). Die Statistischen Veröffentlichungen zum Kalenderjahr 1999 (Schuljahr 97/98) lagen für eine aktuelle Bearbeitung noch nicht vor.

Bundesländern sind die Quoten der ausländischen Jugendlichen an den Gymnasien steigend, da der Anteil an den Schulen der neuen Bundesländer jedoch 1% nicht erreicht, gibt es seit 1991 in der Gesamtstatistik des Bundesgebietes einen Rückwärtstrend zu verzeichnen. Die folgende Tabelle stellt die aktuelle Situation in den Bundesländern dar (zur spezifischen Situation in Berlin siehe Kapitel 4.2.2).

Abbildung 3: Ausländeranteil in Prozent an den Schulen der Sekundarstufe im Vergleich der Bundesländer (1996)

Bundesland	Hauptschule	Realschule	Gymnasium	Integrierte Gesamtschule
Baden-Würtemberg	25,2	7,9	4,8	18,4
Bayern	12,1	4,5	3,3	10,6
Berlin	34,1	11,2	6,6	11,8
Brandenburg	–	0,2	0,3	0,6
Bremen	27,2	17,3	8,7	15,4
Hamburg	32,4	22,7	10,6	19,9
Hessen	30,1	14,0	7,9	15,8
Mecklenburg-Vorpommern	0,4	0,3	0,3	0,2
Niedersachsen	11,8	4,6	3,0	7,7
Nordrhein-Westfalen	24,3	8,7	5,6	17,2
Rheinland-Pfalz	12,9	4,3	2,8	6,5
Saarland	23,2	4,4	2,6	7,9
Sachsen	–	–	0,2	–
Sachsen-Anhalt	0,6	0,3	0,3	0,3
Schleswig-Holstein	9,8	3,8	2,5	5,0
Thüringen	-	-	0,2	0,0
Bundesgebiet	18,5	6,5	4,0	11,7

(Zusammenstellung der Daten aus: Sekreteriat der ständigen Konferenz der Kultusminister der Länder i.d. Bundesrepublik Deutschland (Hg.): Ausländische Schüler und Schulabsolventen 1987-1996, Statistische Veröffentlichungen der Kultusministerkonferenz, Heft 143, November 1997)

Nauck u. Diefenbach (1997) ziehen verschiedene mögliche Erklärungsansätze für die regionalen Unterschiede in Betracht:

(1) Eine nach Herkunftsnationalität und Qualifikationsprofil differenzierte Zuwanderung in die Bundesländer, die sich in unterschiedlichem Bildungserfolg der 2. Generation bemerkbar macht (Kompositionseffekt).
(2) Eine selektive Abwanderung von Migrantenfamilien, so dass in einzelnen Bundesländern mehr „bildungserfolgreiche oder -unerfolgreiche Ausländerkinder" übrig bleiben (Dekompositionseffekt).
(3) Unterschiedliche Gelegenheitsstrukturen für Bildungsinvestitionen in ausländischen Familien in den Regionen (Opportunitäteneffekt).
(4) Aus der Kombination von 1. und 3. können sich zudem in den jeweiligen Migrantenminoritäten unterschiedliche Strategien des Elterninvestments

entwickelt haben, in denen Bildungsbeteiligung (in der Aufnahmegesellschaft) eine je unterschiedliche Rolle spielen (Sozialisations- und Addaptionseffekt).

Die stabilen Rangfolgen zwischen den Bundesländern, die nicht mit spezifischen Zu- oder Abwanderungsströmen, mit differenziellen ökonomischen oder mit sozialstrukturellen Entwicklungen in Verbindung gebracht werden können, deuten jedoch nach Nauck u. Diefenbach darauf hin, dass „die beträchtlichen Schwankungen im Schulerfolg ausländischer Kinder zwischen den Bundesländern und insbesondere solch stark variierende Quoten des Übergangs in Sonderschulen[95] auf die institutionellen Formen des Umgangs mit ausländischen Schülern zurückzuführen sind" (ebd., 292), wie es in folgendem Punkt begründet ist:

(1) Eine von Bundesland zu Bundesland differierende institutionelle Praxis des Bildungssystems, die sich in regional unterschiedlichen Beteiligungsquoten in weiterführenden Schulen und in der Einweisung in Sonderschulen äußert (Diskriminierungs- und Selektionseffekt).

Aktuelle Gutachten belegen insbesondere die „überproportional negative Bildungsbilanz" der Schülerinnen und Schüler aus türkischen Migrantenfamilien (vgl. Boos-Nünning/Henscheid 1999, 3). Dies bestätigte sich gleichsam bei der o.a. Analyse der statistischen Daten der Kultusministerkonferenz (siehe Abbildung 2).

Als statistisches Kriterium für empirische Analysen wird die türkische Staatsangehörigkeit zu grunde gelegt, unabhängig vom Aufenthaltsstatus, der Migrationsgeschichte, der Migrationsgeneration und dem Sprachstand der Kinder und Jugendlichen. Auch auf die kulturelle und ethnische Heterogenität der Herkunft wird in der Regel nicht eingegangen. Die Türkei ist ein von starker ethnischer und kultureller Heterogenität geprägtes Land und folglich rekrutieren sich die Lebenswelten der Migrantenfamilien aus der Türkei[96] aus verschiedenen Volksgruppen (Türkische, kurdische[97], arabische, kirgisische, lazische u.a.) sowie aus verschiedenen Konfessionen (sunnitische, alevitische und andere muslimische Glaubensrichtungen, Juden, Christen u.a.). Hinzu kommt, dass die Familien aus sozioökonomisch und gesellschaftlich sehr unterschiedlich entwickelten Regionen und Städten der Türkei stammen, wie

---

95 Siehe Kapitel 3.1.2.
96 Anm. d. Verf.: In meiner Arbeit werden die Begriffe MigrantInnen, Migrantenkinder oder Migrantenfamilien aus der Türkei verwandt, unabhängig von der ethnischen oder kulturellen Zugehörigkeit. Die individuellen Angaben zu den Kindern und Jugendlichen aus Familien, die ehemals aus der Türkei nach Deutschland migrierten, werden allerdings im gegebenen Fall um zugängliche Detailinformationen, wie religiöse Zugehörigkeit oder ethnische Gruppenzugehörigkeit ergänzt.
97 Kurdische MigrantInnen aus den Anrainerstaaten Iran, Irak und Syrien finden im Zusammenhang mit der vorliegenden Studie keine Beachtung.

West-, Zentral- oder Ostanatolien, städtische oder ländliche Gebiete. Für eine detaillierte Analyse müssten diese Herkunftsfaktoren, mit denen der Migrationssituation in Verbindung gebracht werden.

Die geringe Bildungsbeteiligung der Migrantenkinder und -jugendlichen scheint nicht nur ein deutsches Phänomen zu sein, sondern auch aus anderen europäischen Staaten werden verschlechterte Bildungsperspektiven der Kinder aus Migrantenfamilien konstatiert und thematisiert (bspw. für die Schweiz: Müller 1998; Sturny-Bossart 1996; Kronig 1996; Houbbé-Müller 1995; für Großbritannien: Watkins 1994). Watkins (1994) kritisiert insbesondere die mangelnde Aufmerksamkeit seitens der Bildungspolitik und der Bildungsforschung in England für den Synergieeffekt von besonderen schulischen Bedürfnissen und der Zugehörigkeit zu einer ethnischen Minderheit. Sie stellt anhand der Analyse von Fallstudien fest, dass die Auswirkungen von besonderen schulischen Bedürfnissen bei Kindern aus Migrantenfamilien oft mehr als nur „die Summe der Teile" sind und vermutet in dem synergetischen Zusammenwirken der beiden Faktoren eine größere Wirkung als die zu erwartende Addierung der beiden Effekte. Auch in England ist die Identifizierung von besonderen schulischen Bedürfnissen an den relativen Stärken und Schwächen der Kinder in bestimmten Bereichen des Lehrplanes (in der Regel Landessprache und Mathematik) festgemacht. Watkins kritisiert die geringe Relevanz der persönlichen Intelligenz mit den Bereichen interpersonelle und intrapersonelle Intelligenz (a.a.O.). Diesen bemisst sie stärkeren Einfluss auf eine Lernentwicklung von Migrantenkindern zu, welche eben in deren eigener sozialen Welt stattfindet. „Jede Art von Lernen bedeutet einen Rückgriff auf vergangene Ereignisse, irgendeine Form von Interaktion mit anderen und eine Form der Interaktion mit sich selbst" (ebd., 74). Ihres Erachtens sollte das letztendliche Ziel von Erziehung, die Vermittlung von Selbstkenntnis und -verständnis, individueller kognitiver Fähigkeiten sowie die Fähigkeit die Anwendung beider in sozialen Interaktionen mit anderen zu überprüfen, das heißt die Selbstregulierung des Lernens durch das Kind sein.

3.1.2 Migrantenfamilien und Frühförderung

Die medizinische Diagnostik im Rahmen der Früherkennung erfolgt in der Regel im Verlauf der prä- und perinatalen Vorsorgeuntersuchungen durch Geburtshelferinnen und -helfer, Ärztinnen und Ärzte in der Entbindungsklinik, in Kinderarztpraxen oder im Sozialpädiatrischen Zentrum. Korporal, Tietze, Konrad u. Zink (1985) stellten fest, dass der präventive und kurative Bereich der Schwangerschaftsfürsorge von Migrantinnen weniger frequentiert wird. Die Untersuchung war bestrebt, den Umfang und die Intensität der medizinischen Vorsorge in der Schwangerschaft als Faktoren für die sozial und ethnisch differente Säuglingsmortalität nachzuweisen. Einige forschungsmethodische Grundlagen[98] und die Auswahl der Probandinnen müssen jedoch nach neuester Erkenntnis kritisiert und folglich kann den Untersuchungsergebnissen heute nur vermindert Bedeutsamkeit zuerkannt werden. Der Gegenstand der Untersuchung, die Gesundheit und die medizinische Versorgung der Migrantenfamilien standen, in den 80er Jahren im Mittelpunkt des Forschungsinteresses (bspw. Zimmermann 1984; Kentenich, Reeg/Wehkamp 1984; von Klitzing 1984; Collatz, Kürsat-Ahlers/Korporal 1985; Elis/Gökelma 1988). Das Interesse an den abweichenden Verhaltens- und Umgangsformen mit Krankheit und Gesundheit war Ausdruck des „ethnologisierenden Blicks" der 70er und 80er Jahre auf die Minderheiten (siehe Kapitel 2.2.4). Erst ab Mitte der 80er, Anfang der 90er Jahre weitete sich der Blick stärker auf die psychosozialen Ursachen (bspw. Zimmermann 1995; Wolf-Almanasreh 1991; Özelsel 1990; Ohnacker 1985; Arbeitskreis psychosoziale Situation ausländischer Familien 1986;). Verschiedene Autoren befassten sich zunehmend mit Formen und Methoden interkultureller Beratung und Therapie (bspw. Grotherath 1994; Hirsch 1993; Koray 1993; Köpp/Rohner 1993; Erdheim 1993; Grottian 1991) und auch Kinder aus Migrantenfamilien mit Behinderungen gerieten ins Forschungsinteresse; einerseits im Zusammenhang mit der Aufgabenerweiterung von Kinderärzten (bspw. Werhahn 1992), aber auch mit dem kulturdifferenten Krankheits- oder Behinderungsbegriff und seinen Auswirkungen auf die Zusammenarbeit mit den Eltern (bspw. Merz-Atalik 1998, 1999; Cloerkes 1997; Skutta 1994; Neubert/Cloerkes 1994; Ostermann 1990;).

Die Anzahl der Kinder mit Behinderungen in Migrantenfamilien scheint überdurchschnittlich „bringen diese doch einerseits behinderte Kinder mit sich, bzw. werden diese hier behindert (durch Krankheit/Unfall) oder sie holen andererseits gerade ihre kranken Kinder nach, weil die medizinische Versorgung in der Bundesrepublik Deutschland besser ist als in ihrem Heimatland" (Reiser 1981, 25)[99]. Dadurch steigt der Anteil der Kinder aus Migrantenfamilien, die in Frühfördereinrichtungen Betreuung und Beratung erfahren. Die Ergebnisse einer Befragung in Frühförderstellen in Nordrhein-

---

98 Bspw.: Die Untersuchung basiert auf der Auswertung der Unterlagen einer Krankenversicherung, der AOK, und hat damit eine begrenzte Aussagefähigkeit für eine spezifische Versicherungsgruppe. Die Auswahl der Probandinnen erfolgte anhand der „ausländischen Namensgebung" und unterlag damit einem subjektiven Kriterium. Es erfolgte keine Befragung der Mütter zu nicht-medizinischen Vorsorgeansätzen, der Bereich der Selbstmedikation (gerade bei Frauen nichtdeutscher Muttersprache auf Grund der Sprachbarrieren zu niedergelassenen Ärzten sicherlich ein wesentlicher Faktor) blieb unbeachtet.

99 Eine weitere Ursache ist sicherlich der andere Umgang mit Schwangerschaft. Aus türkischen Familien ist mir bekannt, dass die Vorsorgeuntersuchungen als unnötig erachtet werden. Folglich werden auch mehr Kinder mit einer genetisch bedingten oder körperlich erkennbaren Behinderung, die im Rahmen von pränataler Diagnostik früherkannt werden können, ausgetragen. Für viele Familien käme ein Schwangerschaftsabbruch nicht in Frage. Weitere Ursachen könnten sein: Belastungen durch sozioökonomische Benachteiligung, durch Tätigkeit in nicht sozialversicherten Beschäftigungsfeldern (die Frauen arbeiten folglich bis kurz vor der Geburt), durch familiäre Belastungen etc.

Westfalen (Hohmeier 1996) weisen darauf hin, dass die besondere Notwendigkeit einer Effektivierung und Qualifizierung der institutionellen Frühförderung für die spezifschen Bedürfnisse von Kindern aus Migrantenfamilien bereits erkannt ist, jedoch nur zögerlich in die Praxis umgesetzt wird. Mitarbeiterinnen und Mitarbeiter von Frühfördereinrichtungen äußerten auf die Frage nach den „größten Problemen und Konfliktfeldern" in der Zusammenarbeit mit Migrantenfamilien: Schwierigkeiten basierend auf Sprachbarrieren, kulturellen Differenzen (in den Einstellungen zur Behinderung, der Auffassung von Frühförderung, den familiären Geschlechterrollen, den Erziehungsvorstellungen) und durch die veränderten Arbeitsbedingungen (bspw. höherer Anteil sozialarbeiterischer Tätigkeiten (siehe auch Körner 1996) höherer Zeitaufwand. „Sprach- und Verstehensbarrieren bestehen verbal, nonverbal (Gesten und Rituale) und inhaltlich (kulturabhängiges Wissen und Einschätzen)" (ebd., 39). Einerseits wird der Einsatz von Dolmetschern proklamiert und praktiziert, andererseits werden aber auch Chancen betont, durch eine eigenständige unmittelbare Verständigung ebenso wichtige „atmosphärische Informationen" zu erhalten (a.a.O.). Die Erkenntnisse aus dem Bereich der interkulturellen Kommunikation oder Beratung (siehe oben), werden im Rahmen von institutioneller Frühförderung selten bis gar nicht wirksam. Aus- und Fortbildungskonzepte, spezifisch an den Bedürfnissen von Migrantenfamilien orientiert, werden zu wenig angeboten und frequentiert.

Die besondere Attraktivität der Zusammenarbeit mit Migrantenfamilien wurde von den Mitarbeiterinnen und Mitarbeitern in Frühfördereinrichtungen in den zwischenmenschlichen Umgangsformen, wie Gastfreundschaft, Aufgeschlossenheit, Kontaktbereitschaft und Dankbarkeit gesehen (Hohmeier 1996). Hohmeier stellte darüber hinaus eine deutliche Diskrepanz zwischen Fortbildungsangeboten und Fortbildungswünschen bei den Mitarbeiterinnen und Mitarbeitern fest; 80% äußerten den Wunsch nach Fortbildungsangeboten, aber das konkrete Angebot wurde als zu gering eingeschätzt (ebd. 1996).

Nach Körner (1996) sollte Frühförderung als ein wechselseitiger Prozess gegenseitiger Anerkennung aufgefasst werden. Die Zusammenarbeit mit Kindern aus Migrantenfamilien sollte auf der gemeinsamen Suche nach Gestaltungsmöglichkeiten des Förderungsprozesses basieren (vgl. ebd.). Das Personal von Frühfördereinrichtungen begleitet durch seine Arbeit den gesellschaftlichen Integrationsprozess. In der Auseinandersetzung mit dem „Andersartigen" und „Fremden" wird eine „professionelle Einstellung und Haltung voraus[-gesetzt], die als *Pendelbewegung zwischen Einfühlung, Identifizierung und Wieder-Abstand-Nehmen, nachdenken und ins Gespräch bringen* beschrieben werden kann" (ebd. 39). Unabhängig von der sprachlichen oder kulturellen Barriere zwischen Professionellen und Familien ist eine zwischenmenschliche Interaktion „ja grundsätzlich mit Wagnissen und einem Reiz verbunden, weil sich Nicht-Vertrautes und Unbekanntes trifft" (ebd., 39). Sensible Beratungskonzepte sollten verhindern, dass das Kind von dem soziokulturellen Gefüge seiner häuslichen Umwelt und den familiären Beziehungen distanziert wird.

Frühfördereinrichtungen kommt eine entscheidende Funktion in Bezug auf den Bildungsweg der Kinder zu. Hier werden Grundsteine gelegt für das weitere Lernen und Leben, werden Empfehlungen für den Lernort gegeben und Weichen in die Gesellschaft, für das Kind und seine Familie, gestellt. Kollektive und solidarische Beziehungen in der peer-group der Kinder und in der Elternschaft, die oftmals bereits in der vorschulischen Lebenswelt entstehen, können die Basis für einen erfolgreichen Einstieg in das integrative Lernen an Schulen sein. Voraussetzung ist die nichtaussondernde Gestaltung der Institutionen[100], indem interkulturelle und integrative Konzepte gefördert und umgesetzt werden (ausführlicher in Merz-Atalik 1997).

3.1.3 Kinder aus Migrantenfamilien an Sonderschulen

Anfang der 80er Jahre entstand in Deutschland erstmals ein öffentliches Bewusstsein über den kontinuierlichen Anstieg des Ausländeranteils an Sonderschulen. Bis Anfang der 70er Jahre waren Kinder nichtdeutscher Staatsangehörigkeit an Sonderschulen, auch an den Schulen für Lernbehinderte unterrepräsentiert (vgl. Apitzsch 1994). Als Folge der intensiven medizinischen Auswahlverfahren wurde die Anwerbung von behinderten erwachsenen Arbeitsmigrantinnen und -migranten verhindert. Kinder mit Behinderungen wurden oftmals aus Unkenntnis der Unterstützungssysteme in Deutschland und weil sie als zusätzliche Belastung für das *Gastarbeiterleben* gewertet wurden, von den Eltern im Heimatland zurückgelassen.

Erste Impulse für eine wissenschaftliche Auseinandersetzung mit der besonderen Situation von Schülerinnen und Schülern nichtdeutscher Herkunft an Sonderschulen gingen von einer Veröffentlichung mit dem provokanten Titel: „Sonderschulen – Schulen für Ausländerkinder?" (Reiser 1981) aus. Bereits zu diesem Zeitpunkt lag der Fokus insbesondere auf den Schülerinnen und Schülern aus Migrantenfamilien, welche durch normabweichende Lernbedürfnisse oder Verhaltensschwierigkeiten in deutschen Schulen auffielen. Angeregt durch eigene Praxiserfahrungen aus der Lehrtätigkeit an einer Sonderschule für Lernbehinderte und dem Austausch im Kollegium lag der Schwerpunkt der Analyse von reiser auf der individuellen Problemsicht und den Bewältigungsstrategien von Lehrerinnen und Lehrern mit dem Ziel, die Fragwürdigkeit der Anwendung des Sonderschul-Aufnahme-Verfahrens SAV bei

---

100 Bspw. räumliche und kontextuelle Integration der Frühförderung in öffentlichen Einrichtungen des Gemeinwesens, welche auch von Familien nichtbehinderter Kinder frequentiert werden, z.B. Förderung und Therapie in den Kindertagesstätten. Interkulturelle Gemeinwesenarbeit um Kontakte und kulturellen Austausch in der Gesellschaft zu fördern.

Kindern und Jugendlichen aus Migrantenfamilien (siehe Kapitel 3.2.4) zu hinterfragen und die desolate Situation an den Schulen zu dokumentieren.

Das Diagramm (Abbildung 2) zeigt deutlich, dass Schülerinnen und Schüler nichtdeutscher Staatsangehörigkeit 1996 zu größeren Teilen die Schulen für Lern- und Geistigbehinderte[101] besuchten, als das in der Gesamtschülerschaft der Fall ist. Dies betrifft besonders die Nationalitätengruppen aus dem ehemaligen Jugoslawien und aus Italien. Reiser bezeichnete die bis Anfang der 80er Jahre noch geringen Ausländeranteile an Sonderschulen für Lernbehinderte als erfreulich, da „die Sonderschulen zurzeit überhaupt noch nicht in der Lage sind, ausländische Schüler adäquat betreuen zu können" (Reiser 1981, 2). Sie stellte jedoch bereits eine steigende Tendenz fest und vermerkte, dass lernbehinderte Kinder die größte Gruppe der ausländischen Kinder mit Behinderung ausmachten (ebd.).

„Die Schule für Lernbehinderte hat sich im Laufe der vergangenen 15 Jahre von einer Schulart, an der die Kinder von ArbeitsmigrantInnen nicht nur unterrepräsentiert, sondern nahezu nicht vertreten waren, zu der Schulart mit dem prozentual höchsten Anteil solcher Kinder bzw. Jugendlicher entwickelt" (Apitzsch 1994, 354).

Trotz diverser schulischer Maßnahmen und Förderkonzepte steigt die Zahl der Kinder und Jugendlichen nichtdeutscher Staatsangehörigkeit an den Schulen für Lernbehinderte kontinuierlich an (vgl. Kornmann et al. 1996, 1997; Ucar 1996). Diese Entwicklung wird gleichsam aus den deutschsprachigen europäischen Anrainerstaaten berichtet[102]. Bis 1995 waren es insbesondere die Kinder aus italienischen Migrantenfamilien, welche eine starke Überrepräsentation an Sonderschulen aufwiesen, gefolgt von den Kindern türkischer Staatsangehörigkeit (vgl. Boos-Nünning/Henscheid 1999). Bei den Schülerinnen und Schülern der „sonstigen Herkunftsstaaten" und aus dem ehemaligen Jugoslawien war der Zuwachs an den Schulen für Lernbehinderte im Rahmen von stetig wachsenden Gesamtschülerzahlen am größten. Boos-Nünning und Henscheid deuten das Wachstum der beiden Schülergruppen u.U. als Hinweis, „dass das deutsche Schulsystem stets mit ähnlichen Mechanismen auf Probleme reagiert, vor die es sich gestellt sieht: das Anwachsen der Zahl von Schülern, die besonderer Hilfe bedürften, erhöht deren Risiko, in die Sonderschule für Lernbehinderte abgedrängt zu werden" (ebd., 15).

---

101 Nach Schöler (1998) muss darauf verwiesen werden, dass die Klassifizierung von Kindern mit Lern- und Verhaltensproblemen als „Behinderte", entgegen den anderen westlichen Industrienationen, ein Phänomen der deutschsprachigen Länder ist.
102 Siehe dazu für die Schweiz u.a.: Kronig, Wilfried: Zu den besorgnis erregenden Entwicklungen in der schulischen Zuweisungspraxis bei ausländischen Kindern mit Lernschwierigkeiten. 1996.

Abbildung 4: Ausländische SonderschülerInnen in % aller ausländischen SchülerInnen der jeweiligen Nationalität an Sonderschulen für Lernbehinderte (ab 1992 incl. Neue Bundesländer)

Jahr	Griechen	Italiener	Spanier	Türken [103]	Jugoslawen	Portugiesen	Sonstige	Deutsche
1985	2,4	6,5	3,6	5,4	2,7	4,3	2,5	2,0
1986	2,5	6,4	3,5	5,5	3,0	4,2	2,4	1,9
1987	2,4	6,0	3,0	5,2	2,7	3,6	2,1	1,8
1988	2,1	5,8	2,9	4,6	2,7	3,3	2,2	1,7
1989	2,1	5,8	3,0	4,6	2,7	3,0	2,4	1,7
1990	2,2	5,8	2,8	4,6	3,0	2,9	2,5	1,7
1991	2,4	5,9	3,0	4,6	3,2	2,7	2,7	1,7
1992	2,8	5,9	2,9	4,6	3,0	2,9	2,9	
1993	3,1	5,8	2,8	4,6	3,4	3,3	3,1	
1994	3,3	5,6	2,9	4,5	4,0	3,4	3,3	2,0
1995	3,3	5,3	2,8	4,4	4,7	3,4	3,4	
1996	3,1	5,0	2,5	4,0	5,1	3,7	3,3	2,0

(Nach Boos-Nünning/Henscheid 1999, 15 – Daten aus KMK Nr. 136, 143)

Im Jahr 1996 stellte die Gruppe der Kinder aus den Nachfolgestaaten des ehemaligen Jugoslawiens mit 5,1% die Gruppe mit der stärksten Überrepräsentation an den Schulen für Lernbehinderte dar, gefolgt von den italienischen Kindern mit 5,0% und den türkischen Kindern mit 4,0% (vgl. auch Goltz 1996). *Né pesce né carne – Nicht Fisch, nicht Fleisch* titelte eine große deutsche Tageszeitung einen Artikel über „Die Hin- und Hergerissenheit deutscher Italiener der zweiten Generation" (Frankfurter Rundschau 2./3.10. 1997, 23). Als Ursachen werden migrationsbedingte Faktoren wie Integration, Sprachstand und Identitätsentwicklung (siehe Kapitel 3.1.3) herangezogen aber auch der hohe Anteil der so genannten *Pendelkinder* wird für die Situation verantwortlich gemacht. Andererseits „scheinen hier soziokulturelle Faktoren eine Rolle zu spielen, um deren präzisere Erfassung sich die schul- und sonderpädagogische Forschung bislang noch nicht hinreichend bemüht hat" (Glumpler 1994, 158)[104].

„Aber auch innerhalb der einzelnen Nationalitäten ergibt sich eine Schere zwischen Migrationsgewinnern und -verlierern. Einer zunehmenden Zahl von Heranwachsenden mit höheren Bildungsabschlüssen steht ein wachsender Anteil an Sonderschülern gegenüber, der größte Teil von ihnen als ‚lernbehindert' eingestuft" (Auernheimer 1996).

Bereits Reiser hegte „erhebliche Zweifel" (1981, 23) an der Verfahrensweise, einem ausländischen Kind in Folge seiner Lernschwierigkeiten im Regelschulwesen Sonderschulbedürftigkeit zu bescheinigen, seien doch die Sonderschulen vermutlich ebenso wenig oder gar weniger qualifiziert für die Unterrichtung von

---

103 Hervorhebung durch die Verfasserin.
104 Zu der Kritik an der mangelnden Aufarbeitung durch die Heil-, Sonder- oder Behindertenpädagogik vgl. auch Bleidick 1991.

Migrantenkindern. Die theoretischen Implikationen der Segregationsstrategie stützen „sich auf die Argumente der höheren Lern- und Leistungseffizienz bei gesonderter Förderung und der ansonsten hohen pädagogischen Belastung und Hemmung der Lerngeschwindigkeit in den Regelklassen" (Schmidt 1981, 57), eine interkulturelle Praxis ist nicht impliziert. Preuss-Lausitz (2000) stellt beispielhaft die Legitimation einer Geistigbehindertenpädagogik für türkische Migrantenkinder in Frage, solange nicht Sonderpädagoginnen und -pädagogen türkischer Herkunft eingestellt werden, um sich auf kulturelle Praxen und Lebensziele der Kinder einstellen zu können. Gerade die Schule für Geistigbehinderte „vermittelt wie keine andere kulturell bedingte Handlungsfelder eines eng gezogenen Umfeldes innerhalb unserer europäischen Kultur. Ihre Leistung wird umso besser, je präziser sie in die in ihrer Region vorgegebenen Handlungsfelder erfasst und vermittelt" (Walkowiak 1985, 56). Wenn die Sonderpädagoginnen und -pädagogen „auf vermeintlich selbstverständliche Assoziationen" (Hamberger et al. 1994, 10) bauen, werden sie konfrontiert mit differenten Einstellungen, Werten und Normen, die u.a. auf vielfältigen Menschenbildern (vgl. Cloerkes 1997; Theunissen/Ziemen 1996; Goll 1993) und auf kollektivgesellschaftlichen oder individualgesellschaftlichen Strukturen (vgl. Freyhoff 1996; Trommsdorff 1987) beruhen. Dadurch wird die Wahrnehmung des Lernverhaltens und der Lernvoraussetzungen stark beeinträchtigt.

Die Sonderschulen sind gleichsam anderen Lernorten in der Regel auf die interkulturelle Begegnung unzureichend vorbereitet. Die Zusammenarbeit mit Menschen mit Behinderungen aus einem anderen Kulturkreis erfordert die tägliche Evaluation der kulturellen Werte und deren Relativierung in der Begegnung.

„Pädagogisches Tun kann nur dann wirksam werden, wenn es Abstand von konkreten Inhalten nimmt und sich auf Einstellungen, Bereitschaften und Haltungen konzentriert, die mit Begegnungen einhergehen, diese ermöglichen wie auch auf einen ins Leben hineinreichenden Entschluss zielen. Gemeint sind Offenheit, Aufgeschlossenheit dem fremden als dem Anderen gegenüber und Bereitschaft zu Eigenverantwortlicher Lebensführung" (Fischer 1994, 5).

Die regionalen Unterschiede in Bezug auf das Risiko einer Sonderschulüberweisung für Schülerinnen und Schüler einer bestimmten Nationalität sind erheblich und Baden Württemberg weist von 1989-1996 die deutlichste Überrepräsentation von Kindern nichtdeutscher Staatsbürgerschaft an Schulen für Lernbehinderte auf (Kornmann/Klingele 1996; Kornmann/Klingele/Iriogbe-Ganninger 1997; Boos-Nünning/Henscheid 1999). Allgemein ist eine steigende Tendenz der Anteile der Kinder nichtdeutscher Staatsangehörigkeit in den Sonderschulen für Lernbehinderte erkennbar.

„Waren im Jahre 1993 noch 16,4 Prozent aller Schüler in Schulen für Lernbehinderte ausländischer Herkunft, so sind es ein Jahr später bereits 16,6 Prozent bei gleichgebliebener Quote von 9,1 Prozent ausländischer Schüler insgesamt" (Kornmann/Klingele/Iriogbe-Ganninger 1997, 204).

1995 sind die Schülerinnen und Schüler der Lernbehindertenschulen bereits zu 17,2% (Anstieg um 0,6%) nichtdeutscher Herkunft bei einem leichten Anstieg der Quote auf 9,2% (um 0,1%) an der Gesamtschülerschaft an allgemeinbildenden Schulen (Kornmann 1998 a, 56). Auch die Quote der Schülerinnen und Schüler, welche eine Schule für Lernbehinderte besuchen, unter den Kindern nichtdeutscher Staatsangehörigkeit ist im gleichen Zeitraum von 4,0% 1993 auf 4,2% 1995, im Vergleich zu nur 2,0% der deutschen Schülerinnen und Schüler gestiegen (a.a.O.)[105]. Dieser steigende Trend zeichnet sich besonders deutlich in den Bundesländern Saarland, Bremen, Bayern und Niedersachsen ab und verläuft in den Neuen Bundesländern weniger steil als in den Alten Bundesländern (Kornmann 1998 a). Die Kinder nichtdeutscher Staatsangehörigkeit sind in Relation zu deutschen Kindern an den Lernbehindertenschulen der neuen Bundesländer sogar schwach unterrepräsentiert (ebd., 206). Dass die steigenden Tendenzen nicht nur ein deutsches Phänomen sind, sondern auch in anderen deutschsprachigen Ländern auftreten, wurde zwischenzeitlich u.a. auch für die Schweiz belegt (Müller 1998, Kronig 1996; Sturny-Bossart 1996).

Festzustellen bleibt: Migrantenkinder sind in den Sonderschulen (in allen Sonderschulformen; an den Schulen für Lernbehinderte in einem besonderen Maße) in einem Ausmaß überrepräsentiert, „das in einem demokratischen Bildungswesen Anlass zu ernsthaftem Hinterfragen" (Uçar 1996, 1) und zur Reflexion der bisherigen pädagogischen und bildungspolitischen Handlungskonzepte geben muss.

3.1.4 Kinder aus Migrantenfamilien in Integrationsklassen

Eltern aus Migrantenfamilien mit einer nichtdeutschen Muttersprache, unabhängig von der spezifischen Herkunft und Einwanderungsmotivation[106], ste-

---

105 Die Berechnungen der Überrepräsentation von Kornmann/Klingele und Kornmann/Klingele/Iriogbe-Ganninger beruhen auf einer nach eigenen Angaben suboptimalen Datenlage. Das Maß für die Berechnung der Überrepräsentation berücksichtigt sowohl den Vergleich des prozentualen Anteils der ausländischen Kinder und Jugendlichen an der Schülerschaft der Schulen für Lernbehinderte und an den übrigen Schulen als auch einen Vergleich der prozentualen Anteile ausländischer und deutscher Kinder und Jugendlicher an Sonderschulen für Lernbehinderte (1.-9. Klassenstufe). Für den Vergleich wurden als Bezugsgrößen die Zahlen aller SchülerInnen an allgemeinbildenden Schulen gewählt (SchülerInnen der Sekundarstufe II und weiterführenden Schulen bis einschließlich Klasse 13), was von den Autoren selbst als nicht befriedigend aber auf Grund der Datenlage als unvermeidbar und dennoch vertretbar für die Aussagefähigkeit der Ergebnisse eingeschätzt wurde. Für die dieser Arbeit zu Grunde liegenden Zahlen zu Berlin und Kreuzberg konnten die Bezugsgrößen der Grundschule für beide Populationen erhoben werden, da die einzelnen Schulklassen in den Veröffentlichungen des Landesschulamtes ausgewiesen sind.
106 Nicht nur Flüchtlinge aus Kriegs- und Krisengebieten (wie Bosnien, Kroatien etc.), sowie MigrantInnen aus sozialstrukturell nach deutschen Kriterien geringer entwickelten Ländern (wie Polen, Türkei, Griechenland etc.), sondern auch Eltern aus den europäischen Anreiner-

hen oftmals bereits bei der Einschulung ihrer Kinder einem komplizierten bürokratischen Verfahren der deutschen Schule gegenüber, welches sie sprachlich und verfahrenstechnisch überfordert (vgl. Merz-Atalik 1999). Dies gilt grundlegend für die Einschulung in so genannte *Regel*-Grundschulen, hat jedoch für die komplizierten und in der Regel wenig transparenten Entscheidungswege zur Einschulung oder Überweisung an Sonderschulen eine besondere Relevanz. Die Entscheidung für eine integrative Beschulungsvariante, bzw. den Gemeinsamen Unterricht von behinderten und nichtbehinderten Kindern in einer Regelschule, erfordert vielerorts, im Gegensatz zur Beschulung in einer Sonderschule, ein intensiveres Engagement und Durchsetzungsvermögen von den Eltern, bspw. in Bundesländern in denen Sonderschulen der Regelfall und Integration die Ausnahme ist. Migrantenfamilien unterliegen, in Bezug auf die verschiedensten Möglichkeiten einer sonderpädagogischen Förderung und der Vielfalt der möglichen Lernorte, einem erheblichen Informationsdefizit, welches einerseits Ausdruck für ihre gesellschaftliche Isolation und damit für eine Ausgrenzung von gängigen Informationskanälen – wie deutsche Tageszeitungen, Fernsehsender und andere Medien – ist, aber auch Zeichen für eine mangelnde Informationspolitik von zuständigen Schulbehörden. Auch die, im Sinne eines gemeinsamen Lebens von nichtbehinderten und behinderten aktiven Selbsthilfe- oder Interessensverbände oder bildungspolitisch aktive Verbände oder Vereine vernachlässigen diese Zielgruppe in ihrem Engagement häufig[107].

Dennoch kann festgestellt werden, dass sie die Angebote der integrativen Förderung ihrer Kinder mit Behinderungen gerne annehmen, wohingegen sie bei der Entscheidung des Lernortes für die nichtbehinderten Kinder mit einer größeren Skepsis gegenüber den Integrationsschulen behaftet sind (vgl. Merz-Atalik 1997). Angaben zum Anteil der Kinder aus Migrantenfamilien an der Schülerschaft in Integrationsschulen und -klassen liegen für das gesamte Bundesgebiet nicht vor. In einzelnen Bundesländern bestünde die Möglichkeit, diesbezügliche Daten zu ermitteln, eine nähere Betrachtung erfolgt aus Effektivitätsgründen jedoch nur für Berlin (siehe Kapitel 6.2.1).

Nach meinem Erkenntnisstand wurde die besondere Situation von Kindern nichtdeutscher Herkunft und/oder Muttersprache in Integrationsklassen bereits vielfach auf der Theorieebene thematisiert, jedoch wurde es bislang versäumt,

---

staaten, welche eine vom deutschen Schulsystem abweichende Struktur der Bildungsgänge, andere Einschulungs- und Beschulungsvarianten für behinderte und nichtbehinderte Kinder haben (wie Italien, Schweden, u.a.), treffen auf diesbezügliche Diskrepanzen.
107 Es liegen bspw. keine mehrsprachigen Broschüren vom Bundesverband „Gemeinsam Leben- Gemeinsam Lernen" e.V. oder von der Gewerkschaft Erziehung und Wissenschaft GEW vor. Meine schriftliche Anfrage bei den Landesarbeitsgemeinschaften der Bundesvereinigung „Gemeinsam leben- Gemeinsam Lernen e.V." im März 1995 nach Informationsunterlagen oder Broschüren zur schulischen Integration von Kindern mit und ohne Behinderungen für Familien mit nichtdeutscher Muttersprache wurde durchweg negativ beantwortet. Für die aktuelle Lage liegen mir keine gegenteiligen Erkenntnisse vor.

die spezifische Lernsituation dieser Minderheit im „Gemeinsamen Unterricht für behinderte und nichtbehinderte Kinder" zu untersuchen. Vorliegende wissenschaftliche Studien zum Gemeinsamen Unterricht beziehen die Gruppe der so genannten Ausländerkinder überwiegend nur im Zusammenhang mit Analysen zur sozialen Distanz von Schülerinnen und Schülern zu Kindern mit „Andersartigkeiten[108]" ein (Wocken 1987, 1993; Heyer/Preuss-Lausitz/Schöler 1997). Bei den Untersuchungen in Hamburg und Brandenburg wurden Rangreihen der sozialen Distanz auf der Grundlage derselben Methode erhoben. In Hamburg nahmen die „Ausländer[109]" Rangplatz 3 ein, das bedeutet, dass die soziale Distanz zu dieser Gruppe geringer ausfällt als zu den Verhaltensgestörten (Platz 1) und den Geistigbehinderten (Platz 2). Im Vergleich zu den Körperbehinderten (Platz 4) und den Lernbehinderten (Platz 5) ergaben die Auswertungen der Befragungen von Schülerinnen und Schülern aller Schulformen[110] jedoch eine größere Distanz zu „Ausländern". In Brandenburg zeigte sich die Distanz zu den „Ausländern" (Platz 6) im Vergleich zu den Kindern mit Behinderungen am geringsten. Dies beruht sicherlich auf der Tatsache, dass die Kinder in Brandenburg weniger über reale Erfahrungen mit türkischen Kindern verfügen (vgl. Heyer/Preuss-Lausitz/ Schöler 1997, 188).

Die Ergebnisse des Schulversuches zu Integrativen Grundschulen in Hamburg führen bei dem Vergleich der Untersuchungsgruppen von Kindern auch die kulturelle Heterogenität (Nationalität) an. Sie stellen in Bezug auf die Leistungsentwicklung keine „signifikant unterschiedlichen Wirkungen von den Systemen[111] und der Heterogenität von Klassen auf die Leistungsentwicklung" (Hinz et al. 1998, 81) fest, und schließen hierbei die kulturelle Heterogenität mit ein. Für das Beziehungsgeflecht wird der kulturellen Heterogenität ebenfalls keine Rolle zuerkannt, denn ob „Kinder andere Kinder mögen, hat im Grundschulalter wirklich nichts damit zu tun, welcher Nationalität die anderen Kinder sind" (ebd., 92). Die Wahlmotive Gefühl, Kooperation, Hilfe und Freundlichkeit liegen außerhalb einer ethnischen oder kulturellen Konfiguration von Beziehungen.

Vereinzelt liegen auch Fallbeispiele vor, welche die spezifische Situation und Lerngeschichte von Migrantenkindern in Integrationsklassen thematisieren (bspw. Groeben 1996; Schöler 1995). Ansonsten findet die Tatsache, dass sich in den Integrationsklassen auch Kinder nichtdeutscher Herkunft und Muttersprache befinden, nur peripher Beachtung. Die vorliegende Untersuchung hat diesbezüglich einen stark explorativen Charakter und will einen

---

108 Dieser Begriff wurde von Wocken verwandt. Im Gegensatz dazu verwende ich den Begriff *Anderssein*. Der Begriff *Andersartig* konstatiert, dass die Person zu einer anderen Art gehören. Kinder nichtdeutscher Muttersprache, bzw. Kinder mit Beeinträchtigungen sind nicht anders in ihrer Art, sie sind jedoch häufig in ihrem *Sein* in der Gesellschaft beeinträchtigt.
109 Im Rahmen der für die Befragung der Kinder entwickelten Bildgeschichten, wurde die Gruppe der *Ausländer* durch türkische Kinder (namentlich Mustafa und Rezmir) repräsentiert.
110 Integrationsklassen, Sonderschulen, Hauptschulen und Gymnasien, Gesamtschulen.
111 Integrationsklassen, Integrative Regelklassen und Kontrollklassen an Regelschulen.

Beitrag zur Evaluation der spezifischen Bildungssituation von Migrantenkindern mit und ohne sonderpädagogischen Förderbedarf im Rahmen eines Unterrichtes, der die Handlungsprämissen der Integrationspädagogik beachtet, leisten. Der Forschungsschwerpunkt liegt dabei auf der Integration von Kindern mit anderem kulturellen Hintergrund und einer anderen Muttersprache als die Mehrheit der Schülerinnen und Schüler. Ich beschränke mich bei meiner Betrachtung auf Kinder aus türkischen und kurdischen Migrantenfamilien. Die Auswahl dieser ethnischen Minderheit begründet sich einerseits auf die Tatsache, dass diese die stärkste Population unter den Migrantenfamilien darstellt. Im Schuljahr 1995/96 stellten sie mit 392.567 Schülerinnen und Schülern an allgemeinbildenden Schulen 41,7 % der ausländischen Schülerschaft. Andererseits ist die Bildungssituation der Migrantenkinder aus der Türkei unter den ausländischen Kindern von besonderer Brisanz, was sich nicht zuletzt in ihrer zahlenmäßigen Überrepräsentation an den Sonderschulen für Lern- und Geistigbehinderte manifestiert (siehe Kapitel 3.1.3). Im Rahmen des Forschungsvorhabens sollen besondere Bedingungen zur Integration von Migrantenkindern aus der Türkei im Gemeinsamen Unterricht von behinderten und nichtbehinderten Kindern, auf der Basis der Analyse der Subjektiven Theorien der Lehrerinnen und Lehrer untersucht werden. Dabei geht es keineswegs darum „Persönlichkeitstheorien" über Migrantenkinder aus der Türkei zu erheben, sondern vielmehr werden die Lehrerinnen und Lehrer zu ihrer Wahrnehmung der Schülerinnen und Schüler aus türkischen Migrantenfamilien im unterrichtlichen Kontext (Lern- und Leistungsentwicklung), sowie zu ihrem pädagogischen und methodisch-didaktischen Handeln im Zusammenhang mit der Erziehung und Unterrichtung dieser Kinder befragt (siehe Kapitel 6.1.3).

3.2 Ursachen und Erklärungsmodelle für das „Schulversagen"

Wie die punktuell skizzierten Daten zur Bildungsbeteiligung ausländischer Kinder zeigten, sind Kinder kultureller, sprachlicher und ethnischer Minderheiten verstärkt von Risiken der Selektion bedroht. Die Aufgabe sozialwissenschaftlicher Forschung war lange Zeit davon bestimmt, empirisch zu erforschen, in welcher Hinsicht sich Migrantinnen und Migranten von *uns* (deutschsprachige Mehrheit) unterscheiden, also sozusagen fremd sind. Auf Migrantenkinder bezogen waren die Fragen nach den Ursachen für Lern- und Entwicklungsverzögerungen oder -beeinträchtigungen nur auf Faktoren seitens der Familien, der einzelnen Individuen sowie der Migrationsgeschichte ausgerichtet. Nach Scherr sollte die Aufgabe jedoch vielmehr in der Exploration der „Wahrnehmung von Migranten als Fremde, ihre Bedingungen, Formen und Folgen selbst als soziale Prozesse" liegen, um deutlich zu machen, dass „die Unterscheidungen, Kategorien und Zuschreibungen, mit denen wir als Alltagsmenschen operieren, eben keine alternativlosen, sondern nur für uns – in einem spezifischen soziokulturellen Kontext – gültige sind" (Scherr 1999, 53). Erst Mitte der 80er Jahre nahmen in der sozialwissenschaftlichen Forschung zunehmend auch die Wirkungsfaktoren und Auslesemechanismen in den Institutionen und der Gesellschaft Raum ein. Bei der Frage nach der möglichen Annäherung und Eingrenzung von Seiten der Wissenschaft in der Auseinandersetzung mit der Thematik der Integration von Migrantenkindern stellen Bukow u. Ottersbach die Frage: „Unter welcher Perspektive muss die Problematik aufgerollt werden. Soll man sie unter dem Vorzeichen einer Integrationsfragestellung betrachten und versuchen, heraus zu arbeiten, was Integration beschleunigt und was sie ggf. auch behindert? Oder geht es hier um Desintegrationsprozesse, also darum, Mängel, Defekte oder was auch immer herauszuarbeiten und zu überlegen, was das für die betroffenen Kinder und Jugendlichen bedeutet" (1999, 11).

„Wie dem auch sei, sobald der Blick auf die allochthone Bevölkerung fällt, ist alles plötzlich ganz anders. Plötzlich fühlt man *sich* radikal aufgeklärt, tolerant, säkular und partnerschaftlich eingestellt, feiert die Freiheitsspielräume *der* eigenen Gesellschaft. Beim anderen entdeckt man eine zunehmende religiöse Orientierung mit der Tendenz zum Fanat*ismus*, einen übersteigerten Familiensinn mit Hang zum herkunftorientierten Famil*ismus*, eine autoritäts*fixierte* Werteorientierung, gespeist von einem verborgenen Fundamental*ismus*, einen ländlich-konservativen Lebensstil, der als ethnisch-kultureller Isolation*ismus* gelebt wird, eine bedrohliche Geschlechtsrollenpraxis mit sozialisatorisch verankerten ethnisch-kulturell geronnen und chauv*inistisch* orientierten Rollen, eine erzieherische Einstellung, die in ihrer autoritativen Ausgestaltung an Fanat*ismus* grenzt" (Bukow 1999 b, 267 f; Hervorhebung im Original)

Bukow lenkt hier den Blick auf den kulturalistisch reduzierten Fokus, mit welchem in der Regel Wissenschaftlerinnen und Wissenschaftler in der Migranten- oder Minoritätenforschung vorgehen. Forschungsfragen, -instrumente und die Interpretation der Ergebnisse sind von dieser, auf das Abweichende und Fremde fokussierten, Sicht geprägt. Insbesondere als in den 80er Jahren sich die türkische Bevölkerungsgruppe als die größte Gruppe unter den eingewanderten Bevölkerungsgruppen herauskristallisierte, „wurde eine türkische Ethnizität postuliert und schrittweise mit allen erforderlichen Eigenschaften angereichert" (ebd., 271). Die Ursachenforschung zu den *Integrationsproblemen* fand schnelle Antworten, „weil man damit die Aufmerksamkeit von problematischen Desintegrationsprozessen auf problematische Integrationsprozesse" (a.a.O.) verschieben konnte und sich scheinbar unauffällig die „Opfer der Desintegration in Täter mangelhafter Integration" (a.a.O.) wandelten.

Die Mehrzahl der Erklärungsansätze für die eingeschränkte Bildungsbeteiligung der Kinder und Jugendlichen aus Migrantenfamilien an deutschen Schulen basiert auf einem ethnologistischen Deutungsparadigma, so auch die in 3.1.4.1–3.1.4.3 dargestellten. Die in Punkt 3.1.4.4–3.1.4.6 referierten Erklärungsmodelle weichen tendenziell davon ab und bewegen sich in der Ursachenforschung im systemischen Bedingungsfeld für die besondere (Lern-) Situation der Migrantenkinder.

3.2.1 Migrationsgeschichtliche Aspekte

Innerhalb der internationalen Migrations- und Minoritätenforschung, in der Soziologie, der Ethnologie und der Psychologie, wurden verschiedene Modelle für den Verlauf von Eingliederungsprozessen von Migrantinnen und Migranten vorgelegt. Auernheimer (1996) beschreibt die ersten wissenschaftlichen Ansätze als Beschreibungen eines Prozesses mit „scheinbarer Zwangsläufigkeit". Er unterscheidet: 1. Sequenzmodelle, welche die Stadien des Integrationsprozesses differenzieren und ein mehr oder weniger konkretes Maximum der Integration (bspw. vollständige Assimilation) beschreiben, und 2. Generationensequenz-Modelle, welche die Auffassung vertreten, dass es in der Generationenfolge zu einer linear zunehmenden und steten Verstärkung der Integration kommt. Bereits 1976 stellte Drakos im Rahmen einer Untersuchung zu „Problemen der Integration griechischer Gastarbeiterkinder unter besonderer Berücksichtigung ihrer schulischen Leistungen und sprachlichen Schwierigkeiten"[112] ein solches Modell auch für die Eingliederungsprozesse von Migrantenkindern in deutschen Schulen vor. Er stellte fest, dass man mindestens 5 verschiedene Gruppen nach dem Verlauf der Migrationsgeschichte und den damit zusammenhängenden Lern- und Entwicklungschancen unterscheiden sollte (nach Reiser 1981). Seine schlussfolgernde Kategorienbildung für griechische Migrantenkinder wurde von Reiser für Kinder und Jugendliche aus anderen Herkunftsländern generalisiert.

„1. Kinder aus Mischehen, wo Mutter oder Vater deutsch ist, 2. Kinder, die in Deutschland geboren worden und hier bei ihren Eltern aufgewachsen sind, 3. Kinder, die ihre Vorschulzeit oder einen Teil ihrer Schulzeit bei Verwandten im Heimatland verbracht haben und dann zu ihren Eltern nach Deutschland gezogen sind, 4. Kinder, die bis zur Schulzeit in der Bundesrepublik Deutschland lebten, ihre Schulpflicht im Heimatland abgeleistet haben und nach ihrer Rückkehr z.T. wieder schulpflichtig werden, 5. Kinder, die ihre Vorschul- und Schulzeit abwechselnd im Heimatland und in Deutschland verbracht haben" (Drakos 1976, nach Reiser 1981).

Die Schwierigkeiten in Bezug auf schulische Lern- und Leistungserfolge wachsen seines Erachtens von der 1. bis zur 5. Gruppe. Diese statischen Modelle der Migrationsauswirkungen können einerseits für die Sensibilisierung im Rahmen der Ausbildung von Pädagoginnen und Pädagogen herangezogen werden, sollten jedoch immer relativiert werden, um nicht als Schablone verwandt zu werden und damit zu einer eindimensionalen Sichtweise zu verkommen. Die Sequenzmodelle haben in der Regel gemeinsam, dass sie die Assi-

---

112 Unveröffentlichte Staatsarbeit an der Pädagogischen Hochschule Rheinland.

milation der Migrantinnen und Migranten als Abschluss des Einwanderungsprozesses setzen und gleichsam als wünschenswert erachten.

„Gegen die Modelle der skizzierten Art wendet Esser ein: ‚Assimilation ist alles andere als unvermeidlich' (1980, S.48). Vor allem aber böten die Modelle keine Erklärung für die beschriebenen Abläufe, sie formulierten nur Quasi-Gesetze und seien mechanistisch, weil sie die impliziten Annahmen über den Zusammenhang von Erfahrung und Handeln nicht bloßlegten" (Auernheimer 1996, 86).

Esser (1980) unterschied drei alternative prozesshafte Formen des Umgangs mit einer Fremdkultur bzw. der Kultur der Aufnahmegesellschaft: 1. *Selektive Prozesse* durch die parzielle Übernahme von Elementen der Fremdkultur, 2. *Rejektive Prozesse* durch die Zurückweisung von Elementen der Fremdkultur und 3. *Transformative Prozesse* durch die Transformation von Elementen der Fremdkultur. Diese Prozesse schließen einander nicht aus, fallen intrapersonal rollen- und situationsspezifisch different aus und vermitteln, dass Einwanderer als Individuen betrachtet werden, „die ihre Handlungsfolgen rational bewerten, Vor- und Nachteile abwägen, vorhandene Handlungsalternativen prüfen und unter Rückgriff auf ihre jeweiligen Kompetenzen und früheren Erfahrungen neue Handlungen planen" (Auernheimer 1996, 88). Insgesamt hebt Esser hervor, dass vielfältige Randbedingungen und Umgebungsfaktoren den Assimilationsprozess beeinflussen, wie grundlegende Motivationen, Erwartungen, Aspirationen und Einstellungen der Migrantinnen und Migranten, positive oder negative Erfahrungen mit Anpassungsleistungen, Eigenschaften des Aufnahmesystems, wie Flexibilität, Durchlässigkeit, Aufnahmebereitschaft und -fähigkeit. Nach Auernheimer (1996) nimmt das Modell von Esser einen herausragenden Platz ein, weil es elaboriert, systematisch, nicht bloß deskriptiv ist und weil es die Bedeutung der Aufnahmebereitschaft und der Systembedingungen der Residenzgesellschaft benennt.

„Dennoch treten die Sozialstrukturen, im Modell als ‚Randbedingungen' des individuellen Entscheidungshandelns gefasst, zu sehr in den Hintergrund, so dass Assimilation zu sehr als Effekt individueller Bildungsanstrengungen erscheint. Außerdem ist für Esser eine assimilationistische Sichtweise bestimmend, gleichgültig, ob er Assimilation schlicht für unvermeidlich oder aber für wünschenswert hält" (Auernheimer 1996, 91).

Unterscheidet man zwischen *Integration*, im Sinne einer Eingliederung und *Assimilation* im Sinne der Angleichung oder Anpassung, als gesetztes Ziel für den Eingliederungsprozess, wird jedoch die Frage nach den individuellen Erwartungen und Vorstellungen der Migrantinnen und Migranten zu verkürzt bedacht. Diese sind ebenfalls als heterogen und intrapersonal differierend zu sehen. Sie sind einem ständigen Wandel unterzogen, der u.a. langfristig geplant oder reflexhaft auf die Umfeldbedingungen erfolgt. So können bspw. Erfahrungen mit Alltagsrassismus, mangelnder gesellschaftlicher oder beruflicher Integration spontan zu Einstellungsänderungen und damit zur Verstärkung der Rückkehrtendenzen führen sowie diesbezügliche positive Erfahrungen zur stärkeren Bereitschaft zur Assimilation.

Nach Nauck u. Diefenbach wurde die „differenzierteste vergleichende Analyse zum Einfluss der Familienmigration auf die Schulkarriere ausländischer Kinder" (1997, 294) von Esser 1990 vorgelegt. Esser erkennt die gleichsame Bedeutung von einerseits kontextuellen (Bedingungen in der Residenzgesellschaft) und andererseits individuellen (Individualeigenschaften, wie kulturelles Milieu, Bildung der Eltern, nationale Zugehörigkeit etc.) Ausgangsbedingungen für die Schulkarriere von Migrantenkindern. Er belegt in seiner rekursiven Kausalanalyse zu den Schulkarrieren ausländischer Jugendlicher der zweiten Generation, als Filter für den Übergang in die weitere Schulkarriere, einerseits das Einreisealter und andererseits aber auch den Besuch einer vorschulischen Einrichtung.

Unsichere Bleibeabsichten bzw. Remigrationspläne führen nach Eydam (1996) zu einem Mangel an Zukunftsorientierung und dadurch u.U. zu lern- und leistungsmotivationalen Problemen. Unbestritten ist, dass die Lernentwicklung und das Verhalten von Migrantenkindern im schulischen Alltag oft nur vor dem Hintergrund ihrer Migrations- oder Fluchtgeschichte angemessen interpretierbar (Glumpler/Apeltauer 1997) ist, diese jedoch multiperspektivisch betrachtet werden muss. Solange der Stand der „Integration oder Assimilation" operationalisiert durch die Frage, ob vorwiegend ausländische oder deutsche Gerichte gekocht werden oder ob die muslimische Familie Schweinefleisch isst[113], erhoben wird, sind wir noch weit davon entfernt, eine multikulturelle Gesellschaft genannt zu werden.

3.2.2 Sozioökonomische, -kulturelle und psychosoziale Faktoren

Den Nachweis für die Zusammenhänge von soziokultureller Benachteiligung und schulischem Leistungsversagen erbrachte zuerst Begemann (1970), seine Analysen bezogen ausländische Familien jedoch nicht dezidiert mit ein. Über soziokulturell bedingte Ursachen der Bildungsbenachteiligung von Kindern aus Migrantenfamilien gibt es „eine große Vielfalt von Annahmen über ‚defizitäre Vorbedingungen und Benachteiligungen', die – hatten sie erst einmal Eingang in die Diskussion gefunden – schnell zum festen Bestandteil ausländerpädagogischer Folklore geworden sind" (Nauck/Diefenbach 1997). Bender-Szymanski u. Hesse haben 1987 die benannten Faktoren für eine Lernbeeinträchtigung von Migrantenkindern bei verschiedenen Autorinnen und Autoren heraus gearbeitet:

„Defizitäre Lernmöglichkeiten der Kinder wegen inadäquater Wohnverhältnisse, großer Geschwisterzahl, Beschäftigung der Kinder im Haushalt und bei der Beaufsichtigung jüngerer Geschwister; mangelnde elterliche Unterstützung wegen des großen Ausmaßes mütterlicher Berufstätigkeit, sprachlicher und sachlicher Inkompetenz der Eltern, ihre Unkenntnis des deutschen Bildungssystems, ihrer affektiven Bildungsferne und ihrer

---

113 Beispielsweise in Tageszeitungen aber auch in wissenschaftlichen Publikationen.

geringen Stimulierung von Leistungsmotivation; die kulturelle Distanz zwischen Elternhaus und Schule und die daraus resultierende Ablehnung der deutschen Schule, fehlende Ausrichtung an den darin geltenden Erziehungszielen, Konflikte mit der deutschen Umwelt mit resultierenden psychischen Konflikten und erhöhter Inzidenz von psychosomatischen Belastungssymptomen seitens der Kinder; Schulschwierigkeiten der Kinder wegen der durch Zweisprachigkeit verursachten kognitiven Defizite, der Marginalisierung in der Schulklasse, mangelndem Problembewusstsein der Lehrer, ihnen begegnenden Vorurteilen und Diskriminierung" (nach Nauck/Diefenbach 1997, 290).

Viele dieser Faktoren stehen in keinem direkten Zusammenhang mit der Migrantensituation, sondern sind vielmehr Ausdruck unserer hierarchisch strukturierten Gesellschaft. Vor diesem Hintergrund stellt sich Kornmann die Frage: „ob und in welchem Umfang es überhaupt Merkmale der spezifischen Lebenssituation als Ausländer sind, die das häufige Scheitern an den Anforderungen der Regelschule erklären, bzw. ob und in welchem Ausmaße sich die ausländischen Familien, deren Kinder Sonderschulen für Lernbehinderte besuchen, bezüglich schulleistungsrelevanter Merkmale ihrer Lebenssituation von vergleichbaren deutschen Familien unterscheiden" (1998 a, 62). Er stellt eine signifikante Rangkorrelation bei dem Vergleich der Arbeitslosenquote der Ausländer (an Arbeitslosen gesamt) mit den Maßzahlen für die Überrepräsentation ausländischer Kinder und Jugendlicher an Sonderschulen für Lernbehinderte in den einzelnen Bundesländern (siehe Tabelle in Abbildung 5) fest.

Abbildung 5: Maßzahlen für die Überrepräsentation ausländischer Kinder und Jugendlicher in Sonderschulen für Lernbehinderte und Arbeitslosenquoten von Ausländern in den einzelnen Bundesländern der BRD im Jahre 1995

Bundesland	Maßzahl für die Überrepräsentation	Rangplatz	Arbeitslosenquote der Ausländer in Prozent	Rangplatz
Baden-Württemberg	23,5	1	24,5	1
Hessen	14,6	2	21,1	2
Hamburg	9,6	7	20,7	3
Nordrhein-Westfalen	14,1	3	18,2	4
Bremen	11,7	4	15,9	5
Bayern	9,5	8	15,7	6
Rheinland-Pfalz	7,3	9	12,5	7
Saarland	11,4	5	10,7	8
Niedersachsen	10,9	6	10,5	9
Schleswig-Holstein	3,9	10	8,8	10

(Nach Kornmann 1998 a, 63)

Die geringste Entsprechung der Werte wurde in Hamburg erhoben, bei einem relativ hohen Anteil von 20,7% Ausländern an den Arbeitslosen waren 1995 nur 9,6% Ausländer an Sonderschulen für Lernbehinderte. Kornmann vermutet die Ursache in der Einführung der Integrativen Regelklassen und dem

Einsatz von sonderpädagogisch ausgebildeten Präventionslehrern an allgemeinen Schulen, die „dazu geführt haben, dass insbesondere ausländische Kinder und Jugendliche von den schulorganisatorisch abgesicherten Maßnahmen profitiert haben" (1998 a, 63).

Nach Eydam (1996) haben Kinder aus sozialschwachen Migrantenfamilien nicht zwingend generalisierte Lernstörungen, aber sie „sind noch stärker gefährdet, Lernbehinderungen zu entwickeln, als deutsche Unterschichtskinder" (ebd. 22). Dabei orientiert sie sich in der Erklärungssuche an den defizitären Bedingungen seitens der Kinder. Die von ihr präferierten Handlungsperspektiven in Bezug auf die Diagnostik, das Bildungssystem und das Elternhaus, sind weitestgehend von einer kompensatorischen Sicht dominiert. Sie fordert, den Eltern die Bedeutung der Pflege der Muttersprache und des Kindergartenbesuchs im Sinne einer vorschulischen Förderung schulrelevanter Fähigkeiten und Fertigkeiten zu vermitteln und umfangreiche, bereits im Kindergarten einsetzende Fördermaßnahmen zu intensivieren. Generell ist diesen Forderungen zuzustimmen, jedoch sieht sie keine Anpassungen seitens der Einrichtungen im Sinne einer Interkulturellen Erziehung vor. Sie geht davon aus, dass „das doppelte Handicap eines niedrigen sozialen Status und der Zugehörigkeit zu einer linguistischen Minorität kompensiert werden [muss], um zu verhindern, dass sich aus Lern- und Sprachschwierigkeiten generalisierte Lernstörungen im Sinne einer Lernbehinderung entwickeln" (ebd. 23).

3.2.3 Sprach- und Verständnisschwierigkeiten

Insbesondere die mangelnde Beherrschung der Unterrichtssprache Deutsch wird häufig als Ursache für das Schulleistungsversagen von Kindern aus Migrantenfamilien herangezogen. „Die Freizeitkontakte der Eltern sind meist intraethnisch, diese Tendenz besteht auch bei den Kindern und Jugendlichen. Durch sprachliche Kontaktbarrieren und konfessionell bedingte Kontaktpräferenzen werden die Kontaktmöglichkeiten und damit die Möglichkeiten des natürlichen Zweitspracherwerbs eingeschränkt" (Eydam 1996, 19). Diese Tendenz verstärkt sich in ethnisch homogenen Wohnumgebungen mit einer monokulturellen, durch ethnisch konzentrierte Zuwanderung bestimmten Infrastruktur sowie durch die Kontaktbarrieren seitens der deutschen Majorität, die in der Regel auf extremen Vorbehalten und Vorurteilen gegenüber spezifischen Herkunftsgruppen, wie bspw. Migrantinnen und Migranten aus der Türkei, beruhen.

Bedingt durch die Dominanz der Unterrichtssprache Deutsch im Unterricht, einhergehend mit der Ausgrenzung der muttersprachlichen Fähigkeiten und dem der Migration geschuldeten beidseitigen niedrigen Spracherwerbsstand, können Kinder nichtdeutscher Muttersprache im Vergleich zu monolingual deutschsprachig aufwachsenden Kindern nur bedingt am Unterrichtsgeschehen partizipieren (vgl. Goltz 1996). Eine bilinguale Sprachstandsdiagnostik für die Entwicklung individueller Konzepte erfolgt noch zu selten.

„Nichtteilhabe an der sprachlichen Gemeinschaft bedeutet Ausgeschlossensein und letztlich Behinderung der sozialen und geistigen Entwicklung" (Goltz 1996, 238).

Die konzeptionellen Konsequenzen für die Schule sieht Goltz in dem Erwerb von Lernvoraussetzungen (u.a. Sprache) im vorschulischen Bereich und der Einbeziehung der Muttersprache in den Unterricht. Bislang gibt es trotz der positiven Resultate aus den verschiedensten Schulversuchen noch keine Ansätze, einen Rechtsanspruch auf muttersprachlichen Unterricht (bspw. wie in Schweden) zu erwirken.

3.2.4 Diagnostik und Leistungsbeurteilung

Glumpler (1991) analysierte die Ausführungserlasse der Bundesländer zur Sonderschulaufnahme von Kindern nichtdeutscher Staatsangehörigkeit oder Herkunft und wies nach, dass mit dem Beleg von mangelnden Sprachkenntnissen generell keine Sonderschulüberweisung geltend gemacht werden darf. Sie musste jedoch auch feststellen, dass „über eine Präzisierung der Erlasslage bisher keine Reduzierung der Sonderschulempfehlungen ausländischer Kinder erreicht werden konnte" (Glumpler 1994, 161). Nach wie vor überwiegt eine „normorientierte Statusdiagnostik", für die „vermeintlich objektivierte diagnostische Verfahren" (Eberwein 2000) angewendet werden. Für die Diagnostik bei Kindern nichtdeutscher Herkunft und Muttersprache wurden in fast allen Bundesländern ergänzende Ausführungsvorschriften erlassen (vgl. Glumpler 1994). Kronig bezeichnet es jedoch als unerheblich, mit „diagnostischen Kunststücken" die imaginäre Grenze zwischen einem ausländischen Kind mit Problemen in der Schule und einem „echten lernbehinderten" ausländischen Kind deutlicher ziehen zu wollen, solange „man nicht restriktiver auf der Integration aller lernbehinderten Kinder in die Regelklasse beharrt" (1996, 78).

Häufig erfolgt in der Alltagspraxis eine unzulässige Reduktion des Phänomens „Migrantenkinder mit Lernbehinderung" zur zeitlichen Effektivierung der Handlungsweisen und dann „werden Lernbehinderungen vorschnell faktisch anerkannt und gedeutet, um rasch Fördermaßnahmen entwickeln und verfeinern zu können" (Schirmacher 1990, 252). Nach Auffassung von Glumpler beruht diese Reaktion der Lehrerinnen und Lehrer auf „Ermangelung professioneller Alternativen" (1994, 162), allerdings muss in diesem Zusammenhang auch dem Schulsystem und den mangelnden Rahmenbedingungen für die Lehrerarbeit Bedeutung zugemessen werden. Das Bemühen um die Weiterentwicklung diagnostischer Zugänge zu ausländischen Kindern sollte i.E. forciert werden, um eine spezifische Förderung zu ermöglichen. Ihre umfangreichen Dokumenten- und Fallanalysen ergaben, dass die spezifischen Ursachen von Lern- und Schulleistungsproblemen türkischer Schülerinnen und Schüler vermutlich nicht erkannt werden, bzw. keine Notwendigkeit

erachtet wird, diese wirklich zu ergründen. Die Ursachen für die verminderten Schulkarrieren sieht sie in neun Determinanten:
- Spracherwerbsbedingungen im Vorschulalter (doppelte Halbssprachigkeit);
- Fehleinschätzungen der Zweitsprachkompetenz in der Schuleingangsphase;
- Ausserschulischen Lernbedingungen (mangelnde oder fehlende Unterstützung im Elternhaus);
- Sozialer Isolation der Migrantenfamilien;
- „Pädagogisch motivierten Versetzungsentscheidungen" unabhängig von der tatsächlichen Leistungsfähigkeit;
- Kooperationsproblemen zwischen Elternhaus und Schule;
- Fehlender Kontinuität der Leistungsbewertung (durch unterschiedliche Lehrkräfte und Leistungsanforderungen);
- „Schuldhafte Schulversäumnisse" und
- Vorzeitige Schulentlassung ohne eine weiterführende Schullaufbahn beratung (vgl. ebd.).

Der Schwerpunkt dieser Listung vermeintlicher Ursachen liegt dabei auf einer defizitären Sicht der Lernvoraussetzungen von Migrantenkindern. Im Gegensatz dazu verweist Eydam besonders auf die Notwendigkeit im Rahmen der Kind-Umfeld-Diagnose zu erkunden, „ob ethnische, kulturelle Aspekte, spezifische Arten der Lebensgestaltung, der Erfahrungshintergrund der Migrantenkinder *in den Unterricht einbezogen worden* ist, die Kinder im Unterricht an ihr Vorwissen anknüpfen konnten" (1996, 22; Hervorhebung d. Verf.) und wendet sich damit von der ethnologistischen Sichtweise im Sinne Bukows ab. Kornmann (1998) geht noch weiter, indem er eine generelle Neuorientierung in der Diagnostik fordert, die nicht nur individuelle Merkmale des Individuums, sondern auch Merkmale der Unterrichtsgestaltung genau erfasst, bspw. im Hinblick darauf, welche Bedeutungen die unterrichtlichen Anforderungen für die Schülerin oder den Schüler haben, „so dass dessen beobachteten Handlungen als subjektiv sinnvolle Auseinandersetzung[114] mit der gegebenen Lernsituation interpretiert werden können" (ebd., 138).

Er listet einige Kategorien und Fragen zur Beurteilung von Unterricht auf, wie:
- Was tut (oder lässt) die Lehrkraft, um jedem einzelnen Kind Achtung und Respekt gegenüber seinem erworbenen Lernstand zu vermitteln?
- Was tut (oder lässt) die Lehrkraft, um Kinder mit ungünstigen Lernvoraussetzungen und relativ geringem Lernstand Vertrauen in die Lernfähigkeit zu signalisieren?

---

114 Dieser Ansatz basiert gleichsam wie die Forschungsmethode auf einer konstruktivistischen und interaktionistischen Theorie, die das Individuum als aktiv in der Auseinandersetzung mit seiner Umwelt definieren (ebd.).

- Was tut (oder lässt) die Lehrkraft, um vorhandene Leistungsunterschiede zwischen den Kindern als normal anzuerkennen und für gemeinsames Lernen zu nutzen?
- Was tut (oder lässt) die Lehrkraft, um Kinder mit ungünstigen Lernvoraussetzungen und relativ geringem Lernstand in ihrem Lernprozess zu unterstützen, ohne sie zugleich als „schwache Lerner" zu stigmatisieren?

Am Beispiel der Mathematik vertieft Kornmann seine Überlegungen. Die Aufmerksamkeit dieser Form der Diagnostik läge auf dem Umgang mit unterschiedlichen Lernvoraussetzungen und -möglichkeiten, der Vermittlung vom Sinn eines Lerninhaltes, den Vermittlungskonzepten und den angewandten Lern- und Leistungskontrollen der Lehrerinnen und Lehrer. Die Erkennung des subjektiven Sinnes für ein Kind aus einer anderen Kultur oder einer anderen sozialen Lebenswelt, bedarf jedoch, nach den Erfahrungen der Verfasserin, einer aktiven und angeleiteten Auseinandersetzung von Lehrerinnen und Lehrer mit der Lebenswelt ihrer Schülerschaft.

Trotz der Veränderungen des Sonderschulzuweisungsverfahrens zu einem Verfahren zur Feststellung des sonderpädagogischen Förderbedarfs durch die Kultusministerkonferenz 1994 sind die diagnostischen Verfahren und Kriterien weitestgehend unverändert und sehen in fast allen Bundesländern Testverfahren zur Prüfung der Intelligenz, des Leistungsstandes in Lesen, Rechtschreibung und Rechnen vor. Sprach- und kulturfreie Testverfahren wurden entwickelt, sind aber oftmals in der Praxis unbekannt bzw. es wird ihnen zu geringe Bedeutung zubemessen.

3.2.5 Strukturelle Aspekte

Neben den Besonderheiten der Herkunftskultur und Religion macht Iben (1995) auch Prozesse der Diskriminierung für die Bildungsbarrieren einzelner Migrantengruppen verantwortlich. Auch Lörzer (1989) stellt eine strukturelle Diskriminierung der *ausländischen* Mitbürgerinnen und Mitbürger einerseits durch die vorhandene Ausländergesetzgebung und damit zusammenhängenden Gesetzen (bspw. Arbeitsrechtliche Bestimmungen, Steuermodalitäten, Kindergeldregelung), andererseits durch fehlende Maßnahmen, Gesetze und Bürgerrechte, wie die Wahlrechte, mangelnde oder mangelhafte Informations- und Beratungsmöglichkeiten fest. Maßnahmen und Interventionen sind „nicht so sehr an den Lebensbedürfnissen und -notwendigkeiten der hier lebenden ausländischen Familien orientiert [...], als vielmehr an den wirtschaftlichen Interessen des Staates Bundesrepublik Deutschland" (ebd., 103), werden mit einer ‚Feuerwehrmentalität' (a.a.O.) vorrangig unter dem Gesichtspunkt der „Schadensverhinderung angesichts einer vermeintlichen Bedrohung bzw. Belastung für die deutsche Bevölkerung in die Wege geleitet" (a.a.O.).

Die Bundesrepublik ist wie die meisten europäischen Nachbarn de facto zu einem Einwanderungsland geworden. Die zunehmende kulturelle Pluralisierung hat einerseits zwar in den vergangenen Jahrzehnten zu einer verstärkten migrationspolitischen Diskussion unter Wissenschaftler/-inne/n, Demograf/-inne/n, Ökonom/inn/en, Politolog/-inn/en und Soziolog/inn/en geführt, notwendige rechtliche Konsequenzen wurden jedoch in der Diskussion nur tangiert. In Deutschland gilt nach wie vor, nach dem Grundgesetz ein Einbürgerungsrecht, in welchem die Nationalität der Eltern[115], also die familiäre Abstammung, entscheidet über die Staatsbürgerschaft der Kinder. „Deutscher im Sinne dieses Grundgesetzes ist vorbehaltlich anderweitiger gesetzlicher Regelungen, wer die deutsche Staatsangehörigkeit besitzt oder als Flüchtling oder Vertriebener deutscher Volkszugehörigkeit oder als dessen Ehegatte oder Abkömmling in den Gebieten des Deutschen Reiches nach dem Stand vom 31. Dezember 1937 Aufnahme gefunden hat" (GG Art. 116, Abs. 1). Damit unterscheidet sich die grundgesetzliche Rechtsgebung in Deutschland im internationalen Vergleich[116] erheblich, wird vielfältig als überholt und als den gegebenen demografischen Entwicklungen nicht angemessen bezeichnet. Seit 1.1.2000 gilt das neue Staatsangehörigkeitsrecht, welches das *ius sanguinis* (Herkunftsprinzip) durch das *ius soli* (Geburtsortsprinzip) ergänzt[117]. Durch die Novellierung wurden vier Kategorien von Kindern in Migrantenfamilien geschaffen: 1. Kinder von Eltern mit deutscher Staatsangehörigkeit (Anspruch auf deutsche Staatsangehörigkeit); 2. Kinder aus binationalen Ehen (Anspruch auf beide Staatsangehörigkeiten der Eltern); 3. Kinder, die in Deutschland geboren sind, deren Eltern nicht die deutsche Staatsangehörigkeit haben aber bereits länger als 8 Jahre melderechtlich registriert sind (Optionsrecht: Doppelte Staatsangehörigkeit; Entscheidung für eine Staatsangehörigkeit nach der Volljährigkeit bis zum vollendeten 23. Lebensjahr); 4., Kinder deren Eltern die Voraussetzungen für das Optionsmodell nicht erfüllen, also zum Zeitpunkt der Geburt noch nicht 8 Jahre melderechtlich registriert sind (Keinen Anspruch auf deutsche Staatsangehörigkeit). Für Kinder bis zum 10. Lebensjahr gibt es Übergangsregelungen, die jedoch nur bis zum 31.12.2000 in Anspruch genommen werden können.

Mitbürgerinnen und Mitbürger nichtdeutscher Staatsangehörigkeit werden rechtlich und administrativ einem Ausländerstatus unterworfen, der als Bürde empfunden wird und leicht zum Integrationshindernis werden kann (John 1989). Die eingeschränkte Zubemessung der offiziellen Bürgerrechte

---

115 In der Regel des Vaters.
116 Die doppelte Staatsangehörigkeit und damit eine *Doppelpass-Regelung* ist in europäischen Ländern wie Belgien, Dänemark, Großbritannien, Irland, Italien, Portugal, Niederlande und der Türkei sowie in aussereuropäischen Ländern wie Australien und USA der Regelfall.
117 Siehe auch Erziehung und Wissenschaft, Zeitschrift der Bildungsgewerkschaft GEW, Frankfurt a.M. Heft 1 (2000).

bewirkt, dass „ein nicht unerheblicher Teil unserer Wohnbevölkerung manchmal lebenslang Ungleichbehandlung erfährt, und zwar in den Rechten *und* in den Pflichten" (ebd., 2; Hervorhebung d. Verf.). Die Migrantenfamilien sind durch das eingeschränkte Mitbestimmungsrecht und die Nichtzugestehung der Wahlrechte vom öffentlich rechtlichen Leben ausgeschlossen (Goltz 1996). Das führt zu nachhaltigen Auswirkungen „auf die soziale Verankerung, die politischen Partizipationsmöglichkeiten und die Lebenspläne der Migranten" (Auernheimer 1996, 22). Insbesondere Arbeitnehmer aus den Nicht-EG-Ländern sind mit einer unsicheren Aufenthaltsperspektive, die an die wirtschaftlichen und politischen Verhältnisse in Deutschland gekoppelt sind, konfrontiert (Goltz 1996). Auf der Seite der Inländerinnen und Inländer wird im Effekt auf diese strukturellen Benachteiligungen eine das „Exklusivitätsbewusstsein der Bevölkerung" (Auernheimer 1996, 22) bestätigende Wirkung vermutet.

„Der Vizepräsident des Zentralrats der Juden, Michel Friedman, ermahnte [...] zu Geduld bei der Integration der Ausländer. ‚Minderheiten sind darauf angewiesen, dass die Mehrheit ihnen entgegenkommt und ihnen eine Chance gibt.' Widersprüche in den Lebensentwürfen und Identitäten seien ‚Teil unserer konkurrierenden Wertesysteme'. Weder vom Bayern noch vom Türken könne erwartet werden, dass er sich ständig bedanke und wiederhole *Ich bin ein loyaler Staatsbürger*, meinte Friedmann" (Friedmann in Yahoo Schlagzeilen 2000)[118].

Das wachsende Exklusivitätsbewusstsein der Deutschen macht sich insbesondere in Bezug auf die Vorzüge und sozialen Errungenschaften unseres modernen Wohlfahrtsstaates bemerkbar, indem man Migrantinnen und Migranten keinen Anspruch auf die Leistungen der Solidargemeinschaft zuerkennt. Nur wer durch seine Staatsangehörigkeit die Mitgliedschaft in der Solidargemeinschaft unseres Staates nachweist, langfristig in die Kassen eingezahlt hat und dauerhaft seinen Lebensmittelpunkt in Deutschland haben wird, soll nach Auffassung eines Großteils der Bevölkerung in den Genuss der vielfältigen Sozialleistungen kommen. Eine besondere Bedürftigkeit im Sinne einer Behinderung, einer chronischen Erkrankung, einer Arbeits- und Erwerbsunfähigkeit etc. aber auch eines besonderen (sonder-)pädagogischen Förderbedarfs in der Schule wird häufig als unzumutbare Belastung der öffentlichen Kassen gewertet.

Der konstituierte *Ausländerstatus* beeinträchtigt die Entwicklung der Bildungsaspiration in den Migrantenfamilien. Ausländerrechtliche und aufenthaltsrechtliche Faktoren haben einen starken Einfluss auf die Lernsituation und -motivation der Kinder in Deutschland (Glumpler/Apeltauer 1997), denn eine vorausschauende, zielstrebige und eindeutige Schul- und Lebensplanung

---

118 Yahoo! Schlagzeilen: Türkische Gemeinde kritisiert neues Ausländerrecht. Bericht über den Bundesdelegiertenkongress der Türkischen Gemeinde in Deutschland zum veränderten Staatsbürgerschaftsrecht, Hamburg o.A. Datum (http://de news.yahoo.com/000123/4/igin. html, 23.1.2000).

für die Kinder wird durch die eingeschränkten Bürgerrechte und eine geringe Integrationsbereitschaft der Residenzgesellschaft außerordentlich erschwert (vgl. Goltz 1996). Die doppelte Staatsbürgerschaft könnte die Identitätsentwicklung der Kinder aus Migrantenfamilien fördern, da sie deren Lebensrealität abbildet. Hamburger sieht im Ausschluss der Migrantinnen und Migranten von den Bürgerrechten „das zentrale pädagogische Ärgernis" (1998, 147). Nach wie vor wird in der aktuellen bildungspolitischen Debatte die Erkenntnis vermisst, dass eine Erhöhung der Bildungsperspektiven von Migrantenkindern „nicht durch Appelle an die Eltern oder durch diskriminierende Regelungen wie z.B. eine Quotenregelung zu erreichen sind, sondern durch einen Paradigmenwechsel in der (Bildungs-)Politik, die endlich zur Kenntnis nehmen muss, dass die Bundesrepublik eine multikulturelle Einwanderungsgesellschaft geworden ist" (Boos-Nünning/Henscheid 1999, 3). Lörzer erkennt in der Schulpolitik und -administration Formen struktureller Diskriminierung, die er für ausländische Schülerinnen und Schüler insbesondere in der Einrichtung von segregativen Ausländerregelklassen und in der Vorenthaltung der Muttersprache gewährleistet sieht. Auernheimer (1996, 23) sieht zudem einen Einfluss auf die Bildungsgschancen von Migrantenkindern in strukturellen Gegebenheiten der deutschen Schullandschaft, wie:

- Frühzeitigen Schullaufbahnentscheidungen im 4. oder spätestens 6. Schuljahr des dreigliedrigen Schulsystems (im Vergleich zu anderen europäischen Nachbarstaaten);
- Dem Umfang außerunterrichtlicher Aktivitäten (bspw. in Halb- oder Ganztagsschulen) als Gelegenheiten, interkulturelles Zusammenleben und Kooperation einzuüben;
- Der Offenheit der Schulen zum lokalen Umfeld (Gemeinwesenorientierung).

Diese Kritik weist deutliche Parallelen zu den Argumentationen für den Gemeinsamen Unterricht auf.

„Wieweit die Offenheit von Schulsystemen für kulturelle Vielfalt von solchen strukturellen Eigenheiten abhängt, wissen wir noch nicht, wiewohl sich die Annahmen triftig begründen lassen. Denkbar ist allerdings auch, dass die universellen Funktionen und Mechanismen der Institution Schule überall zu einer ähnlichen Situation führen" (Auernheimer 1994; 1996, 24).

Im Bildungssektor Schule kommt es zu einer strukturellen Härtung von Chancen, indem „der Zugang zu und die Partizipation an entsprechenden schulischen Situationen ethnisch reinterpretiert [...] und entsprechend bewertet wird" (Bukow, 1996, 178). Nach Kornmann gibt es drei Möglichkeiten der Klärung der Ursachen für die schulische Benachteiligung der Kinder aus Migrantenfamilien:

„Man analysiert die Kriterien, die beim Auslesevorgang angelegt werden, und kann dann in zwei Richtungen weiterfragen: a) ob die Auslesekriterien gegenüber ausländischen

Kindern und Jugendlichen berechtigt oder fair sind, b) warum vermehrt ausländische Kinder und Jugendliche Schwierigkeiten haben diese Kriterien zu erfüllen. Man fragt, ob und inwieweit sich hinter den mit ethnischen oder bevölkerungsstatistischen Kategorien beschriebenen Gruppierungen allgemeine soziale Tatbestände verbergen. Man hinterfragt die gestellte Frage kritisch und deckt auf, dass man mit dem Klärungsversuch selbst schon die Tatsache der selektiven Strukturen und Mechanismen des Schulsystems zwangsläufig akzeptiert, ja sogar stabilisieren kann" (Kornmann 1998 a, 59).

Strukturelle Vorgaben (wie Einschulungstests zum Sprachstand, orientiert an der deutschen Sprache), Deutungsmuster „die die Ergänzung des schulischen Lernens durch häusliche Hilfeleistungen bereits so selbstverständlich einkalkulierbar machen" (Bukow 1996, 178), außerschulische und -unterrichtliche Diskriminationen, welche die Lernmotivation beeinträchtigen, Polarisierungen der Schülerpopulation durch gesonderte Maßnahmen etc. müssen für die gleichberechtigten Lernchancen von Kindern nichtdeutscher Muttersprache oder Kindern mit Lernbeeinträchtigungen, als abträglich gewertet werden. Eine differenzierte Analyse erscheint Bukow schwierig, weil konkrete Maßnahmen nicht sofort erkennbar sind, da sie strukturell eingebettet sind.

„Und strukturelle Diskriminierung ist genauso schwer zu durchschauen, wie eine ethnisierende Einstellung im Rahmen des Interpretationsspielraumes pädagogischer Intervention" (ebd., 179).

Kornmann sieht insbesondere in der Selektivität des Schulsystems die grundsätzlichste, aber auch am wenigsten thematisierte Ursache für die schulische Benachteiligung. Die Schulen propagieren „zwar Tugenden eines sozialen Umgangs miteinander, bleiben faktisch jedoch von Hierarchisierung, Konkurrenz- und Selektionsmechanismen geprägte Einrichtungen" (Weiß 1996, 18).

„Keinesfalls ist die Präsenz ausländischer Jugendlicher in Sonderschulen deswegen überdurchschnittlich groß, weil es an fundiertem Erklärungswissen und daran ansetzenden qualifizierten pädagogischen Bemühungen fehlt. Ein großer Teil dieser Erklärungen und der auf ihnen beruhenden kompensatorischen Konzepte zielt lediglich auf eine bessere Anpassung an die Erfolgskriterien der – immer noch – einseitig monokulturell und monolingual ausgerichteten deutschen Schule" (Kornmann 1998 a, 67).

3.2.6 Das deutsche Bildungswesen

Das deutsche Erziehungs- und Bildungswesen ist den migrationsbedingten gesellschaftlichen Herausforderungen nicht gewachsen (vgl. Auernheimer 1997). Die ethnozentristische Orientierung, starke äußere Differenzierung und der damit zusammenstehende Selektionsdruck benachteiligen Migrantenkinder in einem hohen Maße. Die Schule produziert folglich Ursachenfaktoren für die mangelnden Lern- und Leistungsergebnisse der Migrantenkinder mit, denn wieweit die Kinder ihre individuellen Lernerfahrungen in der Schule anwenden und einbringen können, „hängt nicht zuletzt auch davon ab, wie die

Schule auf diese Voraussetzungen und die persönliche Entwicklung ihrer Schüler eingeht" (Goltz 1996, 236).

Die Erziehungs- und Bildungseinrichtungen berücksichtigen „den Erfahrungshintergrund und die individuellen Lernvoraussetzungen dieser Schülergruppe nicht in genügendem Maße, so dass Leistungsversagen die zwangsläufige Folge von mangelnden Lernvoraussetzungen, Fremdheit, Orientierungslosigkeit und Verunsicherung ist" (ebd., 237). Es kommt zu einer Diskrepanz zwischen schulischen Anforderungen und individuellen Lernvoraussetzungen ausländischer Schüler (vgl. Kornmann 1991). Nach Lafranchi (1992) ist die Schule zwar in ihrem Klientel multiethnisch geworden[119], hält jedoch nach wie vor, trotz der Versuche der Interkulturellen und der Integrativen Pädagogik einen Perspektivenwechsel zur Akzeptanz von Heterogenität zu initiieren, an der ethnozentristischen und „germanozentristischen" (vgl. Essinger 1993) Konzeption fest. Auernheimer (1997) geht so weit, die Interkulturelle Erziehung[120] als Prüfstein für die Qualität pädagogischer Institutionen zu definieren.

Die vorweg genannten Erklärungsansätze des „Schulversagens", stehen keineswegs isoliert, sondern es wird vielfach eine Kumulation der unterschiedlichen Verursachungsfaktoren angenommen (bspw. Goltz 1996, Eydam 1996). Die Effekte des selektiv strukturierten Schulwesens wirken u.a. auch auf die Arbeit von Lehrerinnen und Lehrern im Unterricht. Vielen sind diese Strukturen entweder nicht bewusst oder sie vertreten sie unter Umständen auch bewusst mit (vgl. Kornmann 1998). Denkbar ist auch, dass die Strukturen ihnen sehr wohl bewusst sind, sie diese aber in einer resignativen Haltung für unüberwindbar halten.

„Für die Lehrkräfte ist es [...] relativ leicht, ihren Unterricht ganz im Sinne der vorgegebenen Strukturen des Schulsystems zu konzipieren: In der Regel können sie nach den gleichen Prinzipien unterrichten und bewerten, die sie bereits selbst als Schülerinnen oder Schüler zu ihrer Schulzeit kennen gelernt haben und die ihnen auch während der Ausbildung vermittelt worden sind" (Kornmann 1998, 64).

Abgrenzend zu den vielfältigen gängigen sozialwissenschaftlichen Theorien zur Integration von Migrantinnen und Migranten in Deutschland wendet sich Lummer (1994) sozusagen der Betroffenenperspektive zu, indem er die individuellen Vorstellungen im Hinblick auf eine gelungene Eingliederung bei migrierten Flüchtlingen aus Vietnam zum Gegenstand seiner Untersuchung macht. Im Rahmen von Fallstudien werden von ihm die persönlichen subjektiven Theorien über Eingliederung und die damit zusammenhängenden för-

---

119 Dies gilt vorrangig für die alten Bundesländer. In den neuen Bundesländern liegt der Ausländeranteil an der Schülerschaft teilweise sogar unter 0,2 %.
120 Er bezieht sich dabei auf: mehr Gemeindenähe, Offenheit zum Stadtteil, Vernetzung mit anderen Einrichtungen, mehr Elrenarbeit, mehr Methodenvielfalt, vor allem mehr kooperative Lernformen und mehr gemeinsame Aktivitäten außerhalb des Unterrichts (Auernheimer 1997, 353).

derlichen und hinderlichen Faktoren eruiert. Zielsetzung dieser Untersuchung war es, Handlungsmöglichkeiten für die pädagogische Praxis aus den erfassten Integrationskonzepten der Vietnamflüchtlinge abzuleiten. Die Übertragung dieser Vorgehensweise, d.h. die Eruierung der Integrationskonzepte von Migrantenkindern und ihren Familien im Kontext des deutschen Bildungswesens, steht nach meiner Erkenntnis noch aus.

4 Berlin auf dem Weg zu einer Schule für *alle* Kinder

4.1 Gemeinsamer Unterricht von Kindern mit und ohne Behinderungen

4.1.1 Gesetzliche und administrative Grundlagen

Am 27.10.1990 wurde die gemeinsame Erziehung behinderter und nichtbehinderter Kinder und Jugendlicher an allgemeinen Schulen in einer ersten Fassung durch den § 10a im Schulgesetz von Berlin verankert. Fortan umfasste der Unterrichts- und Erziehungsauftrag der allgemeinen Schule auch Schülerinnen und Schüler mit sonderpädagogischem Förderbedarf. In dieser ersten Ausführung waren Schülerinnen und Schüler mit einer geistigen oder schweren Mehrfachbehinderung sowie der Sekundarschulbereich ausgenommen, hierzu sollten entsprechende Schulversuche durchgeführt werden. Die Umsetzung der gemeinsamen Erziehung sollte schrittweise erfolgen und „bis zum Schuljahr 1996/97 die Voraussetzungen für das uneingeschränkte Wahlrecht der Erziehungsberechtigten von Schülerinnen und Schülern mit festgestelltem sonderpädagogischen Förderbedarf zwischen der allgemeinen Schule und einer bestehenden Sonderschule oder Sonderschuleinrichtung[121],, geschaffen werden (vgl. Heyer 1998 b). Das Elternwahlrecht über den Lern- und Förderort des Kindes ist nach wie vor auch in der aktuellen Fassung des § 10a vom 20.4.1996 nur in einer eingeschränkten Form gewährleistet und steht unter einem Haushaltsvorbehalt[122]. Die Schulaufsicht hat generell die Möglichkeit, der Elternentscheidung zu widersprechen, wenn die Empfehlungen des Förderausschusses zu einer konträren Auffassung[123] gelangen. Geistig- und schwermehrfachbehinderte Kinder und Jugendliche sind zwar im Primarstufenbereich mittlerweile in die Regelung des eingeschränkten Elternwahlrechtes einbezogen, im Sekundarschulbereich bleiben sie weiter ausgenommen[124], für die Umsetzung des gemeinsamen Unterrichts dieser Schülergruppe in der Oberschule wird ein landesweiter Schulversuch durchgeführt[125] oder die Klassen als *abweichende Organisationsform* geführt. Generell ist Integration an berufsbildenden Schulen und am Gymnasium nur zielgleich möglich.

---

121 (SchulG) § 10a; Absatz 1; Schulgesetz für Berlin in der Fassung vom 27.10.1990.
122 (SchulG) § 10a; Absatz 7; Schulgesetz für Berlin in der Fassung vom 20.4.1996.
123 Ebd., Absatz 4.
124 A.a.O.
125 Ebd., Absatz 5.

Podlesch (1999) kritisiert vor allem, dass es nach wie vor den so genannten Haushaltsvorbehalt gibt, dass bei zieldifferenter Integration die Rahmenplananforderungen der entsprechenden Sonderschule als Orientierungsgrundlage (vgl. auch Eberwein 1999) dienen und dass für jedes Kind ein Förderausschussverfahren[126] eingerichtet werden muss, welcher einen sonderpädagogischen Förderbedarf konstatiert (siehe Kapitel 2.1.4).

4.1.2 Entwicklung des gemeinsamen Unterrichts

Die Ausweitung im Grundschulbereich ist Katalysator für die Akzeptanz des gemeinsamen Unterrichts und Nachweis, dass das gesellschaftliche Bedürfnis nach Nichtaussonderung von Kindern mit Behinderungen und Beeinträchtigungen an der Basis erkannt und anerkannt wurde (vgl. Eberwein 1995, 237). Waren es 1975 bis 1986 nur zwei Grundschulen[127], welche offiziell Integrativen Unterricht als Angebot führten, so stieg die Anzahl in den darauf folgenden Schuljahren erheblich an (1986/87=3; 1987/88=6; 1988/89=11; 1989/90=33 Schulen). Nach Preuss-Lausitz (1998) waren 1996/97 landesweit in der sechsjährigen Grundschule 38% aller Kinder mit sonderpädagogischem Förderbedarf integriert. Heyer (1998 b) bezieht sich auf eine kleine Anfrage im Abgeordnetenhaus und gibt an, dass 3021 Kinder und damit 31% aller Kinder mit sonderpädagogischem Förderbedarf „integrativ beschult" wurden, wobei es erhebliche Differenzen zwischen den Stadtteilen gibt. So waren es 0% in Köpenick (ehemaliger Ostberliner Bezirk) und 77% in Schöneberg[128] (Preuss-Lausitz 1998). Im Schuljahr 1997/98 waren es in Berlin ca. 445 Grundschulen, an welchen Gemeinsamer Unterricht praktiziert wurde, 239 davon in den ehemals Westberliner Bezirken und 206 in den Ostberliner Stadtteilen, das sind immerhin 60% der Westberliner und 26% der Ostberliner Grundschulen (Heyer 1998 b). Die Beteiligung der Grundschulen in den einzelnen Stadtteilen weist ebenfalls eine deutliche Differenz auf. Während in Kreuzberg 86% der Grundschulen Gemeinsamen Unterricht anbieten, im Wedding 84% und in Spandau und Tiergarten 73%, liegt auch in dieser Statistik Köpenick mit 6% der Grundschulen weit abgeschlagen[129] (ebd.).

Schiweck (1999) beklagt jedoch, dass, trotz der expansiven Entwicklungen und der positiven Umsetzung an vielen Schulen Berlins, Freistellungen für Fortbildungsveranstaltungen und Angebote einer wissenschaftlichen Begleitung reduziert werden. Es gäbe Schulen, „die Integration als Ressourcensicherung betreiben, in denen kaum gemeinsamer Unterricht stattfindet, von Integration ganz zu schweigen" (ebd., 8).

---

126 Immerhin handelt es sich um 4000-5000 Verfahren jährlich (ebd.).
127 Die Flämingrundschule und die Uckermarkgrundschule in Berlin-Schöneberg.
128 Dem Stadtbezirk mit der längsten Tradition des Gemeinsamen Unterrichts in Berlin.
129 Die Diskrepanz zwischen den Angaben von Preuss-Lausitz und Heyer liegt vermutlich in differenten Quellen; Detailliertere Angaben in Kapitel 6.2.1 .

Lange Zeit wurden in Berlin, wie andernorts, geistig und schwer mehrfachbehinderte Kinder vom Regelangebot des Gemeinsamen Unterrichts ausgenommen. Von 1990 bis 1996 wurde ein *landesweiter Schulversuch zur Integration von Kindern mit geistiger Behinderung und schwerer Mehrfachbehinderung* durchgeführt, an welchem zu Beginn neun Grundschulen aus sechs Berliner Bezirken[130] und im Schuljahr 1995/96 bereits 30 Schulen aus 18 Bezirken (mit 69 Klassen; 85 geistig- und schwer mehrfachbehinderte Kinder) beteiligt waren (vgl. Heyer 1997). Seit 1997 gilt für diese Kinder ebenfalls das eingeschränkte Elternwahlrecht in der Grundschule.

Im Sekundarschulbereich ist die Entwicklung mittlerweile ebenfalls fortgeschritten Im Schuljahr 1998/99 gab es in Berlin 36 Oberschulen (19 Gesamt-, 22 Haupt- und 5 Realschulen) mit 150 Integrationsklassen; 7 dieser Schulen sind am Landesweiten Schulversuch zur Gemeinsamen Erziehung von Schülerinnen und Schülern mit einer geistigen oder schweren Mehrfachbehinderung und 10 an dem *Schulversuch Berufsorientierung und -vorbereitung für Schülerinnen und Schüler mit sonderpädagogischem Förderbedarf in der Sekundarstufe I* beteiligt[131]. An 61 weiteren Oberschulen wurden Einzelintegrationsmaßnahmen durchgeführt.

4.1.3 Rahmenbedingungen für Integrationsklassen in der Grundschule

Rundschreiben der Senatsverwaltung für Schule, Jugend und Sport regeln detailliert die Einrichtung der Rahmenbedingungen für den Gemeinsamen Unterricht. Nach einem Rundschreiben vom Schuljahr 1997/98[132] erhalten alle neu einzurichtenden Integrationsklassen der Primarstufe eine Zusatzzumessung von:

- *5,5 Lehrerstunden*-je Schüler/in mit sonderpädagogischem Förderbedarf (4 Stunden für individuelle Förderung/1,5 Stunden für Integrationspool der Schule),
- *10 Lehrerstunden*-je Schüler/-in mit geistiger Behinderung (8,5 für individuelle Förderung/1,5 für Integrationspool),
- *7 Lehrerstunden*-je blinder oder gehörloser Schüler/-in (5,5 für individuelle Förderung/1,5 für Integrationspool).

---

130 Zwei der für die Untersuchung ausgewählten Grundschulen waren an diesem Schulversuch beteiligt.
131 Sämtliche Angaben aus: Maikowski 1999.
132 Senatsverwaltung für Schule, Jugend und Sport: Richtlinien für die Lehrerstundenzumessung und die Organisation der Berliner Schule ab dem Schuljahr 1997/98 – Rundschreiben II Nr. 15/1997.

Im allgemeinen Sprachgebrauch nennt man dieses Modell auch *Rucksackmodell*, da die Kinder entsprechend ihres Förderbedarfes einen sinnbildlichen Rucksack geschnürt bekommen. Für die Einrichtung von Integrationsklassen wurden für das Schuljahr 1997/98 90 Stellen zusätzlich zu den bereits 1017 vorhandenen Lehrerstellen in integrativen Maßnahmen eingerichtet. Jegliche, dieses Personalvolumen übersteigende Integrationsmaßnahmen bedurften der besonderen Genehmigung des Landesschulamtes[133].

In einigen Bezirken Berlins, wie Spandau, Steglitz und Wilmersdorf gibt es sonderschulunabhängige Integrations- und Förderzentren. Diese Einrichtungen sollten nach Matt (1999) auch in anderen Bezirken eingerichtet werden, um das Angebotsspektrum – Koordination sonderpädagogischer Arbeit; Fortbildungen; Supervision etc. – mehr Lehrerinnen und Lehrern zugänglich zu machen. Zudem fordert sie die Einrichtung von bezirklichen Gremien, die die Belange der Integration unterstützen und fördern sollen.

Knauer (1999) kritisiert darüber hinaus den kontinuierlichen Stellenabbau mit der Folge höherer Klassenfrequenzen und weniger Teilungsstunden, die zunehmende Umfunktionierung der Förderausschüsse zu sonderpädagogischen Überprüfungsinstanzen (bspw. Einsetzung von Intelligenztestverfahren) sowie die unzureichende Vorbereitung und Begleitung der Lehrerinnen und Lehrer, denen „integrationspädagogische Angebote bisher nur fakultativ, unsystematisch und in geringem Ausmaße bereitgestellt werden" (ebd., 14). Darin sieht sie bestätigt, dass in Berlin die Integrationspädagogik als additive Verknüpfung von Regel- und Sonderpädagogik interpretiert wird und fordert die Etablierung integrationspädagogischer Elemente in allen Phasen der Lehrerbildung.

Berlin unterscheidet vier Lehrämter: Das Amt des Lehrers (Klassen 1.-10.); das des Lehrers mit fachwissenschaftlicher Ausbildung in zwei Fächern (1.-10.), das des Lehrers an Sonderschulen sowie das des Studienrates (vgl. Heyer 1998). „Integrationspädagogische Inhalte sind in der Verordnung der Senatsschulverwaltung über die ersten Staatsprüfungen bisher für keines dieser vier Lehrämter verbindlich vorgesehen" (ebd., 171). Es werden jedoch Zusatzqualifikationen für besondere Unterrichtsbedürfnisse oder fakultativen Unterricht angeboten, die zwar keine besoldungsrechtlichen Konsequenzen haben, aber Einstellungschancen verbessern dürften (a.a.O.). Im Rahmen dieser Zusatzqualifikationen ist eine *integrationspädagogische Ausbildung* (Studieninhalte der Verhaltensgestörten-, Lernbehinderten- und Sprachbehindertenpädagogik) im Umfang von 24 Semesterwochenstunden vorgesehen[134]. In den Verordnungen zur zweiten Lehrerausbildungsphase findet Integrationspädagogik bislang keine Beachtung (a.a.O.). Angehende Sonderpädagoginnen und -pädagogen haben bislang noch nicht die Möglichkeit, ihr Referendariat in einer Integrationsklasse oder -schule zu absolvieren. „Solange die erste und

---

133 Vgl. ebd.
134 Berliner Lehrerbildungsgesetz in der Fassung vom 12.3.1997, §15 a, Abs. 5.

die zweite Phase der Lehrerbildung diese Aufgaben nicht oder nicht zureichend wahrnehmen, kommt der *integrationspädagogischen Fortbildung* eine zusätzliche Bedeutung zu" (ebd., 171). Fort- und Weiterbildungen liegen in der Verantwortung des Berliner Instituts für Lehrerfort- und Weiterbildung (BIL), welches zur Integrationspädagogik als Jahreskurse angelegte Theorie-Praxis-Seminare für Lehrerinnen und Lehrer in Integrationsklassen sowie andere Fortbildungsveranstaltungen zur Integrationspädagogik für Lehrkräfte von Grund- und Sekundarschulen anbietet.

4.1.4 Das Förderausschussverfahren

Der sonderpädagogische Förderbedarf der Kinder wird im Rahmen eines Förderausschussverfahrens ermittelt und gegebenenfalls festgestellt. Ein Förderausschuss kann durch die zuständige Schule, die Lehrkräfte, die Erziehungsberechtigten und den Schularzt veranlasst werden. Als Mitglieder gehören dem Förderausschuss

- die Schulleiterinnen und Schulleiter der Schule, an der das Kind bereits angemeldet ist oder angemeldet werden soll,
- die bisherigen Klassenlehrerinnen oder -lehrer und gegebenenfalls Lehrerinnen oder Lehrer der aufnehmenden Grund- oder Sonderschule,
- Sonderpädagoginnen oder -pädagogen der entsprechenden sonderpädagogischen Fachrichtung,
- Vertreterinnen oder Vertreter des Schulpsychologischen Dienstes
- sowie die Personensorgeberechtigten des betroffenen Kindes an (vgl. Heyer 1998b).

Im Rahmen der Sitzungen des Förderausschusses, welche regelmäßig zum Schuljahresende (bzw. Halbjahresende) erfolgen, wird der individuelle Förderbedarf im Einzelfall festgelegt, ein Förderplan erstellt und Schullaufbahnempfehlungen incl. Empfehlungen für den Lernort erteilt. Die Feststellung des sonderpädagogischen Förderbedarfs sollte auf der Grundlage einer „Kind-Umfeld-Diagnostik" erfolgen. Die Empfehlungen zum Lernort werden der Schulaufsicht zur Entscheidungsfindung vorgelegt. Über die Anteile von Migrantenkindern, welche im Rahmen der Förderausschussverfahren vorgestellt werden, liegen keine Angaben vor. Die Ausführungsvorschriften bedürften dringend einer Ergänzung der Notwendigkeit von Übersetzungen in die Muttersprache der Eltern. Nach Angaben des Türkischen Elternvereins Berlin e.V. nutzen zahlreiche Familien ihre Möglichkeit der Teilnahme an den Verfahren nicht. Dies kann sicherlich einem Informationsdefizit sowie einer oftmals konstatierten Distanz zwischen Elternhaus und Schule zugeschrieben werden[135].

---

135 Über private Kontakte wurde ich in einem Verfahren durch die Eltern hinzugezogen. Die Förderausschusssitzungen hatten bereits stattgefunden, nach den Aussagen der Eltern ohne

Obwohl die Schulgesetze für die gesamte Stadt Gültigkeit haben, „kommt man zu der Einschätzung, dass in einigen Berliner Bezirken – vor allem im Ostteil unser aller Hauptstadt – das Berliner Schulgesetz nicht oder nur sehr eingeschränkt zu gelten scheint" (Rosenberger 1999, 91). Es scheint noch immer eine Mauer durch die Schullandschaft Berlins zu verlaufen (vgl. a.a.O.), wie die Analyse der Förderausschussempfehlungen zum Lernort zeigen. Im Schuljahr 1997/98 wurden insgesamt 1447 Förderausschussverfahren durchgeführt[136], 466 Mal (32%) fiel die Entscheidung für eine integrative Beschulung, in 134 Fällen wurde dieser Empfehlung jedoch von der Schulaufsicht nicht entsprochen, so dass sich eine Quote von 23% ergibt. Die Quoten differieren in den Bezirken zwischen 95% (in Steglitz) und 0%[137].

Eberwein (1999) fordert u.a. die Abschaffung von Förderausschussverfahren und die gleichzeitige Einrichtung zusätzlicher Stundenpools für integrativ arbeitende Schulen, über die eigenverantwortlich verfügt werden kann (siehe ders. in Kapitel 2.1.4).

4.2 Integration von Kindern nichtdeutscher Muttersprache

4.2.1 Gesetzliche und administrative Grundlagen

Spezifische Regelungen für die Beschulung von Kindern und Jugendlichen nichtdeutscher Muttersprache in der Berliner Schule sind im Schulgesetz für Berlin (SchulG)[138] §15 und 35a, ergänzt durch die Ausführungsvorschriften über den Unterricht für ausländische Kinder und Jugendliche (AV-Ausländer), verankert. Mit dem 25. Gesetz zur Änderung des Schulgesetzes für Berlin, vom 27. Januar 1997, wurde die Terminologie für die Zielgruppe im Titel des § 35 a geändert, von Unterricht für ausländische Schüler zu *Unterricht für Schüler nichtdeutscher Herkunftssprache*. Die wesentlichste Änderung, die mit der Novellierung eingetreten ist, ist die Aufhebung der Quotenregelung für

---

eine Einladung. Im Förderausschuss war die Empfehlung für eine Überweisung an eine Sonderschule für Lernbehinderte ausgesprochen worden (auf Grund der Überalterung der Schülerin und wegen Lernschwierigkeiten im Fach Mathematik). Das Gutachten gab keine eindeutigen Hinweise auf die Notwendigkeit einer „sonder"-pädagogischen Förderung. In einem Gespräch mit der zuständigen Schulrätin des Bezirkes gemeinsam mit den Eltern konnte die Überweisung verhindert und eine Eingliederungshilfe (Schulhelferin) initiiert werden. Durch die Hausbesuche in der Familie wurden zahlreiche belastende Faktoren für das Lernverhalten der Schülerin offenbar und die Familie wurde im Weiteren diesbezüglich von einer türkischen Kollegin beraten.
136 Angabe ohne jene, in welchen kein Förderbedarf festgestellt wurde.
137 Preuss-Lausitz, nach Rosenberger 1999.
138 In der Fassung vom 20. August 1980 (GVBl. S. 2103); Senatsverwaltung für Schule, Berufsbildung und Sport (Hrsg.): Schulgesetz für Berlin. Berlin 1995.

ausländische Schülerinnen und Schüler an Allgemeinbildenden Schulen in Berlin. Seit 1980 war eine Höchstquote von 30% ausländischer Schülerschaft für die Klassen 1-7 festgelegt bzw. 50% bei einer Mehrheit von Schülerinnen und Schüler, die *ohne sprachliche Schwierigkeiten* dem Unterricht folgen konnten. In den Sekundarstufenklassen sollte ebenfalls der Ausländeranteil 50% der Kinder und Jugendlichen nicht überschreiten. Zur Vermeidung eines Überschreitens dieser Quoten sollen ausländische Schüler auf Schulen innerhalb des Bezirks und auch auf Schulen außerhalb des Bezirks verteilt werden"[139]. Bei nachdrücklichem Überschreiten der Quoten, trotz genannter Interventionen, sollten in Grund-, Haupt- und Berufsschulen Ausländerregelklassen eingerichtet werden[140]. Die Ausländerregelklassen wurden offiziell 1992 abgeschafft, die Situation an diversen Schulen führt jedoch nach wie vor zu nationalhomogenen Klassenbildungen. Im ehemaligen § 35a war weiterhin festgelegt, dass jene ausländischen Schülerinnen und Schüler, *welche dem Unterricht sprachlich nicht angemessen folgen konnten*, in bis zu zweijährigen (auf Antrag bis zu dreijährigen) Vorbereitungsklassen zusammenzufassen wären[141], diesbezügliche Sprachstandsanalysen sollten bei der Aufnahme und beim Übergang ins 5. Schuljahr erfolgen[142].

Nach der Schulgesetzänderung vom 27.1.1997 wurden die so genannten Vorbereitungsklassen terminologisch in *Förderklassen* umbenannt. Die offizielle Zielstellung erfuhr dadurch jedoch keine Veränderung und nach wie vor sollen diese Klassen ein segregiertes Angebot darstellen. Schülerinnen und Schüler nichtdeutscher Herkunftssprache haben nunmehr ein *grundsätzliches* Recht, mit allen anderen Kindern gemeinsam unterrichtet zu werden[143], solange ihre Sprachkenntnisse nicht eine der anderen Beschulungskonzepte nahelegt. Seiteneinsteiger werden unter Berücksichtigung ihrer Vorbildung und der Kenntnisse der deutschen Sprache durch die Schulleitung oder durch sie beauftragte Lehrkräfte in eine Klassenstufe eingeordnet. Bei nicht zu erwartender Mitarbeit in der ihnen altersgemäßen Klassenstufe dürfen sie jedoch nicht mehr als zwei Klassenstufen niedriger eingeschult werden[144]. Bedauerlicherweise Weise kam es durch die Novellierung nicht zu einer Änderung des Abs. 5, denn nach wie vor ist die Belegung des Türkischen als erste Fremdsprache sowie die Befreiung vom anderssprachigen Fremdsprachenunterricht zu Gunsten eines zusätzlichen Deutschunterrichts möglich. Die Konsequenz aus der Befreiung vom üblichen Fremdsprachenunterricht ist, auch nach der Neuformulierung in Abs. 6, der Ausschluss eines Realschulabschlus-

---

139 Ebd. Abs. 2.
140 Ebd. Abs. 2.
141 Ebd. Abs. 3.
142 Ebd. Abs. 4.
143 Fünfundzwanzigstes Gesetz zur Änderung des Schulgesetzes für Berlin, vom 27. Januar 1997, § 35a, Abs.1.
144 Ebd. Abs. 4.

ses, denn für diesen ist im Berliner Schulgesetz die Absolvierung einer Fremdsprache obligatorisch. Ungeachtet dieses Nachspiels nehmen dennoch viele Jugendliche und ihre Eltern diese Möglichkeit an und nach den Angaben einiger Lehrkräfte soll diese Vorgehensweise auch nach wie vor von Kolleginnen und Kollegen empfohlen werden. Insbesondere vor dem Hintergrund der generell niedrigeren Bildungsabschlüsse von Migrantenkindern erscheint diese Tatsache fatal.

In Berlin sind beide Modelle der *Zweisprachigen Alphabetisierung* in der Schulpraxis anzutreffen. An der einzigen deutsch-türkischen Europaschule Berlins (in Kreuzberg) wird zuerst Lesen und Schreiben in der Muttersprache vermittelt.

„Seit ihrer Eröffnung vor drei Jahren hat sich die Deutsch-Türkische Europaschule in Berlin-Kreuzberg, die sich an dem Vorbild der Deutsch-Englischen und der Deutsch-Französischen Europaschulen orientiert, eine enorme Reputation verschafft" (Goddar 1999, 7). Türkische und deutsche Schülerinnen und Schüler besuchen zu je 50% gemeinsame Klassen, lernen Lesen und Schreiben in beiden Sprachen (Mutter- und Partnersprache) und kommen aus allen Bezirken Berlins. Die meisten türkischen Kinder an der Europaschule haben bei der Einschulung bereits Deutschkenntnisse, was darauf zurückgeführt wird, dass die Kinder und Jugendlichen zumeist aus Mittelschichtsfamilien kommen und bereits zweisprachig aufgewachsen sind (vgl. ebd.). Im Gegensatz dazu erweist sich die Vermittlung der türkischen Sprache für die in der Regel einsprachig aufgewachsenen deutschen Kinder als problematischer. Die 1999 in einem Gesetzentwurf für ein neues Berliner Schulgesetz enthaltene Liberalisierung in Bezug auf die Wahl der Grundschule durch die Eltern wird besonders für die Schulen mit hohem Ausländeranteil als Problemverschärfung gewertet[145].

4.2.2 Allgemeinbildende Schulen und Sonderschulen

Auch an den Berliner Schulen für Lernbehinderte sind die Kinder mit nichtdeutscher Staatsangehörigkeit deutlich überrepräsentiert (siehe Diagramm in Abbildung 6). Noch 1987/88 wurde, entgegen der aussagefähigen statistischen Fakten, im Rahmen einer Auftragsstudie der Berliner Senatsverwaltung für Schule, Berufsbildung und Sport zur Situation von ausländischen Schülerinnen und Schülern in der Berliner Sonderschule festgestellt, dass eine Überrepräsentanz ausländischer Schüler in Berliner Sonderschulen nicht vorliegt. So kam die Verfasserin abschließend sogar zu der Einschätzung:

„Auch gibt es an keiner Stelle der Ermittlungen Hinweise auf eine mögliche Benachteiligung ausländischer Schüler im Berliner Schulwesen und insbesondere im Berliner Sonder-

---

145 Kurzbeitrag in der Berliner Morgenpost vom 14.1.1999

schulwesen. Die Gleichstellung deutscher und ausländischer Schüler, deren spezifische Berücksichtigung und die Bemühungen um spezielle Förderungen sind evident, wenn auch entwicklungs-, ausbau- und intensivierungsfähig" (Berndt; o.J.).

Berndt vertrat die Auffassung, dass bereits der Begriff *überrepräsentiert* als *themeninadäquat* abzulehnen ist und man eher von einem über- oder unterdurchschnittlichen Ausländeranteil sprechen sollte. Für das Schuljahr 1986/87 wurden folgende Anteile von Kindern nichtdeutscher Staatsangehörigkeit an den öffentlichen Schulen ermittelt: 9,8% an Gymnasien, 19,8 % an Realschulen, 21,5% an Gesamtschulen, 24,5% an Grundschulen, 37,1% an Grundstufen der Schulen für Lern- und Geistigbehinderte, 28,7% an Sonderschulen (Schulen für Lern- und Geistigbehinderte und übrige Sonderschulen) und 42,9% an den Hauptschulen. In der Darstellung der Entwicklungen der Schülerzahlen ab dem Schuljahr 1973/74 wiesen die Grundschulen seit dem Schuljahr 1982/83 einen leichten Rückgang des Ausländeranteils auf, während die Haupt- und Sonderschulen einen deutlichen Anstieg verzeichnen konnten. Während sich der Anteil der Schülerinnen und Schüler nichtdeutscher Staatsangehörigkeit in den Grundschulen von 1979-1988 um das 2,35fache erhöht hat, nahm der Anteil an den Sonderschulen für Lernbehinderte um das 9fache und an den übrigen Sonderschulen um das 5,5fache zu. berndt stellt jedoch fest, dass mit der AV Sonderschulen, nach der ausländische Schülerinnen und Schüler vor der Zuweisung an eine Sonderschule zumindest ein Jahr an einer Grundschule beschult werden müssen, sich eine Stagnation der Entwicklungen abzeichnete. Als Ergebnis der Studie kommt Berndt zu der Betrachtung, dass die mittlere Ausländerdichte im Sonderschulbereich (28,7% in den Klassenstufen 1-9) im statistischen Toleranzbereich der Grundschulen (24,5% in den Klassenstufen 1-6) läge und vergleicht dabei „Äpfel mit Birnen". Berndt vermutet in dem „unzureichenden Kenntnisstand zum Thema ‚Sonderschule' und dem damit verbundenen ablehnenden Vorurteil"(ebd., 5) die Ursache für die Haltung von Migranteneltern zur Beschulung ihrer Kinder in einer Sonderschule. Sonderbeschulung würde häufig als Aussonderung erlebt und als Makel und gesellschaftliche Abwertung empfunden, „der man meint, Widerstand entgegensetzen zu müssen" (ebd. 76). „Der pädagogische Anspruch und das Recht eines jeden Individuums auf höchstmögliche Förderung und Entwicklung sind, wie auch bei vielen deutschen Eltern, nicht geläufig und werden als Argumente weitgehend abgelehnt und bagatellisiert" (a.a.O.). Die Verfasserin verteidigt den Anspruch der Sonderschulen als Förderort für alle Kinder mit Abweichungen im Lern- und Entwicklungsspektrum. Sie sieht die Leistungsfähigkeit des Berliner Sonderschulwesens auch und insbesondere gegenüber ausländischen Schülern belegt entgegen der weithin bestätigten Annahme, dass die Sonderschulen gleichsam wie Regelschulen nicht über angemessene multilinguale oder interkulturelle Unterrichtskonzepte verfügen (siehe Kapitel 3.1.3). Sie legitimiert ebenfalls die Unterrichtung von Kindern aus sozioökonomisch benachteiligten Bevölkerungsgruppen in den Schulen für Lern- und Geistigbehinderte und steht somit der Tatsache, dass sich diese Schulform zur so genannten „Restsonderschule für randständige Bevölkerungsgruppen" entwickelt unkritisch gegenüber.

„Die überdurchschnittliche Ausländerdichte in den Schulen für Lern- und Geistigbehinderte ist auf Grund des sozialen Hintergrundes dieser Familien erwartbar. Eine Normalverteilung der Bevölkerungsschichten des jeweiligen Heimatlandes liegt nicht vor. Die soziale Herkunft der Mehrheit der in Berlin lebenden Schüler entspricht den so genannten ‚unteren Schichten'. In diesen treten in erhöhtem Maße Belastungsfaktoren fur Lernen auf (beengte Wohnverhältnisse, Geschwisterzahl, Erziehungsstil, anregungsarme Umwelt usw.). Treten zu diesen Faktoren weitere ungünstige Einflüsse hinzu, wie z.B. die Problematik der Zweisprachigkeit, Mentalitätsunterschiede, kulturelle Besonderheiten und möglicherweise noch individuelle Begabungseinschränkungen, so wird relativ schnell erhöhter Förderbedarf bis hin zur Sonderschulbedürftigkeit erkennbar" (a.a.O., 90).

Die Überrepräsentation von Migrantenkindern an den Sonderschulen besteht vorrangig in den Westberliner Stadtteilen, jedoch auch in den östlichen Bezirken lässt sich eine leichte Überrepräsentation erkennen. Nach einem stringenten Anstieg der anteiligen Schülerzahlen in den Schuljahren 1993/94 bis zum Schuljahr 1997/98 an den Schulen für Lernbehinderte ist im Schuljahr 1998/99 erstmalig ein Rückgang der prozentualen Anteile von Schülerinnen und Schülern erkennbar.

Abbildung 6: Ausländische SchülerInnen in den Klassen 1-6 an Schulen für Lernbehinderte und Grundschulen in Berlin

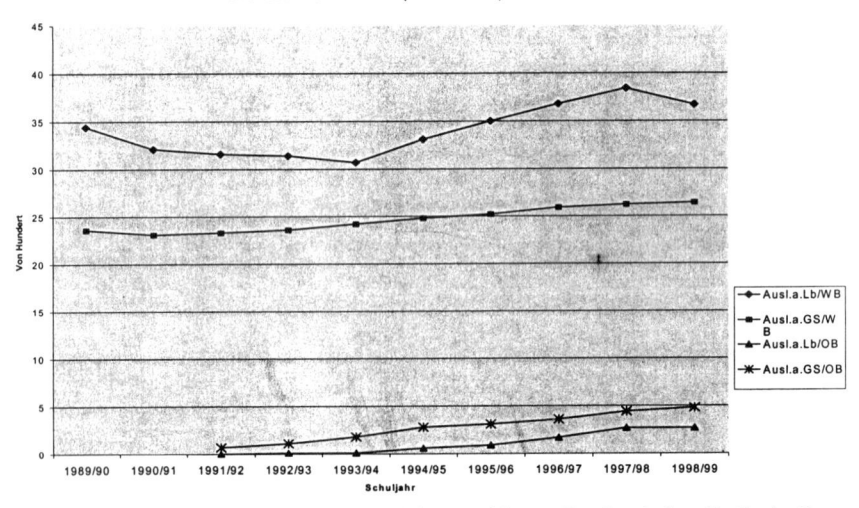

(Berechnungen auf Grund des statistischen Zahlenmaterials vom Landesschulamt Berlin, in: Das Schuljahr 1998/99 in Zahlen – Allgemeinbildende Schulen; LB = Lernbehindertenschulen; GS = Grundschulen; WB = Westberliner Stadtteile; OB = Ostberliner Stadtteile)

In einer mehrsprachig erschienenen Broschüre[146] der Ausländerbeauftragten der Senatsveraltung für Gesundheit und Soziales in Berlin (1990) wurden Eltern von Kindern mit Behinderungen auf das „differenziert ausgebaute System zur sonderpädagogischen Förderung" mit: Sonderschulen, Kooperativen Schulen, der Möglichkeit der „wohnort- und familiennahen Einzelintegration" in die Allgemeine Schule durch die ambulante Unterstützung von Sonderpädagoginnen oder -pädagogen und des Gemeinsamen Unterrichts in der Schule hingewiesen. Die Effektivität und die Vorzüge der Sonderbeschulung wurden im Folgenden deutlich hervorgehoben, wohingegen die anderen Beschulungsvarianten nicht nur vom Angebotsspektrum und von der Effizienz nachrangig erscheinen.

„Sonderschulen besuchen Kinder, die auf Grund der Schwere ihrer Behinderung den Anforderungen der allgemeinen Schulen nicht gerecht werden, deren sonderpädagogischer Förderbedarf so hoch ist, dass er in der allgemeinen Schule nicht realisiert werden kann. In den Klassen der Sonderschulen befinden sich weniger Kinder als in den Klassen der allgemeinen Schulen. In den Sonderschulen sind ausgebildete Sonderpädagogen und Sonderpädagoginnen tätig, die sich sehr viel Zeit für das einzelne Kind nehmen; die auf es individuell eingehen und fördern. Der Lehrstoff wird behinderungsspezifisch aufbereitet und vermittelt. Therapien befinden sich im Angebot von Sonderschulen sowie eine Ausstattung mit entsprechenden Medien und Hilfsmitteln. Die Sonderschulen haben sich große Verdienste bei der Förderung behinderter Kinder erworben und arbeiten mit großem Engagement. Das Ziel der Sonderschulen ist die Rückführung des behinderten Kindes in die allgemeine Schule, bzw. die Integration in Ausbildung und in den Beruf" (Senatsverwaltung für Gesundheit und Soziales Berlin 1990, 27; Hervorh. d. Verf.).

Bis zum heutigen Zeitpunkt sind mir trotz intensiver Recherche sowohl bei den schulorganisatorischen und administrativen Institutionen als auch bei Verbänden und Vereinen, die sich durch ein breites Engagement im Bildungsbereich auszeichnen,[147] keine spezifischen Broschüren zum Gemeinsamen Unterricht in einer der Muttersprachen der Migranten bekannt[148]. Dies könnte ein Hinweis auf die berichtete, zurückhaltende Wahrnehmung des eingeschränkten Elternwahlrechtes durch Migrantenfamilien sein (siehe Kapitel

---

146 Erschienen 1990 (keine Neuauflage bis Januar 2000); zurzeit vergriffen. Vielen der Eltern, deren Kinder heute noch die Schulen für Lernbehinderte besuchen haben ihre Entscheidungen auf dieser Grundlage getroffen. Die Broschüre wurde nach Angaben der Senatsverwaltung bis 1994 ausgegeben.
147 Gewerkschaft Erziehung und Wissenschaft, Arbeitskreis Neue Erziehung e.V., Eltern beraten Eltern e.V., Eltern für Integration e.V., etc.
148 In Berlin liegen zweisprachige Broschüren für Eltern (türkisch-deutsch) vom Arbeitskreis Neue Erziehung e.V. vor, die wichtige Informationen für den Elementarbereich bis zur Einschulung bieten und über die Bezirksämter und deren Organe erhältlich sind. Eine Broschüre zur Einschulung und zur Primarstufe – incl. Informationen zum Angebot des Gemeinsamen Unterrichts – (Neuauflage 2-jährig) wird allen Grundschulen zum Beginn des Schuljahres zugesandt, um sie für Eltern auszulegen. Diese ist bislang nur in deutsch zugänglich, eine zweisprachige Überarbeitung u.a. auch der Leitfäden zum Elternrecht in der Schule, zur Leistungsbewertung und zum Übergang auf die Oberschule sind vorgesehen.

3.1.4). Eine genauere Analyse der Wahrnehmung des Elternwahlrechtes würde Aufschlüsse darüber geben, kann aber im Rahmen der Angaben von schuladministrativer Seite nicht erhoben werden.

4.3 Kinder ethnischer Minderheiten in Integrationsklassen

Statistische Zahlen und Daten zur Beteiligung von Kindern nichtdeutscher Nationalität oder Muttersprache im Rahmen des Gemeinsamen Unterrichts liegen von der Schulverwaltung für Berlin nicht vor, da in den statistischen Veröffentlichungen die Integrationskinder an den allgemeinbildenden Schulen (geschweige denn der Anteil der Kinder nichtdeutscher Herkunft) nicht dezidiert hervorgehoben werden. Fest steht, die Integration von ausländischen und ausgesiedelten Kindern mit Lernschwierigkeiten in deutsche Regelklassen wird zunehmend zum Normalfall und „in der Folge sind deutsche Kinder in den deutschen Klassen bestimmter Wohnviertel zu einer sprachlichen Minderheit geworden" (Glumpler/Apeltauer 1997, 8; siehe auch aktuelle statistische Analysen zu den Bezirken in Kapitel 6.2.1).

Der Arbeitskreis *Gemeinsame Erziehung behinderter und nichtbehinderter Kinder und Jugendlichen*[149] an der Technischen Universität Berlin hat die Bedeutung der Integration, vor dem Hintergrund der steigenden Zahlen nichtdeutscher Kinder an Schule für Lernbehinderte, erkannt und fordert in einem Positionspapier vom September 1998 u.a. einen Modellversuch für ausländische Kinder bzw. Kinder nichtdeutscher Herkunftssprache mit sonderpädagogischem Förderbedarf.

„Zur Verringerung des überdurchschnittlich hohen Anteils ausländischer Kinder (Kinder mit nichtdeutscher Herkunftssprache) mit sonderpädagogischem Förderbedarf in Sonderschulen der westlichen Bezirke soll die Senatsverwaltung für Schulwesen umgehend einen Modellversuch durchführen, der wissenschaftlich begleitet wird und die Eltern ausländischer Kinder dabei einbezieht. Innerhalb von 3 Jahren soll dabei ein Katalog von als erfolgreich eingeschätzten Maßnahmen entwickelt werden" (AK GEM 1998).

Allgemein muss ein extremes Forschungsdesiderat von Seiten der Wissenschaften als auch eine mangelhafte Aufmerksamkeit der schuladministrativ und bildungspolitisch Verantwortlichen bezüglich der Thematik *Kinder nichtdeutscher Herkunftssprache in Integrationsklassen* konstatiert werden. Diese Studie hat sich zum Ziel gesetzt, zur Aufklärung und Weiterentwicklung der spezifischen Situation von Kindern nichtdeutscher Muttersprache (am Beispiel der Migrantenkinder aus der Türkei) beizutragen.

---

149 Ein interdisziplinärer Zusammenschluss von Eltern, LehrerInnen, WissenschaftlerInnen, Verbänden und Vereinen zur Förderung der Entwicklung des Gemeinsamen Unterrichts in Berlin.

5 Der Stellenwert Subjektiver Theorien in der Schule

5.1 Das Forschungsprogramm Subjektive Theorien

5.1.1 Das Konstrukt „Subjektive Theorie"

Die Erforschung Subjektiver Theorien stellt für Scheele ein postbehaviouristisches Forschungsprogramm dar, „das die Tradition des Empirismus und der Hermeneutik in der Psychologie, die Methoden des Experimentierens und des Verstehens zu integrieren erlaubt" (Scheele 1988, S.1). Die Konzentration liegt dabei auf der Sicht des Subjektes und dem Sinn, den dieses mit Ereignissen, Erfahrungen und eigenen Handlungen oder Haltungen verbindet (vgl. Krüger 1997). Als Subjektive Theorie wird das einer Handlungsnacherzählung oder -reflexion zu Grunde liegende komplexe, argumentative Denken eines Alltagstheoretikers bezeichnet, das weitgehend ähnliche Funktionen wie das Theoretisieren von Wissenschaftlerinnen und Wissenschaftlern erfüllt.

Häufig wird fälschlich Theorie mit Wissenschaft sowie Praxis mit pädagogischer Wirklichkeit gleichgesetzt. Sieht man das Verhältnis von Theorie zu Praxis aber in einer einseitigen hierarchischen Macht- und Abhängigkeitsbeziehung, gleichsam der „Reiter-Fußvolk-Metapher", die eine „Pädagogik zu Pferd" und eine „Pädagogik zu Fuß" (Sayler, nach Roth 1994, 84) konstatiert, so werden Lehrerinnen und Lehrer vorschnell in eine untergeordnete, theoretisch unreflektierte und rein ausführende Rolle gepresst. Das erscheint zu polarisierend und simplifizierend, in Anbetracht dessen, dass jedem Handeln mehr oder weniger bewusst Theorien unterliegen, deren Wissenschaftlichkeit ab einem gewissen Reflexions- oder Begründungsgrad nachgewiesen werden kann (vgl. Roth 1994, 87).

„Jedes pädagogische Handeln ist in gewisser Weise theoretisch geleitet, sei es als wissenschaftlicher Hintergrund, Alltagstheorie über ‚rechtes Leben' (Mollenhauer 1993, 17f.) oder auf Grund pädagogischer Ratgeberliteratur. Und umgekehrt ist eine theoretische Reflexion undenkbar, der nicht eine praktische Erfahrung voraus- bzw. zugrundeliegt. Daher ist jede Identifizierung von Theorie und Wissenschaft auf der einen und Praxis mit Erziehungswirklichkeit auf der anderen Seite in sich verkürzend, es handelt sich um zwei verschiedene Bezugssysteme" (ebd., 87).

Theorie und Praxis stehen in einer interdependenten Korrelation zueinander und die Grenzen scheinen oftmals zu verwischen. So sind auch Wissenschaftlerinnen und Wissenschaftler im Rahmen der Schulforschung in ihrer Theoriebildung nicht unabhängig von Erfahrungen aus der eigenen Schulzeit, u.U. gründen die pädagogischen Theorien bereits in eigenen Praxiserfahrungen als Lehrerinnen und Lehrer. Oftmals sind die in der pädagogischen Schulpraxis Forschenden zeitgleich Lehrende in Lehrerbildungs- und Fortbildungsinstitutionen (vgl. Eberwein 1995 b).

„Die Objektivität wissenschaftlicher Theorien ist eine regulative Zielidee, die durch Intersubjektivität approximiert wird. Diese Intersubjektivität wird systematisch durch methodische Vorgehensweisen gesichert; darin manifestiert sich der wesentliche grundsätzliche Unterschied zu Subjektiven Theorien, deren Autoren in der Regel unter relativ starkem Zeit-, Handlungs- bzw. Orientierungsdruck etc. stehen (vgl. Laucken 1974), während Wissenschaftler in all diesen Dimensionen überwiegend eine relative Druckfreiheit besitzen, die die Basis für die Objektivitäts-Approximation darstellt" (Schlee 1988, 23).

Zudem haben Lehrerinnen und Lehrer selten die Angebote und Möglichkeiten eines interpersonalen und multiprofessionellen Austausches und einer darin gründenden Reflexion, wie es in den Wissenschaften zumindest angestrebt wird.

Lange Zeit galt das Forschungsinteresse auch in der Integrationsforschung dem pädagogischen Alltag des Berufsstandes der Lehrer und „vor allem seine Fehler in der Wahrnehmung und Beurteilung, seine Vorurteilshaftigkeit, kurzum seine Unwissenschaftlichkeit, die ihm vorgehalten wird" (Eberwein 1995, 11) zu entlarven. Bereits in der Entwicklung der Fragestellung eines Forschungsvorhabens verbirgt sich häufig ein hierarchisches Denken auf inhaltlicher Ebene, welches das Verhältnis von Forscherinnen und Forschern zum Forschungsobjekt Lehrerinnen und Lehrern (vgl. ebd.) nachhaltig beeinträchtigt.

„Auch die Alltagswende in den deutschen Erziehungswissenschaften hat nicht viel an dieser einseitigen Definition des Theorie-Praxis-Verhältnisses geändert: Der Lehrer arbeitet mit ‚subjektiven Theorien', mit ‚Alltagstheorien', mit ‚Alltagspsychologien' oder ‚Deutungsmustern', um sich ein Bild von seinen Schülern zu machen, so die Darstellungen von Publikationen der Psychologie, Soziologie und Pädagogik vor allem Anfang bis Mitte der achtziger Jahre. Das Ergebnis ist nicht ganz überraschend. *Unterschiede bestehen in Systematik, Kohärenz und Überprüfbarkeit, also in der Wissenschaftlichkeit.* [150] (Eberwein 1995 b, 12).

Im Gegensatz zu Einstellungen, in der Regel durch Fragebogenerhebungen ermittelt, welche lediglich Positionierungen zu von der Forscherin oder dem Forscher vorgegebenen Antwortkategorien erfassen, wird bei der Ermittlung der Subjektiven Theorien die Erfassung der impliziten Argumentationsstrukturen, in der vorliegenden Exploration für die Handlungen der Lehrerinnen und Lehrer in Bezug auf die Integration von Kindern türkischer Herkunft in ihren Unterricht, angestrebt.

Nach dem Konzept der Kausalerklärungen von Handlungen ist jeder Fall von echter Teleologie in eine dispositionale Motiv-Erklärung[151] „übersetzbar"

---

150 Hervorhebung durch Verfasserin.
151 Beispiel: Die Lehrerin beabsichtigt y herbeizuführen. Sie glaubt, dass sie y nur dann herbeiführen kann, wenn sie x tut. Folglich tut die Lehrerin x.

(Groeben/Scheele 1988, 10). So entsteht ein Konstrukt Subjektiver Theorien, das Groeben u. Scheele definieren als:

„Kognitionen der Selbst- und Weltsicht, die im Dialog-Konsens aktualisier- und rekonstruierbar sind als komplexes Aggregat mit (zumindest impliziter) Argumentationsstruktur, das auch die zu objektiven (wissenschaftlichen) Theorien parallelen Funktionen der Erklärung, Prognose, Technologie erfüllt, deren Akzeptierbarkeit als „objektive" Erkenntnis zu prüfen ist" (1988, 22).

Alle reflexhaften Ereignisse sowie solche Automatismen, die sich dem willentlichen Zugriff des menschlichen Subjekts entziehen, fallen explizit nicht unter die Erklärungskraft der Subjektiven Theorie (vgl. Groeben/Scheele 1988).

Die Prüfung der Akzeptierbarkeit, Handlungs- und Realitätswirksamkeit im Rahmen des Forschungsprogramms Subjektive Theorien erfolgt in der Regel anhand der explanativen Validierung durch die oder den Forschenden (z.B. Beobachtung der tatsächlichen Handlungsrelevanz der ST im Unterricht). Dies signalisiert m.E. die „Pädagogik zu Pferd und zu Fuß"-Haltung, indem die Wissenschaftlerin oder der Wissenschaftler die effektive Interpretationsmacht behält. In der Anerkennung der, für die pädagogische Praxis *mindestens* ebenso relevanten, Subjektiven Theorien von Lehrerinnen und Lehrern im Vergleich zu den wissenschaftlichen Theorien der Pädagogik liegt der erste Schritt auf dem Weg zu einer Theorie-Praxis-Vermittlung. Kommunikation und Kooperation im Forschungs- und Entwicklungsprozess sind die wesentlichen Voraussetzungen für eine Kultivierung und Optimierung pädagogischer Konzepte, denn in „der Selbstbeschreibung von „hier Wissenschaftler" und „da Praktiker" läge ein Verlust, ja ein Verzicht auf Dialog und Zusammenarbeit" (Roth 1994, 88). Deshalb wurde für die vorliegende Untersuchung eine abweichende Vorgehensweise im Forschungsprozess gewählt (siehe Kapitel 6.1.1).

5.1.2 *Epistemologisches Subjektmodell*

Das Menschenbild, auf dem die Erforschung subjektiver Theorien aufbaut (in: Groeben/Scheele 1977), ist eine Erweiterung des Subjektmodells von Kelly (1955) „*man the scientist*", der die Parallelität des Erkenntnisprozesses von Wissenschaftlerinnen und Wissenschaftlern und Alltagsmenschen entdeckte und in Forschung zu impliziten, subjektiven Erklärungstheorien transferierte, durch Groeben (1986). Grundlage ist ein Menschenbild, das menschliches Tun, im Gegensatz zum Behaviorismus, nicht als Verhalten, sondern als „aktives und kreatives Handeln" deutet (vgl. Krüger 1997). Das Erkenntnis-Objekt (Untersuchungspartner/in) ist genauso Mensch, wie das Erkenntnis-Subjekt (Forscherin), deshalb sind die selben Merkmale vorauszusetzen bzw. zuzulassen; wie Sprach- und Kommunikationsfähigkeit, Reflexivität, Potenzielle Rationalität und Handlungsfähigkeit im Sinne eines „epistemiologischen Subjektmodells" (nach Groeben/Scheele 1977, 22ff). Diese Merkmale werden als „positive Zieldimensionen konstruktiver Entwicklungsmöglichkeiten des Menschen postuliert" (Schlee 1988,16), denn die Kernannahmen des Epistemologischen Subjektmodells konzipieren den Menschen in Parallelität zum Selbstbild der Wissenschaftlerin oder des Wissenschaftlers, wie diese „wird er als Theoriekonstrukteur und Theoriebenutzer gesehen" (ebd., 16). Der Mensch muss, ausgehend von anthropologischen Kernannahmen, als „kognitiv konstruierendes Subjekt" (Schlee 1988, 13) in seinem Alltag anerkannt werden. Er verwirft, gleichsam der wissenschaftlichen Theoretikerinnen und Theoretiker, Hypothesen, entwickelt Konzepte und kognitive Schemata und sein Handeln wird von internen Prozessen und Strukturen gesteuert (vgl. ebd.).

Unter Rückgriff auf die Subjektiven Theorien wird die Intentionalität der Alltagshandlungen der Untersuchungspartnerinnen und -partner in eigens dafür entwickelten Verfahren der kommunikativen Validierung rekonstruiert und anhand der „interpretative[n] Selbstbeschreibung der agierenden Person in Bezug auf ihre Handlungsabsicht und ihr angestrebtes Handlungsziel" (Marsal 1997) offengelegt. Die Handelnden erhalten dadurch selbst die Möglichkeit der Zuschreibung von Bedeutungen, der Konstruktion von Sinn und verfolgen selbsttätig verborgene Absichten im eigenen Handeln. Somit sind sie nicht nur Beteiligte, sondern vielmehr aktive und gleichberechtigte Partnerinnen und -partner im Forschungsprozess.

5.1.3 Dialog-Konsens-Verfahren: Heidelberger Struktur-Lege-Technik

In den 80er Jahren entstanden im Rahmen des Forschungsprogramms Subjektive Theorien (Dann et al. 1982; Groeben et al. 1988 u.a.) die Dialog-Konsens-Verfahren, die das Grundanliegen der Hermeneutik aufgriffen, „die Sinn- und Verstehensdimension wieder in den Forschungsprozess zu integrieren" (Marsal 1997)[152]. Basierend auf der Annahme, dass die Wirklichkeit nur als eine interpretierte bzw. konstruierte vorkommt (vgl. Radtke 1995) „ist Forschung über soziales Handeln verwiesen auf kommunikative Verfahren der Verständigungssicherung" (ebd., 392). Damit die hochkomplexen, subjektiv-theoretischen Annahmen des Motiv- und Überzeugungssystems des Handelnden vom Wissenschaftler adäquat verstanden werden können, ist der überwiegende Anteil der Verfahren als Struktur-Lege-Techniken (bspw. die konsensuale Ziel-Mittel-Argumentation, die kommunikative Flussdiagramm-Beschreibung oder die Heidelberger-Struktur-Lege-Technik) konzipiert. Die

---

[152] Ausführlichere Hinweise zu den methodologischen Zielperspektiven der kommunikativen Validierung in: Groeben et al. 1988.

Abbildung der Subjektiven Theoriestruktur durch Forschende und Handelnde erfolgt in einem Dialog-Konsens, welcher in einem sprachlichen Schnittfeld von Alltagssprache und wissenschaftlicher Beobachtungssprache erfolgen sollte. Das eröffnet „die (zumindest potenzielle) Verpflichtung, sich mit dem Dialogpartner über die Inhalte auseinanderzusetzen, Widersprüche auszuräumen und Lücken zu füllen" (Birkhan 1992, 256). Grundlage sind die Kriterien für die ideale Sprechsituation des Diskurses von Jürgen Habermas (1968; 1973), die in abgewandelter Form im Design der Dialog-Konsens-Methoden integriert sind (vgl. Marsal 1997) und unter der „Perspektive der herrschaftsfreien Kommunikation als fördernde Bedingung für die Explizierung der Subjektiven Theorien" (Dann 1992, 7) gewährleistet werden sollte.

Die definierenden und bestimmenden Merkmale für das Handeln sind: Intentionalität, Wirklichkeit, Sinnhaftigkeit, Situations- bzw. Kontextabhängigkeit, Ziel-, Normen- etc. Orientiertheit, Planung, Ablaufkontrolle (vgl. Groeben 1986, 71ff, 36ff). Da es jedoch nicht erwartet werden kann, „dass das Erkenntnis-Objekt ohne weiteres in der Lage ist, die Innenperspektive seines Handelns auf Anhieb präzise und umfassend zu beschreiben; [...] hat der Forschungsprozess fördernde Rahmenbedingungen bereitzustellen und zu realisieren" (Schlee 1987, 25). Dies erfolgt in der vorliegenden Studie mit Hilfe der Heidelberger Struktur-Lege-Technik. Die Funktion der Struktur-Lege-Techniken ist „gleichsam didaktischer Natur" (a.a.O.), sie veranschaulichen die Struktur der Subjektiven Theorien und ermöglichen so den Dialog zwischen Forschenden und Untersuchungspartnerinnen und -partnern auf der Grundlage der individuellen Subjektiven Theorie. Gemäß der methodischen Vorgaben werden jene, die Handlungsbeschreibung konstituierenden, Konzepte und Begriffe mit einem Interview erhoben und für die Rekonstruktion der Subjektiven Theorie aufbereitet (siehe Kapitel 6.1.4). Die zentralen Begriffe und Konzepte (Inhalte) aus den Interviews werden von den Forschenden extrahiert und auf Karteikarten transferiert (weiße Karten für Begriffe und Konzepte, gelbe Karten für definitorische Begriffe, rote Karten für Konzepte die in einem Wirkungsverhältnis zu xy stehen)[153]. Mit diesen Begriffen und Konzepten werden die individuellen Untersuchungspartnerinnen und -partner in einem zweiten Gesprächstermin konfrontiert. Sie erhalten die Möglichkeit, ihre Aussagen und die Wiedergabe zu überprüfen, gegebenenfalls zu ändern oder zu revidieren. Nachdem ein Konsens über die Begriffe und Konzepte hergestellt wurde, werden sie gebeten, die Karten in eine Ordnung bzw.

---

153 Bei der Durchführung der vorliegenden Studie wurden nur weiße Karten (für Begriffe, Konzepte und definitorische Grundlagen) und rote Karten (für Einflussfaktoren, die außerhalb der schulischen Sphäre wirken oder die erst eingerichtet werden müssten) verwandt. Dies erfolgte einerseits, weil die Aussagen der LehrerInnen oftmals nicht eindeutig den verschiedenen Kategorien zugeordnet werden konnten und andererseits, weil in einer Vorabbefragung festgestellt wurde, dass sich die Komplexität des methodischen Verfahrens für die Befragten zu sehr erhöht.

Struktur zu bringen, die ihre persönlichen Handlungsintentionen verdeutlicht. Das Merkmal der Intentionalität hat bei der Explikation des Handlungskonzepts die zentrale, entscheidende Rolle, denn Handlungen sind „nicht als existierende Ereignisse aufzufassen, sondern höchstens als ‚gedeutete' Ereignisse bzw. noch konsequenter als Deutungen, d.h. sie sind Interpretationskonstrukte" (Lenk 1978, 345). Die Heidelberger Struktur-Lege-Technik dient dazu, die Relationsstrukturen zwischen den Konzepten und Begriffen abzubilden. Die Strukturabbildung erfolgt auf der Grundlage des Regelwerkes für die Struktur-Lege-Technik. Mit Hilfe von kleineren rechteckigen Karten stellen die Untersuchungspartnerinnen und -partner, unter Anleitung der Forscherin oder des Forschers, die formalen Relationen und Strukturen zwischen den Begriffen und Konzepten dar[154]. Dieses erfolgt nach den Regeln der Heidelberger Struktur-Lege-Technik (siehe Abb. 7).

Abbildung 7: Regelwerk der SLT – Heidelberger Struktur-Legetechnik

Regelwerk der Heidelberger Struktur-Lege-Technik
(1) Beziehungen der definitorischen Festlegung

(a.)

Steht für: X ist gleichzusetzen mit Y bzw. X ist definitorisch identisch mit Y.
(b.)

Steht für Unterkategorien zu einem Begriff, der in Bezug auf diese Kategorien Oberbegriff ist.

(c.)

Das Nebeneinanderlegen von Kärtchen steht für und – Verbindungen.

(d.)

Das Untereinanderlegen von Kärtchen steht für oder – Verbindungen; zwei Möglichkeiten: a) oder im Sinne von „oder auch" – b) oder im Sinne von „entweder oder".

---

154 Die Vorgehensweise hat ähnliche Funktionen wie das von Altrichter/Posch (1994) vorgestellte *schriftliche Nachdenken* von LehrerInnen zur Selbstevaluation von Unterricht, die diese als kreativ-introspektive Methode bezeichnen. Sie dient ebenfalls der „Hebung unausgesprochenen inneren Wissens (das wir auf Grund unserer Handlungserfahrung zwar haben, über das wir im Normalfall nicht direkt und bewusst verfügen können)" (1994, 32).

(e.)

> Manifestation(en)

Steht für Manifestation(en) für den jeweiligen Begriff/das Konzept; dabei handelt es sich vor allem um Objekte, Ereignisse, Phänomene etc., die als Beispiele für das jeweilige Konzept in der Realität angesehen werden können.

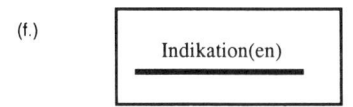

(f.)

> Indikation(en)

Steht für Indikator für die mit einem jeweiligen Begriff/Konzept gemeinten Objekte, Ereignisse, Phänomene etc.; signalisiert (z.B.: wie ein Symptom die Krankheit) das vorliegende gemeinte Objekt, ohne dieses selbst zu sein.

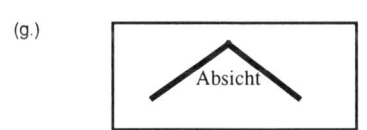

(g.)

> Absicht

Steht für Absicht, Intention einer Handlung = Ziel/Zweck, um dessentwillen eine Handlung ausgeführt wird (nicht eine Wirkung, die eintreten kann oder nicht, sondern das notwendig mit der Handlung Angezielte, ohne das man nicht von einer bzw. dieser bestimmten Handlung sprechen würde).

(h.)

> Voraussetzung

Steht für Voraussetzung(en), die bei der Rede von einer bestimmten Handlung notwendig mitbehauptet werden bzw. die einer Person bei einer Handlung notwendig impliziert/unterstellt werden (also nicht Voraussetzungen, von denen das Eintreten einer Handlung, eines Ereignisses etc. abhängt, sondern notwendig Vorausgesetztes).

(2.) Beziehungen im Bereich der Erklärungsstruktur

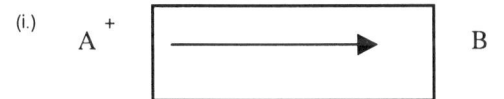

(i.) $A \xrightarrow{+} B$

Steht für A bewirkt B bzw. B hängt von A ab, und die Richtung ist positiv (je größer A desto größer B). Bewirken bedeutet nicht nur, dass A zeitlich B vorausgeht, sondern auch, dass es B verursacht.

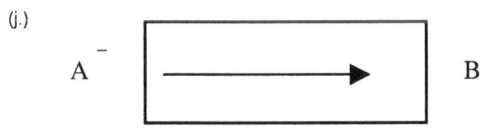

(j.) $A \xrightarrow{-} B$

Steht für A bewirkt B bzw. B hängt von A ab, und die Richtung ist negativ (je größer A desto kleiner B).

(k.) A [+ ⟵⟶] B

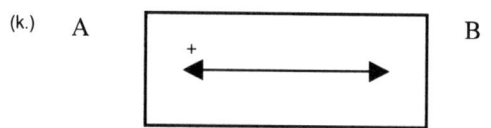

Steht für gegenseitige Abhängigkeit von A und B und die Richtung ist positiv (gleichsinnig); das heißt, es handelt sich um den einfachsten Fall einer sich aufschaukelnden Spirale (je mehr/größer A desto mehr/größer B desto mehr/größer A...).

(l.) A [− ⟵⟶] B

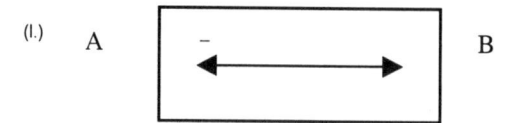

Steht für gegenseitige Abhängigkeit von A und B und die Richtung ist negativ (gegenläufig); d.h. es handelt sich um den einfachsten Fall eines Teufelskreises (je mehr/größer A desto weniger/kleiner B desto mehr/größer A...). [155]

Sollte ein weiterer Faktor C eine Rolle spielen, wird C zwischen A und B eingeordnet und folgende Zeichen verwandt:

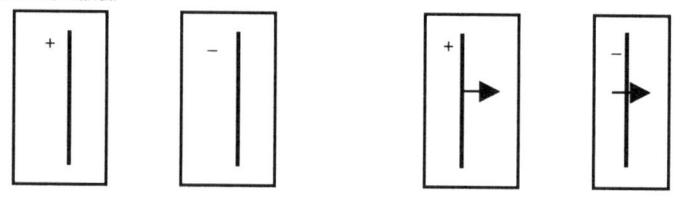

| + | | − | | + ⟶ | | − ⟶ |

Zwischen A und B gibt es einen Einfluss, der durch C verstärkt oder abgeschwächt wird.
Bspw.: Das Entdeckungslernen wird durch das Interesse der Schüler am Schulfach verstärkt und das verringert die Möglichkeit von Unterrichtsstörungen.

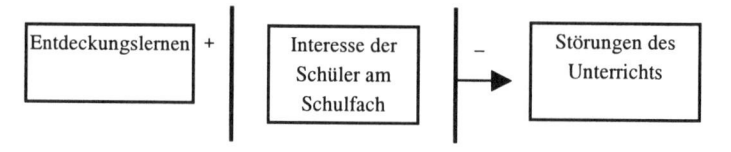

| Entdeckungslernen | + | Interesse der Schüler am Schulfach | − ⟶ | Störungen des Unterrichts |

---

155 Die Karten für kurvenlineare Abhängigkeiten wurden von den UntersuchungspartnerInnen nicht verwandt und werden deshalb hier nicht aufgeführt. Sie befinden sich der Übersicht halber jedoch im Leitfaden für die LehrerInnen im Anhang der Arbeit. Die im Regelwerk der SLT enthaltenen Relationskarten für Wechselwirkungen sind ebenfalls nicht aufgeführt, da sie für die Anwendung der Methode, auf Grund ihrer Bedeutungen, als zu komplex erachtet wurden (siehe Scheele 1988).

Nach erfolgter Strukturlegung wird die Strukturabbildung bei der üblichen Vorgehensweise mit einer Strukturabbildung zur Subjektiven Theorie durch die Forscherin oder den Forscher konfrontiert. Die Untersuchungspartnerinnen und -partner sollen ihre eigene Abbildung reflektieren und gegebenenfalls anpassen oder modifizieren. Ziel ist eine Strukturabbildung, die im gemeinsamen Konsens verabschiedet werden kann (siehe modifizierte Vorgehensweise in Kapitel 6.1.1). Die Strukturabbildung der Subjektiven Theorie wird kommunikativ validiert, indem man versucht, „sich der Gültigkeit einer Interpretation dadurch zu vergewissern, dass eine Einigung, resp. Übereinstimmung über die Interpretation zwischen Interviewten und Interpreten hergestellt wird" (Huber/Mandl 1982, 32; siehe auch in: Altrichter/Posch 1994). Hierbei geht es um die Validierung der Rekonstruktionsadäquanz und nicht um die Realitätsadäquanz[156] (vgl. Stössel/Scheele 1992). Der Dialog-Konsens über die gemeinsam erstellte Strukturabbildung stellt, über die spezifische adäquate Handlungsbeschreibung hinaus, immer auch eine Rekonstruktion (als Präzisierung und Explizierung alltagssprachlicher Annahmen) der jeweiligen Subjektiven Theorie dar. Die so rekonstruierte Handlungsbeschreibung ist eine intentionale und immer auch eine interpretative Beschreibung, das gilt sowohl für die Selbst- als auch für die Fremdbeschreibung[157]. Der Fremdbeobachter ist dabei nur in der Lage, nachträglich angenommene Relationsstrukturen zu der Handlung interpretativ zu beschreiben, wohingegen der Selbstbeobachter eine intentionale Handlungsbeschreibung liefern kann.

„Wie in allen anderen Fällen ist jedoch auch die mittels Kommunikativer Validierung erworbene ‚Sicherheit', eine höchst vorläufige, kann sich doch die Zustimmung zur Interpretation auch aus ungleicher Machtverteilung in der Gesprächssituation, aus von Interviewten und vom Interviewer geteilten kulturellen Vorurteilen usw. ergeben haben" (Altrichter/Posch 1994, 168).

Ursprünglich sieht die Methode eine explanative Validierung der Realitätsadäquanz und der Handlungsrelevanz der Subjektiven Theorie vor. Diese explanative Validierung ist im Forschungsprozess des Forschungsprogramms Subjektive Theorien der kommunikativen Validierung chronologisch nach – aber in der Wertigkeit der kommunikativen Validierung übergeordnet. Forschungsgegenstand der vorliegenden Studie ist es jedoch keineswegs, die Ursachen und Wirkungen der Lehrerhandlungen, sondern vielmehr die Gründe, Intentionen und Ziele der oder des Handelnden festzustellen. Durch die Modifizierung der Vorgehensweise (siehe Kapitel 6.1.1) in der vorliegenden Studie sollen die Effekte einer hierarchischen Beziehung zwischen Forscherin und Untersuchungspartnerinnen und -partnern und somit zwischen Theorie und Praxis vermieden und gleichsam der Gefahr einer kurzschlüssigen Übertra-

---

156 Die Validierung der Realitätsadäquanz erfolgt im Rahmen der explanativen Validierung (bspw. Beobachtungen).
157 Fremdbeschreibung ist die Termini für die durch die ForscherInnen gelegten Strukturabbildungen.

gung eigener Muster der Forscherin auf den Gegenstand, im Sinne einer „missplaced corectness" (Flick 1995), entgangen werden.

Die so erhobenen konkreten individuellen Subjektiven Theorien stellen die Grundlage für die weitere methodische Vorgehensweise dar. Von Interesse sind nicht nur die individuellen Theorien und spezifischen Einflussfaktoren, sondern auch die Frage, „ob bestimmte Teilgruppen von LehrerInnen vergleichbare Subjektive Theoriestrukturen" (Stössel/Scheele 1992, 336) haben, um welche es sich konkret handelt, und ob diese wiederum auf einen bestimmten Einflussfaktor oder eine spezifische Umfeldbedingung zurückzuführen sind. So werden in der vorliegenden Studie anschließend an die Rekonstruktion die individuellen Subjektiven Theorien zu übergreifenden, interindividuellen Modalstrukturen[158] zusammengefasst (vgl. a.a.O.). Bei der Zusammenfassung findet gleichsam der Inhalts- als auch der Strukturaspekt Berücksichtigung, denn zwei inhaltlich übereinstimmende subjektive Konstrukte bedeuten u.U. innerhalb einer Subjektiven Theorie etwas Unterschiedliches, wenn sie durch differente Relationsstrukturen verbunden sind.

5.2 Subjektive Theorien, Lehrerkognitionen und pädagogisches Handeln

Von Untersuchungen zu Subjektiven Theorien[159] von Lehrpersonen werden vorrangig Befunde erwartet, die eine genauere Beschreibung, eine zufrieden stellendere Erklärung und vor allem eine erfolgreichere Veränderung des beruflichen Alltagshandelns von Lehrerinnen und Lehrern ermöglichen sollen. Ein erheblicher Schwerpunkt der Analysen von Subjektiven Theorien in der Schule lag im Beginn der 80er Jahre und konzentrierte sich auf Wahrnehmungen, Konzeptionen und Handlungen von Lehrerinnen und Lehrern im pädagogischen Alltag. Es liegen vielfältige Untersuchungen[160] zum Umgang mit Unterrichtsstörungen vor, wie bspw. subjektive Situationsdefinitionen und Aggressionsbegriffe von Lehrpersonen (Humpert et al. 1983), Schülerverhalten aus Lehrersicht (bspw. v. Engelhardt 1979; Humpert/Tennstädt/Dann

---

158 Die methodische Umsetzung wird von Stössel/Scheele 1992 als Desiderat für die weitere Entwicklung des Forschungsprogramms Subjektive Theorie gewertet. Ein a.a.O. referiertes Vorgehen von Stössel (1989) im Rahmen einer Untersuchung zu Subjektiven Theorien von PatientInnen mit Morbus Crohn und Colitis ulcerosa über ihre Krankheit diente als Grundlage für die eigene Vorgehensweise.
159 Auch: Naive Theorien oder Alltagstheorien, Lehrerkognitionen, Subjektive Sichtweisen oder Implizite Theorien.
160 Die Aufzählung erhebt nicht den Anspruch der Vollständigkeit, sondern soll vielmehr die langjährige Tradition und die Vielfältigkeit der Forschungsansätze im Forschungsprogramm Subjektive Theorien aufzeigen.

1983), Alltagstheorien über aggressives Verhalten (bspw. Langfeldt/Kratzer 1994) oder Verhaltensauffälligkeiten (Thommen 1985), Denk- und Handlungsmodelle im Umgang mit Konfliktsituationen im Unterricht (Palmowski 1996), Handlungswirksamkeit von Subjektiven Theorien bei Unterrichtsstörungen und aggressionshaltigen Unterrichtssituationen (Dann 1987, 1988) oder dem Subjektiven Erleben von Gewalt (Drexelius et al. 1995). Subjektive Theorien zu Ursachenerklärungen von Schülerleistungen (bspw. Mietzel 1982; Schmied 1983) oder zur Leistungsbeurteilung von Schülerinnen und Schülern (bspw. im Sonderschulbereich von Baumeister 1986) wurden ebenfalls auf der Basis dieses Forschungsprogramms erhoben. Der Gegenstand der vorliegenden Untersuchung, die Unterrichtsplanung und -durchführung, wurden ebenfalls, wenn auch mit einem anderen Fokus, thematisiert; bspw.: Subjektive didaktische Theorien (Koch-Priewe 1986), Implizite Theorien zum Kooperativen Lernen (Brody 1993) sowie Wertesysteme oder Kognitionen von Fachunterrichtslehrerinnen und -lehrern (bspw. Tietze 1990, Hart 1992).

Die Forschungsergebnisse dienten vorrangig der Frage nach der Handlungsrelevanz der Subjektiven Theorien im Berufsalltag (Wahl 1984), denn „je überzeugter eine Person von bestimmten Wissensinhalten über sich und Teile der Welt ist, umso wahrscheinlicher wird sie diese Inhalte auch als Maxime ihres Handelns ansehen" (Birkhan 1992, 256) und folglich lag der Schwerpunkt in der Regel auf der explanativen Validierung. Im Zusammenhang mit der Integration von Kindern mit besonderen Bedürfnissen liegen u.a. Arbeiten zur Erklärung von Fördereffekten in Schulklassen durch Merkmale Subjektiver Unterrichtstheorien ihrer Lehrer (Treiber 1980) sowie zum Transfer von wissenschaftlichen Theorien oder Fortbildungsinhalten in den Berufsalltag (Mutzeck 1987, 1988) vor. Erst relativ kurzzeitig wird die Bedeutung für die kollegiale Beratung oder Supervision (Schlee 1994) erkannt.

Im Bereich der Integrationspädagogik bzw. des Gemeinsamen Unterrichts sind der Verfasserin lediglich die Arbeiten von Theis (1992), Thümmel (1992) und Theiss-Scholz (1997) bekannt, die sich mit den Subjektiven Theorien und den Handlungsorientierungen von Grund- und Sonderschullehrerinnen und -lehrern zur Integration lernbeeinträchtigter Schülerinnen und Schüler in die Grundschule befassen (ausführlicher in Kapitel 2.4).

5.2.1 Handlungstheoretische Grundlagen

Untersuchungsgegenstand im Forschungsprogramm Subjektive Theorien ist die intentionale Handlung, d.h. der individuelle Sinnzusammenhang und nicht das objektiv zu beobachtende Verhalten der Untersuchungspartnerinnen und -partner. Die Beobachtung, Interpretation und Bewertung des Verhaltens und Handelns der Personen würde die Herstellung einer objektiven Situation erfordern, was bei der Unterrichtsorganisation von Lehrerinnen und Lehrern nicht möglich ist (vgl. Eberwein 2000). Ausgehend von den zuvor dargestellten Grundannahmen des Forschungsprogramms Subjektive Theorien basiert die Arbeit auf der These, dass Lehrerinnen und Lehrer über ein sehr individuell ausgeprägtes, von diversen Faktoren beeinflusstes, Handlungsrepertoire in Bezug auf die Integration von Schülerinnen und Schülern türkischer und kurdischer Herkunft verfügen.

Groeben/Scheele (1988a) gehen grundlegend von einem didaktischen Verhaltens-Automatismus von Lehrerinnen und Lehrern aus und prognostizieren, dass die bei der Entstehung entwickelte Subjektive Theorie im aktuellen Vollzug, bedingt durch eine Automatisierung, nicht relevant sein wird.

„Aber die Subjektive Theorie ist (u.U.) die zentrale Antezedenzbedingung bei der Genese der Handlungsweise gewesen, die durch den Automatismus zu einer Verhaltensweise wird. [...] Es gibt Automatismen, die im Extremfall auch gegen kognitive Einsichten ablaufen, und solche, die sich ohne (aktualisierbare/rekonstruierbare) kognitive Einsichten vollziehen; für diese wird vom FST kein Lösungs- bzw. Erklärungsanspruch erhoben. Es gibt aber auch automatische bzw. „routinisierte" Verhaltensweisen, die sozusagen „abgesunkene" Handlungen sind, für die zum Entstehungszeitpunkt Subjektive Theorien relevant waren; und schließlich solche Verhaltensweisen/Handlungen, bei denen ein „automatisches" Eingeschliffensein gleichzeitig mit der (eingeschliffenen oder einzuschleifenden) Steuerung durch kognitive Wissensstrukturen vorliegt" (ebd., 39).

Generell kann zwischen einer aktuellen und einer genetischen Relevanz der Subjektiven Theorie ausgegangen werden, und es kann nicht ausgeschlossen werden, dass diese auch einen Einfluss auf automatisch ablaufende Prozesse haben. Handlungen sind vielschichtig motiviert und begründet und „Handeln lässt sich auf verschiedenen Ebenen denken, so dass Handlungen einen unterschiedlichen Grad an Konkretion bzw. Abstraktion haben können" (Schlee 1988, 13). So lassen sich die Handlungen *Unterrichtsplanung in Bezug auf kulturelle Heterogenität* und *spezifisches Material dazu beschaffen* als Teilhandlungen zu der übergeordneten Handlung *Schülerinnen und Schüler nichtdeutscher Muttersprache in den Unterricht integrieren* verstehen. Der Sinn und die Absichtlichkeit (Intentionalität) der Handlung ergibt sich aus den Zusammenhängen zu der übergeordneten Handlung, deren Bedeutung und Intention (vgl. ebd.). Für das Verständnis der (Teil-) Handlungsbedeutung ist die jeweils übergeordnetere Handlung[161] und der Sinn, den ihr die handelnde Person vor einem situativen Kontext zuschreibt, entscheidend.

Ausgehend von der Annahme, dass unser Handeln sinnhaft und sozial (Max Weber) geschieht und wir dieses um bestimmte Themen herum konzentrieren, wird unser Alltagshandeln von Zielen geleitet, die in der Komplexität des Alltagsgeschehens nur mit Hilfe einer Leitdifferenz für unser Handeln (was ist wichtig, bzw. was ist nicht wichtig; was ist richtig, bzw. was ist nicht richtig; was ist bedeutsam...; was ist erreichbar ...) anzustreben erscheinen.

---

161 Im vorliegenden Fall: der Gemeinsame Unterricht in Integrationsklassen der Primarstufe.

„Handeln erscheint dann zeitlich, räumlich und inhaltlich *konzentriert*. Das bedeutet aber umgekehrt auch: zeitlich, räumlich und inhaltlich *begrenzt*. Bei genauer Betrachtung ist also die Begrenzung einer Handlungssituation eine logische Konsequenz der erforderlichen thematischen Konzentration. Sie erzwingt geradezu die *Setzung eines relativen Horizontes* und zieht damit eine situative Beschränkung nach sich, die sich dann als räumliche, zeitliche und inhaltliche Beschränkung darstellt" (Bukow 1999a, 39).

Auch den Handlungen im Zusammenhang mit der Unterrichtsplanung, Unterrichtsgestaltung und -durchführung der Lehrerinnen und Lehrer unterliegt ein bestimmter Fokus mit einer Leitdifferenz. Erfolgt die Unterrichtsorganisation und -leitung mit einer stark dominierenden Zielsetzung der Lehrerin oder des Lehrers bei der Planung[162], wird das Handeln durch die thematische Konzentration geleitet und eine Relevanzstruktur entwickelt. Das heißt, die thematische Konzentration zieht „durch die Fülle aller denkbaren Möglichkeiten gleichsam eine Schneise", und es wird nur ein geringer Teil dessen, was möglich wäre, „tatsächlich für das eigene Vorhaben realisiert und in den Entwurf des gewollten Handelns" einbezogen (ebd., 40). Jegliche Abweichungen vom Erwarteten erscheinen automatisiert als irrelevant und werden nicht in die Handlungsperspektiven eingebracht.

„In diesem Fall wird der gewohnheitsmäßige Erwartungshorizont fraglich, scheint eine Prüfung der Angelegenheit angebracht. Dann bedarf es bestimmter Ordnungsmaßnahmen, Anpassungsstrategien, Verfahren der Abklärung. Je nach den Vorerwartungen gegenüber dem zu prüfenden Sachverhalt werden diese entweder positiv, negativ oder offen bzw. testend angelegt. Besonders beliebt sind in diesem Zusammenhang erfahrungsgemäß Rituale. Sie machen es in jedem Fall leichter, solche Anpassung zu organisieren und hinreichend schnell zu einem Ergebnis zu gelangen" (Bukow 1999a, 40).

Die Abweichungen von den ursprünglichen Erwartungen werden als fremd wahrgenommen und definiert. Daraus resultiert, dass das Fremde nicht aus sich selbst heraus fremd ist und auch nicht dauerhaft fremd bleiben muss, vielmehr ist es vom situativen Kontext und der individuellen Relevanzstruktur der Handelnden abhängig. Das bedeutet, dass sich die Thematik der Situation „gewissermaßen negativ-reziprok in der Fremdheit" (ebd., 41) spiegelt.

Zur exemplarischen Erläuterung der Konsequenzen für die pädagogische Praxis wird auf die, bereits in Kapitel 2.4.1 dargestellten, konfliktträchtigen Differenzen in Bezug auf vermeintliche[163] ethnische Geschlechtsrollendefinitionen der muslimischen Familien zurückgegriffen. Die Geschlechtsrollenstereotype der Lehrerinnen und Lehrer über türkische Schülerinnen und Schüler veranlassen diese, die Kinder und ihr Verhalten durch einen bestimmten

---

162 Bspw. stringente Orientierung am Lehr- und Rahmenplan oder an der Integration der Kinder mit sonderpädagogischem Förderbedarf.
163 Oftmals werden die Geschlechtsrollendifferenzen von beiden beteiligten Kommunikationsparteien angenommen, ohne dass eine Prüfung der tatsächlichen Deutungsmuster erfolgt wäre. So besteht durchaus auch die Möglichkeit, dass die deutschen LehrerInnen, entgegen der Annahme der emanzipatorischen Lebensführung von Frauen in der deutschen Gesellschaft, nicht in einer gleichberechtigten Partnerschaft leben.

Fokus wahrzunehmen und entsprechend ihrer eigenen (emanzipatorischen) Erziehungsmuster zu reagieren und zu handeln. Da diese Geschlechtsrollenstereotype auf einer polarisierten Interpretationsbasis von „Traditionalität und Modernität" (Hamburger 1998) beruhen, entsteht eine Leitdifferenz zwischen den als *adäquat* eingestuften emanzipatorischen und denen als *unadäquat* eingestuften und angepasst deklarierten Verhaltensweisen von Mädchen. Dies lässt vermuten, dass gleiche Verhaltensweisen von Personen verschiedener Ethnien[164] differenziert wahrgenommen, gedeutet und beurteilt werden. So lassen sich variierende Handlungsweisen von Lehrerinnen und Lehrern im Umgang mit Kindern ethnischer Minderheiten erklären. Dieser „Gebrauch der Fremdheit" hat nach Bukow eine ganz besondere Pointe:

„Das Fremde wird ohne Rücksicht auf die konkrete Situation und damit automatisch ohne Prüfung dessen, was jenseits des Horizontes überhaupt vorliegt, für eine Auseinandersetzung innerhalb einer Situation instrumentalisiert (1999 a, 47)"... „und der „Fremdheitsdiskurs wird damit zu einem Bestandteil eines kulturrassistischen Diskurses" (Bukow 1994, 52).

In der postmodernen Gesellschaft kommt es zu mehr Abgrenzungen und dadurch zu mehr „Fremdheitsbeschreibungen", da der „Alltag zunehmend formal strukturiert, also nach technischen, rechtlichen, ökonomischen und anderen, eben systemischen Gesichtspunkten ausgestaltet" (Bukow 1999, 43) wird. Dies bezieht sich keinesfalls nur auf ethnische, kulturelle oder sprachliche Fakten, sondern gilt gleichsam für das differente Lern- und Sozialverhalten, die unterschiedlichen sozialen und lebensweltlichen Erfahrungen oder emotionalen Zugänge von Kindern und Jugendlichen. Das Handeln muss in Anbetracht der Komplexität des Unterrichts und der gleichzeitig ansteigenden Vielfalt im Schulleben stärker formalisiert werden. Das führt zu einer Bedeutungsverlagerung von Fremdheit, die u.U. in der Konsequenz tendenziell negativer beurteilt wird.

Ist jedoch das Fremde oder das Anderssein nicht aus sich selbst heraus fremd oder anders, sondern von einem situativen Kontext und der individuellen Relevanzstruktur der in ihm Handelnden abhängig, so wären positive Aspekte der mit Gemeinsamem Unterricht verbundenen Zielsetzungen denkbar. Der Frage, inwiefern die erweiterte Relevanz der Akzeptanz von Heterogenität und des Umgangs mit Vielfältigkeiten im Gemeinsamen Unterricht auch in Bezug auf ethnische, sprachliche oder kulturelle Differenz wirksam sind, soll mit der vorliegenden Studie nachgegangen werden.

---

164 Bspw. ein angepasstes und die eigene Person unterordnendes Kommunikations- und Interaktionsverhalten. Für ein deutsches Mädchen wäre dies u.U. ein angenehmes und positiv sanktioniertes Verhalten, wohingegen ein Mädchen türkischer Herkunft an gleicher Stelle auf die Möglichkeiten eines emanzipatorischen Verhaltens verwiesen wird.

5.2.3 Handlungssteuernde Funktionen von Subjektiven Theorien

Bei der Rekonstruktion der handlungsleitenden Intentionen sowie bei der Evaluation der Handlungseffekte wird unterschieden in *angestrebtes Handlungsergebnis* und *unbeeinflusste Handlungsfolge*. Die im Rahmen des Dialog-Konsens-Verfahrens rekonstruierte Subjektive Theorie bezieht sich inhaltlich vorwiegend auf die Gründe und Wirkungen der Handlungen. Den Handlungsorientierungen und Leitdifferenzen liegt ein praxisrelevantes Motiv- und Überzeugungssystem zu Grunde. Das so konstituierte Handlungswissen ist in der Regel unausgesprochen, implizit in den Mustern des Handelns jedoch enthalten (vgl. Altrichter/Posch 1994).

„Charakteristisch für diese Art des Wissens ist, dass in ihm nicht zwischen Denken und Handeln getrennt wird (es gibt geschickte praktische Handlungen, die nicht vorher durch intellektuelle Operationen geplant und vorbereitet werden), dass sich der Handelnde oft nicht bewusst ist, wo und wie er dieses Wissen erworben hat, und dass der Handelnde üblicherweise nicht ohne weiteres in der Lage ist, dieses Wissen verbal zu beschreiben. Und doch können die Handlungen nicht ohne Wissen erfolgt sein. Die Geschicktheit, Situationsangemessenheit und (flexible) Regelhaftigkeit solchen Handelns lässt auf eine - vorderhand unausgesprochene- Wissensbasis schließen: Wir wissen mehr, als wir auszusprechen vermögen" (ebd., 263).

Altrichter u. Posch unterscheiden drei Handlungstypen: I. Handlung auf der Basis unausgesprochenen Wissens, II. Reflexion in der Handlung und III. Reflexion über die Handlung. Der Handlungstyp I bezieht sich vorrangig auf Routinen im Handeln, die auf unausgesprochenem Wissen basieren. Dieser Typus kann aus dem Kanon des „professionellen Lehrerhandelns" nicht ausgeschlossen werden, denn „es ist die typische Organisationsform des Handelns in durch Erfahrung gemachten, störungsfreien Situationen" (ebd., 264). Bei Handlungsproblemen genügt das unausgesprochene Wissen-in-der-Handlung nicht mehr und Reflexion in der Handlung wird erforderlich. Die Reflexion-in-der-Handlung beginnt mit dem Erleben einer Diskrepanz zwischen den Handlungserwartungen und den realen Situationen, die eigene Aktion wird reflektiert und aus der Reflexion die zu Grunde liegende praktische Theorie[165] erarbeitet. „Deren Realisierung wird wiederum ausgewertet und die dabei gemachten Erfahrungen werden zur Weiterentwicklung der praktischen Theorie genutzt usw." (ebd., 267). Die Reflexion-über-die-Handlung, Handlungstyp III, ist ein konstituierender Bestandteil professioneller Kompetenz. Dieser Typ kommt in der alltäglichen schulischen Praxis häufig zu kurz. Angebote der begleiteten oder kooperativen Formen der Reflexion, wie bspw. Supervision, werden Lehrerinnen und Lehrern noch nicht ausreichend institutionalisiert zugängig gemacht bzw. nicht ausreichend frequentiert. Dabei sind Subjektive Theorien unbestritten handlungs- und praxisrelevant.

---

165 Oder auch Subjektive Theorie.

„Praxis ist nicht nur die reale Umsetzung, sondern bereits die reflektierte und interpersonal verantwortete, somit theoretische Handlungsorientierung – nichts anderes steht hinter dem Schlagwort der Praxisrelevanz" (Roth 1994, 89).

Die Rekonstruktion des Handlungswissens von Lehrerinnen und Lehrern, die Darstellung und Kommunikation der Einsichten und des Lehrerwissens erhöht die Qualität der Reflexion über Praxis, stärkt das berufliche Selbstbewusstsein und ermöglicht bildungspolitische Einflussnahme. Durch den Einsatz des rekonstruierten Handlungswissens in Lehreraus- und -fortbildung könnte der praxiserfahrenen Berufsgruppe der Lehrerinnen und Lehrer eine aktivere Rolle bei der Heranbildung beruflichen Nachwuchses ermöglicht und dadurch die Chance eröffnet werden, die berufliche Autonomie zu erweitern (vgl. Altrichter/Posch 1994).

5.2.4 Modifikation Subjektiver Theorien

Die Ziele der Ermittlung der Subjektiven Theorien sind vielfältig. Zu allermeist jedoch geht es darum, Explikationen für ein bestimmtes Verhalten zu eruieren mit dem Ziel, Prognosen für das zukünftige Handeln zu erhalten und eventuell Veränderungsprozesse zu initiieren. Die Auseinandersetzung mit Subjektiven Theorien in der Schul- und Unterrichtsforschung kann durch die kooperative Zusammenarbeit von Forschenden und Lehrerinnen oder Lehrern, Pädagoginnen oder Pädagogen Anregungen zur pädagogischen Reflexion geben und dadurch einen Beitrag zur Lösung von Alltagsproblemen der Schulpraxis leisten. Schlussfolgerungen aus der Analyse der Subjektiven Theorien dürfen jedoch nicht, wie gelegentlich bereits erfolgt (vgl. Eberwein 1995), ausschließlich zur Erhöhung der Anteile wissenschaftlicher Theoriekonzepte an den Alltagstheorien verwandt werden. Auch wissenschaftliche Theorien bedürfen einer praxisorientierten Evaluation, Assimilation und Reformation. Die kontinuierliche Evaluation der Effektivität von Lehrerbildung und eine dementsprechende stetige Reformation der Aus- und Fortbildungskonzepte, sowie der vermittelten pädagogischen und didaktisch-methodischen Theorien, kann nur im Zusammenwirken von Theorie und Praxis erfolgen. Die Voraussetzung dafür ist gegenseitige Akzeptanz, Anerkennung und Dialog der spezifischen Kompetenzen.

„Jeder Mensch, so der Grundtenor bei Groeben, Kelly et al., ist Konstrukteur seiner Welt- und Selbstsicht. Oft, wahrscheinlich sogar meistens, wird uns gar nicht klar sein, warum wir in bestimmten Situationen auf unsere spezifische Art und Weise denken und handeln, unsere Subjektiven Theorien sind uns nicht bewusst" (Lummer 1994, 45).

Die positiven Aspekte der Selbstreflexion im Rahmen einer, des Forschungsprogramms zur Erfassung Subjektiver Theorien angewandten Methoden (wie die Interview und Legetechnik ILKHA oder die angewandte Heidelberger Struktur-Lege-Technik SLT nach Groeben/Scheele), sollten nicht nur zur Modifikation oder Anpassung der Subjektiven Theorien von Lehrerinnen und Lehrern, sondern vielmehr zur Entwicklung einer innovativen professionellen Weiterentwicklung innerhalb des Systems Schule genutzt werden. Die Vermittlung von wissenschaftlichen, häufig praxisfernen Theorien kann durchaus sinnvoll sein, aber „es dabei weitgehend zu belassen, erscheint unverantwortlich" (Eberwein 1995 b, 13).

Klein (1999) beschreibt die Möglichkeiten einer Rekonstruktion der Subjektivität durch reflexive Besinnung. Er sieht in dem „Erinnern an sich selbst" einen Grundbaustein für die Erzieherausbildung, denn um die Subjektivität der eigenen Erfahrungen und des eigenen Handelns sowie die Subjektivität der Lerngeschichten der Schülerinnen und Schüler erfassen zu können,

„wird es darauf ankommen, die gegenwärtige Praxis als Teil der vergangenen Praxis zu verstehen, aber auch die vergangene Praxis aus der gegenwärtigen Praxis heraus in einem Sinnzusammenhang wahrnehmen zu lernen. Stets geht es bei dieser arbeits- und aufgabenbezogenen Erinnerungsarbeit um das Erkunden und Deuten von Lebens- und Lernzusammenhängen. Wir treten hier zum Vergangenen und Gegenwärtigen in Beziehung und dadurch konstituieren wir Sinn und gewinnen so Bedeutsames für unser erzieherisches Handeln" (Klein 1999, 68).

Diese im Sinne von Klein, biografische Erinnerungsarbeit zu den Entwicklungen des eigenen professionellen Handelns gilt gleichsam für die Erinnerungsarbeit bei der Rekonstruktion der Subjektiven Theorie im Rahmen eines Dialog-Konsens-Verfahrens. Dadurch, dass die Untersuchungspartnerinnen und -partner im Rekonstruktionsprozess für einzelne Handlungen die jeweiligen Intentionen (Absichten) angeben, sind in der „Intentionalität oder Absichtlichkeit die Aspekte der willkürlichen Wahl der Handlung, der Zielorientiertheit etc. mitenthalten" (Scheele 1988, 5). Somit handelt es sich bei den Lehrerinnen und Lehrern um „Alltagspsychologen" (a.a.O.), die sich intensiv mit ihrem eigenen Handeln auseinander setzen. Dabei geht es um die Selbsterkenntnis (Groeben et al. 1988, 21) und das „Sich-selbst-verstehen", welches eine Voraussetzung für das Verstehen des Anderen aus seiner Perspektive ist (Klein 1999).

Wenn Lernhilfe durch Lehrerinnen und Lehrer gelingen soll, so haben sie „die Lerngeschichten so weit wie möglich in ihrer Subjektivität zu verstehen und zu deuten" (ebd. 73). Die Reflexion der Handlungssituation und der lernfördernden Implikationen auf einer Metaebene (im Dialog-Konsens-Verfahren) ermöglicht der/dem Lehrenden Erkenntnisse über ihre/seine Handlungsintentionen und die Effektivität der diesbezüglichen Innovationen. Durch das Einnehmen einer Metaebene wird es den Lehrerinnen und Lehrern zudem erleichtert, die eigenen Handlungen auch aus der Perspektive der/des Lernenden wahrnehmen zu können. Durch die selbsttätige Entdeckung von bspw. Widersprüchen oder Versäumnissen wird der sein Handeln reflektierende angeregt, selbst konstruktiv an Lösungen zu arbeiten, ohne dass eine Modifikation durch Dritte erfolgen müsste. Die „positiven Entwicklungsmöglichkeiten der AlltagstheoretikerInnen" dürfen nach Dann (1992) nicht unterschätzt werden, vielmehr sollen sie im Rahmen des Forschungsvorhabens gerade konstruktiv gefördert werden.

6 Methodische Vorgehensweise

6.1 Forschungsinstrumentarium – Datenerhebungsverfahren

Ausgehend von der Annahme, dass Lehrerinnen und Lehrer über sehr heterogen ausgeprägte, in der Regel implizite, unbewusste Handlungsintentionen und Subjektive Theorien zur gemeinsamen Beschulung von deutschen sowie türkischen und kurdischen Kindern verfügen, sollen diese mit den Möglichkeiten eines dialog-hermeneutischen Verfahrens rekonstruiert werden. Da es sich bei dem Untersuchungsgegenstand, den Subjektiven Theorien zum Unterricht mit türkischen und kurdischen Schülerinnen und Schülern, um Subjektive Theorien mittlerer Reichweite handelt, wurde für deren Ermittlung die Methode der „Heidelberger-Struktur-Lege-Technik (SLT)"[166] gewählt (Kapitel 5.1.3). Eines der wichtigsten methodischen Prinzipien der SLT ist, die Erhebung der Inhalte der subjektiven Theorien (Leitfadeninterview) von der Ermittlung ihrer Struktur (Rekonstruktionssitzung) zu trennen. Dazu wurden je zwei Termine mit den für die Befragung rekrutierten Lehrerinnen und Lehrern vereinbart. Beim ersten Interviewtermin wurden die Untersuchungspartnerinnen und -partner mit Hilfe eines Leitfadeninterviews (Kapitel 6.1.4) durch die Forscherin zu ihren konkreten Handlungen und Handlungsintentionen im Kontext des Unterrichts in heterogenen Lerngruppen mit türkischen und kurdischen Schülerinnen und Schülern befragt. Handlungen sind nach Lenk (1978) nicht einfach existierende und beobachtbare Ereignisse, sondern als deutend-interpretative Beschreibungen nur aus der Innenperspektive des Handelnden zu verstehen. Im Sinne der dialog-hermeneutischen Methode geht es in der vorliegenden Untersuchung „um die verstehende Beschreibung von Handlungen nicht aus der Perspektive eines außenstehenden Beobachters, sondern aus der Sicht der handelnden Person" (Scheele 1992, 2), also um die „Innen-Sicht" der involvierten Lehrerinnen und Lehrer. Durch die Nacherzählung von Handlungsabläufen aus dem pädagogischen Alltag und der dialogischen Reflexion der individuell zu Grunde liegenden handlungsleitenden Konzepte und Strukturen soll es ermöglicht werden, die impliziten Intentionen bewusst zu machen und in einer Struktur abzubilden (Kapitel 6.1.4).

---

166 Im Folgenden SLT.

6.1.1 Anpassung des Verfahrens und Methodenkombination

Die Forschungsmethodik basiert auf einer Kombination von quantitativen und qualitativen Methoden, die in zahlreichen aktuellen Veröffentlichungen zur Forschungsmethodologie in den Erziehungswissenschaften legitimiert wird (vgl. Eberwein 1995). Die Erhebung der Umfeldbedingungen durch ein zyklisches Vorgehen zur Annäherung an den Forschungsgegenstand, im Sinne einer ökosystemischen Zugangsweise zur Fragestellung der Untersuchung, erfolgte u.a. mit Hilfe der Literaturanalyse, der Statistischen Datenanalysen und der Fragebogenerhebungen (siehe Abbildung 8 zum Forschungsdesign).

Die Analyse der Situation von Kindern aus Migrantenfamilien türkischer Herkunft mit und ohne Behinderungen im deutschen Bildungswesen erfolgte, begrenzt auf die für die Fragestellung sondierten Aspekte, anhand der Auswertung statistischen und demografischen Materials zur Bildungsbeteiligung. Dazu wurden offizielle Daten des Kultusministeriums, des Landesschulamtes Berlin, der zuständigen Schulräte des Bezirkes Kreuzberg ebenso wie sekundärstatistische Erhebungen im Rahmen von einschlägigen Gutachten und Veröffentlichungen herangezogen (Kapitel 3.1.1).

Ein persönliches Vorgespräch mit den Schulleiterinnen und Schulleitern der für die Untersuchung ausgewählten Grundschulen im Bezirk Kreuzberg, ergänzt durch eine Fragebogenerhebung, wurde zur Erstellung von Schulporträts (Kapitel 6.2.4) durch die Darstellung der spezifischen Situation der Schulen, vor dem Hintergrund pädagogischer Konzepte und differenter Einzugsgebiete, herangezogen. Um die individuellen Rahmenbedingungen in den Lerngruppen zu ermitteln, wurden die für die Analyse der Subjektiven Theorien ausgewählten Untersuchungspartnerinnen und -partner vorab mit Hilfe eines standardisierten Fragebogens zur Klassensituation befragt (Fragebogen im Anhang I).

Zur Evaluation der Subjektiven Theorien der Lehrerinnen und Lehrer[167] zur Unterrichtung von türkischen und kurdischen Kindern im Gemeinsamen Unterricht in Primarstufenklassen wurde als Befragungsform ein problemzentriertes Leitfadeninterview mit dem Ziel angewandt, den befragten Lehrerinnen und Lehrern einen möglichst großen Spielraum zur Einbringung ihrer individuellen Sichtweisen einzuräumen (vgl. Atteslander 1984). Nach dem ersten Interviewtermin erhielten die Untersuchungspartnerinnen und -partner einen spezifisch angepassten Leitfaden zum Regelwerk der Heidelberger Struktur-Lege-Technik (siehe Leitfaden zur SLT[168] im Anhang), um sich bis zur Rekonstruktionssitzung annähernd mit der Methode der Heidelberger-Struktur-Legetechnik vertraut zu machen. Die Erläuterungen zur Anwendungsweise und zu den Bedeutungen der Relationskarten für den Sinnzu-

---

167 Im Folgenden auch Untersuchungspartnerinnen und -partner.
168 Struktur-Lege-Technik.

sammenhang der Subjektiven Theorie wurden individuell vor dem Hintergrund der zentralen Fragestellung durch Beispiele zur Unterrichtsplanung und -organisation ergänzt. Die Auswahl der Relationskarten erfolgte orientiert an den angenommenen Beziehungsstrukturen und zur besseren Vorstellung von einer gelegten Struktur wurde der erstellte Leitfaden durch eine Abbildung zur Funktion von „Ironie"[169] (Groeben/Scheele 1988) ergänzt.

Die Rekonstruktion der Argumentationsstruktur für das zuvor beschriebene Handeln erfolgte dann im Rahmen der SLT durch die Lehrerinnen und Lehrer im Verlauf der Rekonstruktionssitzung. Dieser Termin fand gemäß der methodischen Vorgaben im Verlauf der zweiten Woche nach dem Interview zur Explikation der Konzepte statt. Einen Überblick über den hierarchischen Ablauf der einzelnen forschungsmethodischen Phasen bietet die folgende Abbildung.

Abbildung 8: Forschungsdesign

I. Analyse der ökosystemischen Zusammenhänge und Bedingungen

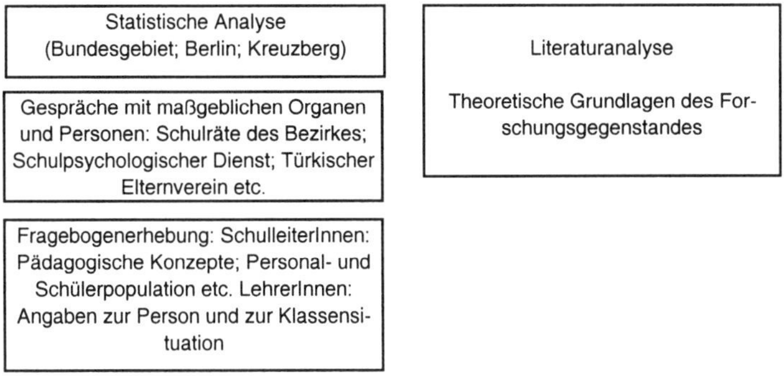

Statistische Analyse (Bundesgebiet; Berlin; Kreuzberg)	Literaturanalyse
Gespräche mit maßgeblichen Organen und Personen: Schulräte des Bezirkes; Schulpsychologischer Dienst; Türkischer Elternverein etc.	Theoretische Grundlagen des Forschungsgegenstandes
Fragebogenerhebung: SchulleiterInnen: Pädagogische Konzepte; Personal- und Schülerpopulation etc. LehrerInnen: Angaben zur Person und zur Klassensituation	

---

[169] Hier wurde bewusst eine Strukturabbildung zu einer differenten Thematik gewählt, um die Rekonstruktionsprozesse der Befragten nicht durch die Veranschaulichung einer Relationsstruktur zu beeinflussen.

II. Kommunikative Validierung zur Ermittlung Subjektiver Theorien (ST) – Dialog-Konsens-Verfahren: Heidelberger-Struktur-Legetechnik (SLT)

1. Phase: Erhebung der Inhalte der ST

LehrerIn	ForscherIn

Durchführung eines Leitfadeninterviews

LehrerIn	ForscherIn
1. Einarbeitung in Heidelberger Struktur-Lege-Technik 2. Möglichkeit der Anhörung des Interviews v. Band 3. Möglichkeit der Einsicht in Transkription	Transkription der Interviews Inhaltsanalyse: Paraphrasierung, Generalisierung und Reduktion 1. Ermittlung der Begriffe und Konzepte 2. Erstellung der Karten für die SLT 3. Vorsortierung nach Konzepten

2. Phase: Ermittlung der Struktur der ST

Kommunikative Validierung mit der Forscherin
1. Einigung über extrahierte Begriffe und Konzepte
2. Visualisierung der eigenen Argumentationsstruktur durch die LehrerInnen
3. Dialogische Validierung der Struktur mit der Forscherin

Dialog-Konsens: Einverständnis über die Struktur

Ergebnis: Abbildung der Subjektiven Theorie der LehrerInnen

III. Auswertung

LehrerIn	ForscherIn
	Kontrastivierung der ermittelten Subjektiven Theorien Ermittlung von übereinstimmenden Schwerpunkten durch die Erstellung einer Modalstruktur
	Qualitative Analyse der Interviews nach den zuvor ermittelten Schwerpunkten in Korrelation zu personalen und situativen Bedingungsfaktoren

Rückmeldung der Ergebnisse im Rahmen eines Vortrages an die beteiligten UntersuchungspartnerInnen

6.1.2 Gleichstellung und Transparenz im Forschungsprozess

„Nicht nur auf der Ebene der interkulturellen Erziehung geht es um Integration – statt Segregation –, sondern auch das Verhältnis von Theorie und Praxis, von wissenschaftlicher Forschung und pädagogischer Arbeit steht und fällt mit dem Grad der Integration, der die Glieder nicht zu einem unerkennbaren Ganzen assimiliert, sondern ihre parziellen Eigenständigkeiten anerkennt und einbezieht" (Roth 1994, 91).

In dem Bewusstsein, dass das Interesse an der Durchführung der vorliegenden Exploration seitens der Forscherin eine wesentlich stärkere Gewichtung erfährt, als es seitens der Untersuchungspartnerinnen und -partner vorliegen wird, sollen einige Überlegungen zur Annäherung an die Gleichstellung von Forscherin und Lehrerinnen und Lehrern angestellt werden. Dazu wird die im Forschungsprogramm Subjektive Theorien vorgegebene Vorgehensweise modifiziert und ergänzt durch zwei wesentliche Komponenten:

1. Um die prinzipielle Gleichberechtigung von Forscherin und Untersuchungspartnerinnen und -partner in Bezug auf die Reproduktion der Inhalte des Interviews bei der Rekonstruktion weitestgehend zu gewährleisten und die Untersuchungssituation möglichst transparent zu gestalten, erhielten die Lehrerinnen und Lehrer die Möglichkeit sich zwischen den beiden Interviewterminen mit ihren Aussagen und Explikationen auseinanderzusetzen. Dazu wurde ihnen angeboten, gleichfalls eine Kopie der Interviewaufzeichnungen (Tonbandaufnahme) bzw. eine Kopie des Interviewtextes (vollständiges Transkript) zu erhalten.
2. Die Lehrerinnen und Lehrer wurden nach dem Interview durch die Forscherin über deren weitere Schritte (Transkription; inhaltsanalytische Auswertung und Reduktion; Extrahierung von Konzepten) informiert. Der Prozess wurde zu Beginn der Rekonstruktionssitzung nachgezeichnet und das Material vorgestellt.
3. Auf die Erstellung einer Theoriestruktur durch die Forscherin, die im Rahmen der Methode üblicherweise ebenfalls angefertigt wird und mit der die Untersuchungspartnerinnen und -partner dann beim Rekonstruktionstermin konfrontiert werden, wurde ebenfalls zu Gunsten einer transparenten Untersuchungssituation verzichtet. Die Forscherin hätte, durch die intensive Auseinandersetzung mit den erhobenen Konzepten aus dem Interview der Lehrerinnen und Lehrer, eindeutig einen Wissens- und Reflexionsvorschub im Vergleich zu den Befragten gehabt. Dadurch wäre der Dialog zwischen den beiden Personen ungleichgewichtig geworden.
4. Grundsätzlich wäre es auch möglich, die Lehrerinnen und Lehrer mit den essenziellen Aussagen und Konzepten *aller* zuvor Befragten zu konfrontieren (bzw. mit den Aussagen innerhalb eines Kollegiums oder Teams). Ausgehend von der Annahme, dass die Subjektiven Theorien sehr individuell und vielfältig sind, wird jedoch zu Gunsten der Erhebung und Dar-

stellung dieser Vielfalt auf diese Möglichkeit verzichtet. In einem zweiten Schritt, möglicherweise zur Generierung der unterschiedlichen Konzepte, stünde die o.a. Form der Erweiterung der Methode dennoch offen.

Von dem Angebot unter Punkt 2 machten zwei der Untersuchungspartnerinnen und -partner Gebrauch. Eine Lehrerin erhielt eine Aufzeichnungskopie (auf Kassette) und ein Lehrer erhielt den transkribierten Text vor dem Rekonstruktionstermin. Beide bekannten beim zweiten Zusammentreffen, dass sie verwirrt waren über einige der eigenen Aussagen, diese aber nicht revidieren wollten. Der Lehrer nutzte im Folgenden die Chance, seine Aussagen im Rahmen der Struktur-Lege-Technik zu reflektieren und parziell anzupassen oder neu zu orten. Über die Beweggründe, dieses Angebot nicht zu nutzen, liegen keine Informationen vor. Da die Befragten in ihrer Entscheidung nicht beeinflusst werden sollten, erfolgten keine diesbezüglichen Evaluationen.

Das gemeinsame professionelle Interesse an der Würdigung der pädagogischen Arbeit für *alle* Schülerinnen und Schüler und an der kreativen und innovativen Weiterentwicklung derselben, seitens der Forscherin und der Untersuchungspartnerinnen und -partner, bildeten den Kontext für eine kooperative Vorgehensweise.

6.1.3 Interviewdesign und Entwurf des Interviewleitfadens

Ausgehend von der Annahme, dass Lehrerinnen und Lehrer über einen konkret abrufbaren Wissensbestand zur Integration türkischer und kurdischer Schülerinnen und Schüler in den Unterricht und die damit unmittelbar zusammenhängenden pädagogischen und didaktischen Herausforderungen verfügen, wurden diese im Rahmen eines Leitfadeninterviews[170] befragt. Äußerungen über die Wahrnehmung der türkischen/kurdischen Kinder im Unterricht und die Einflüsse auf die Unterrichtsplanung und Gestaltung, lassen sowohl auf den explizit verfügbaren Wissensbestand der Befragten, als auch auf deren implizite Subjektive Theorien schließen. Deshalb wurde der Leitfaden thematisch strukturiert, die einzelnen Bereiche von offenen Fragen eingeleitet und durch hypothesengeleitete Fragestellungen und Konfrontationsfragen ergänzt (vgl. Flick 1995, 117ff). Das so entstandene strukturierte, thematisch orientierte Leitfadeninterview diente der Erhebung konkreter Aussagen zum Gegenstand des Forschungsvorhabens. Die der Exploration zu Grunde liegenden handlungsleitenden Fragestellungen, relevanten Aspekte und Themen wurden durch die Interviewerin angesprochen, das befragte Subjekt

---

[170] Da sich die Befragung im explorativen Bereich bewegt sollten die Reaktionsmöglichkeiten der ProbandInnen nicht zu sehr eingeengt werden. Andererseits war es für die Methode der Heidelberger Struktur-Lege-Technik erforderlich die Datensammlung einzugrenzen. Die Methode des Leitfadeninterviews gilt als geeignet in Bezug auf beide Anforderungen (vgl. Atteslander 1985, Flick 1995, Krüger 1997).

erhielt jedoch auch die Möglichkeit eigene Themenbezüge einzubringen. Dadurch sollte verhindert werden, dass die Interviewerin zu stark am Leitfaden „klebt" und dadurch den möglichen Gewinn an Kontextinformationen verschenkt (vgl. Flick 1995).

Die Fragestellungen widmeten sich den persönlichen Einstellungen zum gemeinsamen Unterricht (Begriffsdefinition), der Wahrnehmung von Heterogenität in der Lerngruppe im Allgemeinen sowie der Heterogenität der intellektuellen Fähigkeiten und der sprachlichen, ethnischen und kulturellen Heterogenität. Die Vorannahme war es, dass Lehrerinnen und Lehrer vermutlich subjektive Interpretationen von Integration und gemeinsamem Unterricht haben. Um nicht nur ihre persönliche Sichtweise, sondern ihre Argumentationsstruktur zur Beachtung von ausgewählten Schülerinnen oder Schülern, bzw. einer peergroup innerhalb der Schülerschaft im Rahmen ihrer methodisch-didaktischen Strategien zu erfassen, musste zuerst eruiert werden, welche individuellen Subjektiven Theorien zur Funktion des Gemeinsamen Unterrichts den Einstellungen und Handlungen zu Grunde liegen.

Theis (1991) und Thümmel (1991) haben bei der Untersuchung der Subjektiven Theorien von Grund- und Sonderschullehrerinnen und -lehrern zur Integration lernbeeinträchtigter Schülerinnen und Schüler in die Regelschule die befragten Personen nach *vier Prototypen* klassifiziert. Auf der Grundlage von im Interview vorgegebenen Statements zu differenten Beschulungsformen für Lernbeeinträchtigte wurden die Probandinnen und Probanden der Untersuchung aufgefordert, eine Präferenz zu äußern. Als *Reformer* wurden jene klassifiziert, die für den Verbleib aller lernbeeinträchtigten Kinder an der Regelschule plädierten, als *gemäßigte Reformer* jene, die nur für eine weitestgehend zielgleiche Integration von einzelnen Lernbeeinträchtigten votierten. Als *Traditionalisten* bezeichneten sie jene, die sich nach wie vor für eine Förderung am Lernort Sonderschule aussprachen. Die Personen, die sich nicht eindeutig zu einer der vorgegebenen Positionen bekennen wollten oder konnten, wurden als *Unentschlossene* klassifiziert. Mit Hilfe dieser Strukturierung wurden von Theiss-Scholz u. Thümmel „die interindividuellen Gemeinsamkeiten und Divergenzen in den Äußerungen der unterschiedlichen Prototypen eruiert und, basierend darauf, eine Darstellung der „Intersubjektiven Theorien" der Prototypen zu jedem Punkt des Interviewleitfadens verfasst, [...]." (Theiss-Scholz/Thümmel 1997, 88). Ein solches Vorgehen kann für die vorliegende Untersuchung nicht übertragen werden, da es sich nicht nur um die dezidierte Zielgruppe (wie Schülerinnen und Schüler nichtdeutscher Muttersprache) handelt. Vielmehr sollten Zusammenhänge in der Wahrnehmung der verschiedenen Ebenen von Heterogenität erschliessbar werden. Dazu erschien es erforderlich keine engen Kategoriensysteme zu Grunde zu legen. Die erwartungsgemäß auftretenden intra- und interpersonell differenten Einstellungen und Handlungsmuster in Bezug auf Kinder mit Beeinträchtigungen oder Kinder anderer ethnischer Herkunft (u.a. weil es die entlastende Alternative einer speziellen Schulform für diese Kinder nicht gibt) sollten individuell erfasst werden. Die Möglichkeit einer Strukturierung des erhobenen Materials nach vorgegebenen Kategorien wurde nicht generell ausgeschlossen. Deshalb wurden die definitorischen Aussagen zum Konzept von gemeinsamem Unterricht getrennt nach den Formen der Heterogenität (kulturelle oder in Bezug auf die intellektuellen Fähigkeiten) eruiert; einerseits mit dem Ziel, die interpersonellen Übereinstimmungen und Differenzen zu erfassen, aber auch, um Relationen zur Berücksichtigung der türkischen und kurdischen Schülerinnen und Schüler zu ermöglichen.

Als mögliche Basis für eine Strukturierung oder Typisierung des Datenmaterials wurden die individuellen Kategorien für das Gelingen bzw. Misslingen des eigenen Unterrichts in Bezug auf die Berücksichtigung der besonderen Lernfähigkeiten und -bedürfnisse der individuellen Schülerinnen und Schüler in Erwägung gezogen in der Erwartung, dass diese Kategorien bei den Untersuchungspartnerinnen und -partnern übergreifende Aussagekraft für alle Ebenen der Heterogenität haben.

Bei den Befragungen der Lehrerinnen und Lehrer zu ihrer Wahrnehmung der Kinder aus Migrantenfamilien türkischer Herkunft und zu ihren pädagogischen Handlungen geht es weniger um das objektive Motiv für diese Handlungen, als vielmehr um die subjektiven Intentionen, die den Handlungen zu Grunde liegen. Deshalb kann die Fragestellung nicht nur an der Gruppe der türkischen und kurdischen Kinder allein ausgerichtet sein, sondern muss zur Konkretisierung einzelfallorientiert erfolgen. Die Untersuchungspartnerinnen und -partner sollen (an zum Teil selbst gewählten Fallbeispielen aus ihrer Klasse) dazu befragt werden, wie sie die türkischen und kurdischen Schülerinnen und Schüler, ihre Lern- und Leistungsentwicklung in der Lerngruppe wahrnehmen. Dabei wurden bei der Auswertung der erhobenen Daten u.a.: Interpersonelle (zwischen den einzelnen befragten Lehrerinnen und Lehrern sowie zwischen den konkret geschilderten Einzelfällen) als auch intrapersonelle (einer/s einzelnen befragten Lehrer/in/s) Wahrnehmungsmuster im Zusammenhang mit dem kulturellen Hintergrund türkischer und kurdischer Schülerinnen und Schüler ermittelt. Im Interesse der Fragestellung waren auch die inter- und intrakulturellen Unterschiede (Unterschiedliche Einflussvariablen zwischen und innerhalb der türkischen und der kurdischen Kultur), geschlechtsspezifische Differenzen und Einflüsse des festgestellten sonderpädagogischen Förderbedarfs.

Die Untersuchungspartnerinnen und -partner gelten als Expertinnen und Experten in Bezug auf die Unterrichtung türkischer und kurdischer Kinder im Gemeinsamen Unterricht. Die Befragung zu ihren persönlichen Erfahrungen erfolgte weitestgehend durch die Anregung der Handlungsbeschreibung eigener konkreter pädagogischer Handlungen. Diese Strategie basiert auf der Annahme, dass Handlungen von Personen intentional beschrieben werden, im Gegensatz zu dem Tun (als Zwischenkategorie; der Sinn des Tuns ist dem

Akteur nicht vollständig bewusst), welches motivational und dem Verhalten, welches funktional beschrieben wird (vgl. Groeben 1986, 14ff).

Mit dem Interview sollten wesentliche *Konzepte* des Konstruktes *Subjektive Theorie zur Integration der Schülerinnen und Schüler türkischer Herkunft in den Unterricht* der befragten Untersuchungspartnerinnen und -partner erfasst werden. Idealtypisch wurde davon ausgegangen, dass sich die Subjektiven Theorien in einem Konstrukt aus folgenden Einzelkonzepten formatieren lassen.

K 1	Integration und Gemeinsamer Unterricht
K 2	Wahrnehmungen und Einstellungen zur kulturellen Heterogenität
K 3	Lern- und Leistungsentwicklung der türkischen und kurdischen SchülerInnen
K 4	Modifikationen der Unterrichtsorganisation und -planung zur erfolgreichen Integration türkischer und kurdischer SchülerInnen im Gemeinsamen Unterricht
K 5	Qualifikationen und Kompetenzen der LehrerInnen für den Unterricht in kulturell heterogenen Lerngruppen

Die Fragestellungen des Leitfadeninterviews wurden entsprechend der Konzepte K1 bis K5 entwickelt und gemäß der Darstellung in der folgenden Abbildung 9 strukturiert. Hypothesengeleitete Fragestellungen im Leitfaden für das Interview wurden zur zusätzlichen Orientierung durch die diesbezüglichen Angaben (Hypothese 1-...; [H 1-...]) ergänzt.

Abbildung 9: Katalogisierung der erfragten Konzepte nach Intention und Relationsstruktur

Basiskonstrukt		Frage
K 1	*Integration und Gemeinsamer Unterricht*	
K 1.1:	Definition von Integration	1.1.1
K 1.2:	Ziele und Merkmale der Integration	1.1.2
K 1.3:	Unterrichtsbedingungen	1.2.1
K 1.4:	Wünschenswerte Unterrichtsbedingungen	1.2.2
K 1.5:	Grenzen der Fähigkeit zur Integration	1.2.3
K 1.6:	Vorteile und Probleme der Arbeit in dieser Klasse	1.2.4
K 1.7:	Erfolgreiche Integration der Gutachtenkinder	1.1.3
K 1.8:	Erfolgreicher integrativer Unterricht	1.1.4
K 1.9:	Weniger erfolgreicher integrativer Unterricht	1.1.5
K 1.10:	Ebenen der Heterogenität in der Klasse	3.1/3.2
K 1.11	Einflüsse der Heterogenität auf den Unterricht	3.3
K 2	*Wahrnehmungen und Einstellungen zur kulturellen Heterogenität*	
K 2.1:	Bewertung der Heterogenität	3.4
K 2.2:	Bewertung der kulturellen Heterogenität	3.5
K 2.3:	Wahrnehmung der kult. Heterogenität (i.d. Klasse; und den Eltern; im Kollegium)	3.6
K 2.4:	Effekte der kulturellen Heterogenität auf die SchülerInnen	3.7
K 2.5:	Einschätzung der kulturellen Heterogenität durch die SchülerInnen	3.8/3.9

K 3	*Wahrnehmung der Lern- und Leistungsentwicklung der türkischen und kurdischen SchülerInnen im Unterricht*	
K 3.1:	Besonderheiten der türkischen/kurdischen Kinder durch die kulturelle Identität	2.1
K 3.2:	Besonderheiten im Lernverhalten und besondere Lernbedürfnisse	2.2
K 3.3:	Besondere Anforderungen an die pädagogische Arbeit	2.3
K 3.4:	Spezifische Hilfs- und Förderangebote	2.4
K 2		
K 2.6:	Kultureller Hintergrund der türkischen/kurdischen Kinder	2.5/2.6
K 2.7:	Bezüge zur türkischen oder kurdischen Kultur	2.7
K 3		
K 3.6:	Erfahrungen mit türkischen oder kurdischen SchülerInnen im Unterricht	2.8
K 3.7:	Erfolgreiche und weniger erfolgreiche Lernsituationen	2.9/2.10
K 4	*Modifikationen der Unterrichtsorganisation und -planung zur erfolgreichen Integration türkischer und kurdischer Kinder im Gemeinsamen Unterricht*	
K 4.1:	Besondere pädagogische und organisatorische Modifikationen des Unterrichts	2.11
K 4.2:	Förderliche Unterrichtsmethoden in heterogenen Lerngruppen	3.10
K 4.3:	Besondere pädagogische und didaktische Herausforderungen und Chancen	3.11
K 5	*In Aus- und Fortbildung erworbene Qualifikationen und Kompetenzen der LehrerInnen für den Unterricht in kulturell heterogenen Lerngruppen*	
K 5.1:	Ausbildungsinhalte in der Lehrerausbildung und deren Relevanz für den Unterricht in kulturell heterogenen Lerngruppen	3.12
K 5.2:	Fortbildungen und deren Relevanz für den Unterricht in kulturell heterogenen Klassen	3.13
K 4		
K 4.4:	Vorteile und Probleme der Arbeit in multikulturellen Klassen	3.14
K 4.5:	Planung und Gestaltung von Unterricht für kulturell heterogene Lerngruppen mit türkischen und kurdischen SchülerInnen	3.15
K 4.6:	Empfohlene Fortbildungen	3.16
K 4.7:	Erfahrungen und Kompetenzen in der Planung und Gestaltung des Unterrichts in kulturell heterogenen Integrationsklassen	3.17

Zur Reduktion des Datenmaterials wurden die Interviews nach den Begriffen und Konzepten ausgewertet. Die Auswertung erfolgte nach dem Konzept der qualitativen Inhaltsanalyse nach Mayring (1994, 1995), durch eine Paraphrasierung der Interviewtexte, eine Generalisierung der Aussagen, und eine, an den obigen Konzepten orientierte, Reduktion (siehe konkretisiertes Schema in Abb. 10). Die zentralen Begriffe und Konzepte wurden anschließend herausgezogen und einzeln auf Karteikarten übertragen. Begriffe und Konzepte wurden auf gelbe Karten, definitorische Begriffe und Grundlegungen auf weiße Karten und Begriffe oder Konzepte, die in einem Wirkungsverhältnis zu xy stehen, aber nach den Aussagen der Befragten außerhalb der Schule anzusiedeln sind, auf rote Karten, notiert. Die Farben und damit die Bedeutungen im Kontext der Subjektiven Theorie konnten bei der Rekonstruktion durch die Lehrerinnen und Lehrer verändert oder angepasst werden. Diese extrahierten Begriffe und Konzepte dienten als Grundlage für die Strukturlegung zur Rekonstruktion der Subjektiven Theorien zum Unterricht mit türkischen und kurdischen Schülerinnen und Schülern.

6.1.4 Rekonstruktion der Subjektiven Theorien mit der Heidelberger-Struktur-Legetechnik (SLT) und Kommunikative Validierung

Die wesentlichen methodischen Funktionen der SLT sind in der Visualisierung der Struktur der Subjektiven Theorie, in der möglichen Präzisierung und der Korrigierbarkeit des Strukturbildes zu sehen. Es entsteht mit der Abbildung eine Abstraktion der Subjektiven Theorie, eine Relationsstruktur oder ein so genanntes „propositionales Netz" (Birkhan 1992, 256). Beide beteiligten Seiten, Lehrerinnen, Lehrer und Forscherin, erhalten im Idealfall mit fortschreitendem Dialog eine größere Klarheit in Bezug auf die Subjektive Theorie und deren Implikationen für die pädagogische Praxis der Interviewpartnerinnen und -partner. Bei der Erstellung der Struktur geht es nicht nur um die Vergegenwärtigung der Handlungsimplikationen, sondern sozusagen um die introspektive Rekonstruktion, Reflexion und die dialogische Evaluierung der Sinn- und Bedeutungsdimension der Handlungen im unterrichtlichen Kontext, sowie um eine retrospektive Konkretisierung des Handlungsprozesses im Dialog zwischen täglich im pädagogischen Feld handelnden Personen und der Forscherin. Basis für die Gleichgewichtigkeit im Dialog ist die prinzipielle gegenseitige Offenheit und Anerkennung, einerseits der individuellen Handlungsstrategien der Expertinnen und Experten im Schulalltag durch die Forschende und andererseits gegenüber den Anregungen und Hilfestellungen der Forscherin durch die Befragten.

Da die Handlungsbeschreibung als intentionale Beschreibung immer auch eine interpretative Beschreibung (vgl. Scheele 1988) ist, unterliegt in der vorliegenden Studie die Definitions- und Beschreibungsmacht über das eigene Handeln und die Handlungsintentionen den Lehrerinnen und Lehrern (siehe Kapitel 6.1.1). Zur Erfassung der Handlungsintentionen für den Umgang mit der kulturellen Heterogenität im Unterricht, erschien es notwendig, die Komplexität des Konstruktes zu minimieren. Mit der Systematisierung von drei ausgewählten Basis-Konstrukten[171], durch eine Vorgabe eines Strukturschemas für die Subjektiven Theorien, sollte einerseits die Vergleich- und Kontrastivierbarkeit der Subjektiven Theorien gewährleistet und die Komplexität der Abbildung durch eine Strukturvorgabe minimiert werden.

Abbildung 10: Vorstrukturierung der rekonstruierten Subjektiven Theorien

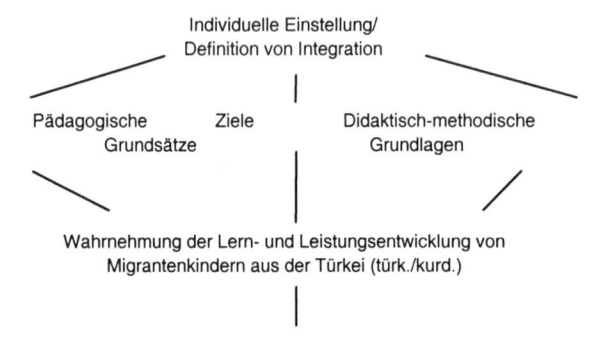

```
                    Individuelle Einstellung/
                    Definition von Integration
              ⟋              |              ⟍
    Pädagogische         Ziele         Didaktisch-methodische
    Grundsätze                         Grundlagen
              ⟍              |              ⟋
            Wahrnehmung der Lern- und Leistungsentwicklung von
            Migrantenkindern aus der Türkei (türk./kurd.)
                             |
   Handlungsintentionen und Modifikationen des Unterrichts zur erfolgreichen Integration türkischer und
                    kurdischer SchülerInnen in den Unterricht
```

- Basis-Konstrukt 1: *Integration und Gemeinsamer Unterricht.* Im Rahmen des Leitfadeninterviews erhobene definitorische Aussagen, persönliche Einstellungen und Auffassungen zu den Wirkungen, Problemen, Grenzen und den Erfolgen der gemeinsamen Erziehung und Unterrichtung im Schulalltag der Untersuchungspartnerinnen und -partner.
- Basis-Konstrukt 2: *Lern- und Leistungsentwicklung der türkischen und kurdischen Schülerinnen und Schüler.* Im Leitfadeninterview erhobene Wahrnehmungen, Deutungen und Ursachenanalysen der Untersuchungspartnerinnen und -partner zum Lern- und Leistungsverhalten der türkischen und kurdischen Schülerinnen und Schüler.
- Basis-Konstrukt 3: *Die erfolgreiche Integration türkischer und kurdischer Schülerinnen und Schüler.* Mit Hilfe des Leitfadeninterviews erfasste Handlungsintentionen, -konzepte und -ansätze in Bezug auf die erfolgreiche Integration türkischer bzw. kurdischer Schülerinnen und Schüler in

---

171 In welchen die Aussagen zu den Konzepten K1 bis K5 komprimiert enthalten sind.

den Unterricht der Untersuchungspartnerinnen und -partner, sowie denkbare und wünschenswerte Interventionen oder Konzepte zur Veränderung der Praxisbedingungen.

Jene Aspekte, welche durch die extrahierten Basis-Konstrukte für die Rekonstruktion der Subjektiven Theorien nicht erfasst wurden, wie bspw. Aussagen zur Persönlichkeit der Kinder und Familien, Bezüge zur türkischen Kultur etc. werden weitestgehend im Anschluss intrapersonell im Kontext der qualitativen Einzelanalysen der Subjektiven Theorien ausgewertet. Die Untersuchungspartnerinnen und -partner erhielten in der Rekonstruktionssitzung die Möglichkeit, zuerst die Adäquanz der Konzepte entsprechend der eigenen Aussagen zu prüfen und gegebenenfalls zu revidieren, zu ändern bzw. zu erweitern. Der erste Schritt der Auswertung gilt somit der Einigung über die extrahierten Konzepte; diejenigen die Zustimmung fanden, werden nun mit Hilfe der Verknüpfungsregeln in einem gemeinsamen „Visualisierungsprozess" (Marsal 1997) zu Strukturbildern gelegt.

Nach den zuvor eingeführten Regeln der SLT wurden die Konzeptkärtchen von den Untersuchungspartnerinnen und -partnern in der Folge in eine Struktur gebracht. Um diese mit den Relationsmöglichkeiten vertraut zu machen wurden die Relationskarten noch einmal detailliert von der Forscherin vorgestellt[172]. Die Lehrerinnen und Lehrer wurden gebeten, zuerst die Konzeptkärtchen zum Gemeinsamen Unterricht zu sortieren, zu gruppieren und dann zu einem Strukturbild zu legen. Danach wurden gemeinsam die – bereits teilweise im prozessbegleitenden Dialog von den Untersuchungspartnerinnen und -partner verbal geäußerten – Strukturbeziehungen mit Hilfe der Relationskärtchen gelegt. Für diesen ersten Schritt in der Vorgehensweise, wurde von der Forscherin bewusst der Gegenstand des *Gemeinsamen Unterrichts* gewählt. Bereits in einer vorab durchgeführten Pilotbefragung hatte sich gezeigt, dass die Lehrerinnen und Lehrer in Integrationsklassen und -schulen über einen sehr konkret und spontan zugänglichen Wissensbestand zu den persönlichen Handlungsmotiven in Bezug auf den Gemeinsamen Unterricht und die Integration von Kindern mit Beeinträchtigungen verfügen[173]. Diese Tatsache sollte der Einstiegsphase in den Rekonstruktionsprozess dienen,

---

172 Die Relationen wurden gemäß des Regelwerks der Struktur-Lege-Technik überwiegend einbezogen. Nach erfolgter Durchführung konnte festgestellt werde, dass die Relationskarten zu den kurvenlinearen Abhängigkeiten von den UntersuchungspartnerInnen nicht verwandt wurden. Es wäre zu überlegen, bei einer erneuten Anwendung der Methode, diese nicht weiter einzubeziehen.

173 Dies bestätigte sich im Rahmen der weiteren durchgeführten Leitfadeninterviews. Die UntersuchungspartnerInnen äußerten sich spontan und theoretisch als auch praktisch reflektiert zu Einstellungen, Intentionen und Handlungsweisen in Bezug auf den gemeinsamen Unterricht von Kindern mit und ohne Beeinträchtigungen. Die Fragen zu der besonderen Situation der türkischen bzw. kurdischen Schülerinnen und Schüler ihrer Klassen erforderten eklatant sichtbar von den Lehrerinnen und Lehrern intensivere Abwägungen der eigenen Aussagen.

damit die Reflexionen zum Inhalt der Subjektiven Theorie die Auseinandersetzung mit der Binnenstruktur und den Beziehungs- und Wirkungsfaktoren sowie der methodischen Grundlage nicht überlagerten.

In einem zweiten Schritt wurden die Untersuchungspartnerinnen und -partner gebeten die zuvor eingeübte Vorgehensweise (Prüfung und Herstellung der Adäquanz der Begriffe und Konzepte, Strukturlegung und Rekonstruktion der Beziehungs- und Wirkungsfaktoren) mit den eruierten Begriffen und Konzepten zur Wahrnehmung des Lern- und Leistungsverhaltens der türkischen bzw. kurdischen Schülerinnen und Schüler ihrer Klassen zu wiederholen. Im Anschluss wurden sie aufgefordert den Einfluss, den ihres Erachtens die türkischen und kurdischen Schülerinnen und Schüler auf den Unterricht im Allgemeinen und auf ihre erzieherische und didaktisch-methodische Unterrichtsgestaltung zu reflektieren. Im prozessbegleitenden Dialog reflektierten die Lehrerinnen und Lehrer ihre subjektiven Einstellungen und die unterrichtlichen Bemühungen zur Berücksichtigung der türkischen/kurdischen Kinder in den Unterrichtsprozessen mit der Forscherin.

Regulär sieht die Methode vor, dass von der Forscherin oder dem Forscher zwischen dem ersten Interviewtermin und der Rekonstruktionssitzung ebenfalls eine Strukturdarstellung hergestellt wird. Nach der Strukturlegung durch die Untersuchungspartnerinnen und -partner werden diese mit der Struktur der Forscherin oder des Forschers konfrontiert und die beiden Rekonstruktionsvorschläge diskutiert. Die Lehrerin oder der Lehrer erhält die Möglichkeit, daraufhin ihre/seine eigene Version zu begründen oder zu verändern. Gemeinsam wird dann eine Rekonstruktion erstellt (oder abgewandelt), die in einem beiderseitigen *Konsens*[174] verabschiedet werden kann. Abweichend von dieser generellen methodischen Vorgehensweise im Rahmen der Heidelberger-Struktur-Legetechnik, entschied die Forscherin sich im Rahmen der vorliegenden Exploration, für eine stringentere Anwendung des dialogischen Prinzips; dabei wurden die im ersten Teil des Interviews erhobenen inhaltlichen Aussagen durch die Lehrerin oder den Lehrer in eine Struktur gebracht. Die Forscherin hatte in diesem Prozess eine rein unterstützende Funktion. Die Wissensrepräsentation wurde durch die befragte Lehrerin oder den befragten Lehrer selbst vorgenommen, d.h. die Entscheidung über die sinngebende Interpretation im Rahmen der Struktur-Lege-Technik lag allein bei der Person, deren alltägliche Handlungen und die zu Grunde liegenden Subjektiven Theorien Gegenstand der Untersuchung sind. Die Veränderung des Erkenntnisgegenstandes durch die erhöhte Selbstreflexion der Lehrer/-innen, ist hier „nicht ein zu vermeidender Fehler", sondern „eine durchaus akzeptierte Konsequenz der Forschung" (Scheele 1988, S.28). Innerhalb des Forschungsprogramms „Subjektive Theorien" ist es nicht nur zulässig, sondern sogar anzustreben, dass durch die angewandte Erhebungsmethode, bei beiden,

---

[174] Ein Dissens ist im Rahmen des Dialog-Konsens-Verfahrens nicht vorgesehen.

der Untersuchungspartnerin oder dem -partner und der Forscherin eine höhere Selbstaufmerksamkeit eintritt.

„Darin manifestiert sich die präskriptive [vorgeschriebene] Dynamik des Bilds vom Menschen als reflexions-, rationalitäts-, kommunikations- und handlungsfähigem Subjekt" (Scheele 1988, S.28).

Im Gesprächsverlauf konfrontierte die Forscherin die Untersuchungspartnerinnen und -partner wiederholt mit ihrer persönlichen Wahrnehmung der individuellen Aussagen aus dem Leitfadeninterview, insbesondere wenn die Wahrnehmung sich kontrovers zur Darlegung der Lehrerinnen und Lehrer verhielt. Die abschließende Validierung der Strukturdarstellung, welche die individuelle Subjektive Theorie verdeutlicht, erfolgte, abweichend von den methodischen Prämissen des *Dialog-Konsens-Verfahrens* (Scheele/Groeben 1988), nur durch die Lehrerin oder den Lehrer. Abschließend wurden die erkennbaren Strategien zur erfolgreichen Integration bzw. die möglichen und wünschenswerten Konzepte (auf roten Karten) gemeinsam thematisiert und u.U. durch die Lehrerin oder den Lehrer ergänzt.

6.2 Motiv und Begründung der Stichprobenausauswahl

6.2.1 Der Berliner Bezirk Kreuzberg

Der Beginn der 80er Jahre ist gekennzeichnet „durch die Tendenz zur Ghettoisierung vor allem der türkischen Arbeitnehmerfamilien. Mehr und mehr bildeten sich Ausländerviertel mit eigener ethnischer Infrastruktur heraus wie in älteren Einwanderungsländern" (Auernheimer 1996, 46). Auch in der Großstadt Berlin (West) zeichnete sich eine ethnisierende Entwicklung innerhalb der Wohnbezirke ab, insbesondere Stadtteile wie Kreuzberg, Neukölln, Wedding und Tiergarten gelten nach wie vor als Ausdruck der fortgeschrittenen „Wohnsegregation (a.a.O. 85)" der ausländischen und insbesondere der türkischen Wohnbevölkerung. Diese Entwicklung versuchte man durch die Verhängung einer Zuzugssperre in den besagten Wohngebieten einzugrenzen. Uçar sieht in dieser Ghettoisierung, der Verfügbarkeit von türkischen Massenmedien und der türkisch dominierten Infrastruktur einige der Ursachen dafür, dass ca. 63% der Kinder nichtdeutscher Herkunft bei der Einschulung[175] noch kein Deutsch sprachen[176]. Es kommt zu einer „Ethnisierung sozialer Ungleichheiten, d.h. die Verteilung sozialer Chancen richtet sich zu

---

175 Im Gegensatz zu der Schülerschaft an der Deutsch-Türkischen Europaschule Kreuzberg.
176 Nach Goddar, Jeannette: Wie viel Muttersprache muss sein? In: Erziehung und Wissenschaft, Heft 6 (1999), 7.

einem Teil nach ethnischen Markierungen und Trennungslinien" (Auernheimer 1996, 46).

In Berlin wird zudem in den vergangenen Jahren eine anhaltende Abwanderung von deutschen Familien, „insbesondere solcher Familien, die sich eine bessere Wohngegend leisten können (Vieth-Entus 1999)", aus den Westberliner Innenstadtbezirken festgestellt. Dadurch steigt in den zentrumsnahen Bezirken Kreuzberg, Schöneberg, Wedding und Neukölln der Anteil der Kinder nichtdeutscher Staatsangehörigkeit weiter an und die *Stadtflucht junger Familien* wird als eine *Herausforderung für Berlins Problemschulen mit hoher Ausländerrate* wahrgenommen[177].

Der Bezirk Kreuzberg weist im bezirklichen Vergleich einen besonders hohen Ausländeranteil sowie einen hohen Anteil von Migrantinnen und Migranten aus der Türkei auf. Im Vergleich zu den anderen Westberliner Stadtteilen folgt Kreuzberg in der Statistik der absoluten Anzahl der melderechtlich registrierten Ausländer am 31. Dezember 1998 mit 50.497 Mitbürgerinnen und -bürgern nichtdeutscher Staatsangehörigkeit an zweiter Stelle nach dem Bezirk Neukölln mit 63.333 und gefolgt von Wedding mit 47.672 Personen nichtdeutscher Staatsangehörigkeit[178]. Beim Vergleich des prozentualen Anteils an der Gesamtbevölkerung der Bezirke steht Kreuzberg mit 34,08% an erster Stelle, gefolgt von Wedding mit 30,4% und Neukölln mit 20,67%. Unter den melderechtlich registrierten Ausländern (Ausländeranteil in Berlin gesamt: 13,04%) im Dezember 1998 ist die Gruppe mit türkischer Staatsangehörigkeit, mit einer Bevölkerungszahl von 135.159 (30,86% der melderechtlich registrierten AusländerInnen) im gesamten Stadtgebiet Berlins (Westberliner Stadtteile 131.082/Ostberliner Stadtteile 4077) die weitaus größte, gefolgt von 66.526 Migrantinnen und Migranten aus den Nachfolgestaaten des ehemaligen Jugoslawiens, 27.934 aus Polen, 12.898 aus Italien, 10.820 aus Griechenland, 44.046 aus anderen EU-Staaten und 140.553 aus übrigen Herkunftsgebieten. Die Zuwachsrate der ausländischen Wohnbevölkerung ist in allen Stadtteilen gleich bleibend oder rückläufig. Im Stadtteil Kreuzberg stellen die Migrantinnen und Migranten aus der Türkei unter der ausländischen Wohnbevölkerung von insgesamt 50.497 melderechtlich registrierten Personen mit 27.610 (54,6%) die größte Gruppe unter den nichtdeutschen Nationalitäten[179].

In Bezug auf die schulische Integration der Migrantenkinder scheint der Bezirk von besonderer Brisanz zu sein, was die vielfältigen Modellversuche

---

177 In einem Kurzbeitrag ders. in der Berliner Morgenpost vom 14.1.1999.
178 Statistisches Landesamt Berlin: Statistische Berichte – Melderechtlich registrierte Ausländer in Berlin. 31. Dezember 1998.
179 Mit deutlichen Differenzen nach Nationalität und Quote zwischen den innerbezirklichen Einzugsbereichen 012 Mehringplatz, 013 Moritzplatz, 014 Mariannenplatz, 015 Wienerstraße, 016 Urban, 017 Victoriaplatz, die sich auch im Ausländeranteil an der Schülerschaft der für die Studie ausgewählten Schulen bemerkbar macht.

und Beschulungskonzepte als auch das erkennbare wissenschaftliche Interesse seitens der Schul- und Erziehungsforschung bestätigt (Uçar 1996, Zimmer 1988; Herwartz-Emden 1980 u.a.).

Im Schuljahr 1988/89 waren nach Uçar (1996) im Bezirk Kreuzberg ausländische Schülerinnen und Schüler an den Sonderschulen für Lern- und Geistigbehinderte mit 57,4% (im Vergleich zu anderen Bezirken) am stärksten repräsentiert. Migrantenkinder aus der Türkei bildeten darunter mit ca. 80% die größte Nationalitätengruppe. Im Rahmen seiner Untersuchung widmete sich Uçar insbesondere dem familiären und häuslichen Umfeld und führte in den Jahren 1980 und 1981 umfangreiche Befragungen bei Eltern von Migrantenkindern aus der Türkei durch, deren Kinder eine beliebige Sonderschule besuchten. „43% der *Sonderschuleltern* (Hervorhebung der Verf.)[180] sprechen zuhause eine andere Sprache als Türkisch" (ebd., 7), darunter 28% Kurdisch, 9% Lazisch, 5% Arabisch und 1% Tscherkezisch. Die von ihm befragten Eltern kamen vorrangig aus ländlichen Gebieten der Türkei (74%), waren überwiegend Hilfsarbeiter oder angelernte Arbeiter (77%), aber auch Facharbeiter (13%), Arbeitslose oder Hausfrauen (10%)[181]. 62 Prozent der von Uçar untersuchten Population (100 Eltern: 50 Mütter und 50 Väter von den ca. 110-120 SchülerInnen an Sonderschulen in Kreuzberg mit türkischer Herkunft) hatten keine Schule besucht und immerhin 33% waren nach eigenen Angaben Analphabeten. 85% der befragten Eltern hatten keine Kenntnisse über das deutsche Schulwesen (a.a.O.). Zur Wohnsituation der Familien stellte Uçar fest, dass nahezu drei Viertel der Familien vier oder mehr Kinder hatten und in beengten Wohnverhältnissen lebten[182]. Zum Zeitpunkt der Befragung lebten in 33% der Fälle einzelne Kinder der Familie in der Türkei. Insgesamt zeigten sich 74% der befragten Personen unentschlossen in Bezug auf eine Aufenthalts- oder Rückkehrmotivation, 17% wollten nach einigen Jahren in die Türkei zurückkehren und nur 4% waren entschlossen, auch in ferner Zukunft ihren Lebensmittelpunkt in Deutschland zu wählen (a.a.O.).

In der statistischen Auswertung der Beteiligung von Grundschulen am Gemeinsamen Unterricht bestätigt sich die elaborierte Stellung Kreuzbergs im Vergleich zu anderen Stadtteilen (siehe Tabelle in Abb. 11). Beim Vergleich der absoluten Anzahl der Integrationsklassen in den westlichen Bezirken

---

[180] Den Begriff Sonderschuleltern, gibt es ebenso wenig, wie den der Gymnasiumeltern oder Grundschuleltern. Er konstatiert, dass es sich bei den *Eltern der Kinder, die eine Sonderschule besuchen,* um eine homogene Gruppe handelt.

[181] Beide Personengruppen: Arbeitslose und Hausfrauen wurden mit 10% in einer Kategorie genannt. Diese Darstellung legt nahe, dass Hausfrauen nicht nur erwerbslos, sondern ebenfalls arbeitslos sind und könnte als Minderung der Anerkennung häuslicher und familiärer Aufgaben gewertet werden.

[182] Nach Angaben des Einwohnermeldeamtes ist der Wohnungsbestand der Bevölkerung im Bezirk Kreuzberg im Vergleich zu Berlin (Gesamt) niedrig; mit 474 Wohnungen je 1000 EinwohnerInnen zu 507 Wohnungen zu 1000 EinwohnerInnen im Durchschnitt (Angaben vom 31.12.1994).

nimmt Kreuzberg mit 240 den Rangplatz 2 ein. In Bezug auf die absolute Anzahl der Grundschulen mit Integrationsklassen nimmt der Bezirk ebenfalls Platz 2 ein, und bei der Analyse des prozentualen Anteils der integrativ arbeitenden Schulen an den Grundschulen im Bezirk hält Kreuzberg mit 86% sogar den Rangplatz 1. Diese Zahlen zeigen, dass die Entwicklung des Gemeinsamen Unterrichts im Primarbereich in Kreuzberg in Relation zu anderen Stadtteilen weit fortgeschritten ist.

Abbildung 11: Beteiligung der Berliner Bezirke am Gemeinsamen Unterricht der Primarstufe (Schuljahr 1996/97)

Ausgewählte Bezirke	Integrationsklassen *	Einzelintegration **	Grundschulen mit Integration*	Anteil: Grundschulen mit Integration***
Charlottenburg	36	23	5	29%
Kreuzberg	240	65	18	86%
Neukölln	114	124	18	51%
Reinickendorf	132	36	16	50%
Schöneberg	248	91	10	56%
Spandau	190	58	19	73%
Steglitz	157	43	13	72%
Tempelhof	83	75	8	44%
Tiergarten	51	29	8	73%
Wedding	127	29	16	84%
Wilmersdorf	100	9	6	46%
Zehlendorf	15	22	6	55%
Summe westl. Bezirke	1493	604	143	60%
Friedrichshain	70	20	6	43%
Hellersdorf	26	19	6	20%
Hohenschönhausen	36	28	5	18%
Köpenick	3	2	1	6%
Lichtenberg	43	10	6	25%
Marzahn	25	22	6	18%
Mitte	22	13	3	25%
Pankow	9	19	3	19%
Prenzlauer Berg	28	6	8	42%
Treptow	35	11	5	33%
Weißensee	51	26	5	63%
Summe östl. Bezirke	345	176	54	26%
Summe Berlin (gesamt)	1838	780	197	43%

(Aus: *Senatsverwaltung für Schule, Jugend und Sport -III b- Antwort auf die kleine Anfrage Nr. 1247 vom 7. Oktober 1996 über Gemeinsame Erziehung von Behinderten und Nichtbehinderten in der allgemeinen Schule; **Landesschulamt Berlin Abt. II: Jahresstatistik zur sonderpädagogischen Förderung in Berlin im Schuljahr 1996/97; ***Heyer 1998 b, 168)

Vergleicht man die prozentualen Anteile der Schülerinnen und Schüler nichtdeutscher Staatsangehörigkeit an den Schulen der Primarstufe insgesamt mit dem Anteil an den Schulen für Lern- und Geistigbehinderte (Klassen der Primarstufe 1-6) sowie an den sonstigen Sonderschulen im Schuljahr 1998/99 und setzt diese in Beziehung zu dem durchschnittlichen Ausländeranteil an der Schülerschaft der Primarstufe, gewinnt man einen Eindruck vom Einfluss des Ausländeranteils auf die Nichtaussonderung von Kindern nichtdeutscher Staatsangehörigkeit.

Beim Vergleich der Bezirke wird deutlich, dass der Ausländeranteil keinen eindeutig interpretierbaren Einfluss auf die Nichtaussonderung von Kindern nichtdeutscher Staatsangehörigkeit hat. Kreuzberg hat einen Anteil von 54,3% Kindern nichtdeutscher Staatsangehörigkeit an den Schulen für Lern- und Geistigbehinderte (also im Vergleich zu Uçars Ergebnissen für das Schuljahr 1988/89 leicht rückläufig).

Abbildung 12: Vergleich des Ausländeranteils an den diversen Schulformen des Primarstufenbereichs in den westlichen Berliner Bezirken im Schuljahr 1998/99

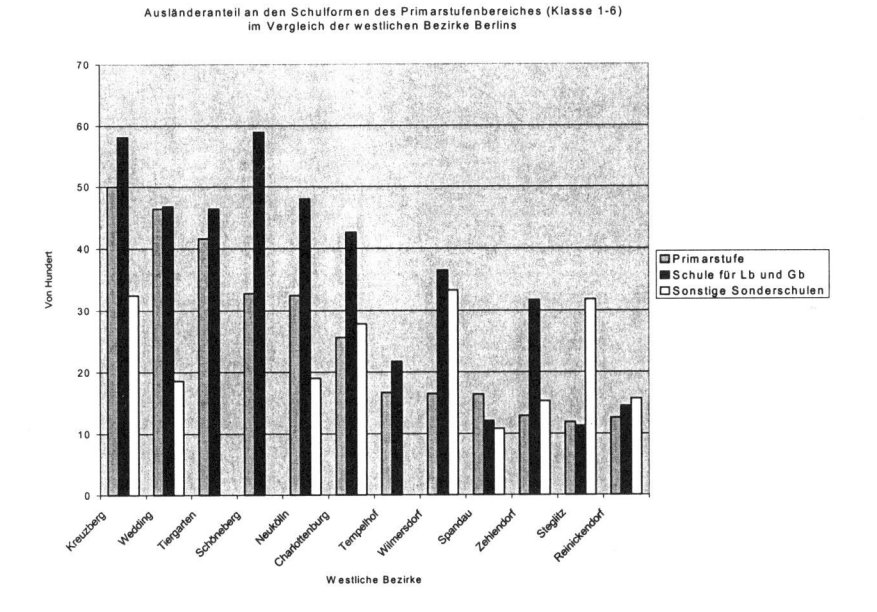

Ausländeranteil an den Schulformen des Primarstufenbereiches (Klasse 1-6) im Vergleich der westlichen Bezirke Berlins

(Berechnungen auf der Basis der Daten des Landesschulamtes Berlin: Allgemeinbildende Schulen – Ausgewählte Eckdaten aus der IST-Statistik; Listung der Stadtteile nach den prozentualen Anteilen der Kinder nichtdeutscher Staatsangehörigkeit an der Schülerschaft der Primarstufenschulen)

Ein relativ hoher Anteil an der Gesamtschülerschaft, wie in Kreuzberg, Wedding und Tiergarten, führt scheinbar nicht zu einer verstärkten Aussonderung an die Schulen für Lern- und Geistigbehinderte, sondern eher zu einer stärkeren Kompetenz der Regelschulen für den Unterricht in sprachlich, ethnisch und kulturell heterogenen Lerngruppen. Ein annähernd durchschnittlicher Ausländeranteil, wie in Schöneberg, Neukölln und Charlottenburg scheint hingegen stärkere Tendenzen der Aussonderung zu implizieren. Bei einem Ausländeranteil unter 17% sind sichtlich alle Variationen offen.

Bei der Listung der Bezirke im Diagramm der Abbildung 13 nach dem Kriterium des Anteils von integrativen Schulstandorten an den Grundschulen der Bezirke (siehe o.a. Tabelle) ergeben sich Interpretationsvarianten[183] in Bezug auf die Auswirkungen des Gemeinsamen Unterrichts auf die Nichtaussonderung von Kindern nichtdeutscher Staatsangehörigkeit.

Abbildung 13: Vergleich des Ausländeranteils an den diversen Schulformen des Primarstufenbereichs (Klasse 1-6) in den westlichen Berliner Bezirken im Schuljahr 1998/99

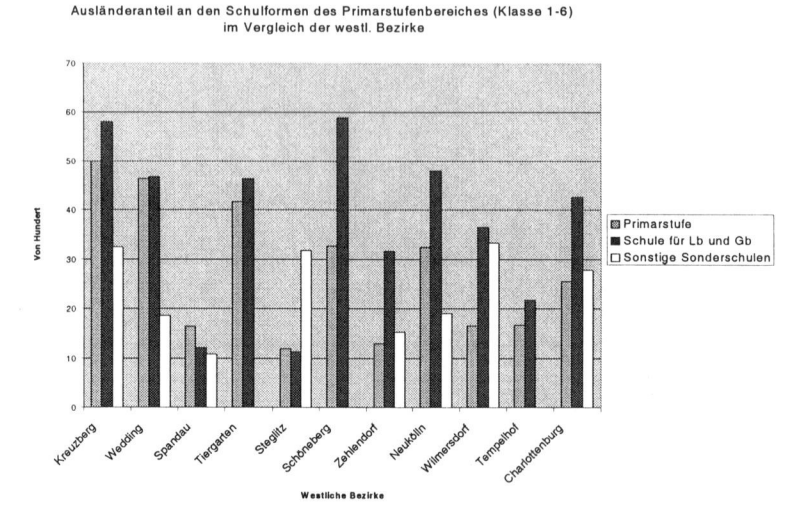

(Berechnungen a.d. Basis der Daten des Landesschulamtes Berlin: Allgemeinbildende Schulen – Ausgewählte Eckdaten aus der IST-Statistik; Listung der Stadtteile nach den prozentualen Anteilen der integrativen Grundschulen unter den Grundschulen im Bezirk – siehe Abbildung 11)

---

183 Die Integrationsklassen an Sonderschulen werden statistisch vom Landesschulamt den Grundschulen zugeordnet. Mit den SchülerInnen der Sonderpädagogischen Förderklassen an den Sonderschulen (in diesen Klassen, die für die Jahrgangsstufen 1 und 2 eingerichtet wurden, erfolgt die Verteilung der Lerninhalte des Grundschulrahmenplanes für die ersten beiden Grundschuljahre auf drei Jahre) wird unverständlicher Weise ebenso verfahren. Die Ausrichtung am Rahmenplan der Grundschule wird dabei stärker gewichtet als der eindeutig segregative Charakter des Lernorts.

Nach dieser Darstellung haben die Bezirke Spandau und Steglitz[184] einen geringeren Anteil von Kindern nichtdeutscher Nationalität an den Schulen für Lern- und Geistigbehinderte als an den Allgemeinbildenden Schulen, also folglich eine „Unterrepräsentation[185]". Die sonstigen Sonderschulen in Steglitz[186] werden sehr stark von Kindern nichtdeutscher Staatsangehörigkeit frequentiert. Das prägnanteste Ergebnis dieser Gegenüberstellung scheint jedoch darin zu liegen, dass jene Bezirke, die über einen hohen Anteil (72-86%) von integrativen Schulen unter den Grundschulen verfügen (Kreuzberg bis Steglitz), eine geringere Überrepräsentation von Ausländerkindern an den Sonderschulen für Lern- und Geistigbehinderte aufweisen[187]. Dies könnte ein Hinweis darauf sein, dass die Schulen mit größeren Erfahrungen im Gemeinsamen Unterricht auch eine größere Kompetenz und Bereitschaft haben, Kinder mit nichtdeutscher Muttersprache zu integrieren. Die erheblichste Überrepräsentation von Kindern nichtdeutscher Staatsangehörigkeit an den Schulen für Lern- und Geistigbehinderte weisen die Stadtteile Zehlendorf, Wilmersdorf und Schöneberg[188] auf.

Dies lässt zuerst einmal einen durchgängig positiven Effekt der integrativen Ausrichtung der Grundschulen auf die Zuweisungsquoten von Kindern nichtdeutscher Staatsangehörigkeit an die Schulen für Lernbehinderte annehmen. Betrachtet man dahingegen den so genannten *Relativen Risiko-Index[189]*, der die Zuweisungsquoten der ausländischen Kinder zu denen der deutschen Kinder in den einzelnen Bezirken in Beziehung setzt, ergeben sich die Zahlen und Rangfolgen in Diagramm 14.

Die Gegenüberstellung der Werte des Relativen Risiko-Indexes in einer Rangfolge mit den Rangfolgen der Stadtteile in der Entwicklung der Integration im Grundschulbereich bestätigt diese positiven Effekte des Gemeinsamen Unterrichts. Die Verteilung der Stadtteile in den oberen Rangplätzen (1-5; geringe oder keine Überrepräsentation) und den unteren Rangplätzen (6-12; stärkere Überrepräsentation) stimmt erheblich mit den Rangfolgen zur Entwicklung des Gemeinsamen Unterrichts überein.

---

184 Dies wäre u.U. auf die engagierte Arbeit der Förderzentren ohne SchülerInnen zurückzuführen, die unterstützend und beratend die Integrationsmaßnahmen im Bezirk begleiten (so auch in Kreuzberg).
185 Dieser Begriff erscheint in dem Zusammenhang ungeeignet, da er impliziert, dass der Anteil eigentlich höher liegen sollte.
186 Es handelt sich um eine Geistigbehindertenschule.
187 Mit Ausnahme von Tempelhof, wo ebenfalls eine geringere Überrepresentation festgestellt werden kann.
188 Schöneberg hat nur eine Schule für Lern- und Geistigbehinderte und keine sonstigen Sonderschulen.
189 Verwendung der Bezugsgrösse *Relativer Risiko-Index* nach Kornmann/Burgard/Eichling (1999): Zur Überrepräsentation von ausländischen Kindern und Jugendlichen in Schulen für Lernbehinderte – Revision älterer und Mitteilung neuer Ergebnisse. In: Zeitschrift für Heilpädagogik 50. Jg., Heft 3, 106-109.

Abbildung 14: Vergleich der Rangplätze der Berliner Bezirke in Bezug auf die Entwicklung des Gemeinsamen Unterrichts und den Relativen Risiko-Index im Schuljahr 1998/99

	Ausländeranteil an Allgemeinbildenden Schulen	Ausländeranteil an Sonderschulen für Lernbehinderte	RRI *- Ausl. SchülerInnen an Lb-Schulen	Rangplatz RRI – Ausl. SchülerInnen an Lb	Rangplatz** Entwicklung der Integration i.d. Grundschule
Bezirk (West)					
Reinickendorf	12,60%	8,50%	0,648	1	9
Spandau	16,40%	12,10%	0,701	2	3
Steglitz	11,90%	11,30%	0,947	3	5
Wedding	46,40%	46,80%	1,018	4	2
Tiergarten	41,60%	46,40%	1,212	5	4
Kreuzberg	50,00%	58,10%	1,372	6	1
Tempelhof	16,70%	21,70%	1,376	7	11
Neukölln	32,50%	48,00%	1,916	8	8
Charlottenburg	25,60%	42,60%	2,156	9	12
Wilmersdorf	16,50%	36,50%	2,922	10	10
Schöneberg	32,80%	58,90%	3,146	11	6
Zehlendorf	12,90%	31,70%	3,146	12	7
Bezirk (Ost)					
Köpenick	2,20%	0%	0	1	11
Hellersdorf	1,00%	0%	0	2	6
Hohenschönhausen	4,10%	0,90%	0,195	3	10
Pankow	4,40%	1,40%	0,305	4	8
Lichtenberg	8,60%	3,20%	0,345	5	6
Marzahn	3,90%	1,70%	0,417	6	9
Prenzlauer Berg	6,20%	3,00%	0,468	7	3
Mitte	12,20%	9,10%	0,72	8	5
Weißensee	2,20%	1,70%	0,773	9	1
Treptow	3,90%	4,30%	1,119	10	4
Friedrichshain	8,30%	11,40%	1,427	11	2

(* Relativer Risiko-Index = Ausländische SchülerInnen an Schulen für Lernbehinderte (Primarstufe) durch ausl. SchülerInnen an Allgemeinbildenden Schulen der Primarstufe geteilt durch Deutsche SchülerInnen an Lb-Schulen (Primarstufe) durch deutsche SchülerInnen an Allgemeinb. Schulen (Primarstufe); Werte unter 1 = Unterrepräsentation; Werte über 1 = Überrepräsentation; ** Nach den Daten vom Schuljahr 1996/97)

Kreuzberg rangiert beim Vergleich des Relativen Risiko-Indexes allerdings an Stelle 6 der Folge und hat demnach eine Überrepräsentation im Vergleich zu den deutschen Schülerinnen und Schülern. Der Wert von 1,372 ist jedoch eindeutig noch im unteren Bereich der Quoten für die Überrepräsentation anzusiedeln. Der Bezirk Reinickendorf weist mit 0,648 eine klare Unterepräsentation von Ausländerkindern an den Schulen für Lernbehinderte auf. Dies könnte u.U. auf den geringen Anteil an Kindern nichtdeutscher Staatsangehörigkeit zurückzuführen sein und dies wiederum könnte zu positiveren Entwicklungsperspektiven in der Schule führen. Anzunehmen ist auch, dass es sich bei den ausländischen Familien in Reinickendorf eher um Migrantinnen und Migranten aus jenen Herkunftsländer handelt, welche eine positivere Bildungsbilanz aufweisen. Die türkischen oder jugoslawischen Kinder sind anzunehmenderweise weniger stark vertreten. Dies wäre auch eine plausible Begründung für die realtiv hohe Überrepräsentation an den Schulen für Lernbehinderte in Kreuzberg. Unter den ausländischen Mitbürgern Kreuzbergs dominieren die Migrantenfamilien aus der Türkei, welche eine relativ negative Bildungsbilanz aufweisen. Verstärkend wirkt sich sicherlich auch die generelle sozioökonomische Situation der dort angesiedelten Familien (unabhängig von den Nationalität) aus.

In den obigen Diagrammen wird die elaborierte Stellung Kreuzbergs bestätigt. Im bezirklichen Vergleich hat der Stadtteil den höchsten Anteil an Kindern nichtdeutscher Staatsangehörigkeit[190] und ist, wie bereits oben erwähnt, der Stadtteil mit dem größten Anteil an Schulen mit Erfahrungen im Gemeinsamen Unterricht. Insgesamt wurden im Schuljahr 1996/97 in Kreuzberg 247 Förderausschüsse einberufen, in 116 Fällen fiel die Entscheidung des Lern- und Förderortes auf eine Integrationsmaßnahme (Einzelintegration und Integrationsklasse), in 5 Fällen auf eine Sonderpädagogische Förderklasse, in 67 Fällen auf die Sonderschule und in 6 Fällen wurden sonstige Empfehlungen ausgesprochen. Das bedeutet, dass in 194 von den 247 Fällen ein sonderpädagogischer Förderbedarf festgestellt wurde und dass in diesen Fällen[191] mit 59,79% in der Mehrheit die Entscheidung für eine integrative Beschulungsform (Integrationsklasse oder sonstige Empfehlungen) gefällt wurde[192].

Erst seit dem Schuljahr 1999/2000 werden unter einem neu eingerichteten Abschnitt „Sonderpädagogische Förderung" in den statistischen Veröffentlichungen des Landesschulamtes zu Allgemeinbildenden Schulen die Daten bezüglich der Kinder im Gemeinsamen Unterricht ausgewertet[193]. Angaben zum Anteil der Kinder nichtdeutscher Staatsangehörigkeit unter den Kindern

---

190 Die Statistik zur ausländischen Bevölkerung weist nach, dass eine stärkere Etablierung der MigrantInnen in Berlin mit einer geringeren Rückkehrmotivation im Vergleich zu den 80er Jahren einhergeht.
191 Insgesamt liegt der Anteil höher, wenn die Kinder, bei denen kein sonderpädagogischer Förderbedarf festgestellt wurde und die folglich in der Grundschule verbleiben können, einbezogen werden.
192 Nach offiziellen Angaben des Schulamtes. Nach Angaben eines, bei den offiziellen statistischen Erhebungen des Schulamtes involvierten, Schulleiters waren es im Schuljahr 1997/98 278 Förderausschussverfahren (112 erstmalig; 92 Folgeverfahren), bei denen in 204 Fällen ein sonderpädagogischer Förderbedarf festgestellt wurde. In 188 (252) Fällen fielen die Entscheidungen zu Gunsten der Förderung an den Grundschulen und in 26 Fallen an einer Sonderschule aus. Dies konstatiert eine noch konsequentere Entscheidungsbereitschaft (92 %) für den Lernort Grundschule. Im selben Schuljahr wechselten 30 SchülerInnen an die Sonderschulen und 11 SchülerInnen konnten von Sonderschulen an Regelschulen reintegriert werden. Die Sprachheilschulen im Bezirk reintegrieren mehr Kinder als die Lernbehindertenschulen.
193 Dies betrifft vorerst nur die Kinder in den Vorklassen des Schuljahres 1999/2000.

mit sonderpädagogischem Förderbedarf in den integrativen Maßnahmen werden in den statistischen Veröffentlichungen des Landesschulamtes oder der Senatsverwaltung nicht gemacht[194]. Es liegen lediglich Angaben zur Beteiligung am landesweiten Schulversuch zur Integration von Kindern mit geistigen und schweren Mehrfachbehinderungen[195] von der wissenschaftlichen Begleitung vor (BIL, Berliner Institut für Lehrerfort- und weiterbildung 1990/91; 1996). Da sich diese jedoch auf eine kleine Minderheit unter den Kindern türkischer Herkunft beziehen, wurden sie für die statistische Auswertung nicht in Betracht gezogen.

6.2.2 Auswahlkriterien für die Grundschulen

Die Auswahl der Schulen im Bezirk Kreuzberg unterlag den Kriterien: Erfahrungen mit Gemeinsamem Unterricht, Minoritätenanteil, Struktur des Einzugsbereiches (siehe Fußnote Nr. 179, 162) und Erfahrungen mit Konzepten der Interkulturellen Pädagogik. Die Vorauswahl erfuhr Unterstützung durch die für den Gemeinsamen Unterricht verantwortliche Schulrätin des Bezirkes Kreuzberg. Signifikantes Kriterium war die langjährige, klassen- und klassenstufenübergreifende Erfahrung mit dem Gemeinsamen Unterricht (mind. 5 Jahre). Auf die Anfrage wurden durch das Schulamt sechs qualifizierte Grundschulen des Bezirkes genannt. In der Relevanz nur gering nachrangig, folgte das Auswahlkriterium des Anteils der Kinder nichtdeutscher Staatsangehörigkeit[196] an der Schülerschaft. Gemessen am durchschnittlichen Ausländeranteil im Primarschulbereich des Bezirkes, sollte je eine Schule mit deutlich unterdurchschnittlichem, eine mit erheblich überdurchschnittlichem sowie eine mit Ausländeranteil annähernd am Durchschnitt in die Exploration einbezogen werden. Die diesbezüglichen Angaben erteilte das Schulamt. Eine Präferenz der engeren Auswahl von drei der fünf Grundschulen lag auf der möglichst differenzierten Struktur des Einzugsgebietes der Schülerschaft. Dabei wurde auf Angaben der Ausländerbeauftragten, der zuständigen Schulrätin im Bezirk Kreuzberg und auf statistische Daten des Landesschulamtes Berlin zurückgegriffen. Ergänzt durch den Anspruch der Erfahrungen mit Interkultureller Pädagogik an mindestens einer der Schulen, wurden so die im Weiteren vorgestellten drei Schulen ausgewählt. Der Erstkontakt erfolgte telefonisch mit den jeweiligen Schulleiterinnen und Schulleitern, um die Mo-

---

194 Eine schriftliche Anfrage der Forscherin, bezüglich der Ergänzungen der Statistiken durch das Kriterium nichtdeutsche Staatsangehörigkeit und eine Aufgliederung nach Nationalitäten wurde bislang nicht berücksichtigt.
195 Der Anteil der sinnes- und geistigbehinderten Kinder in Migrantenfamilien aus der Türkei ist relativ hoch (unveröffentlichte Statistik des Bezirkes Kreuzberg zur Integration), was von einigen der beteiligten Schulleitungen auf die mangelnde Vorsorge und auf innerfamiliäre Verehelichungen zurückgeführt wird.
196 Statistisches Kriterium für den Ausländeranteil.

tivation zur Beteiligung an einer wissenschaftlichen Untersuchung zu sondieren. Dazu wurde den Schulleiterinnen und Schulleitern umrisshaft die zu Grunde liegende Fragestellung und der absehbare Aufwand im Zusammenhang mit den Befragungen dargelegt. Auf die signalisierte Bereitschaft der Schulleiterinnen und Schulleiter[197] erfolgte unmittelbar ein erstes informatives Anschreiben (im Anhang), mit welchem diese das Anliegen der Forscherin an das Kollegium weitertragen, es gegebenenfalls in der Gesamtkonferenz vorstellen und im Lehrerzimmer aushängen konnten. Zudem wurde ein erster Gesprächstermin mit den Schulleiterinnen und Schulleitern vereinbart, um sich über die Schulen und die entsprechenden pädagogischen Konzepte zu informieren. Die Vorbereitungsphase erfolgte in einem Zeitraum von ca. 8 Wochen vor den 14-tägigen Osterferien im 2. Schulhalbjahr 1998/99. Nach den Ferien wurden von den Schulen Rückmeldungen zur Kooperationsbereitschaft erbeten, die nach Möglichkeit bereits Angaben zu jenen Lehrerinnen und Lehrern enthalten sollten, welche Interesse signalisiert oder sich bereits zur Zusammenarbeit bereit erklärt hatten.

6.2.3 Schulprofile der ausgewählten Grundschulen im Stadtteil

Im folgenden werden die für die Exploration ausgewählten Schulen vor dem Hintergrund ihrer pädagogischen Profile vorgestellt. Die Schulen erhalten zur datenschutzrechtlichen Kennzeichnung einen fiktiven Namen[198]. Die u.a. Darstellung dient der Übersicht über die wesentlichen, die differenten pädagogischen Konzepte bestimmenden, Charakteristika und Erfahrungen der Schulen.

---

197 Alle drei angefragten Schulen signalisierten ad hoc Bereitschaft zur Mitarbeit.
198 Angelehnt an die Vorgehensweise von Heyer/Preuss-Lausitz/Schöler (1997) wurde den ausgewählten Schulen zur Erleichterung der Orientierung für die LeserInnen eine Kennzeichnung zuerkannt. Entgegen des Vorbildes aus Brandenburg wurde dafür nicht ein Motto (formuliert als fiktiver Ausspruch der SchulleiterInnen und LehrerInnen) gewählt. Aus den persönlich von mir durchgeführten Vorgesprächen mit den Schulleiterinnen und Schulleiter wurden von diesen geäußerte, beschreibende Merkmale zum Anteil ausländischer SchülerInnen an der Schule ausgewählt. Auf diese wird detailliert im Rahmen der einzelnen Schulprofile eingegangen.

Ausgewählte Grundschulen

Grundschule 1: *"An der Peripherie des multikulturellen Stadtteils"*
- Seit 10 (15[199]) Jahren Integrationserfahrungen
- Beteiligung am landesweiten Schulversuch (1990-1996)
- 34% Kinder nichtdeutscher Muttersprache (nur 41,2% türk. Nationalität)
- 19 von 19 Klassen sind Integrationsklassen

Grundschule 2: *"Geringer Ausländeranteil unter anderem wegen des Gemeinsamen Unterrichts"*
- Seit 10 (12) Jahren Integrationserfahrungen
- Beteiligung am landesweiten Schulversuch (1992-1996)
- 51,8% Kinder nichtdeutscher Muttersprache (darunter 94% türk. Nationalität)
- 13 von 15 Klassen sind Integrationsklassen

Grundschule 3: *"Abstimmung mit den Füßen"*
- Seit 9 Jahren Integrationserfahrungen
- Nicht beteiligt am landesweiten Schulversuch
- 75,5% Kinder nichtdeutscher Muttersprache (darunter 88% türk. Nationalität)
- von 19 Klassen sind Integrationsklassen; zusätzlich Einzelintegration
- Zweisprachige Alphabetisierung; Mitarbeit muttersprachlicher KollegInnen

Die folgende Tabelle (Abb. 15) dient der Übersicht über die Schülerschaft und das Lehrpersonal der Schulen. Die anschließenden ausführlich erarbeiteten Schulprofile sollen individuelle Voraussetzungen und Bedingungen für eine nichtaussondernde Pädagogik an den ausgewählten Schulstandorten herausstellen.

---

[199] Angaben in der Klammer beziehen sich auf die Zeit, in der inoffiziell Kinder integrativ unterrichtet wurden.

Abbildung 15: *SchülerInnen und pädagogisches Personal an den ausgewählten Grundschulen*

Nach Geschlecht	Schule 1: „Peripherie"			Schule 2: „Geringer Ausländeranteil"			Schule 3: „Abstimmung m. d. Füßen"		
	G	M	J	G	M	J	G	M	J
SchülerInnen gesamt	440			372			450		
Mit sonderpäd. Gutachten	50	24	26	38	20	18	16	8	8
Lernbehinderung	11	6	5	19	7	12	10	6	4
Verhaltensauffälligkeit	16	7	9	4	2	2	4	1	3
Körperbehinderung	5	3	2	–	–	–	1	–	1
Geistige Behinderung	9	6	3	6	3	3	–	–	–
Schwere Mehrfachbehinderung	–	–	–	3	2	1	–	–	–
Sinnesbeeinträchtigungen	–	–	–	6	4	2	1	–	1
Sonstige	9	4	5	–	–	–	–	–	–
Nichtdeutscher Muttersprache	156	79	77	193	92	101	340		
Türkoi	66			181	83	98	$\cong$ 300		
Mit sonderpäd. Gutachten	10	6	4	20			14	7	7
Lernbehinderung	2	2		12	4	8	8	5	3
Verhaltensauffälligkeit	5	2	3	2	1	1	4	2	2
Körperbehinderung	1	1	–	–	–	–	1	–	1
Geistige Behinderung	–	–	–	5	3	2	–	–	–
Schwere Mehrfachbehinderung	–	–	–	3	2	1	–	–	–
Sinnesbeeinträchtigung	2	2	–	4	4	–	1	–	1
Andere Herkunftsländer	91			12	9	3	40		
Mit sonderpäd. Gutachten	11	6	5						
LehrerInnen (gesamt)	45			36			34		
SonderpädagogInnen	8			6			2		
LehrerInnen mit nichtdeutscher Muttersprache	–			–			5		
Im muttersprachlichen Unterrichtsangebot involviert	–			–			16		

(Auswertung einer Fragebogenerhebung[200] an den Schulen. G = Gesamt; M = Mädchen; J = Jungen; – = Anzahl 0; Ohne Zeichen = Nicht erfragt oder keine Angabe; $\cong$ = ungefähr))

6.2.3.1 Grundschule 1: „An der Peripherie des multikulturellen Stadtteils"

Die Schule ist eine dreizügige Grundschule, die den im Schulgesetz von Berlin genannten Unterrichts- und Erziehungsauftrag erfüllt, indem sie bereits seit 10 Jahren offiziell (seit 15 Jahren inoffiziell) die Möglichkeit zum gemeinsamen Unterricht für Kinder mit und ohne sonderpädagogischem Förderbedarf in Integrationsklassen einräumt. Sie war eine der ersten Schulen, welche nach der abweichenden Organisationsform Integration umsetzte. Durch die Ausweitung der integrativen Beschulung nahm die Schülerschaft

---

200 Der Fragebogen befindet sich im Anhang.

an einer benachbarten Schule für Lernbehinderte ab und die Schulen wurden nach einer längeren Zeit der Kooperation zusammengeführt[201].

Das Besondere an der Schule ist, dass sie in *allen* Klassen, auch in den Vorklassen, Kinder mit sonderpädagogischem Förderbedarf unterrichtet und ausdrücklich die Gemeinsame Erziehung und Unterrichtung zu einem präferierten Anliegen macht[202]. Sie war von 1992-1996 am landesweiten Schulversuch zur Integration von geistig und schwer mehrfachbehinderten Kindern beteiligt. Im Schuljahr 1999/00 wurden 50 Schülerinnen und Schüler mit sonderpädagogischem Förderbedarf (darunter 10 aus der Türkei) an der Schule unterrichtet. Die Frequenz in den Integrationsklassen ist auf 23 Kinder festgelegt und der Unterricht wird von 2-3 Lehrkräften durchgeführt. Im Kollegium von 45 Personen arbeiten auch 8 Sonderschullehrerinnen und -lehrer, die entsprechend dem sonderpädagogischen Förderbedarf (durchschnittlich 4 Sonderpädagogenstunden je Kind[203]) in den Klassen eingesetzt werden. Eine weitere Besonderheit der Schule ist das Angebot der morgendlichen Frühbetreuung ab 7.15 Uhr bis zum Unterrichtsbeginn. Der Unterrichtsvormittag ist geteilt in drei Blöcke von 90 Minuten, unterbrochen von zwei Pausen á 30 Minuten. Vorrangig wird in den Klassen mit Wochen- und Tagesarbeitsplänen unterrichtet, um eine Binnendifferenzierung der Anforderungen und Tätigkeiten zu gewährleisten, die Selbstständigkeit in der Aufgabenbewältigung, die Lern und Leistungsmotivation der Kinder zu entwickeln und fördern.

„Es ist eine große Bereicherung, wenn man Kinder so unterrichten kann, dass jeder zu seinem Recht kommt. Kein Kind lässt sich gerne in ein Schema pressen. Jeder profitiert von seinem breiten Lernangebot, der Möglichkeit, seine Arbeiten auszuwählen und selbstständig eigene Ideen zu entwickeln. Dieser Unterricht beschränkt sich nicht auf 6 Stunden Stillsitzen, Zuhören, Sichmelden, Abschreiben, Lesen, 3 mal am Tag ‚Drankommen', Rechnen, Zuhören, Stillsitzen. Hier lernen die Kinder, sich aktiv an der Planung und Gestaltung des Unterrichts zu beteiligen, sich verantwortlich für ihre Arbeit zu fühlen, ihre Zeit einzuteilen, ihre Lernfähigkeit einzuschätzen, mit anderen zusammen zu arbeiten[204]."

---

201 Nach Angaben der Schulleitung konnten in 10 Jahren nur 5 Kinder in die Grundschule reintegriert werden, aber bei zahlreichen Kindern konnte eine Aussonderung vermieden werden. Die Lernbehindertenschule hatte 1977 noch eine Schülerschaft von ca. 350 Kindern, welche sich bis 1987 halbierte. Der prozentuale Anteil der SchülerInnen mit Lernbehinderungen an der Schülerschaft nahm im gleichen Zeitraum nicht zu.

202 Integrationskinder werden auf Antrag der Eltern auch außerhalb des eigentlichen Einzugsgebietes der Schule aufgenommen. Nach Angaben der Schulleitung mussten in den vergangenen Schuljahren aus Kapazitätsgründen ca. 50% der Anträge abgelehnt werden. Hinzu kommen Eltern, welche aus anderen Bundesländern im Interesse der schulischen Integration ihrer Kinder nach Berlin ziehen (Beispiel: Mutter aus München mit einem Kind mit Down-Syndrom, die nach Kreuzberg gezogen ist) und vermutlich Eltern, die „Scheinadressen" im Bezirk angeben. Die Schule sah sich gezwungen, eine Prioritätenliste zu erstellen, die von den Kriterien Geschwisterkinder und soziale Härte angeführt wird.

203 Angaben aus einer Informationsbroschüre zur Schule (1999)

204 Ebd., Seite 7.

Von der 1. Bis zur 4. Klasse erhalten die Kinder verbale Beurteilungen, am Ende der ersten Schulhalbjahre werden Informationsgespräche mit den Eltern durchgeführt. In den Klassen 5 und 6 gibt es erste Ziffernzensuren für alle Kinder, für Kinder mit einer Lern- oder geistigen Behinderung können Eltern Anträge auf Fortsetzung der verbalen Beurteilungen bis zum Abschluss des 6. Schuljahres stellen. Die Schule legt gesteigerten Wert auf eine gute Zusammenarbeit zwischen Elternhaus und Schule und trägt durch intensive Elternarbeit, wie Elternmitarbeit und dem Angebot der Unterrichtsbesuche durch die Eltern, dazu bei.

In einem ausgiebigen und sehr informativen Gespräch mit der Schulleitung[205] der Schule wurde die Situation in Bezug auf Kinder mit nichtdeutscher Muttersprache als relativ unproblematisch und ausgeglichen geschildert. Dies führte die Schulleitung insbesondere auf die Lage der Schule an der „Peripherie" des Bezirkes Kreuzberg zurück. In den vergangenen Jahren sei eine soziale Wanderbewegung der bildungsbewussten Ausländereltern in die Randbezirke des Stadtteiles oder in angrenzende Bezirke zu beobachten. Der Ausländeranteil an der Schule liegt bei 35,4%, was unter dem Durchschnitt des Bezirkes liegt und ist im Verhältnis zu den anderen beteiligten Schulen stärker multikulturell geprägt. Nur 41,6%[206] der Kinder nichtdeutscher Muttersprache kommen aus der Türkei. Bei 10 von 65 Kindern türkischer Herkunft – damit 15,3% – liegt ein sonderpädagogisches Gutachten vor, wohingegen der Anteil der Gutachtenkinder an der Gesamtschülerschaft bei 11,3% liegt. Die Schule hat nach eigenen Angaben keine Förderangebote in der Zweitsprache Deutsch sowie keine muttersprachlichen Unterrichtsangebote.

Die Schulleitung konnte erst nach Rücksprache mit der Gesamtkonferenz ihre Bereitschaft zur Mitarbeit signalisieren. Nach Angaben aus den Vorgesprächen zu den Interviews wurden die Lehrerinnen und Lehrer im Rahmen dieser Gesamtkonferenz nur peripher über die Untersuchung informiert und nachdem sich spontan keine Kolleginnen oder Kollegen zur Mitarbeit geneigt zeigten, wurden zwei Lehrerinnen direkt durch die Schulleitung angesprochen. Weitere Lehrerinnen oder Lehrer konnten auch durch die persönliche Rekrutierung durch die Befragten nicht zur Mitarbeit motiviert werden. Alle Interviews und Rekonstruktionssitzungen mit den Lehrerinnen der Schule fanden auf persönlichen Wunsch in den privaten Wohnungen statt.

---

205 Aus datenschutzrechtlichen Gründen wird auf die Wiedergabe von Angaben, die eine eindeutige Identifizierung der Schule zulassen würden, verzichtet. Aus diesem Grunde wird im Folgenden der geschlechtsneutrale Begriff der „Schulleitung" verwandt.
206 Im Vergleich zu 51,4% und 75,5% an den beiden anderen Schulen.

6.2.3.2 Grundschule 2: „Geringer Ausländeranteil – Unter anderem wegen des Gemeinsamen Unterrichts"

Die Schule mit dem Pseudonym *Geringer Ausländeranteil u.a. wegen des Gemeinsamen Unterrichts* wurde mir, von diversen Informationsquellen, am häufigsten als qualifizierter und kompetenter Schulstandort für den gemeinsamen Unterricht im Bezirk Kreuzberg empfohlen. Die Schule erfüllt ihren gesetzlichen Auftrag zum Gemeinsamen Unterricht nicht nur im Rahmen des Berliner Schulgesetzes, sondern beteiligte sich von 1990 an am landesweiten Schulversuch zur Integration von Kindern mit einer geistigen oder schweren Mehrfachbehinderung. Zur Zeit werden noch zwei Klassen geführt, die als Schulversuchsklassen ausgestattet wurden. Unter den 15 Schulklassen sind 13 Integrationsklassen mit 38 Gutachtenkindern, unter den 36 Kolleginnen und Kollegen sind 6 Sonderpädagoginnen und Sonderpädagogen tätig.

Auf meine telefonische Anfrage, signalisierte die Schulleitung spontan starkes Interesse an der Thematik der Exploration. Bevor das Kollegium jedoch konkret für eine Mitarbeit angesprochen werden könnte, wurde es für unabdinglich gehalten, ein persönliches Gespräch über die Intentionen „bei einer Tasse Kaffee" zu führen. Im Rahmen dieses Gespräches informierte sich die Schulleitung umfangreich, inwiefern die wissenschaftliche Untersuchung auch im Interesse des Kollegiums sein könnte und ob die Lehrerinnen und Lehrer ebenfalls einen Gewinn aus der Zusammenarbeit ziehen könnten. Diese kritisch-skeptische Haltung der Schulleitung war m.E. Ausdruck eines hervorhebenswerten verantwortungsvollen Aufgabenverständnisses. Bereits in diesem Gespräch wurde deutlich, dass die Schule die besondere Aufgabe der Integration von Kindern nichtdeutscher Muttersprache erkannt und wiederholt thematisiert hatte[207]. Seit Beginn des Schuljahres liefen die Vorbereitungen für ein interkulturelles Programm zu einem internationalen Kinderfest[208]. Pro Klassenstufe wird jeweils ein Kurs „Deutsch als Zweitsprache" angeboten. Ein besonderes Konfliktpotenzial verbirgt sich nach Auffassung der Schulleitung in der Zusammenarbeit mit den Eltern nichtdeutscher Herkunft. Während unseres Ge-

---

207 Es kann nicht eindeutig festgestellt werden, ob es sich bei den Bemühungen eher um Ansätze der traditionellen Ausländerpädagogik oder um Konzepte der Interkulturellen Pädagogik handelt. Unter Umständen ist die Praxis auch widersprüchlich und personenbezogen different zwischen den Lehrpersonen, gleichsam der Situation an ausgewählten Integrativen Regelschulen in Hamburg (vgl. Hinz 1998, 138).

208 Zuerst war die Durchführung des islamischen „seker bayrami" oder Zucker-Festes überlegt worden. Da jedoch nicht alle Kinder aus der Türkei muslimischen Glaubens sind, wurde danach überlegt den Kindertag am 6. Mai wie in der Türkei zu feiern. Angeregt durch die Rückkopplung mit einem kurdischen Erzieher aus der benachbarten Kindertagesstätte, der die OrganisatorInnen über einige Festmodalitäten in der Türkei aufklärte (wie Fahnenappelle, Paraden, Ata Türk – Ehrungen etc.), wurde entgegen den ursprünglichen Intentionen ein beliebiger Tag festgesetzt, um die Bedürfnisse *aller* Kinder zu beachten.

spräches erwartete im Sekretariat ein türkischer Vater ein Gespräch mit der Lehrerin oder dem Lehrer seines Kindes und der Schulleitung.

Die Schule hat einen Ausländeranteil von 51,8 % und liegt damit unter dem durchschnittlichen Anteil der anderen Schulen im Wohngebiet (Kiez), aber annähernd am prozentualen Ausländeranteil der Primarstufe im Bezirk Kreuzberg. Diese Tatsache wurde durch die Schulleitung u.a. darüber erklärt, dass die Grundschule weit über den Einzugsbereich für ihre engagierte Arbeit in Bezug auf Gemeinsamen Unterricht von behinderten und nichtbehinderten Kindern bekannt sind. Die Toleranz und Akzeptanz des integrativen Unterrichts fiele bei einem Großteil der ausländischen Eltern von Kindern ohne sonderpädagogischen Förderbedarf gering aus, weshalb man sich bewusst gegen die Integrationsschule entschied[209].

Unter den Kindern nichtdeutscher Muttersprache sind fast 94% türkischer Nationalität. Die Gutachtenkinder türkischer Herkunft machen wiederum 52,6 % der Integrationskinder aus, wohingegen sie nur 48,6 % der Gesamtschülerschaft stellen. Die Schulleitung der Schule mit dem Synonym *Geringer Ausländeranteil u.a. wegen des Gemeinsamen Unterrichts* teilte unmittelbar nach der schriftlich konkretisierten Anfrage zur Mitarbeit an der Exploration, Namen und Telefonnummern von vier Lehrerinnen und Lehrern mit, die sich für ein Interview bereit erklärt hatten. Bei den Kolleginnen und Kollegen handelte es sich um 2 Zwei-Pädagogen Teams aus Integrationsklassen.

6.2.3.3 Grundschule 3: „Abstimmung mit den Füßen"

Die dritte gewählte Grundschule zeichnet sich insbesondere durch die Spitzenposition im bezirklichen Vergleich des Ausländeranteils, von ca. 75,5% Kindern nichtdeutscher Muttersprache und einem starken Rückgang der Schülerzahlen allgemein aus. Konnten 1994 noch fünf erste Klassen eingerichtet werden, waren es 1998 nur noch drei und im laufenden Schuljahr ist die Zahl der Eingangsschüler nochmals erheblich zurück gegangen. Entgegen den Annahmen von Vieth-Entus, dass erfahrungsgemäß „den Innenstadtschulen mit hohem Ausländeranteil weitere Kinder verloren [gehen], da die Eltern andernorts eine bessere Förderung erwarten" und dass mit der Umsetzung des Schulgesetzentwurfes zur freien Grundschulwahl für Eltern „sich dieser Schwund noch verstärken" (a.a.O.) dürfte, ist die Schulleitung der Auffassung, dass sich nicht viel ändert. „Wer eine bestimmte Schule nicht will, konnte auch bisher schon ausweichen" und es habe keinen Sinn, Eltern festzuhalten, die gehen wollen, denn „Fünf Deutsche pro Klasse – das bringt für keine Seite was" (Betreffende Schulleitung nach Vieth-Entus 1999).

---

209 Dies wurde auch von einer Lehrerin der Schule „An der Peripherie des multikulturellen Stadtteils" bestätigt Sie geht davon aus, dass die Skepsis der Eltern in der Annahme gründet, es handele sich um eine Sonderschule (siehe Int. Code Welat Z 39; K19).

Zur Zeit werden an der Schule 450 (ca. 340 nichtdeutscher Herkunft; ca. 300; ≅ 88% türkischer Nationalität) Schülerinnen und Schüler von 34 Lehrerinnen und Lehrern unterrichtet. Unter dem Lehrpersonal befinden sich zwei Sonderpädagoginnen oder -pädagogen und 5 Kolleginnen oder Kollegen mit einer nichtdeutschen Muttersprache. In Verbindung mit dem Regelangebot der „Koordinierten Zweisprachigen Alphabetisierung/Erziehung in Deutsch/Türkisch" (11 von 19 Klassen) sind ca. 16 Lehrerinnen und Lehrer in das muttersprachliche Unterrichtsangebot involviert. Zudem werden im Umfang von 60 Wochenstunden Förderangebote in Deutsch als Zweitsprache durchgeführt.

In dem Vorgespräch mit der Schulleitung sowie einem Gespräch mit einem Lehrer der Schule wurde deutlich, dass deutsche, aber zunehmend auch bildungsorientierte nichtdeutsche Eltern auf die Situation an der Schule mit einer „Abstimmung mit den Füßen[210]" reagieren, d.h. sie ziehen es vor, in einen anderen Stadtbezirk, ein weniger von ausländischen MitbürgerInnen frequentiertes Einzugsgebiet umzuziehen[211] oder zumindest ihre Kinder in einer Schule mit geringerem Anteil nichtdeutscher SchülerInnen umzumelden. Dies ist kein auf diese Schule beschränktes Phänomen, vielmehr wird auch von anderen Schulen in Kreuzberg berichtet, dass es so etwas wie „eine magische Grenze" gibt. „Ab 50% droht es zu kippen, wenn dann noch zwei Deutsche wegziehen, gehen die anderen auch[212]". Die Schulleitung zeigt sich enttäuscht über das geringe Interesse der türkischen Familien an Deutschkursen, die von der Volkshochschule und der Arbeiter Wohlfahrt in der Schule angeboten werden. „Die entsprechenden Anmeldebögen, die man den Kindern mitgegeben habe, fanden kaum Resonanz. Ein Elternteil habe auf dem Zettel – in türkisch – vermerkt, er brauche keinen Kursus, weil er ausreichend deutsch spreche" (Vieth-Entus 1999)[213].

Die Schule mit dem Pseudonym *Abstimmung mit den Füßen* wurde zudem ausgewählt, da sie beide Konzepte, den Gemeinsamen Unterricht und die Zweisprachige Erziehung, umsetzt. Die Schule hat seit 9 Jahren Erfahrungen mit dem Gemeinsamen Unterricht und zurzeit werden von 19 Klassen 4 als Integrationsklassen geführt, gleichsam werden einige Einzelintegrationsmaßnahmen durchgeführt. Bei den 16 Integrationskindern handelt es sich überwiegend um lern- und verhaltensauffällige Kinder (10), um ein Kind mit einer Körperbehinderung und eines mit einer Sinnesbeeinträchtigung. 14 der 16 (somit 87,5 %) Gutachtenkinder kommen aus der Türkei. Bedauerlicherweise

---

210 Wörtliche Wiedergabe einer Aussage der Schulleitung.
211 Dies trifft auch auf das Lehrpersonal der Schulen zu (siehe einige Interviews).
212 SchulleiterIn der Grundschule in: Erziehung und Wissenschaft. Zeitschrift der Bildungsgewerkschaft GEW. Zum Thema: Multikulturelle Bildung. Vertraut werden mit Fremdem. Heft 6 (1999), 8.
213 Die vermeintliche Absicht der AbsenderIn könnte es gewesen sein, die Schulleitung durch das Schreiben in türkischer Sprache auf die mangelnden Türkischkenntnisse der an der Schule tätigen SchulleiterInnen und LehrerInnen in Anbetracht des hohen Anteils türkischsprachiger Kinder unter der Schülerschaft aufmerksam zu machen.

kam es aus verschiedenen Gründen im Vorfeld zu keinem persönlichen Zusammenkommen mit der Schulleitung. Nach telefonischer Rücksprache wurde schriftlich Adresse und Telefonnummer des Lehrers, der sich zur Zusammenarbeit bereit erklärt hatte, mitgeteilt. Über selbigen Kollegen konnte eine weitere Lehrerin zur Zusammenarbeit motiviert werden.

An der Schule werden in den Klassenstufen reine Klassen mit türkischsprachigen Schülerinnen und Schülern gebildet. Diese Vorgehensweise wird einerseits begründet mit der Durchführung der Zweisprachigen Alphabetisierung, andererseits ist es so, dass die Schule vorrangig einen türkischen Einzugsbereich hat und dadurch nur von wenigen Kindern einer anderen Muttersprache besucht wird. In der Ausweitung eines ersten Berliner Schulversuches (1984-1993) zur *Zweisprachigen Erziehung* beteiligte sich die Schule bereits an dem Projekt. Im Rahmen dieses Modells werden die türkischen Kinder gleichzeitig in der Muttersprache und in der Zweitsprache Deutsch alphabetisiert. „Der Unterricht ist so angelegt, dass beide Schriftsysteme und Sprachen sowie die Leselernmethoden in Deutsch und Türkisch miteinander koordiniert werden" (Goltz 1996, 240). Zuerst erlernen die türkischen Schülerinnen und Schüler in einem gesonderten Unterricht die türkischen Begriffe und Buchstaben, um sie danach in einem gemeinsamen Unterricht mit den deutschen Kindern in deutscher Sprache zu erwerben. Die ständige Kooperation der türkischen mit den deutschen Lehrerinnen und Lehrern ist nicht nur Bestandteil, sondern auch Voraussetzung für die erfolgreiche konzeptionelle Umsetzung.

In der Wartezeit vor einem Interview wurde ich gebeten, in einem Klassenraum Platz zunehmen. An den Wänden befanden sich Zeichnungen und Bilder, die fast ausnahmslos mit türkischen (oder vermutlich arabischen) Namen unterzeichnet waren. Ich gehe deshalb davon aus, dass dies eine dieser rein türkischen Klassen war. An der Tafel befanden sich zwei Briefe, die offensichtlich durch die/den KlassenlehrerIn mit der Zielsetzung angeschrieben worden sind, dass die Kinder sie in ihre Mitteilungshefte abschreiben[214].

„Liebe Eltern, ihre Kinder sind nicht gut in Deutsch. Sie haben ihre Hausaufgaben nicht gemacht und nicht ausreichend für Deutsch geübt. Deshalb müssen Sie diese Woche zwei Gedichte auswendig lernen. Mit freundlichen Grüßen".

Auf der zweiten Tafelhälfte stand: *„Liebe N. und Ö., an der Tafel und in einigen Heften stand N. + K. und Ö. + Z. Ich finde das nicht gut und bitte Euch das zu lassen. Mit freundlichen Grüßen".*

---

214 Dies musste eine Vermutung bleiben, da von mir an diesem Tag befragter Lehrer nicht in dieser Klasse tätig war, und folglich keine Auskunft geben konnte. Es kann evtl. davon ausgegangen werden, dass die Lehrkraft versuchte die Kommunikation unter den Kindern zu lenken. So wäre es denkbar, dass die Kinder einen Konflikt hatten und die LehrerIn eine Wunsch-Botschaft als Mitteilung diktieren ließ.

6.2.4 Auswahlkriterien und -verfahren für die Untersuchungspartnerinnen und -partner

Im Rahmen der Untersuchung sollte ein umfassender Eindruck gewonnen werden, wie Lehrerinnen und Lehrer der Primarstufe Kinder ethnischer und kultureller Minderheiten in ihrem Unterricht wahrnehmen und in die Unterrichtsprozesse integrieren. Ziel der Erhebungen war es, die individuellen Subjektiven Theorien der Lehrerinnen und Lehrer zu erfassen, diverse Einflussfaktoren auf die Ausprägungen der Theorien zu ermitteln und die Subjektiven Theorien der ausgewählten Befragten zu kontrastivieren. Grundvoraussetzung für die Teilnahme an der Exploration waren das geäußerte Eigeninteresse und eine offensichtliche Bereitschaft zur Zusammenarbeit in Bezug auf die konkrete Fragestellung der vorliegenden Untersuchung. Die Untersuchungspartnerinnen und -partner sollten über eine mindestens dreijährige Erfahrung mit dem Unterricht in Integrationsklassen verfügen, zum Zeitpunkt der Studie bereits mehr als ein Schuljahr in der momentanen Klasse unterrichten sowie türkische bzw. kurdische Kinder in ihrer Klasse haben. Unter den Befragten sollten zu einem ausgewogenen Anteil (annähernd an den Anteil an der Lehrerschaft der Schulen) beide Geschlechter vertreten sein.

Fünf der acht beteiligten Lehrerinnen und Lehrer hatten sich nach dem Aufruf der Schulleiterinnen und -leiter persönlich für eine Mitarbeit bereit erklärt, zwei Lehrerinnen wurden direkt von der Schulleitung angesprochen und eine weitere Lehrerin wurde durch die Ansprache eines Kollegen als Untersuchungspartnerin gewonnen. Unter den Befragten waren sechs Frauen und zwei Männer[215].

6.3 Datenerhebung, -aufbereitung und Kommunikative Validierung

6.3.1 Durchführung der Interviews

Die Lehrerinnen und Lehrer wurden über ein kurzes Informationsschreiben an die Schulleitungen über das Anliegen, den Verlauf und die zeitlichen Aufwendungen im Zusammenhang mit der Studie vorab informiert. Das Informationsschreiben[216], welches die Untersuchungspartnerinnen und -partner

---

215 Der Anteil der weiblichen Lehrerinnen an den Öffentlichen Schulen im Primarbereich liegt nach Angaben des Landesschulamtes bei 85% in Berlin gesamt und bei 75% in Kreuzberg. Somit entspricht die Geschlechterverteilung der befragten Personen diesem.
216 Alle InterviewpartnerInnen hatten vor Beginn der Interviews den gleichen Kenntnisstand. Der kollegiale Austausch zwischen den LehrerInnen an einer Schule über die Erfahrungen des Interviews konnte nicht vollends verhindert werden. Die UntersuchungspartnerInnen

direkt ansprach, mein Interesse an ihren persönlichen Erfahrungen mit dem Gemeinsamen Unterricht in kulturell heterogenen Lerngruppen als Expertinnen und Experten, diente somit der Entscheidungsfindung. In einem telefonischen Gespräch konnten anschließend detailliertere Fragen geklärt, und bei geäußerter Bereitschaft zur Zusammenarbeit, ein erster Termin für das Interview vereinbart werden. Die Datenerhebung, -aufbereitung und die kommunikative Validierung im Rahmen der Heidelberger Struktur-Lege-Technik erfolgten bei allen Untersuchungspartnerinnen und -partnern im Zeitraum vom 26.4.1999 bis zum 18.6.1999. Die Leitfadeninterviews erfolgten nach dem Votum der Befragten in den Räumlichkeiten der Schulen (in Freistunden oder nach Schulschluss) oder im privaten Wohnraum der Lehrerinnen und Lehrer[217]. Die Interviewatmosphäre erwies sich bei den Befragungen im privaten Wohnbereich tendenziell entspannter und angenehmer und die Redesituation positiver als im Schulgebäude. Jedoch förderte diese, von der professionellen Rolle distanziertere Atmosphäre, auch inhaltliche Ausschweifungen, persönliche Erzählungen und Ablenkungen, u.a. bedingt durch die Gastgeberrolle der Befragten.

Als atmosphärisch ungünstig konnte es nach den Erfahrungen eingeschätzt werden, wenn die Befragten direkt aus dem Unterricht in die Interviewsituation kamen, bzw. nach dem Interview noch in schulische Belange involviert waren. Nach erfolgtem Schulschluss zeigten sich durch den Standort Schulgebäude keine negativen Wirkungen auf die Interviewsituation. Die genutzten Räume in der Schule, in der Regel Elternberatungszimmer, zeitweise freie Klassenzimmer oder Projekträume, zeigten ebenfalls keine negativen Auswirkungen auf die Befindlichkeiten und die Gesprächsbereitschaft der Lehrerinnen und Lehrer. Lediglich das Eintreten von Personen (Schülerschaft, Kollegium, Hausmeister, etc.) in den Interviewraum und Unruhe auf den Fluren oder in Nachbarklassenräumen manipulierte in Einzelfällen kurzfristig den Redefluss der Befragten, zeigte aber keine nachhaltigen Wirkungen auf den Interviewverlauf. Teilweise konnte man den Eindruck gewinnen, dass es den Lehrerinnen und Lehrern unangenehmer war, die Interviewerin in ihren Klassenraum Einblick zu gewähren, als in die privaten Räume. Dies könnte u.a. daran liegen, dass sich die Lehrerinnen und Lehrer bewusst sind, dass die Klassenraumgestaltung Rückschlüsse auf die Unterrichtsgestaltung zulässt und dadurch Einblicke in die professionelle Arbeit gestattet. Die Forscherin hat vorab ein direktes Interesse an der Unterrichtsarbeit signalisiert, ihre persönliche Motivation bleibt für die Lehrkräfte, trotz der diesbezüglichen Informationen, unsicher und darin beruhen eventuell Ängste und Vorbehalte.

---

wurden jedoch gebeten, keine detaillierten Informationen über die Themen der Befragung weiterzugeben.
217 Die Möglichkeit sich an einem dritten Ort (Raum in der Universität, Bibliothek etc.) zu treffen, wurde in keinem Fall in Betracht gezogen.

Auch die Interviewerin unterlag den genannten Einflussfaktoren der Räumlichkeiten. So verliefen die Interviews in den Schulen mit einer stringenteren Orientierung am Leitfaden, wodurch einerseits die Eingriffswahrscheinlichkeit in den äquivalenten Interviewablauf verringert wurde, andererseits aber auch die Sensibilität für die Befindlichkeiten, die Motivation und das Fragenverständnis der Befragten negativ beeinflusst war. Diese Effekte sind vor allem dem äußeren Zeitdruck[218] geschuldet gewesen.

6.3.2 Transkription und Extrahierung der Konzepte

Zwischen den beiden Interviewterminen wurden die Interviews zunächst vollständig nach einem vorgegebenen Regelwerk (nach Bortz/Döring 1995; Mayring 1995, Transkriptionsregeln im Anhang I) transkribiert. Bei der Transkription wurde auf die Wiedergabe von Nebengeräuschen, nicht verbalsprachlichen Äußerungen (räuspern, hüsteln, etc.) weitestgehend verzichtet und nach mehrmaligem Hören nicht rekonstruierbare Aussagen im Text gekennzeichnet. Die Interviews erwiesen sich als sehr different in Bezug auf den Umfang, die sprachliche und inhaltliche Strukturiertheit und den Gesprächsverlauf. Bei einigen Interviews schienen die Antworten mit der Dauer der Befragung kürzer zu werden, bei anderen blieben die Antwortfrequenzen gleich. Ein Interview musste nach der letzten Fragestellung noch einmal eröffnet werden (Interview: Code Tuba), da der Befragte der Ansicht war, bestimmte wichtige Details nicht ausreichend erläutert zu haben. Die Tonbandaufzeichnung wurde unabhängig vom Leitfaden fortgesetzt. Ein Interview musste in Folge technischer Defekte eines Tonbandes zu 25% wiederholt werden (Interview: Code Musik). Die Transkriptionen der Interviews befinden sich im Anhang I der Arbeit.

Die Reduktion des Materials in einem nächsten Arbeitsschritt, nach der Methode der qualitativen Inhaltsanalyse (Mayring 1990), erfolgte mit dem Ziel, „dass die wesentlichen Inhalte erhalten bleiben", damit im Rahmen der Rekonstruktion der Subjektiven Theorien, durch die Abstraktionen der SLT ein überschaubarer Corpus der Subjektiven Theorie des Handelns im Unterricht geschaffen werden konnte, „der immer noch Abbild des Grundmaterials ist" (Mayring 1990, 54). Dies erwies sich als sehr zeitaufwändig und die Terminierungen für die Anschlussbefragungen mussten folglich gelegentlich verschoben werden. An sich erschien die Zeitplanung oftmals als zu begrenzt[219].

---

218 Ein Lehrer wurde im Unterricht zurück erwartet, an einer Schule wartete der Hausmeister, um das Gebäude abzuschließen und eine Lehrerin hatte noch eine zeitlich festgelegte Integrationsfachkonferenz unmittelbar nach dem Interview.
219 Dies war weitestgehend ein Effekt der größeren Distanzen zwischen beruflichem Standort, Forschungsfeld und Wohnort der Forscherin.

Die aus der Reduktion extrahierten Begriffe und Konzepte[220] der Interviews erwiesen sich als vom Umfang, von der begrifflichen Konkretisierung und von der Abstraktionsebene als sehr different. Aus diesem Grunde ergab sich die Notwendigkeit, diese entsprechend der Strukturvorgaben (Gemeinsamer Unterricht; Lern- und Leistungsentwicklung der türkischen und kurdischen Kinder; Erfolgreiche Integration türkischer und kurdischer Kinder im Gemeinsamen Unterricht) auszuwählen[221], zu reduzieren, zu komprimieren und sprachlich zu konkretisieren. Dies erfolgte durch die Zusammenfassung oder Kumulation von Begriffen mit weitgehend synonymem inhaltlichen Aussagen (wie Sprachprobleme, mangelnde Sprache, etc. zu Sprachschwierigkeiten), Begriffe mit inhaltlicher Abweichung der Bedeutung wie Sprachverständnis blieben erhalten. Auf die Integration von sehr individuell geschilderten Fallbeispielen, detaillierten Beschreibungen, Vergleichen mit ehemaligen oder parallel unterrichteten Klassen und Erzählungen vom Hörensagen musste ebenfalls im Interesse der Komplexität verzichtet werden. Die sprachliche Form wurde bei der Übertragung auf die Karteikarten den methodischen Anforderungen weitestgehend ohne Angabe von Relationsstrukturen vorgenommen. Die sprachliche Konkretisierung erfolgte durch die Verwendung von Fach- und Sammelbegriffen, in Zweifelsfällen über die Kongruenz der Aussagefähigkeit, wurden die wörtlichen Begriffe der Lehrerinnen und Lehrer verwandt[222].

Der Zeitaufwand für die inhaltsananlytische Auswertung, die Reduktion und die Vorbereitung der Struktur-Legekarten bewegte sich zwischen 31,5 Std. (Int.: Tee) und 15,5 Std. (Int.: Blau und Musik). Die Tabellen zu den Inhaltsanalytischen Auswertungen der Interviews befinden sich im Anhang II der Arbeit. Die Anzahl der umfassend erfassten Konzepte und Begriffe erwies sich als sehr heterogen (zwischen maximal 220 [Int.: Tee] und minimal 170 pro Interview). In der oben beschriebenen Phase der Komprimierung zum Übertragen auf die Struktur-Lege-Karten zeigten sich erhebliche Differenzen in der begrifflichen Konkretisierung; deshalb war es erforderlich, die Karten durch die Forscherin auf eine Zahl von nicht über 150 für die Strukturlegung zu reduzieren (134 – 150). In den Strukturabbildungen wurden dann von den Untersuchungspartnerinnen und -partnern, unabhängig von der Ausgangszahl,

---

220 In den Tabellen der Inhaltsanalytischen Auswertungen unterstrichen.
221 So konnten bestimmte Aussagen der befragten LehrerInnen bspw. Konkretisierungen zum Gemeinsamen Unterricht, zum Sozialverhalten, den geschlechtsspezifischen Differenzen der Kinder, Angaben zu den persönlichen Beziehungen zur türkischen oder kurdischen Kultur oder Sprache nur berücksichtigt werden, wenn sie im direkten Zusammenhang mit den 3 Konstrukten der Struktur genannt wurden und diesen eine eindeutige Wirkung zuerkannt wurde. Die dadurch bei der Strukturabbildung vernachlässigten Aspekte wurden bei der Kontrastivierung der Subjektiven Theorien vor dem Hintergrund der erfassten inhaltlichen Schwerpunkte qualitativ ausgewertet und einbezogen.
222 Zudem ermöglicht es die Methode den UntersuchungspartnerInnen, die wiedergegebenen Begriffe und Konzepte aus dem Interview jederzeit zu revidieren oder zu modifizieren.

relativ übereinstimmend zwischen 62 (Int.: Orchidee) und 81 (Int.: Ira) Legekarten verwandt. Es waren keine linearen Zusammenhänge, zwischen der Anzahl von Karten vor der Strukturlegung zu der Anzahl der, von den Lehrerinnen und Lehrern, in der Strukturabbildung gelegten Karten, erkennbar. Die Anzahl der Karten hatte zudem deutlich eine geringere Bedeutung für die Aussagekraft der Strukturabbildung, als die Konkretisierungen der Begriffe und Konzepte der Karten, deshalb werden diese nicht gesondert aufgeführt.

Einige subjektive Erfahrungen der Forscherin, mit der Reduktion der Begriffe und Konzepte, sind in Kapitel 7.1 im Kontext der Dokumentationen der individuellen Rekonstruktionsverläufe zu den Subjektiven Theorien der Lehrerinnen und Lehrer beschrieben. Zur Vorbereitung auf die Rekonstruktionssitzungen wurden die erstellten Konzeptkärtchen in einem Karteikasten zuerst grob nach den 3 Basis-Konstrukten sortiert und im Anschluss eine Feinsortierung nach Aussagezusammenhängen vorgenommen. Diese Vorgehensweise erleichterte die strukturierte Konfrontation der Untersuchungspartnerinnen und -partner im Rahmen der Strukturlegung.

6.3.3 Durchführung der Rekonstruktion der Subjektiven Theorien mit der Heidelberger Struktur-Lege-Technik

Die Rekonstruktions-Sitzungen mit den Lehrerinnen und Lehrern erfolgten ebenfalls in den Schulen oder Wohnungen der Befragten. Die Effekte der örtlichen und räumlichen Gegebenheiten auf den Verlauf der Rekonstruktion entsprachen denen der Interviews. Bis auf eine Lehrerin hatten sich alle Untersuchungspartnerinnen und -partner zumindest oberflächlich mit den ihnen zuvor ausgehändigten Regeln der Heidelberger Struktur-Lege-Technik befasst und vertraut gemacht. Dennoch waren erwartungsgemäß detailliertere Erläuterungen zur Strukturlegung, zu den Bedeutungen und der Anwendung der Relationskarten notwendig. Die Strukturlegungen erforderten einen Zeitaufwand von 2-3 Stunden, die Informationen vorab und einführende, auflockernde Rahmengespräche mit der Forscherin sind dabei nicht includiert.

Eine Lehrerin äußerte Erstaunen über die Ergebnisse der Interviewauswertung. Sie hatte ihre Darlegungen beim Lesen des transkribierten Interviews als „ausufernd und unstrukturiert" empfunden und war begeistert von den Konkretisierungen auf den Legekärtchen, die i.E. ihre Auffassungen „präzise wiedergaben". Die SLT hätte ihr ihre „eigene Arbeit bewusster gemacht" und sie vertrat die Auffassung, „andere KollegInnen sollten diese Reflexionsebene auch einmal einnehmen". Generell wurde von allen befragten Personen nach erfolgter Strukturlegung überrascht festgestellt, dass die Methode „doch nicht so schwer ist wie gefürchtet". Einige Lehrerinnen und Lehrer waren besonders von der Möglichkeit der Visualisierung der strukturellen Zusammenhänge ihrer pädagogischen Arbeit beeindruckt. Sie äußerten den Wunsch, die Darstellung der rekonstruierten Subjektiven Theorie zu bekommen und einige zeigten die Bereitschaft, diese in einer Gruppe mit anderen Befragten zu reflektieren. Ein Lehrer zeigte sich besonders angetan von der Struktur-Lege-Technik. Er entwickelte Ideen, wie man das Verfahren ökonomischer gestalten und der pragmatischen Realisierung Vorschub leisten könnte[223].

Eine Lehrerin hatte Schwierigkeiten auf technischer Ebene mit der Struktur-Lege-Technik. Sie hatte eine starke Sehbeeinträchtigung, konnte einerseits die Legekarten aus der Distanz nicht gut lesen und wechselte deshalb häufig ihre Position zu der gelegten Struktur. Die Interviewerin versuchte durch das wiederholte Vorlesen der Begriffe und Konzepte die „Behinderung" auszugleichen. Nach Aussagen der Lehrerin führte dieser gemeinsame Ansatz des Nachteilsausgleiches zum Erfolg. Die zur Vorbereitung herangezogenen Veröffentlichungen zur Forschungsmethodik ließen einen diesbezüglichen Hinweis vermissen und die Verfasserin hatte Beeinträchtigungen dieser Art[224] zuvor nicht bedacht.

---

223 Bspw. durch die Videoaufzeichnung der Strukturlegung und des rekonstruierten Konstruktes.
224 Andere denkbare Beeinträchtigungen des Strukturlegeverfahrens durch motorische, auditive oder visuelle Beeinträchtigungen würden eine angepasste und veränderte Vorgehensweise erfordern.

7 Präsentation und Analyse der Subjektiven Theorien

7.1 Beschreibung der individuellen Rekonstruktionsprozesse

Vor der Darstellung der individuellen Subjektiven Theorien im Rahmen ihrer Kontrastivierung (Kapitel 7.2) erfolgen jeweils die wesentlichen Angaben zur Person der Befragten, der Klassen- und Personalsituation[225] und eine Beschreibung der, von der Interviewerin subjektiv empfundenen, Interviewsituation und -atmosphäre[226]. Die im Vorfeld der Untersuchung durchgeführte Pilotbefragung ging wegen der engen persönlichen Beziehung zu der Befragten und wegen zahlreicher technischer Modifikationen an der Methode, entgegen dem eigentlichen Vorhaben, nicht in die Studie mit ein. Sie trug entschieden dazu bei, diverse Mängel in der methodischen Vorgehensweise vorzeitig zu beheben oder anzupassen (wie die Vorstrukturierung der Legekarten, veränderte Farbsortierung der Karten, konsequente Rückführung und Sortierung der Relationskarten in den erstellten Kasten; Vorsortierung der Legekarten nach Basiskonstrukten, Transfer der Aussagen der Befragten in Wirkungszusammenhänge etc.).

7.1.1 Grundschule 1: „An der Peripherie des multikulturellen Stadtteils"

7.1.1.1 Interview: Code Salomon[227]

Die Lehrerin mit dem Synonym „Salomon[228]„ ist zwischen 40-49 Jahre alt, seit 20-30 Jahren als Sonderschullehrerin tätig und hat zudem einen Abschluss in Diplompädagogik. Sie hat an der Schule außerdem die Funktion der

---

225 Siehe Fragebogen an die LehrerInnen zur Klassensituation im Anhang.
226 Entnommen aus einem Forschungstagebuch, in welchem die persönlichen Eindrücke der Forscherin unmittelbar nach dem Interview und der Rekonstruktionssitzung festgehalten wurden.
227 Die Reihung entspricht nicht der zeitlichen Abfolge der Interviews. Die ersten Interviews waren „Tee" und „Orchidee". Die entscheidenden Anfangsschwierigkeiten und Probleme mit der methodischen Vorgehensweise sind dort beschrieben.
228 Die LehrerInnen wurden gebeten, ein Codewort zu benennen, mit welchem ihre Unterlagen gespeichert und datenschutzrechtlich anonymisiert wiedergegeben wurden.

Frauenbeauftragten und ist darüber hinaus noch als Beratungslehrerin tätig. Sie ist seit 12 Jahren in Integrationsklassen (durchweg an dieser Schule) tätig. Zum Zeitpunkt der Befragungen unterrichtete sie in einer 6. Klasse mit 18 Wochenstunden gemeinsam mit drei GrundschullehrerInnen[229] (mit je 24, 10 + 3 Unterrichtsstunden). In ihrer Klasse sind 21 Kinder (12 M/9 J)[230], darunter 3 Kinder nichtdeutscher Muttersprache; zwei aus der Türkei (2 M) und ein Kind aus dem Libanon. In der Klasse werden zwei Gutachtenkinder unterrichtet, ein deutsches Mädchen und ein türkisches Mädchen mit einer geistigen Behinderung. Sie stellt fest, dass häufig bei Kindern nichtdeutscher Muttersprache sonderpädagogischer Förderbedarf in den Bereichen Verhalten und Lernen vermutet und konstatiert wird.

Das Interview und auch der Rekonstruktionstermin fanden in der Wohnung der Lehrerin statt. Bereits die Wohnungseinrichtung wies auf eine stark multikulturelle, durch Offenheit für fremde Länder gekennzeichnete, Ausrichtung ihrer Lebenswelt hin. Das Gespräch gestaltete sich sehr offen und die Lehrerin erklärte sich spontan bereit, weitere KollegInnen für die Zusammenarbeit zu gewinnen[231]. Beim Rekonstruktionstermin war sie von allen UntersuchungspartnerInnen die kreativste und flexibelste im Umgang mit den Legekarten als auch der Struktur. Teilweise gelang es der Forscherin nicht, die Intentionen für Modifikationen an der Abbildung nachvollziehen zu können[232]. Die Reduktion der Konzepte und Begriffe ging der Lehrerin leicht von der Hand[233] und sie begann im fortgeschrittenen Stadium, den zur Verfügung stehenden Platz auf dem Tisch zu vergrößern. Während des Prozesses stand sie vor dem Tisch und sprach zu sich selbst. An einigen Stellen äußerte sie, dass ihr die eine oder andere Auffassung zuvor nicht so bewusst gewesen wäre. Beispielsweise ihre Interpretation und die Aussagen zum Kopftuch (Salomon, Z. 336), die sie dazu verleiteten hinzuzufügen: „Das ist mein persönliches Problem, mein Defizit, damit muss ich mich noch einmal auseinander setzen". Sie nahm sich im Anschluss an die verabschiedete Strukturabbildung vor, die eigenen Defizite stärker anzugehen, indem sie bspw. mehr über den kulturellen Hintergrund der einzelnen Kinder in Erfahrung bringen

---

229 In den Kapiteln 7 und 8 wird auf Grund der Komplexität der Geschlechterverhältnisse in den dargestellten Ergebnissen auf die Verwendung des großen „Binnen-I´s" zurückgegriffen.
230 M = Mädchen; J = Jungen.
231 Dieses gelang ihr, trotz persönlicher Ansprache und erneutem Vorbringen des Anliegens in einer Konferenz, leider nicht. Darüber zeigte sie sich sehr enttäuscht.
232 Es wäre empfehlenswert, entsprechend der Anregung durch einen Untersuchungspartner (Tuba), die Rekonstruktionsprozesse mit der Videokamera aufzuzeichnen. So könnten nachträglich die diversen Begründungen für Modifikationen festgehalten werden. Die Erstellung von Stichwortprotokollen, wie in der vorliegenden Studie, beeinträchtigt einerseits die Beteiligung der Forscherin am Prozess und wird unter Umständen, auf Grund der Schnelligkeit der Rekonstruktionsprozesse, dem Anspruch diese nachzuzeichnen, nicht gerecht.
233 Diese kommentierte sie häufig mit: Das ist nicht so wesentlich.

will[234]. Bezüglich der Verbindung von Integration und Interkultureller Erziehung kommt „das Zusammendenken" ihres Erachtens in der Praxis zu kurz. Die Atmosphäre war sehr angenehm und sie wünschte sich zum Abschluss, dass wir weiterhin in Kontakt bleiben und sie über den weiteren Verlauf der Studie informiert wird.

7.1.1.2 Interview: Code Welat

Die Lehrerin mit dem Synonym „Welat" ist zwischen 50-59 Jahre alt und bereits seit mehr als 30 Jahren als Grundschullehrerin tätig. In der Integrationsklasse arbeitet sie als Fachlehrerin im Team mit einer Grundschullehrerin erst seit 3 Monaten[235], hatte aber zuvor schon Erfahrungen mit dem Gemeinsamen Unterricht. Sie verfügt über eine Zusatzausbildung in Pädagogischer Psychologie und arbeitet in der Klasse als Fachlehrerin. Sie hat, gleichsam den anderen Befragten, außer der Muttersprache keine Zweisprachenkenntnisse (nicht im Sinne von Fremdsprache). Die 3. Klasse, in welcher sie 27 Unterrichtsstunden unterrichtet, hat eine Klassenfrequenz von 21 Kindern (11 M/10 J). Unter den Kindern sind 8 Kinder mit nichtdeutscher Muttersprache (5 M/3 J). Die Kinder kommen aus 5 Herkunftsländern (Türkei; Libanon; Iran; Syrien und Slowenien), darunter 3 Kinder aus der Türkei (1 M/2 J), ein Junge mit kurdischer Abstammung. Insgesamt sind 4 Gutachtenkinder in der Klasse (2 M/2 J), ein Kind mit einer psychischen Beeinträchtigung und drei Kinder mit Lernbehinderungen; diese Kinder sind alle deutscher Nationalität. Nach ihrer Auffassung ist bei Kindern nichtdeutscher Muttersprache jedoch häufig ein sonderpädagogischer Förderbedarf in den Bereichen Verhalten, Sprache und Motorik festzustellen. Förderausschussverfahren werden allgemein, für Kinder deutscher oder nichtdeutscher Muttersprache, überwiegend einberufen, um eine Lernbehinderung zu konstatieren.

Das Interview, wie auch der Rekonstruktionstermin, fanden in der Wohnung der Lehrerin statt. Allgemein herrschte eine sehr angenehme Atmosphäre; das Gespräch wurde verschiedentlich durch Anrufe unterbrochen[236]. Die Lehrerin berichtete nach dem erfolgten Interview, dass sie durch ihr Studium und durch ihren Gatten lange Zeit im Ausland gelebt habe. Dadurch überstiegen ihre Englischkenntnisse das Maß einer Fremdsprache, als Zweisprachkenntnisse

---

234 Auch wenn die anderen UntersuchungspartnerInnen dieses nicht aussprachen, so konnte die Forscherin doch den Eindruck gewinnen, dass alle Beteiligten mit ganz individuellen „guten Vorsätzen" aus der Zusammenarbeit herausgingen.
235 Damit entspricht sie eigentlich nicht den Auswahlkriterien für die UntersuchungspartnerInnen. Da dies jedoch erst kurzfristig vor dem Interview bekannt wurde, entschied die Forscherin, dieses dennoch durchzuführen, da sie nach eigenen Angaben bereits an einer anderen Schule Erfahrungen zum Gemeinsamen Unterricht gemacht hatte.
236 Da die Lehrerin zuvor geäußert hatte, dass sie einen wichtigen Anruf erwartete, entschied die Forscherin, kurze Unterbrechungen zuzulassen. Die Lehrerin sagte den Anrufenden immer sofort, dass sie sie später zurückrufen würde und beendete die Gespräche zügig.

wollte sie diese jedoch nicht bezeichnen. Sie sah einen direkten Einfluss ihrer Erfahrungen mit dem Leben in einem fremden Land (abweichende Kultur und Sprache) und denen als Sprachlehrerin für Englisch auf ihr Einfühlungsvermögen und ihre Konzepte im Umgang mit Kindern nichtdeutscher Muttersprache.

Die Lehrerin äußerte Unverständnis über die geringe Motivation ihrer KollegInnen, sich an der Untersuchung zu beteiligen. Sie hatte auf Grund ihrer Sehschwäche einige Probleme mit der Methode (siehe in Kapitel 6.3.3). Insgesamt war sie dennoch sehr angetan von der methodischen Vorgehensweise und konnte ohne Probleme Schwerpunkte setzen sowie aktiv einzelne Legekarten aussortieren; weil sie „zu wenig Aussagekraft" haben, „zu einzelfallspezifisch" oder einfach „deckungsgleich mit anderen" waren. Auch sie hoffte, dass es zu einem Wiedersehen kommen würde, damit das Interesse, welches ich in ihr geweckt hätte, befriedigt würde. Sie wollte auf jeden Fall weiter informiert werden.

7.1.2 Grundschule 2: „Geringer Ausländeranteil – unter anderem wegen des Gemeinsamen Unterrichts"

7.1.2.1 Interview: Code Musik

Bei der Pädagogin handelt es sich um eine 30-39 Jahre alte Sekundarstufenlehrerin[237], die seit 2,5 Jahren an der besagten Schule tätig ist. Insgesamt hat sie 4-10 Jahre Schulpraxis und ist seit 1,5 Jahren als Fachlehrerin in der 4. Klasse gemeinsam mit dem Klassenlehrer (Code: Tuba) tätig. In der Klasse werden 24 Kinder (12 M/12 J) unterrichtet, darunter 4 Gutachtenkinder (3 M/1 J). Drei der Gutachtenkinder sind nichtdeutscher Muttersprache (3 M), darunter ein geistig behindertes Mädchen türkischer Herkunft. Die Lehrerin gibt im Fragebogen an, dass es „keine Präferenzen" in Bezug auf einen spezifischen Förderbereich, in der Feststellung eines sonderpädagogischen Förderbedarfs bei Kindern nichtdeutscher Muttersprache gibt, aber besonders häufig ein Förderausschussverfahren einberufen wird, um einen Förderbedarf im Bereich Lernen und Sprache zu überprüfen.

Das Interview und die Rekonstruktionssitzung erfolgten im Elternberatungszimmer der Schule. Die Lehrerin beantwortete die Fragen kurz und präzise[238]. Das Interview hebt sich von der Dauer, wie auch vom Umfang der

---

[237] Durch die sechsjährige Grundschulzeit in Berlin sind auch LehrerInnen des Sekundarbereiches an den Grundschulen tätig.
[238] Auf Grund eines technischen Mangels waren ca. 25% der Tonbandaufzeichnung aus dem Interview nicht verwertbar. Deshalb musste ein weiterer Termin mit der Lehrerin vereinbart werden. Die Untersuchungspartnerin zeigte Verständnis und nachdem sie das unvollständige Transkript gelesen und ihr die letzten zwei Fragestellungen incl. ihrer Antworten vom Band vorgespielt worden waren, konnte das Interview fortgesetzt werden. Auf Grund des Erinnerungsprotokolls im Forschungstagebuch kann angenommen werden, dass die

Transkription, deutlich von den anderen ab[239]. In einem Gespräch zum Auftakt des wiederholten Interviews wird deutlich, dass die Untersuchungspartnerin Probleme hatte, die Fragestellung der Studie einzuordnen[240].

Obwohl die Lehrerin durch das wiederholte Interview die Gelegenheit hatte, ihre Aussagen nachzulesen, äußerte sie an zahlreichen Stellen der Rekonstruktion Überraschung über die vermeintlich von ihr genannten Begriffe und Konzepte. Sie modifizierte und revidierte folglich im Vergleich zu den anderen Befragten relativ häufig den Wortlaut und die Aussage der Karten. Die Methode bereitete ihr keine sichtlichen Probleme und sie zeigte sich angetan von dem Ergebnis der Strukturabbildung.

7.1.2.2 Interview: Code Orchidee

Die befragte Lehrerin ist im Alter zwischen 40-49, ist seit mehr als 10 Jahren als Lehrerin tätig, seit 13 Jahren in Integrationsklassen und seit 7 Jahren an der besagten Schule. Sie ist Sekundarstufenlehrerin und als Fachlehrerin in der 2. Klasse tätig. In der Integrationsklasse arbeiten mit ihr 4 PädagogInnen (1 Grundschul- und eine Sonderpädagogin, eine sozialpädagogische Einzelfallhilfe). Von 23 Kindern der Klasse (14 M/9 J) sind 13 Kinder – also nahezu 50% – nichtdeutscher Muttersprache (7 M/6 J). Die Mehrzahl der Kinder nichtdeutscher Herkunft kommt aus der Türkei[241] (11; 5 M/6 J), ein Kind aus Polen und eines aus Kroatien. In der Klasse befinden sich 3 so genannte Gutachtenkinder (2 M/1 J), darunter zwei mit türkischer Muttersprache, ein Mädchen mit einer geistigen Behinderung und ein Junge mit einer Lernbehinderung. Bei den Kindern nichtdeutscher Muttersprache konnte die Lehrerin besonders häufig einen sonderpädagogischen Förderbedarf im Lernen feststellen und für die Förderbereiche Lernen und Verhalten wurden nach ihrer Erfahrung besonders häufig Gutachten angefordert oder erstellt.

Das Interview mit der Lehrerin erfolgte im Klassenraum nach Schulschluss. Der erste Gesprächsanlass war eine Landkarte der Türkei, welche an einer Pinnwand heftete und mit Fotos und Erzählungen der Kinder deren Herkunft dokumentierte. Die Atmosphäre war sehr gelockert und angenehm. Die Lehrerin war auf eigenen Wunsch aus einem anderen Stadtteil an diese

---

Antworten der Lehrerin sich inhaltlich nicht wesentlich von der ersten Aufzeichnung unterschieden haben.
239 Die Ursachen sind nicht in der abweichenden Verfahrensweise (siehe oben) zu sehen.
240 Gleichsam wie der Kollege (siehe ausführlicher Code Tuba). Die Ursachen könnten in einer missverständlichen Information durch die Schulleitung liegen, deren eigenes Interesse deutlich stärker an der Situation der Kinder nichtdeutscher Muttersprache *mit sonderpädagogischem Förderbedarf* orientiert schien. Beiden LehrerInnen stand das gleiche Informationsblatt zur Verfügung wie den anderen UntersuchungspartnerInnen.
241 Kinder kurdischer Abstammung inclusive, da die Lehrerin keine Angaben zur ethnischen Herkunft hat.

Schule gewechselt, zeigte sich als sehr erfahren und umsichtig in der Begriffswahl und der Beantwortung der Fragen. Sie hatte einen relativ hohen Reflexionsgrad über den eigenen Unterricht und verhielt sich engagiert und interessiert gegenüber den Fragen. Bei der inhaltsanalytischen Auswertung des Interviews fiel auf, dass die Auseinandersetzung mit dem verhaltensauffälligen, geistig behinderten türkischen Mädchen eine starke Gewichtung im Erleben des Berufsalltags erfährt. Die Situationsschilderung erfolgt jedoch ohne einen Bezug zur ethnischen oder kulturellen Herkunft des Mädchens und wurde darum nicht auf Legekarten übertragen.

Die Rekonstruktionssitzung erfolgte ebenfalls in dem Klassenraum. Die Lehrerin brauchte intensive Unterstützung, die Aussagen auf den Karten in ihren eigenen Bedeutungszusammenhängen zu rekonstruieren und die Forscherin versuchte Orientierung zu geben, indem sie Teile des Kontextes der Begriffe aus dem Interview nachzeichnete. Bei Ansätzen, die Lehrerin mit persönlichen Wahrnehmungen der Forscherin von Strukturen und Relationen im Interview eigenen Auffassungen und Verständnis zu konfrontieren, reagierte diese spontan mit Relativierung und Rücknahme der eigenen Einstellungen. Daraus resultierend traf die Forscherin die Entscheidung, insgesamt in die Prozesse der folgenden Rekonstruktionen mit anderen UntersuchungspartnerInnen weniger einzugreifen.

7.1.2.3 Interview: Code Tee

Die Lehrerin ist Sonderpädagogin und arbeitet seit 1,5 Jahren gemeinsam mit der Kollegin (Code: Orchidee; siehe Angaben zur Klassenzusammensetzung) in einer Integrationsklasse. Sie ist zwischen 30-39 Jahre alt und arbeitet von den 4-10 Jahren Berufspraxis 3,5 Jahre in Integrationsklassen. Bei der Beantwortung des Fragebogens gibt sie nach einigem Zögern an, dass an der Schule besonders viele türkische Kinder mit Lernbehinderungen, geistigen und mit schweren Mehrfachbehinderungen unterrichtet werden. Sie ist gleichsam wie die Kollegin der Auffassung, dass bei Kindern nichtdeutscher Muttersprache besonders im Bereich des Lernens ein sonderpädagogischer Förderbedarf festgestellt wird.

Das Interview erfolgte in den privaten Räumen der Sonderpädagogin. Die Untersuchungspartnerin war sehr aufgeschlossen und gesprächsbereit. Sie ging an zahlreichen Stellen des Interviews detailliert auf Einzelfallbeispiele ein. Von vereinzelten Signalen der Interviewerin, zu einer nächsten Frage übergehen zu wollen, fühlte sie sich sichtlich gestört und im Redefluss beeinträchtigt. Deshalb wurde im weiteren Verlauf auf Indoktrinationen verzichtet. Zahlreiche Fragen aus der K 3 und K 4 – Reihe wurden von ihr bereits bei den ersten Fragen des Interviews mitbeantwortet. Die Sonderpädagogin zeigte ein deutliches Interesse an dem Grundanliegen der Studie und dem Gespräch konnte entnommen werden, dass sie sich bereits intensiver mit der Frage der Integration von Kindern nichtdeutscher Muttersprache befasst hatte als andere befragte Personen[242]. Zum Abschluss des Interviews äußerte sie, froh zu sein, dass sie alle Fragen beantworten konnte.

Die inhaltsanalytische Auswertung des Interviews war entsprechend langwierig (31,5 Std. [243]) und die Reduktion der Konzepte und Begriffe sehr anspruchsvoll. Es wurden weit über 200 Begriffe und Konzepte im Feld Reduktion gekennzeichnet, bei der Übertragung auf Legekarten wurden bereits durch die Forscherin Reduktionen vorgenommen; durch Kumulation zu Oberbegriffen und stringente Komprimierung der Aussagen zum Gemeinsamen Unterricht (Rahmenbedingungen, Unterrichtsmethoden und wichtigste Voraussetzungen und Ziele) allgemein. Die Aussagen zum Lern- und Leistungsverhalten und zur erfolgreichen Integration der Kinder aus der Türkei sowie zu den Relationsfaktoren blieben umfassend erhalten. Im Ergebnis wurden 157 Begriffs- und Konzeptkärtchen erstellt, von denen durch die Lehrerin 62 für die Strukturabbildung verwandt wurden. Bereits in der inhaltsanalytischen Auswertungsphase wurden konzeptionelle und argumentative Parallelen zu dem Interview mit der Teamkollegin festgestellt[244].

Im Rekonstruktionstermin[245] wurde die Lehrerin, wegen der umfangreich erhobenen Konzepte, aufgefordert, selbsttätig die Komplexität der Struktur zu komprimieren, indem sie Oberbegriffe auswählt und i.E. unwesentliche Un-

---

242 Dies könnte daran liegen, dass sie die einzige UntersuchungspartnerIn war, die im Stadtteil Kreuzberg nicht nur arbeitete, sondern auch wohnte. Die anderen LehrerInnen zogen teilweise bewusst ein anderes Wohnumfeld vor (bspw. Code Blau). Ihr Engagement in der Antirassismusbewegung ist sicherlich ebenfalls als Einflussfaktor zu sehen.

243 Die Auswertung der ersten beiden Interviews waren von Zweifeln an der Objektivität der Verfahrensweise mit der inhaltsanalytischen Methode begleitet. Hinzu kam, dass das Interview „Tee" sich von Umfang und Komplexität deutlich gegenüber den weiteren abhob. Die Reflexion der Methode mit einem Kollegen der MLU führte dazu, die Generalisierung und die Reduktion stärker zu formalisieren und an der vorgegebenen Strukturierung des Forschungsfeldes auszurichten (siehe Kapitel 6.1.3). Dadurch wurde nicht nur der Prozess funktionaler gestaltet, sondern es gewann auch an Transparenz. Die weiteren Reduktionen erfolgten dann mit einem geringeren zeitlichen Aufwand und weitere Verunsicherungen der Forscherin konnten minimiert werden.

244 Bestätigend äußerte die Sonderpädagogin bereits beim Interview, dass sie sich nicht vorstellen könnte, dass es zwischen ihr und der Lehrerin inhaltliche Differenzen geben könnte. Das Team zeigte sich als sehr gut aufeinander eingestimmt.

245 Die oben beschriebenen Verunsicherungen beeinträchtigten die Souveränität der Forscherin im Umgang mit den UntersuchungspartnerInnen. In dem Rekonstruktionstreffen mit der Lehrerin „Tee" kam hinzu, dass die Forscherin auf Grund verkehrstechnischer Verzögerungen verspätet zum Termin kam (die Lehrerin wurde telefonisch informiert). Da die Aufzeichnung der Strukturabbildung einige Zeit in Anspruch nahm, ging die Lehrerin bereits nach Hause. Das hatte zur Folge, dass die Forscherin zwar das Schulgebäude verlassen konnte, aber über einen Zaun klettern und durch einen anliegenden Hinterhof gehen musste, um den Schulhof zu verlassen. Diese zusätzlichen Belastungen und Stressfaktoren verstärkten zwischenzeitlich o.g. Zweifel an der Methode und der Durchführung.

terkategorien aussondiert[246]. Die Strukturlegung erfolgte sehr zielgerichtet und die Lehrerin zeigte sehr schnell Souveränität im Umgang mit der Technik der Relationsstrukturen. Sie arrangierte die Karten und reduzierte Konzepte engagiert und weitgehend selbstständig[247]. Teilweise wurden Aussagen zu Einstellungen oder Handlungsweisen von KollegInnen relativiert und insbesondere die Aussagen zum Sozialverhalten türkischer und kurdischer Kinder und den Auswirkungen traditioneller Rollenverteilungen revidiert. Die Lehrerin legte gesteigerten Wert darauf, wiederholt die Relativität ihrer Aussagen (so auch zu den Verhaltensweisen der türk./kurd. Kinder) zu betonen. „Positive Erfahrungen sind oft so selbstverständlich, dass sie spontan nicht präsent sind und eher negative Erfahrungen geschildert werden können"[248]. Die Strukturlegung nahm überraschend nur 2 Stunden und 40 Minuten in Anspruch und die Lehrerin war mit der Strukturabbildung nach eigenen Aussagen zufrieden, nahm diese als Abbildung der eigenen Subjektiven Theorie an[249].

7.1.2.4 Interview: Code Tuba

Der Lehrer ist zwischen 20-29 Jahre alt, arbeitet seit 4-10 Jahren in der Schule und ist zurzeit mit der Kollegin mit dem Synonym „Musik" in einer 4. Klasse als Klassenlehrer tätig (siehe Angaben zur Klassenzusammensetzung). Das Interview mit dem Lehrer erfolgte in einem Elternberatungszimmer der Schule parallel zum Unterricht seiner Klasse, der von der Kollegin fortgesetzt wurde. Die Atmosphäre schien gespannt und der Befragte deutlich zurückhaltend. Der Umfang seiner Antworten nahm mit der Dauer des Gespräches ab und er wirkte teilweise gehemmt oder gereizt. Die Fragestellungen schienen wenig Gesprächsbereitschaft zu fördern und die Antworten waren ver-

---

246 Bspw. wurden die diversen Unterrichtsmethoden, wie Stationslernen, Projektarbeit, Wochenplanarbeit u.a., mit dem Begriff Binnendifferenzierung kumulativ gefasst und im Rahmen der Strukturlegung lediglich im Kontext der Unterrichtung und Integration der türk./kurd. SchülerInnen dezidiert verwandt.
247 Bei Zweifeln an den Beweggründen zur Reduktion (Komprimierung der Theorie oder Begrenzung der Strukturabbildung durch Tischgrenzen) griff die Forscherin ein, indem sie durch Rückfragen und Neuordnung der Abbildung gemeinsam mit der Untersuchungspartnerin die Motivation reflektierte. Die „Begrenztheit" der verwandten Konzepte und Begriffe ist Ausdruck der Ausschnitthaftigkeit und der Situationsabhängigkeit der Strukturabbildung. Zweifel und Verunsicherungen der Forscherin bzgl. der Validität konnten in einem Gespräch mit der Betreuerin Jutta Schöler ausgeräumt werden. Die Forscherin entwickelte zunehmend eine akzeptierende Haltung gegenüber der Prozesshaftigkeit der Auseinandersetzung mit der Methode und ihrer Anwendung.
248 Nachgestellter Wortlaut der Lehrerin aus einem Gedächtnisprotokoll im Forschungstagebuch der Forscherin.
249 Dieser entschiedene Konsens war für die Forscherin, auf Grund der zuvor benannten Zweifel und Unsicherheiten insbesondere mit dem Interview „Tee", von entscheidender Relevanz für die Fortsetzung der Studie.

schiedentlich sehr kurz. Die fehlende Regenerationsphase nach dem Unterricht könnte ein verursachender Faktor gewesen sein, dass er sich mental nicht auf das Thema einzustellen vermochte. Trotz der, gleichsam wie bei allen anderen UntersuchungspartnerInnen, zu Beginn erfolgten Aufklärung über die Intentionen der Studie äußerte er nach Abschluss der Tonbandaufzeichnungen Verwunderung darüber, dass er nicht dezidiert nach den Kindern *mit* Behinderungen aus der Türkei gefragt wurde. Die Forscherin entschied spontan, die Aufzeichnung des Gespräches fortzusetzen und dem Untersuchungspartner die Möglichkeit zu geben, vermeintlich Versäumtes nachzuholen. Nach Beendung des Interviews schloss sich ein intensives Gespräch über das, die Interviewsituation belastende, Missverständnis und über die Intentionen der Forscherin mit der Studie an. Im gesamten Interview wurde mehrfach von dem Lehrer die Bedeutung von religiösen und kulturdifferenten Einflussfaktoren benannt.

Bei der Begegnung zur Rekonstruktion der Subjektiven Theorie wirkte der Lehrer entspannter und aufgeschlossener. Nach der Schilderung der persönlichen Eindrücke vom Verlauf des Interviews und der Annahme, dass die Ursache in seinem „Zurückmüssen" lag, berichtigte er die Forscherin: „Er müsste nicht, er mochte in die Klasse zurück!" Seine Kollegin (Code Musik) hätte ihn bereits über die methodische Vorgehensweise informiert und er wäre gespannt auf das Kommende. Die Rekonstruktion erfolgte in einem Computerraum der Schule. Der Lehrer zeigte in Bezug auf die Methode eine starke Bereitschaft und Flexibilität. Er war an einigen Stellen verwundert darüber, dass ich mich noch so konkret an seine Aussagen erinnern konnte. Viele Aussagen revidierte er oder sonderte sie aus, weil sie s.E. zu einzelfallspezifisch waren und deshalb keine übertragbare Aussagekraft hatten. Er war deutlich mit dem Ergebnis zufrieden. Insgesamt wäre die Übung für ihn sehr wichtig gewesen, um seine „Ansätze zu reflektieren und wieder ein größeres Bewusstsein für die Situation der Kinder türkischer oder kurdischer Herkunft zu entwickeln".

Nach der Rekonstruktion berichtete der Lehrer von einem Streitgespräch mit einem Professor im Rahmen einer wissenschaftlichen Untersuchung an der Schule; die Auseinandersetzung an sich wertete er als bereichernd für seine Arbeit[250]. Daraufhin wies ich auf die Ausgangsbasis meiner Studie hin, dass den täglich in und an der Praxis evaluierten Erfahrungen und Subjektiven Theorien der LehrerInnen eine größere Bedeutung von Seiten der Wissenschaft zubemessen werden müsse. Dies wurde von ihm mit Anerkennung aufgenommen und bestätigt.

---

250 Eventuell haben diese Erfahrungen mit dazu beigetragen, dass der Lehrer mit deutlicher Skepsis in das Interview gegangen ist.

7.1.3 Grundschule 3: „Abstimmung mit den Füßen"

7.1.3.1 Interview: Code Blau

Der Lehrer mit dem Synonym „Blau" ist zwischen 30-39 Jahre alt, seit mehr als 10 Jahren als Grundschullehrer tätig und arbeitet seit 9 Jahren in Integrationsklassen. Er hat eine Zusatzausbildung in Montessoripädagogik und fungiert als Klassenlehrer in dieser Klasse. In der Klasse arbeiten insgesamt 5 Pädagoginnen und Pädagogen, vier mit dem Lehramt Grundschule und eine Sonderpädagogin. Die Klassenfrequenz liegt bei 19 Kindern (7 M/12 J), darunter 15 Kinder nichtdeutscher Muttersprache: 1 Griechin und 14 türkische Kinder (4 M/10 J). Unter den Kindern sind 3 Gutachtenkinder (1 M/2 J), davon zwei Kinder türkischer Herkunft (1 M/1 J), beide mit „sehr großen" Entwicklungsverzögerungen, das deutsche Mädchen hatte hingegen nach den Einschätzungen des Lehrers „große" Entwicklungsverzögerungen. Der Lehrer gab an, dass bei Kindern nichtdeutscher Muttersprache häufig Entwicklungsrückstände erkannt werden.

Das Interview mit dem Lehrer erfolgte in einem kleinen Lehrerzimmer des Nebengebäudes der Schule. Die Atmosphäre war locker und der Befragte war sehr aufgeschlossen und interessiert. Er fragte, nach Abschluss des Interviews, von sich aus nach der Möglichkeit, das Transkript zugesandt zu bekommen.

Zur Rekonstruktion wurde ein Teilungsraum der Schule genutzt[251]. Der Lehrer hatte die Transkription vorliegen und sagte, dass es sehr interessant war, seine eigenen Aussagen zu lesen. Er legte die Relationsstrukturen von Anfang an sehr selbstständig, teilweise veränderte er den Wortlaut von Karten und viele Karten konnten unter Oberkategorien zusammengefasst werden. Besonders die montessoriorientierte Pädagogik wurde von ihm als umfassende Oberkategorie für jegliche differenzierende und individualisierende Methoden verwandt; er hob die Wirkungen der Montessoriprinzipien uneingeschränkt auch für Kinder nichtdeutscher Muttersprache hervor.

Nach der Rekonstruktionssitzung wurde der Lehrer gefragt, ob er unter Umständen bereit wäre, eine weitere Kollegin oder einen Kollegen (nach Möglichkeit aus dem Kreis des muttersprachlichen Kollegiums) für die Mitarbeit zu gewinnen. Er äußerte sich sehr kritisch gegenüber deren pädagogischer Arbeit; diese sei „nicht auf dem neuesten Stand". Er vermisste vor allem die Auseinandersetzung der muttersprachlichen Lehrerinnen und Lehrer mit integrations- und reformpädagogischen Fragestellungen. Nur bei einer Kollegin ging er davon aus, dass sie auf Grund ihrer Deutschkenntnisse in der Lage sei, die Fragestellungen zu verstehen und angemessen zu beantworten,

---

251 Hier stand ein auffallend großer quadratischer Tisch zur Verfügung. Dies schien sich positiv auf den Umfang der Abbildung auszuwirken. Reduktionen wurden durch den Lehrer weitestgehend, im Überblick, erst nach der erfolgten Strukturlegung vorgenommen.

diese sei zurzeit jedoch auf Grund familiärer Belastungen nicht zur Mitarbeit bereit.

7.1.3.2 Interview: Code Ira

Die Grundschullehrerin arbeitet zurzeit in einer 1. Klasse, seit 8 Jahren an der Schule und ebenso lange in Integrationsklassen. Sie ist 20-29 Jahre alt, hat eine Zusatzausbildung in Montessoripädagogik und als Schwimmlehrerin, und ist zudem Mitglied in der Schulkonferenz. In der ersten Klasse, in der sie tätig ist, arbeiten zwei Pädagoginnen mit 24 Schülerinnen und Schülern (10 M/14 J). Unter den Kindern sind 14 mit einer fremden Muttersprache (6 M/ 8 J) aus der Türkei (1 M/3 J), Palästina bzw. Libanon (2 M/3 J), sowie je ein Mädchen aus Polen, Italien und Griechenland und je ein Junge aus der Republik Guinea und aus Pakistan. Unter den türkischen Kindern sind mehrere mit Förderbedarf in den Bereichen Verhalten, Sprache, Lernen und Motorik[252]. Allgemein wird ihres Erachtens bei Kindern nichtdeutscher Muttersprache häufig ein sonderpädagogischer Förderbedarf im Bereich Lernen festgestellt.

Das Interview mit der Lehrerin erfolgte im Klassenraum nach Schulschluss. Die Teamkollegin (welche nicht beteiligt ist) war kurze Zeit ebenfalls anwesend und so entstand ein Gespräch über die Intentionen meiner Studie. Das Interview erfolgte ohne besondere Vorkommnisse oder Auffälligkeiten.

Das Treffen zur Rekonstruktion fand in der privaten Wohnung der Lehrerin statt. Sie zeigte sich sehr angetan von der Methode: „Das ist ja richtig interessant"; „Ich muss da aber keine fertigen Theorien äußern?"; „Das scheint ja richtig Spaß zu machen". Auf meine Erläuterungen, dass wir etwas Raum brauchen würden, um die Struktur zu legen, zog sie spontan und bereitwillig den Küchentisch aus und machte ihn frei. Im Gespräch bezog sie sich immer wieder auf die „bessere Situation" in einer multikulturellen Klasse im Verhältnis zu einer „rein türkischen Zusammensetzung". Sie erklärte, dass pro Klassenstufe in der Regel eine multikulturelle und zwei bikulturelle Klassen geführt werden[253]. Bei der Strukturlegung fiel auf, dass die Lehrerin, entgegen der Vorgehensweisen der anderen Untersuchungspartnerinnen und -partner, keine Relationen oder Beziehungen zwischen den drei vorgegebenen Konzepten (gelbe Karten) herstellen kann und will. Sie sah die erfolgreiche Integration der türkischen und kurdischen Kinder im Gemeinsamen Unterricht losgelöst von ihrem Lern- und Leistungsverhalten und betonte, dass die Leistungsdifferenz im Gemeinsamen Unterricht „normal" sei. Am Ende des Prozesses der Strukturlegung sprang sie förmlich auf, ging aus dem Zimmer. Wegen ihres dringlichen Bedürfnisses habe ihre Konzentrationsfähigkeit zum

---

[252] Genauere Angaben werden von ihr im Fragebogen nicht gemacht.
[253] Zur Vorgehensweise siehe Erläuterungen im Rahmen des Schulprofils.

Ende hin extrem abgenommen[254]. Dennoch wurden von ihr nachträglich keine Veränderungen mehr an der Struktur vorgenommen.

7.2 Kontrastivierung der Subjektiven Theorien

Bei der Kontrastivierung der acht Strukturabbildungen wurde deutlich, dass die gelegten Konzepte und Begriffe sich thematisch gruppieren lassen sowie vier der fünf erfragten Konzepte (siehe Kapitel 6.1.3) zugeordnet werden können. Das Konzept K 5 – In Aus- und Fortbildung erworbene Qualifikationen und Kompetenzen der LehrerInnen für den Unterricht in kulturell heterogenen Lerngruppen – lässt sich nur bedingt auf der Basis der Strukturabbildungen kontrastivieren, da die Lehrerinnen und Lehrer entweder keine Aus- oder Fortbildungsmaßnahmen zur Arbeit in multikulturellen Klassen besucht hatten, die besuchten Veranstaltungen nicht als relevant für ihre Arbeit erachteten oder die Legekarten nicht verwandt haben[255].

K 1 Integration und Gemeinsamer Unterricht: (a) Ziele und Absicht von Integration; (b) Didaktisch-methodische Gestaltung des integrativen Unterrichts; (c) Rahmenbedingungen für Gemeinsamen Unterricht.

K 2 Wahrnehmungen und Einstellungen zur kulturellen Heterogenität im Unterricht: (a) Kulturelle Heterogenität der Schülerschaft; (b) Kulturelle Heterogenität im Elternhaus und in der Elternarbeit[256]

K 3 Wahrnehmung der Lern- und Leistungsentwicklung der türkischen und kurdischen SchülerInnen im Unterricht: (a) Lern- und Leistungsentwicklung; (b) Sprachentwicklung.

K 4 Modifikationen des Unterrichts zur erfolgreichen Integration der türkischen und kurdischen Kinder im Gemeinsamen Unterricht: (a) Zweitsprachentwicklung; (b) Muttersprachliche Entwicklung; (c) Übergreifende und allgemeine Konzepte.

Für die Validierung der Hypothesen bedurfte es zudem einer qualitativen Analyse der Interviews in Bezug auf die Bereiche: Wahrnehmungen und Bezüge zur kulturellen Lebenswelt der Migrantenkinder aus der Türkei (Kapitel 7.2.6) sowie Wahrnehmungen und Einstellungen zur ethnischen und kulturellen Heterogenität (Kapitel 7.2.7). Die Forscherin ist sich bewusst, dass

---

254 Dies war jedoch auch Ausdruck der starken Konzentration und der motivierten Arbeitens an der Strukturabbildung.
255 Dies könnte unter Umständen auch auf die zuvor genannte These hinweisen.
256 Bereits nach den Interviews und ebenso im Zusammenhang mit der Kontrastivierung wurde deutlich, dass die „Elternarbeit bzw. das Elternhaus" eine elaborierte Stellung in den Subjektiven Theorien der LehrerInnen einnimmt. Dies war im Vorfeld der Studie von der Forscherin, zumindest in diesem Ausmaß, nicht erwartet worden.

ebenso wie die handlungsleitenden Theorien der LehrerInnen, auch die Auswertungen und Interpretationen einem subjektiven Fokus unterliegen. Dies konnte durch die Methode der Heidelberger Struktur-Lege-Technik und die kommunikative Validierung mit den UntersuchungspartnerInnen minimiert werden, hat aber auf die weniger systematische, qualitative Auswertung der Interviews in den Kapiteln 7.2.5 bis 7.2.7 einen relevanten Einfluss.

7.2.1 Integration und Gemeinsamer Unterricht

- *Ziele und Absicht von Integration*

Die Lehrerinnen der Grundschule 1, „An der Peripherie des multikulturellen Stadtteils", arbeiten nicht gemeinsam in einem Team. Die von ihnen formulierten Ziele und Absichten für den Gemeinsamen Unterricht von behinderten und nichtbehinderten Kindern unterscheiden sich stark voneinander, rekrutieren sich aber beide stärker aus dem Bereich des „sozialen Lernens". Die eine Lehrerin (Salomon) sieht die „Gemeinsamkeit" (im situativen Kontext) nicht nur als Ziel, sondern auch als Weg für die Integration. Gemeinsamer Unterricht fordert ihres Erachtens die Einigung auf eine gemeinsame Basis, welche sich durch menschliche Kontakte, die Vermittlung von Aneignungsprozessen und der Auseinandersetzung mit basalen Werten gestaltet. Das Ziel sieht sie in der grundlegenden Team- und Kooperationsfähigkeit der Kinder, die auch eine Schutzfunktion für alle Kinder hat, so auch für die Kinder aus der Türkei. Erreicht werden kann dieses Ziel durch Respekt und Akzeptanz von Andersartigkeit, dem Interesse an anderen Lebensweisen, der Klassensituation und -gemeinschaft und der Solidarität mit Mitschülerinnen und -schülern. Die andere Lehrerin (Welat) hebt die Bereitschaft zum offenen Gespräch, das Verständnis und das Eingehen auf Besonderheiten der Kinder durch die Lehrkräfte hervor. Dies deutet darauf hin, dass sie der Funktion und den Innovationen von Lehrerinnen und Lehrern eine sehr viel höhere Bedeutung für das Ziel der Integration zuerkennt als ihre Kollegin. Ziel ist die gleichwertige Anerkennung aller Kinder, unabhängig vom Sonderstatus der Integrationskinder.

An der Grundschule 2, „Geringer Ausländeranteil – u.a. wegen des Gemeinsamen Unterrichts", wurden zwei Lehrerteams befragt. Die eine Lehrerin (Code: Orchidee) hebt ebenfalls das Verständnis von Lehrerinnen und Lehrern hervor. Sie sieht in der Anerkennung der individuellen Leistungen die Indikation dafür, dass die Absicht des Gemeinsamen Unterrichts – die Akzeptanz des Andersseins (Heterogenität der sozioökonomischen Verhältnisse, der Leistungen, der Sprache, der Kultur, der Umwelterfahrung und des Umweltwissens) – verwirklicht wird. Ihre Teamkollegin (Tee) hat eine stärker wechselseitige Sicht des Prozesses, indem sie die Akzeptanz und den Umgang mit Heterogenität gleichsam als Voraussetzung und als Ziel des Gemeinsamen Unterrichts definiert. In der angestrebten Entwicklung von Toleranz unter den Schülerinnen und Schülern sieht sie einen positiven Einflussfaktor auf die erfolgreiche Integration von türkischen und kurdischen Kindern.

Das andere Team der Schule nimmt neben dem sozialen Lernen eine stärkere Gewichtung der kognitiven Leistungen von Integrationskindern, als Ziel des Gemeinsamen Unterrichts, vor. Der Lehrer (Tuba) benennt die Bewältigung allgemeiner Situationen, selbstständige, autonome[257] und selbstbestimmte Lebensgestaltung, als zu fördernde Elemente für die Integrationskinder. Die Kinder mit Schwierigkeiten dazu zu befähigen, bedarf der Orientierung des Unterrichtskonzeptes an der Förderung der Kinder und der Schaffung kognitiver Voraussetzungen. In vielen gemeinsamen Ansatzpunkten sieht er die Basis dafür, dass Kinder mit Beeinträchtigungen eine soziale Stellung in der Klasse bekommen, als wertvoll angesehen werden, unabhängig vom Lern- und Leistungsverhalten. Der Gemeinsame Unterricht manifestiert sich darin, dass der Integrationsstatus unbekannt ist und die Integrationskinder am gemeinsamen Leben teilnehmen. Die Heterogenität der Schülerschaft verstärkt das positive soziale Klima und den Umgang unter den Kindern; allerdings haben Kinder mit besonderem Förderbedarf im sozialen Bereich u.U. auch einen negativen Einfluss darauf. Die Kollegin (Musik) sieht ebenfalls das Klassenklima als Indikator für die integrative Unterrichtsarbeit. Für sie ist der Gemeinsame Unterricht das Lernen von Kindern mit und ohne Behinderungen. Das Ziel ist die Veränderung der Verhältnisse durch gegenseitiges Lernen, das Kennenlernen von Behinderungen, durch die Entwicklung von Toleranz, Aufmerksamkeit und gegenseitiger Rücksichtnahme. Damit machen beide, stärker als andere, den Integrationsbegriff an den Gutachtenkindern und weniger an der Gesamtheit der Gruppe fest. Dies bestätigt sich auch darin, dass die Lehrerin den Erfolg der Integration daran misst, ob die Kinder einen unauffälligen Umgang mit den Integrationskindern pflegen, ob diese in der Klasse anerkannt und akzeptiert werden, unabhängig von Leistung und Herkunft. Zur Beschreibung des differenten Lernens der Kinder listet sie an anderer Stelle die verschiedenen Ebenen der Heterogenität in der Klasse – Heterogenität der Geschwindigkeit, der Fähigkeit zum Problemlösen, der Kultur, der Selbstständigkeit bei der Aufgabenbewältigung – und macht dadurch die Heterogenität weniger an statischen Begriffen, sondern am Lernverhalten der Kinder fest. So betont sie auch, dass kulturelle Heterogenität sich nicht auf die nationale Herkunft bezieht.

An der Grundschule 3 – „Abstimmung mit den Füßen" – waren eine Lehrerin und ein Lehrer involviert, die nicht in einem Team zusammenarbeiten. Der Lehrer (Blau) sieht das Gelingen der Integration in der Gruppendynamik, indem der Umgang mit und die Akzeptanz von Anderssein, das gemeinsame Tun so-

---

257 Im Sinne von unabhängig.

wie die Organisation des Klassenlebens verwirklicht ist[258]. Ziel ist die Einbeziehung von Kindern mit verschiedenen Voraussetzungen (kulturelle oder erziehungsbedingte Voraussetzungen, Behinderung oder Benachteiligung).

Die andere Lehrerin der Schule (Ira) sieht ebenfalls in der guten Klassengemeinschaft, der Anerkennung und dem Einsatz für Mitschülerinnen und -schüler eine Indikation für den erfolgreichen Gemeinsamen Unterricht. Sie hebt aber andererseits auch tendenziell individualistischere Werte, wie selbstständiges Arbeiten, aktive Unterrichtsbeteiligung und intensive Auseinandersetzung mit einer Sache, hervor. Absicht der Integration von einzelnen Individuen in einer Gruppe ist für sie die Akzeptanz und Toleranz der Verschiedenheiten sowie die Entstehung einer sozialen Gruppe, und diese basiert auf einer gemeinsamen Handlungsbasis, dem Miteinanderarbeiten und -spielen und der gegenseitigen Hilfe. Grundlage ist für sie die Wahrnehmung von Differenz: Heterogenität der sozialen Bedingungen (positive Effekte durch Besuch einer vorschulischen Einrichtung), kulturelle Heterogenität, Heterogenität im Weltwissen (die Bewertung ist situationsabhängig).

Insgesamt kann festgestellt werden, dass die Lehrerinnen und Lehrer differierende Auffassungen bezüglich der Wertung von gleichen Konzepten und Begriffen als Voraussetzung oder Absicht bzw. Ziel für den Gemeinsamen Unterricht deutlich machen. Die Zielsetzungen bewegen sich zwischen eher „individualistisch" oder eher „kollektivistisch". Sie differieren zwischen einer stärkeren Orientierung an „den Integrationskindern" oder einer stärkeren Orientierung an „vielfältigen Ebenen der Heterogenität" bzw. (ohne Differenzierungen) an der „Gesamtheit der Gruppe". Die ursprünglich vorgesehene Strukturierung und Typisierung nach den „Erfolgskriterien" der Lehrerinnen und Lehrer, im Vergleich für die Integration der Kinder mit Behinderung bzw. der Migrantenkinder aus der Türkei (siehe Kapitel 6.1.3), musste auf der Basis des vorhandenen Datenmaterials ausgeschlossen werden. Wenn nun im Folgenden die Lehrerinnen und Lehrer in das oben genannte Kategorienschema eingeordnet werden, geschieht dies, um intraindividuelle und interindividuelle Zusammenhänge eruieren zu können[259]. Schul- oder Klasseneffekte können anhand der geringen Stichprobe nur bedingt erhoben werden. Als Grundlage für die Zuordnung dienen die oben genannten Kriterien.

---

258 In diesem Zusammenhang nennt er auch eine „sozialverträgliche Erziehung", gibt aber keine Relationsstruktur an, so dass die Forscherin keine Klarheit gewinnen kann, ob diese eher Voraussetzung, Ziel oder sonstiges ist.
259 Die Forscherin ist sich bewusst, dass diese Vorgehensweise nur einen ausschnitthaften und auf Grund der geringen Stichprobe nicht generalisierbaren Charakter hat.

Abbildung 16: *Orientierungen der Ziele des Gemeinsamen Unterrichts bei den LehrerInnen*

	Individualistisch	Kollektivistisch	An den Integrationskindern	An diversen Ebenen der Heterogenität	An der Gesamtheit der Lerngruppe
Salomon		Team- und Kooperationsfähigkeit			X
Welat		Gleichwertige Anerkennung	X	X	
Orchidee		Akzeptanz des Andersseins		X	
Tee		Akzeptanz und Umgang mit Heterogenität			X
Tuba	Kognitive Voraussetzungen zur selbstständigen und autonomen Lebensgestaltung	Integrationsstatus ist unbekannt, Teilnahme am gemeinsamen Leben	X		
Musik		Veränderung der Verhältnisse	X	X	
Blau		Einbeziehung von Kindern mit differenten Voraussetzungen	X	X	
Ira		Akzeptanz und Toleranz der Verschiedenheiten; Entstehung einer sozialen Gruppe		X	X

Alle Untersuchungspartnerinnen und -partner verbinden mit dem Gemeinsamen Unterricht kollektivistische Zielsetzungen, ein Lehrer (Tuba) hebt darüber hinaus auch die individualistischen Ziele hervor. Beide Zielsetzungen formuliert er mit einer Orientierung an den Integrationskindern der Klasse. Eine Lehrerin (Salomon) setzt in ihrer Strukturabbildung dezidiert die Kooperations- und Teamfähigkeit und die Gemeinsamkeit als Ziel oder Äquivalent des Gemeinsamen Unterricht. Die Heterogenität der Sprache, Kultur und Ethnie, sowie die der sozialen Herkunft, nennt sie lediglich im Zusammenhang mit den Ursachen und den Effekten auf die Kommunikation im Kollegium. Für ihre eigenen Handlungsziele sieht sie in den Ebenen der Heterogenität eine geringere Relevanz. Insgesamt formulieren mit ihr drei Lehrerinnen und ein Lehrer die Absicht des Gemeinsamen Unterrichts mit einer Orientierung an der gesamten Lerngruppe.

Die Untersuchungspartnerinnen und -partner setzen teilweise an dieser Stelle bereits Korrelationen zu der Integration von türkischen und kurdischen Kindern. Die Lehrerin mit dem Synonym „Salomon" sieht positive Auswirkungen der Team- und Kooperationsfähigkeit in der Lerngruppe. Eine andere

Lehrerin (Tee) sieht in der Toleranz unter den Schülerinnen und Schülern einen positiven Effekt auf die Integration der Migrantenkinder aus der Türkei.

- *Didaktisch-methodische Gestaltung des integrativen Unterrichts*
Im folgenden sollen die individuellen Konzepte der Lehrerinnen und Lehrer, die der Gestaltung des Gemeinsamen Unterrichts zu Grunde liegen, betrachtet werden. Die Lehrerinnen von der Grundschule 1 heben beide das Zwei-Pädagogen-System, den dadurch möglichen Teilungsunterricht und die Arbeit in Kleingruppen als förderliche Bedingung für den Gemeinsamen Unterricht hervor. Die eine Lehrerin (Salomon) hebt stärker den Projektunterricht zur Bearbeitung differenter Lernniveaus hervor und beschreibt den Gewinn an Lebendigkeit. Die Vermittlung von determiniertem Fachwissen im Fachunterricht, der häufig als schlichter Frontalunterricht organisiert ist, gefährdet ihres Erachtens Ziele des Gemeinsamen Unterrichts, wie die Akzeptanz individueller Bedürfnisse und Andersartigkeiten. Sie zieht es vor, Themen auch unabhängig vom Lehrplan auszuwählen und sieht in der Individualisierung und Differenzierung positive Effekte für die Leistungsheterogenität. Die andere Lehrerin (Welat) trennt konsequenter in Kleingruppen und Großgruppenarbeit. Die Arbeit im Plenum der Klasse erfordert nach ihrer Erfahrung Differenzierung (der Aufgaben und Hilfestellungen) und Einzelförderung. Die Arbeit in Kleingruppen wirkt sich förderlich für die Anpassung des Unterrichts an die Integrationskinder aus und verstärkt die Aufmerksamkeit für diese. Beide Kolleginnen bedauern die Reduktion der personellen Ausstattung durch häufige Vertretungen und weisen auf die negativen Folgen für den Gemeinsamen Unterricht hin. Die Lehrerin mit dem Synonym „Salomon" vermutet, dass die Integration einen zu geringen Stellenwert an der Schule hat und folglich die Integrationslehrerinnen und -lehrer abgezogen werden[260]. Sie sieht die Gewährleistung des sonderpädagogischen Förderbedarfes bei den Integrationskindern gefährdet. Ihre Kollegin (Welat) sieht deshalb einerseits einen Vorteil in der Arbeit in einem Drei-Pädagogen-Team, andererseits findet sie, dass eine zu differente pädagogische Ausrichtung sich negativ auf den Gemeinsamen Unterricht auswirkt.

Auch die Lehrerin mit dem Synonym „Tee", von der Grundschule 2, weist auf eine Verschlechterung der personellen Ausstattung hin und sieht eine Ursache in den Vertretungen bei Krankheitsausfällen. Die Stunden für zusätzliche Einzelfallförderung wirken sich dahingegen positiv auf die Personalsituation aus. Generell sieht sie den Gemeinsamen Unterricht durch Binnendifferenzierung in einer gemeinsamen Situation, an einem gemeinsamen Thema oder Gegenstand gewährleistet. Ebenso bringt ihre Teamkollegin (Orchidee) die Anforderungen an den Unterricht auf den Punkt: Differenzierung, Fördern und Fordern der Kinder.

---

260 Siehe: Aussagen der Lehrerin (Code: Salomon) im Interview und der Strukturabbildung (Salomon, Z. 65ff).

Das zweite Team an dieser Schule geht sehr viel detaillierter auf die einzelnen Formen ein. Der Lehrer (Tuba) formuliert u.a. auch Anforderungen an seine Haltung, wie Kompromissbereitschaft bezüglich der kognitiven Leistungen und Offenheit für situative Bedingungen in der Klasse. Das Unterrichtskonzept bedarf s.E. einer Orientierung an den situativen Gegebenheiten und der Förderung der Kinder, damit sie ihre individuellen Fähigkeiten und Erfahrungen einbringen können und diese für die Lernprozesse genutzt werden könne. Es sollten viele gemeinsame Ansatzpunkte gefunden, gemeinsame Regeln erarbeitet und Aufgaben für das Gemeinwohl übernommen werden. Diese können das Verantwortungsbewusstsein stärken und Anregungen für andere Lebensbereiche bieten. Seine Kollegin (Musik) hebt hervor, dass die Lehrkraft auf das miteinander Lernen, die gegenseitige Hilfe und auf die Nichtabwertung von Kindern achten, sowie sich Gedanken um die Teilhabe von Kindern machen sollte. Damit legt sie die genannten sozialen Prozesse stärker in den Verantwortungsbereich der Lehrkräfte. Der Unterricht sollte differenziert und handlungsorientiert sein und sich an den speziellen Problemen, den Möglichkeiten und dem individuellen Stand der Kinder orientieren. Erforderlich dazu sind die Unterrichtsvorbereitung und der Einsatz von individuellen Materialien.

Die Lehrerinnen der Grundschule 3 orientieren sich in ihrer Arbeit beide an der Montessoripädagogik. Der Lehrer mit dem Synonym „Blau" setzt die Lernanregungen durch die Lehrkraft an exponierte Stelle seiner Strukturabbildung. Den Gemeinsamen Unterricht sieht er durch Öffnung, Binnendifferenzierung und Handlungsorientierung umgesetzt. Dabei versucht er den Lern- und Arbeitsformen, den Fähigkeiten und Fertigkeiten der Kinder gerecht zu werden. Wichtig ist ihm auch die Arbeit mit Material zum „Begreifen". Die andere Lehrerin der Schule (Ira) sieht in der Freiheit in Bezug auf die Unterrichtsdidaktik eine Voraussetzung für den Gemeinsamen Unterricht. Diese ist gefährdet durch die Reduktion der Teamarbeit, welche auch mit Frontalunterricht und gleicher Tätigkeit einher geht.

Abbildung 17: *Didaktisch-methodische Gestaltung des Gemeinsamen Unterrichts*

	Didaktisch-methodische Gestaltung	Orientierung der LehrerInnen	Voraussetzungen auf Seite der LehrerInnen
Salomon	Projektunterricht; Teilungsunterricht; Individualisierung und Differenzierung	Bearbeitung differenter Lernniveaus	Themenauswahl unabhängig vom Lehrplan
Welat	Groß- und Kleingruppenunterricht; Teilungsunterricht; Differenzierung und Einzelförderung	Anpassung des Unterrichts an die Integrationskinder	Keine differenten pädagogischen Ausrichtungen
Orchidee	Differenzierung	Fördern und Fordern der Kinder	Verständnis der LehrerIn
Tee	Binnendifferenzierung;	Gemeinsame Situation, Thema o. Gegenstand	
Tuba	Situationsbedingte Unterrichtsführung	Gemeinsame Ansatzpunkte und Regeln; Einbringen indiv. Fähigkeiten und Erfahrungen	Kompromissbereitschaft i.b. auf kognitive Leistungen; Offenheit für situative Bedingungen
Musik	Differenzierung und Handlungsorientierung	Spezielle Probleme; Möglichkeiten und individueller Stand	Beachtung d. miteinander Lernens, d. gegenseitigen Hilfe und Nichtabwertung; Gedanken um Teilhabe v. Kindern
Blau	Montessoripädagogik; Binnendifferenzierung und Handlungsorientierung	Lern- und Arbeitsformen; Fähigkeiten und Fertigkeiten der Kinder	Lernanregungen geben
Ira	Montessoripädagogik	Integration jedes einzelnen Kindes	Freiheit i.b. auf die Unterrichtsdidaktik; Zusammenfassen von Individuen in Gruppe

Die Orientierungen der Lehrerinnen und Lehrer für die Unterrichtsgestaltung unterliegen, gleichsam den Zielsetzungen des Gemeinsamen Unterrichts (in Abb. 17), einer eher kollektivistischen oder eher individualistischen Ausrichtung. Bei der Mehrzahl der Lehrkräfte stimmen die Orientierungen mit denen der Zielsetzungen überein. Bei einem Lehrer (Tuba) wechselt die Sicht von der zuvor individualistisch und an den Integrationskindern ausgerichteten Orientierung der Ziele zu einer stärker kollektivistischen Orientierung (keine dezidierte Zielgruppe) seines Unterrichtskonzeptes.

Alle involvierten Lehrerinnen und Lehrer betonen die Notwendigkeit der Differenzierung (u.U. im Zusammenhang mit den Grundsätzen der Montessoripädagogik), lediglich der Lehrer (Tuba) hebt stärker die situative Orientierung des Unterrichtskonzeptes hervor. Er und seine Teamkollegin (Musik) fallen dadurch auf, dass sie zahlreiche Anforderungen an den Lehrerstand formulieren, wobei die Lehrerin eher Anforderungen an die Lehreraufgabe formuliert, die der Aufmerksamkeit auf die sozialen Prozesse der Kinder gelten.

Der Lehrer (Tuba) weist in der Strukturabbildung einen stärkeren Fokus auf die kognitiven Leistungen und die Unterrichtsgestaltung auf. Dies könnte u.U. auf eine diesbezügliche Rollenverteilung im Team hinweisen.

Die beiden Teamkolleginnen (Orchidee und Tee) betonen beide die Notwendigkeit der Differenzierung, die Sonderpädagogin (Tee) bezieht dies auf die Binnendifferenzierung. Die Grundschulpädagogin (Orchidee) orientiert sich dabei an der Förderung und dem Fordern der Kinder, wohingegen die Kollegin die Gemeinsamen Situationen – am Gemeinsamen Gegenstand oder Thema – hervorhebt. Dies entspricht nicht der konservativen Rollenverteilung zwischen Sonder- und Regelpädagogin und könnte u.U. ein Effekt des stärkeren Drucks durch den Rahmenplan auf die Grundschullehrerin sein[261].

Die Lehrerin mit dem Synonym „Ira" und ihr Kollege (Blau) arbeiten montessoriorientiert, der Lehrer hebt die Lernanregungen und die Lehrerin die soziale Aufgabe der Lehrkraft, wie die Beachtung des Miteinanders und der Teilhabe einzelner, hervor. So sind auch die Orientierungen der beiden einerseits an den Lernbedingungen eher kognitiv (Blau) und andererseits eher an der sozialen Integration (Ira) der Kinder ausgerichtet.

- *Rahmenbedingungen für Gemeinsamen Unterricht*

Die Einstellungen und Haltungen der Lehrenden sowie die Ausrichtung der pädagogischen Konzepte für den Gemeinsamen Unterricht können nicht losgelöst von den Rahmenbedingungen für die Gestaltung der schulischen Unterrichtsarbeit gesehen werden, darum werden diese im Folgenden individuell auf der Basis der Wirkungszusammenhänge in den Strukturabbildungen erörtert.

Die Lehrerinnen der Grundschule 1 betonten bereits an anderer Stelle die Bedeutung des Zwei-Pädagogen-Systems und die negativen Auswirkungen von Vertretungseinsätzen (Salomon). Die Lehrerin mit dem Synonym „Welat" bezieht sich in ihrer Strukturabbildung auch auf den Einfluss von den Kindern mit Lernbehinderungen oder Verhaltensauffälligkeiten (durch familiäre Hintergründe, die sie nicht näher ausführt) unabhängig von den Integrationskindern. Sie stellt eine fehlende Antriebskraft fest und sieht darin die Ursache dafür, dass diese Kinder das Klassenziel nicht erreichen und dass es zu sozialen Spannungen und Konflikten in der Klasse kommt. Die Problembewältigung durch die Lehrkraft wirkt sich reduzierend auf die Unterrichtszeit und somit negativ auf den Gemeinsamen Unterricht aus.

Die LehrerInnen der Grundschule 2 gehen ebenfalls alle auf die personelle Ausstattung als Grundbedingung des Gemeinsamen Unterrichts ein. Die Teamkolleginnen (Orchidee und Tee) konstatieren eine Verschlechterung der personellen Ausstattung, die Sonderpädagogin (Tee) bemängelt insbesondere die mit dem Anstieg der Unterrichtsstunden nicht mitwachsenden Integra-

---

261 Siehe: Aussagen der Sonderpädagogin (Tee) in der Strukturabbildung und im Interview (Tee, Z. 552). Der Wunsch zum Rollenwechsel wird von ihr ebenfalls hervorgehoben (Tee, Z. 284).

tionsstunden. Die Grundschullehrerin (Orchidee) sieht in dem Druck des Rahmenplanes einen negativen Einfluss auf den Gemeinsamen Unterricht, den die Sonderpädagogin mit einem deutlich stärkeren Effekt auf die Grundschullehrerin beschreibt. Die Lehrerin (Orchidee) sieht im Zeitmangel (durch den Druck des Rahmenplanes) und in der „wachsenden Grauzone" im Einzugsbereich verschlechterte Bedingungen. Die Kollegin (Tee) betont ebenfalls den Einfluss der Kinder mit massiven Lernschwierigkeiten im Einzugsbereich (mit Unterschichtsfamilien; geringes Bildungsniveau; Anregungsarmut), sieht aber auch eine Beeinträchtigung durch die schwierigen Integrationskinder und die steigende Klassenfrequenz.

Der Lehrer (Tuba) sieht in der Zunahme der Klassenfrequenz, der Heterogenität der Schülerschaft sowie den nicht übereinstimmenden pädagogischen Vorstellungen von Integration und Unterricht unter den Lehrkräften generell negative Grundfaktoren für den Gemeinsamen Unterricht. Bei größerer Klassenfrequenz ist zur optimalen Förderung aller Kinder, insbesondere auf Grund der Heterogenität, ein höherer Aufwand für Unterrichtsvorbereitung notwendig. Von einer besseren Ausstattung mit SonderpädagogInnen erhofft er sich intensivere Beratung der Lehrkräfte und dadurch die Verringerung der Einzelbetreuung bei differierenden Leistungsanforderungen. Damit setzt er sehr stark auf die Qualifikationen von SonderpädagogInnen im Zusammenhang mit einer binnendifferenzierten, nicht segregativen Unterrichtsgestaltung[262]. Seine Teamkollegin (Musik) hebt zuerst die positiven Unterrichtsbedingungen, wie Teilungsstunden, Zwei-Pädagogen-System und Doppelsteckung hervor und verweist daraufhin auf die negativen, wie die Klassenfrequenz und die räumliche Ausstattung (die sie eigentlich als angemessen, aber den Bedarf als generell unendlich beschreibt).

In der Strukturabbildung des Lehrers (Blau) der Grundschule 3 hat insbesondere die komplizierte Klassenzusammensetzung als Unterrichtsbedingung einen erheblichen Einfluss auf den Gemeinsamen Unterricht. Er beschreibt diese über die quantitative Dominanz der Unterschichtskinder und der türkischsprachigen Kinder, den geringen Anteil an Mädchen und an deutschen Kindern. Die Ursache sieht er in der Situation im Kiez. Für die sozialisationsbedingten Entwicklungsverzögerungen der Kinder zeichnet er das soziale Milieu verantwortlich. Eine Klassenfrequenz von ca. 18 hält er auf Grund dieser Bedingungen für angemessen. Die Lehrerin (Ira) derselben Schule bestätigt dies, indem sie eine Klassenfrequenz von nicht mehr als 20 Kindern fordert. Durch die Verringerung der Doppelsteckung (nur 10 von 17 Stunden) sieht sie das Eingehen auf die aktuelle Integration der Kinder vermindert und stellt fest, dass die Lust am Lernen abnimmt. Auch in ihrer Darstellung wird die Geschlechterfrage berührt, indem sie davon ausgeht, dass mit steigendem

---

262 Entgegen des häufig angenommenen Bedarfes an der „Reparaturdienstfunktion" (Werning 1996).

Anteil an männlichen Schülern die Arbeitsruhe abnimmt und dadurch die Unterrichtsarbeit der Lehrkräfte erschwert wird.

Abbildung 18: Negativ gewertete Rahmenbedingungen für die Gestaltung des Gemeinsamen Unterrichts

	Personalausstattung	Schülerschaft	Sonstige
Salomon	Kürzung der Integrationsstunden auf Grund Vertretung		
Welat	Problembewältigung bei sozialen Spannungen und Konflikten reduziert die Unterrichtszeit	Kinder mit Lernbehinderungen oder Verhaltensauffälligkeiten zusätzlich zu Integrationskindern; mit fehlender Antriebskraft	
Orchidee	Verschlechterung der personellen Ausstattung;	Große Heterogenität, „Wachsende Grauzone" im Einzugsbereich	Druck des Rahmenplanes bewirkt Zeitmangel
Tee	Anstieg der Unterrichtsstunden ohne Anstieg der Integrationsstunden	Kinder mit massiven Lernschwierigkeiten im Einzugsbereich; schwierige Integrationskinder; Klassenfrequenz	Druck des Rahmenplanes auf Grundschulpädagogin
Tuba	Keine übereinstimmenden päd. Vorstellungen von Integration und Unterricht; mangelnde Ausstattung m. SonderpädagogInnen, zur Beratung der L. und Verringerung der Einzelbetreuung	Wachsende Heterogenität	Steigende Klassenfrequenz
Musik			Klassenfrequenz; Unendlicher Bedarf an räumlicher Ausstattung
Blau		Komplizierte Klassenzusammensetzung; Dominanz der Unterschichtskinder und türkischsprachige Kinder; geringer Anteil Mädchen und deutsche K.	Klassenfrequenz nicht über 18
Ira	Verringerung der Doppelsteckung; hoher Anteil männlicher Schüler		Klassenfrequenz unter 20

Fast alle Lehrerinnen und Lehrer beklagen die Verschlechterungen der personellen Ausstattung (außer Musik und Blau). An der Grundschule 1 scheint insbesondere der Einsatz von Lehrkräften aus Zwei-Pädagogen-Teams als Vertretungslehrer ein Problem zu sein. Dass beide Lehrerinnen aus verschiedenen Klassen dies monieren, weist darauf hin, dass es sich um einen Schuleffekt handelt. Dasselbe könnte für die Bedeutsamkeit des Rahmenplanes bei den Lehrerinnen der Grundschule 2 angenommen werden. Es ist aber auch denkbar, dass es sich um einen Klasseneffekt handelt oder dass der Druck durch den Rahmenplan subjektiv besonders von dieser Grundschullehrerin empfunden wird[263]. Fünf der Lehrkräfte beschreiben die Erschwernisse im Gemeinsamen Unterricht auch über die veränderte Schülerschaft in ihren Klassen, wie die Zunahme an Kindern mit Lern- und Verhaltensauffälligkeiten (Welat), bis hin zu massiven Lernschwierigkeiten (Tee) und einer dadurch „wachsenden Grauzone" (Orchidee) im Einzugsbereich der Schule. Damit bestätigen sie die „Milieuthese" von hinz et al. (1998), die die Qualität von Schule auch als präformierten Effekt eines sozialen Milieus konstatieren. Vom Lehrer mit dem Synonym „Tuba" wird eine steigende Heterogenität der Schülerschaft allgemein konstatiert, durch die sich der Aufwand an Unterrichtsvorbereitung erhöht. Der Lehrer (Blau) von der Grundschule 3, „Abstimmung mit den Füßen", bestätigt die im Rahmen des Schulprofils (Kapitel 6.2.4.3) anklingende Problematik der Schule. Er stellt eine komplizierte Klassenzusammensetzung, besonders durch die Dominanz der Kinder aus der Unterschicht und mit türkischer Muttersprache, fest.

Nur die Lehrerin mit dem Synonym „Salomon" sieht die Verschlechterung der Bedingungen auf die Personalausstattung begrenzt. Ob dies an einer anderen Schülerschaft in ihrer Klasse bzw. an der Grundschule 1, „An der Peripherie des multikulturellen Stadtteils", liegt oder eher ein Effekt ihrer stark kollektivistisch ausgerichteten Handlungsziele ist, kann hier nicht eindeutig beantwortet werden. Die zweite Lehrerin an der Schule beklagt allerdings ebenfalls einen Zuwachs an Kindern mit Lern- und Verhaltensauffälligkeiten, so dass die Vermutung naheliegt, dass es eher ein Effekt der Lehrereinstellungen und Orientierungen sein wird.

7.2.2 Wahrnehmungen und Einstellungen zur kulturellen Heterogenität im Unterricht

- *Kulturelle Heterogenität der Schülerschaft*

Im folgenden werden die von den Lehrerinnen und Lehrern eingebrachten Auswirkungen der kulturellen Situation in den Lerngruppen auf der Basis der Strukturabbildungen kontrastiert. An dieser Stelle erfolgte eine strikte Trennung nach den Einflussvariablen Sprache und Kultur, um voraussichtlich relevante, unterschiedliche Bedeutungen für und Differenzen im Gemeinsamen Unterricht aufzuzeigen.

Die Lehrerin mit dem Synonym „Salomon" macht deutlich, dass es einiger Grundlagen bedarf, um eine erfolgreiche Integration der türkischen und kurdischen Kinder zu gewährleisten. Sie sieht vor allem im Wissen zu kulturellen Lebensweisen und in der Zurückhaltung in politischer und kultureller

---

[263] Beispielsweise, weil sie zuvor in einem anderen Stadtteil mit einem höheren Leistungsniveau der Kinder gearbeitet hat (Interview Code „Orchidee; Z 752).

Position, der Offenheit und dem kosmopolitischen Denken (LehrerInnen und Kinder) sowie dem Interesse für kulturelles Anderssein (LehrerInnen und Kinder) die Basis für die erfolgreiche Integration. Die kulturelle Herkunft sollte i.E. Thematisierung und Auseinandersetzung in der Klasse erfahren, jedoch nicht nationalitätsbezogen, sondern vielmehr am Beispiel konkreter Personen. Bei Familien aus muslimischen Kulturkreisen stellt sie fest, dass es sich in der Regel um vollständige Familien handelt. In dem Tragen eines Kopftuches bei Schülerinnen, der notwendigen Veränderung bei der Thematisierung von Sexualität und Liebe und in der anderen Form der Entscheidungsfindung im Elternhaus sieht sie kulturelle Differenzen zu muslimischen Familien.

Die Kollegin an ihrer Schule (Welat) sieht ebenfalls die Notwendigkeit einer Grundhaltung – der pädagogischen Aufgeschlossenheit – des Kollegiums. Politische Ereignisse im Herkunftsland, lebensweltliche Erfahrungen, kulturell bedingte Fähigkeiten und Erzählungen zu kulturellen Traditionen sind Grundlage für die Thematisierung der kulturellen Heterogenität in der Klasse. Dies verändert bspw. das Verhältnis der MitschülerInnen zu Kriegserfahrungen, fördert das Verständnis für lebensweltliche Hintergründe und ist eine Bereicherung für den Unterricht und die MitschülerInnen. Insgesamt wird dadurch das Lehrerwissen über die kulturelle Herkunft der Kinder vergrößert und die Gefahr der Ausgrenzung und Abgrenzung verringert.

Eine Lehrerin (Orchidee) der Grundschule 2 bezeichnet die Wahrnehmung und die Anerkennung des spezifischen Potenzials als positiven Wirkungsfaktor auf die Lernmotivation und das Selbstwertgefühl von türkischen und kurdischen Kindern. Die erfolgreiche Integration erfolgt einerseits durch die Einbindung anderer Sprachen und Kulturen in den Unterricht, andererseits wird dadurch auch das Interesse und das Wissen über diese Kulturen gefördert. Durch die Darstellung in einem geschlossenen Kreis wird deutlich, dass sie diesen Prozessen eine gegenseitige Wechselwirkung zuerkennt.

Ihre Kollegin (Tee) in der Klasse zeichnet im Prinzip den gleichen Ablauf nach, sie verwendet lediglich andere Begriffe. Die Anerkennung der individuellen Leistungen hat i.E. einen positiven Einfluss auf das Selbstbewusstsein und verringert dadurch auch die Lernschwierigkeiten der türkischen und kurdischen Kinder. Sie sieht die Berücksichtigung der kulturellen Herkunft der Kinder am besten in interkulturellen Projekten gewährleistet; dies erhöht das Wissen aller Beteiligten über eigene und fremde Kulturen.

Der Lehrer (Tuba) aus der zweiten Teamkonstellation dieser Grundschule sieht die erfolgreiche Integration der türkischen und kurdischen Kinder verwirklicht durch die Teilhabe aller am kulturellen Leben, der Akzeptanz und Anerkennung, dem Einbringen der Kultur und dem damit einer gehenden täglichen Lernen der Kinder. Dies verstärkt die Toleranz gegenüber differenten Meinungen und Glaubensbekenntnissen, die von den Eltern als Recht auf freie Religionsausübung vertreten wird. Nach der Auffassung seiner Teamkollegin (Musik) manifestiert sich die erfolgreiche Integration in der interkulturellen Zusammensetzung von Arbeitsgruppen, dem selbstverständlichen Umgang miteinander, außerschulischen interkulturellen Kontakten und darin, dass es zu keiner kulturellen Abgrenzung kommt. Förderlich erscheinen ihr Erzählungen und Gespräche im Unterricht über das kulturelle Leben sowie Aktionen wie das internationale Kinderfest an der Schule, die sie als Bereicherung der Klasse wahrnimmt. Diese Aktionen fördern das Wissen über die eigene Kultur und die Relativierung der grundlegenden Sichtweisen. In diesen und der Musik als verbindendem Moment sieht sie positive Wirkungen auf die erfolgreiche Integration der türkischsprachigen Kinder. Die Wertung der Integration durch türkische und kurdische Familien scheint ihr mit religiösen Auffassungen zu kollidieren. Die anderen religiösen Meinungen werden in der Klasse thematisiert, ohne Maßstäbe vorzugeben oder zu setzen, da dies i.E. in der Verantwortung der Eltern liegt.

An der Grundschule 3 wird ebenfalls von beiden UntersuchungspartnerInnen auf die religiösen Hintergründe hingewiesen. Der Lehrer (Blau) sieht insbesondere im Besuch der Koranschulen eine Überforderung der Kinder. Er ist im Zweifel, ob dies eher wegen der Vermittlung kultureller Werte oder eher als Hortersatz von den Eltern favorisiert wird. Er hält eine ganztägige pädagogische Betreuung der Kinder für positiv in Bezug auf den Gemeinsamen Unterricht. Die Entwicklung einer kulturellen Identität[264] wirkt sich seines Erachtens negativ auf die erfolgreiche Integration der türkischen und kurdischen Kinder aus[265]. Die zweite Lehrerin (Ira) hebt die Bedeutung der Konfrontation mit fremden kulturellen Werten für die Reflexion der eigenen Werte hervor. Als Bereicherung sieht sie insbesondere die türkischen Spezialitäten und die Musik, die die Kinder in die Schule mitbringen. Bei den türkischen Mädchen hebt sie einerseits die haushaltlichen Kenntnisse hervor und berichtet von der Notwendigkeit der Geschlechtertrennung beim Schwimmunterricht (Schamgefühl).

---

264 Im nationalistischen Sinne.
265 Siehe: Aussagen des Lehrers (Blau) im Interview (Blau; Z 505; Z 535ff).

Abbildung 19: Einfluss von und Umgang mit kultureller Heterogenität im Gemeinsamen Unterricht

	Eigenschaften/ Kompetenzen der LehrerIn	Kulturelle Differenzen in Familien aus der Türkei	Thematisierung/ Umgang mit kultureller Heterogenität	Ziele/Erfolge
Salomon	Wissen zu kult. Lebensweisen; Zurückhaltung in polit.[266] und kult. Position; Offenheit für kult. Anderssein	Tragen eines Kopftuches; Thematisierung von Sex und Liebe; Entscheidungsfindungen im Elternhaus	Nicht nationalitätsbezogen; Am Beispiel konkreter Personen	
Welat	Pädagogische Aufgeschlossenheit des Kollegiums		Polit. Ereignisse im Herkunftsland; lebensweltliche Erfahrungen; Kult. bedingte Fähigkeiten; Erzählungen zu kult. Traditionen	Förderung des Verständnisses für lebensweltliche Hintergründe; Bereicherung des Unterrichts; Erhöhung des Lehrerwissens über kult. Herkunft der K.; Verringerung der Aus- und Abgrenzung
Orchidee	Wahrnehmung und Anerkennung des spezifischen Potenzials; Zuwendung zu den türk. Kindern		Einbindung anderer Sprachen und Kulturen	Lernmotivation und Selbstwertgefühl der türk. und kurd. K.; Interesse und Wissen über fremde Kulturen
Tee	Anerkennung d. individuellen Leistungen		Berücksichtigung d. kult. Herkunft; Interkulturelle Projekte; Einbeziehung der Eltern bei Projekten	Steigerung des Selbstwertgefühls; Verringerung der Lernschwierigkeiten; Wissen über eigene und fremde Kulturen
Tuba	Akzeptanz und Anerkennung	Recht auf freie Religionsausübung	Einbringen der Kultur; Teilhaben aller am kulturellen Leben	Toleranz differenter Meinungen und Glaubensbekenntnisse
Musik	Keine Maßstäbe für religiöse Meinungen setzen	Wertung der Integration kollidiert mit religiösen Auffassungen	Erzählungen und Gespräche über kult. Leben; Internationales Kinderfest; Musik als verbindendes Moment; Thematisierung religiöser Meinungen	Interkult. Arbeitsgruppen, Kontakte im außerschulischen Bereich; Keine kult. Abgrenzung; Bereicherung d. Klasse; Wissen über eigene Kultur; Relativierung grundlegender Sichtweisen
Blau		Besuch der Koranschulen z. Vermittlung kult. Werte o. als Hortersatz; Überforderung der K.; Entwicklung einer (national) kult. Identität		

---

266 Abkürzungen: Politisch = polit.; Kulturell = kult.; Kinder = K..

Ira	Türkische Spezialitäten und Musik; Hauswirtschaftliche Kenntnisse der Mädchen	Reflexion der eigenen Werte in der Konfrontation mit fremden Werten

Resumee: Sechs der acht Lehrerinnen und Lehrer heben die Bedeutung diverser Haltungen der Lehrkräfte im Umgang mit kultureller Heterogenität hervor. Die beiden ersten Kolleginnen (Salomon und Welat) streichen insbesondere Grundhaltungen wie Offenheit, Zurückhaltung in kultureller und politischer Position und pädagogische Aufgeschlossenheit hervor, welche direkt an der Person der Lehrerin oder des Lehrers ansetzen und infolge dessen originäre Erwartungen an den Lehrerberuf vermitteln. Die erhöhte Sensibilität und die Auseinandersetzung mit den eigenen inneren Werten in interkulturellen Kontakten könnte u.U. auf die längeren Auslandsaufenthalte der beiden und die Erfahrungen als Minderheit in einem fremden Land zurückgeführt werden. Die Lehrerin mit dem Synonym „Ira" lebt in einer bikulturellen Beziehung. Sie hebt die Reflexion der eigenen Werte in der Konfrontation mit fremden Werten hervor; dem intensiven Kontakt zu Menschen aus anderen Kulturen kann sicherlich eine sensibilisierende Wirkung und dadurch eine stärkere Sicht aus der Position der kulturellen Minderheiten zuerkannt werden[267].

Der Begriff Anerkennung ist in den drei folgenden Strukturabbildungen von besonderer Relevanz, wird aber deutlich unterschiedlich gewichtet. Die Lehrerin mit dem Synonym „Orchidee" sieht in der Wahrnehmung und Anerkennung des spezifischen Potenzials (positiv formulierte Erwartungen), die Lehrerin (Tee) in der Anerkennung der individuellen Leistungen (weder positiv noch negativ formulierte Erwartungen) und der Lehrer (Tuba) in der Akzeptanz (eine geringerwertige Erwartung) und der Anerkennung die grundlegenden Haltungen von Lehrkräften. Die Lehrerin (Musik) findet, dass keine Maßstäbe für religiöse Meinungen gesetzt werden dürfen.

Auch bei den genannten kulturellen Differenzen nimmt die Religion eine exponierte Stellung ein. Die Lehrerin (Salomon) offenbart Unsicherheiten im Umgang mit dem Kopftuch[268], und betont, dass das religiöse Bekenntnis der muslimischen Familien Auswirkungen auf die Thematisierung von Sex und Liebe hat. Auffällig erscheinen ihr auch die anderen Formen der Entscheidungsfindung im Elternhaus. Der Lehrer (Tuba) geht auf das von den Eltern forcierte Recht auf freie Religionsausübung ein. Seine Kollegin (Musik) vermutet hinter der geringschätzigen Würdigung der Integration eine Kollidierung mit religiösen Auffassungen. Der Lehrer mit dem Synonym „Blau" wertet den Besuch der Koranschulen am Nachmittag als Überforderung. So muss festgestellt werden, dass die geäußerten Konfrontationen mit dem Islam

---

267 Einen solchen Effekt kann die Verfasserin aus eigener Erfahrung bestätigen.
268 Siehe Aussagen im Interview (Salomon; Z 336ff).

und den muslimischen Gläubigen insgesamt eine eher negative Wertung durch die Lehrerinnen und Lehrer erfährt. Dies belegt die Annahme einer Vernachlässigung der interreligiösen Erziehung und lässt vermuten, dass die Lehrerinnen und Lehrer in ihren Einstellungen zum Islam, gleichsam den Wissenschaftlerinnen und Wissenschaftlern, einem Kategorienschema von Roth (1999) zugeordnet werden können. In zwei Fällen scheinen eindeutige Faktoren dominierend zu sein: 1. Ein ambivalentes Verhältnis, bedingt durch Assoziationen wie Intoleranz und Ungleichbehandlung (Salomon) und 2. eine grundlegende Distanz zu (fremd-[269]) religiösen Faktoren (Blau)(vgl. ebd.).

Die Thematisierung und der Umgang mit kultureller Heterogenität erfolgt bei drei Lehrerinnen u.a. über türkische Musik, Spezialitäten und Traditionen. Insgesamt scheint es bei allen Lehrerinnen und Lehrern eher um die soziale Einbindung der kulturellen Lebenswelt der Kinder zu gehen als um eine Ausrichtung der Lehrinhalte oder einer Verwendung von interkulturellem Lernmaterial[270]. Diese „punktuellen, folkloristischen Aktivitäten" (Hinz 1993) sind Ausdruck eines ethnologisierenden Blickes auf die Kinder und sensibilisieren – insbesondere durch die Trennung von Unterricht und außerunterrichtlichen Aktivitäten – geradezu die Wahrnehmung der Differenzen. Die Alltagsrealität der Kinder bewegt sich oftmals zwischen den Polen „Herkunftskultur" und „Kultur im Einwanderungsland". Diese Polarisierung wird m.E. durch die oben genannten Aktivitäten unterstützt, solange nicht auch der gesamte Unterricht und die verwendeten Unterrichtsmaterialien stärker interkulturell – im Gegensatz zu ethnozentristisch – gestaltet sind. Erste Ansätze lassen sich in dem beschriebenen Projekt an der Grundschule 2 erkennen.

Die genannten Ziele bzw. Erfolge können, gleichsam der Orientierungen im Gemeinsamen Unterricht (siehe Abb. 19), diversen Kategorien zugeordnet werden; eher kollektivistischen oder eher individualistischen Zielen. Kollektivistische Ziele: Förderung des Verständnisses für lebensweltliche Hintergründe, Bereicherung des Unterrichts, Verringerung der Aus- und Abgrenzung (Welat); Interesse und Wissen über fremde Kulturen (Orchidee); Toleranz differenter Meinungen und Glaubensbekenntnisse (Tuba); interkulturelle Arbeitsgruppen, außerschulische Kontakte, keine kulturelle Abgrenzung, Bereicherung der Klasse, Wissen über eigene Kultur, Relativierung grundlegender Sichtweisen (Musik), Reflexion der eigenen Werte in der Konfrontation mit fremden Werten (Ira).

Zu 2.: Erhöhung des Lehrerwissens über kulturelle Herkunft (Welat), Lernmotivation und Selbstwertgefühl der türkischen und kurdischen Kinder, (Orchidee), Verringerung der Lernschwierigkeiten, Steigerung des Selbstwertgefühls (Tee).

---

269 Ergänzung der Verfasserin.
270 Bei dem, von „Orchidee" und „Tee" genannten, interkulturellen Projekt handelt es sich weitestgehend um die Vorbereitungen zu einem Internationalen Kinderfest. In diesem Zusammenhang ist auch die Herkunft der Kinder erstmals geplant im Unterricht thematisiert worden.

Die deutliche Parallelität zwischen den Teamkolleginnen (Orchidee und Tee) bestätigt auch hier wieder die Übereinstimmung in den Einstellungen im Sinne eines Teameffektes. Fünf der Lehrkräfte äußern ebenso kollektivistische, wie auch individualistische Ziele. Die individualistischen Ziele betreffen vorrangig das Selbstwertgefühl, die Lernmotivation und die Verringerung von Lernschwierigkeiten auf Seiten der türkischen und kurdischen Kinder. Zusammenhänge oder Relationen zu den Zielorientierungen in Bezug auf den Gemeinsamen Unterricht allgemein sind nicht festzustellen.

- *Kulturelle Heterogenität im Elternhaus und in der Elternarbeit*

Nur in zwei Strukturabbildungen (Musik und Tuba) wurde die Elternarbeit bzw. das Elternhaus der Kinder nicht als Faktor eingearbeitet. Hierbei könnte es sich um einen Teameffekt handeln, da die gemeinsame Elternarbeit von dem Lehrer als durchaus positiv eingeschätzt wird[271], lediglich in Bezug auf bestimmte religiös motivierte Themen Konfliktpotenzial benannt wird[272].

Die Lehrerin mit dem Synonym „Salomon" erkennt, ebenso wie die Lehrerin (Musik), eine differente Einstellung der Eltern türkischer Herkunft zur Integration. Sie unterscheidet jedoch zwischen den Eltern von nichtbehinderten Kindern, welche die Integration eher ablehnen, und den Eltern von Kindern mit Behinderungen, welche die Integration sehr schätzen[273]. Ansonsten sieht sie die Auswirkungen der Heterogenität der sozialen Herkunft, bedingt durch differente ökonomische Situationen in den Elternhäusern, als Ursache für differente Zugangsweisen zu Problemen und differenten Lernbedingungen und -möglichkeiten. Diesen Faktoren bemisst sie eine stärkere Wirkung zu als der kulturellen Herkunft der Familien. Die zweite Lehrerin (Welat) an dieser Schule würde die Einrichtung und Frequentierung von Sprachkursen für die Eltern (insbesondere die Mütter) gutheißen; sie sieht keine sprachlichen Verständigungsprobleme, erkennt aber ein unterschiedliches Ambitionsniveau und kulturelle bzw. soziale Entfremdungsängste auf Seiten der Eltern. Generell hebt sie als Form der Elternarbeit die Hausbesuche hervor, obwohl die Schule kein Gesprächsthema ist, da man dabei wertvolle Einblicke in die kulturellen und lebensweltlichen Hintergründe bekommt, die sich wiederum positiv auf die Verständigung zwischen Elternhaus und Schule auswirken.

Eine Lehrerin (Orchidee) der Grundschule 2 konstatiert den Bedarf an Mitarbeit von türkischen oder kurdischen Kolleginnen oder Kollegen sowie Dolmetschern für Elterngespräche. Beides ist an der Schule augenblicklich nicht gewährleistet. Zudem sieht sie eine enge Beziehung zwischen den familiären Belastungen im Elternhaus, der Schichtzugehörigkeit und dem Bildungsniveau bzw. -bewusstsein und der Lernentwicklung der Kinder. Die

---

271 Siehe Aussagen des Lehrers im Interview (Tuba, Z. 232).
272 Ebd. (Tuba, Z. 206).
273 Dies bestätigt meine Beobachtungen und Erfahrungen (siehe Kapitel 3.1.4; Vgl. Merz-Atalik 1997).

Eltern seien sehr leistungsorientiert, die einseitige Freizeitgestaltung und die Anregungsarmut führten jedoch zu geringen Sach- und Umweltkenntnissen und dies verstärkt die Lernschwierigkeiten bei den Kindern. Die Lehrerin regt deshalb an, eine Gruppe für Ausflüge in die Stadt einzurichten. Ihre Teamkollegin (Tee) verwendet nahezu die gleichen Begriffe: Kinder mit massiven Lernschwierigkeiten kommen häufig aus Unterschichtsfamilien mit geringem Bildungsniveau und Anregungsarmut. Sie macht diese Charakteristika jedoch nicht so stark an den Familien türkischer Herkunft fest, sondern sieht die Ursache unabhängig von der Nationalität im Einzugsbereich der Schule. Das Elternhaus der türkischen und kurdischen Kinder ist ihres Erachtens geprägt von Erlebnis- und Erfahrungsmängeln. Die Kommunikation und die Zusammenarbeit zwischen Eltern und Schule sind die Voraussetzung für die Einbeziehung der Eltern bei Projekten, dies wirkt sich da wiederum positiv auf die erfolgreiche Integration der türkischen und kurdischen Kinder aus. Die türkischen und kurdischen Eltern zeigen diesbezüglich ein großes Engagement. Die Einbeziehung von muttersprachlichen Kolleginnen oder Kollegen könnte helfen, Verständnisschwierigkeiten zu verringern.

An der dritten Grundschule zeichnen sich ähnliche Sichtweisen ab. Der Lehrer (Blau) sieht in der Bereitschaft und dem Engagement der Eltern (verstärkt durch die Elternarbeit) eine positive Wirkung auf den Gemeinsamen Unterricht. Auf Grund des sozialen Milieus kommt es in der Elternarbeit jedoch zu Überforderung und Verständnisschwierigkeiten der Eltern. Das soziale Milieu ist seines Erachtens auch dafür verantwortlich, dass so viele Kinder mit Entwicklungsverzögerungen auf Grund der Sozialisation in seiner Klasse sind.

Die Lehrerin (Ira) sieht im Gegensatz zu ihrem Kollegen gerade in den türkischen und kurdischen Elternhäusern durch familiäre Belastungen, hohe Anzahl an Kindern und steigender Arbeitslosigkeit negative Einflussfaktoren auf die Unterstützung der Kinder. Gute Deutschkenntnisse und die Berufstätigkeit der Mütter wirken sich demgegenüber positiv aus. Durch die Rollenfestlegung der Mädchen verstärken sich deren haushaltliche Kenntnisse, die sie positiv wertet.

Resumee: An dieser Stelle erfolgt lediglich eine Zusammenfassung für den Bereich der kulturellen Heterogenität in der Elternarbeit. Dominanter in der Analyse zeigten sich die Aussagen und Relationsstrukturen zu den Einflüssen des Elternhauses auf die Lernentwicklung der türkischen und kurdischen Kinder; die Darstellung dieser Faktoren erfolgt jedoch an anderer Stelle, in Kapitel 7.2.3. Insgesamt gehen drei der Lehrerinnen und Lehrer auf die Bedeutung der Elternarbeit ein. Die Lehrerinnen (Orchidee und Tee) sehen einen Bedarf an Mitarbeit von muttersprachlichen Kolleginnen und Kollegen sowie dem Einsatz von Dolmetscherinnen und Dolmetschern in der Elternarbeit. Dahingegen betont die Lehrerin mit dem Synonym „Welat", dass es sich bei den Problemen weniger um sprachliche Verständigungsprobleme[274] handelt als vielmehr um differente Ambitionsniveaus und dass den kulturellen und sozialen Entfremdungsängsten der Eltern ebenfalls eine Bedeutung zubemessen werden muss. Der Lehrer mit dem Synonym „Blau" sieht vor allem im sozialen Milieu die Ursache für Überforderungen und Verständnisschwierigkeiten der Eltern.

Als Formen der Elternarbeit werden einmal die Hausbesuche (Welat) und andererseits die Einbeziehung bei Projekten (Tee) als erfolgversprechend charakterisiert. Eine Lehrerin (Salomon) und ein Lehrer (Blau) heben die Ausprägungen der Bereitschaft und der grundlegenden Einstellungen der Eltern zur Integration als Wirkungsfaktor auf den Gemeinsamen Unterricht hervor.

7.2.3 Wahrnehmung der Lern- und Leistungsentwicklung der türkischen und kurdischen SchülerInnen im Unterricht

Im folgenden werden Faktoren für die Lern- und Leistungsentwicklung der türkischen und kurdischen Kinder gesondert von der Sprachentwicklung (Zweit- und Muttersprache) evaluiert. Im Anschluss werden diese in einer tabellarischen Form gegenübergestellt, um Beziehungen zwischen der Wahrnehmung der Kinder und den Deutungs- und Erklärungsansätzen sowie den Argumentationssträngen der Abbildungen herzustellen. Dazu werden die bereits herausgearbeiteten Aussagen zum Faktor Elternhaus (siehe oben) eingearbeitet.

- *Wahrnehmung der Lern- und Leistungsentwicklung*

Die Strukturabbildungen der Lehrerinnen der Grundschule 1 unterscheiden sich erheblich. Die Lehrerin mit dem Synonym „Salomon" hebt an keiner Stelle Besonderheiten der Lern- und Leistungsentwicklung türkischer oder kurdischer Kinder hervor. Sie sieht eher in der sozialen und ökonomischen Situation in den Elternhäusern eine Ursache für differente Lernbedingungen aller Kinder. Ihre Kollegin (Welat) konstatiert ebenso, dass die Intelligenz normalverteilt ist und es folglich kein abweichendes Lernverhalten gibt. Dennoch erkennt sie einen besonderen Bedarf der türkischen und kurdischen Kinder an persönlicher Zuwendung durch die Lehrpersonen, insbesondere bei den Mädchen. Die Jungen erzwingen diese Zuwendung häufig. Die Gewährleistung dieser Sonderzuwendung wirkt sich ihres Erachtens positiv auf die Haltung der Kinder gegenüber den Lerninhalten und auf deren Lern- und Leistungsentwicklung aus.

---

274 Dies beruht auf den Erfahrungen der Lehrerin in der Zusammenarbeit mit einer türkischen Kollegin an einer anderen Schule. Siehe Aussagen der Lehrerin im Interview (Welat, Z. 352ff).

Die Lehrerinnen der Grundschule 2 weisen ebenfalls Differenzen in der Bewertung auf. Die Lehrerin mit dem Synonym „Orchidee" sieht in der Situation im Elternhaus wesentliche Ursachen für die Lernschwierigkeiten der türkischen und kurdischen Kinder (siehe Kapitel 7.2.2). Die Wahrnehmung und die Anerkennung des spezifischen Potenzials dieser Kinder fördert jedoch die Lernmotivation und steigert das Selbstwertgefühl. Ihre Teamkollegin (Tee) bestätigt die Annahmen des Zusammenhangs mit dem Elternhaus (siehe Kapitel 7.2.2/b). Die Einbeziehung der Eltern bei Projekten hat ihres Erachtens einen positiven Effekt auf die Lern- und Leistungsentwicklung der türkischsprachigen SchülerInnen.

Die beiden anderen Teamkolleginnen sehen ebenfalls in der kulturellen Herkunft der Kinder nur eines von vielen Bestimmungsmomenten für die Lern- und Leistungsentwicklung (Musik). Die kulturelle Heterogenität spielt keine dominante Rolle und die individuellen Lernbedingungen sind unabhängig von Kultur (Tuba). Die Lehrerin (Musik) sieht die geringe Unterstützung der türkischen und kurdischen Kinder im Elternhaus (gekoppelt mit der Delegierung an die Schule) als negativen Faktor für die Lern- und Leistungsentwicklung.

Die Wertungen der Lehrkräfte an der Grundschule 3 sind ebenfalls sehr heterogen. Der Lehrer (Blau) erkennt bei den Migrantenkindern aus der Türkei ein geringes Problembewusstsein und Lerninteresse. Allgemein sind s.E. das Leistungsniveau und das Sozialverhalten, die geringe (interkulturelle) Kontaktbereitschaft sowie das geringe Interesse für und die geringe Akzeptanz der deutschen Kultur der türkischen Kinder Faktoren für die Abwanderung von Eltern leistungsstärkerer Kinder an grundständige Gymnasien. Für die Lernentwicklung macht er, gleichsam wie andere, die Situation im Elternhaus verantwortlich; das fehlende Bildungsinteresse, das geringe Interesse an der deutschen Kultur und nicht kindgerechte Wohnverhältnisse. Da die türkischen und kurdischen Eltern eine Präferenz von Ziffernzeugnissen zeigen, haben die Kinder deutlich schlechtere Noten. Insgesamt stellt er eine Resignation auf Grund der mangelnden beruflichen Perspektiven und eine sprachliche und inhaltliche Überforderung der Eltern mit den schulischen Aufgaben fest. Seine Teamkollegin sieht dahingegen keine abweichenden Lernentwicklungen; ihres Erachtens ist der sonderpädagogische Förderbedarf unabhängig von der Nationalität der Kinder und besondere Lernbedürfnisse sind nur am Einzelfall festzumachen.

- *Wahrnehmung der Sprachentwicklung*

Bereits bei der Übersicht über die Anteile der diversen Faktoren in den Strukturabbildungen[275] wurde deutlich, dass die Sprache einen zentralen Stellen-

---

275 Dies erfolgte anhand der Plakatierung der Abbildungen nebeneinander und einer farblichen Kennzeichnung der Gruppierungen nach den vorgegebenen Basiskonstrukten und der Sondierung der durch die LehrerInnen zusätzlich thematisch gewichteten Unterkonstrukte.

wert in der Wahrnehmung der Lehrkräfte für ihren Unterricht darstellt. Die Strukturabbildungen der Lehrerinnen von der Grundschule 1 heben sich von den anderen ab, indem der Umfang der Sprache einen geringeren Stellenwert erfährt als in den anderen Schulen. Bemisst man dem Umfang der verwandten Konzepte und Begriffe zur Sprache generell auch eine Relevanz für die Bedeutung im Unterricht bei, so kann eine deutliche Relation zum Anteil an Kindern nichtdeutscher Muttersprache erkannt werden. In Klassen mit hohem Anteil (Ira), insbesondere mit einer bilingualen Situation (Blau), hat die Sprache eine erheblich stärkere Dominanz in der Abbildung, im Vergleich zu den Klassen mit einem deutlich niedrigeren Anteil (Kollegium der Grundschule 3). Da die individuellen Wahrnehmungen jedoch in einem direkten Zusammenhang mit der Umsetzung im eigenen Unterricht und mit außerunterrichtlichen Konzepten der Förderung genannt werden, sollen diese detailliert und umfassend im kommenden Kapitel dokumentiert werden[276].

---

276 Die getrennte Darstellung der Wahrnehmung der Sprache und der Umsetzung in pädagogische Handlungskonzepte hätte das Herausziehen der Konzepte und Begriffe aus der Relationsstruktur erfordert, da die LehrerInnen diese immer in geschlossenen Konstrukten abgebildet hatten. Diese Problematik war bei dem Themenbereich Kultur nicht so aufgetreten, da die Lehrerinnen die kulturellen Einflüsse stärker getrennt von dem Unterricht sahen.

Abbildung 20: *Wahrnehmung der Lern- und Leistungsentwicklung durch die LehrerInnen*

	Beschreibung der Lern- und Leistungsentwicklung	Ursachen und Erklärungsmodelle
Salomon	Differente Lernbedingungen (allg.[277])	Soziale und ökonomische Situation (allg.)
Welat	Kein abweichendes Lernverhalten (Intelligenz ist normalverteilt)	Unterschiedliches Ambitionsniveau; Kulturelle und soziale Entfremdungsängste der Eltern
Orchidee	Lernschwierigkeiten; Geringe Sach- und Umweltkenntnisse	Familiäre Belastungen; Schichtzugehörigkeit; Bildungsniveau- und -bewusstsein; Einseitige Freizeitgestaltung; Anregungsarmut
Tee	Anfänglich große Lernschwierigkeiten; Geringes Selbstbewusstsein	Unterschichtsfamilien mit geringem Bildungsniveau (allg.); Anregungsarmut (allg.); Einzugsbereich; Erlebnis- und Erfahrungsmängel
Tuba	Viele Kinder mit Entwicklungsverzögerungen auf Grund der Sozialisation (allg); Individuelle Lernbedingungen unabhängig von Kultur	Soziales Milieu (allg.)
Musik	Kulturelle Heterogenität nur ein Faktor für die Lern- und Leistungsentwicklung;	Familiäre Belastungen; Große Anzahl Kinder; Steigende Arbeitslosigkeit; Geringe Unterstützung der Kinder
Blau	Geringes Problembewusstsein und Lerninteresse; Geringes Leistungsniveau und Sozialverhalten; Geringe Kontaktbereitschaft; Geringes Interesse und geringe Akzeptanz d. deutschen Kultur	Fehlendes Bildungsinteresse; Geringes Interesse an der deutschen Kultur; Nichtkindgerechte Wohnverhältnisse; Präferenz von Ziffernzeugnissen; Resignation auf Grund mangelnder berufliche Perspektiven; Sprachliche und inhaltliche Überforderung durch schulische Aufgaben
Ira	Besondere Lernbedürfnisse im Einzelfall	

Resumee: Insgesamt dominiert leicht (5 zu 3) die Auffassung, dass die Lernentwicklung der Kinder weniger von ihrer kulturellen Herkunft abhängig ist, sondern vielmehr von den sozialen und ökonomischen Bedingungen im Elternhaus und im Wohnumfeld. Die Lehrerinnen (Orchidee und Tee) geben beide an, dass die Kinder oftmals Lernschwierigkeiten haben, ein geringes Selbstbewusstsein (Tee) und geringe Sach- und Umweltkenntnisse (Orchidee). Nicht nur die Diagnosen zeigen eine deutliche Übereinstimmung, sondern auch die Erklärungsansätze der beiden setzen an der Schichtzugehörigkeit, dem geringen Bildungsniveau, der Anregungsarmut, Erlebnis- und Erfahrungsmängeln auf Grund einseitiger Freizeitgestaltung an. Insgesamt führen die Lehrerinnen und Lehrer die Ursachen für eine Lernentwicklungsverzögerung und Lernschwierigkeiten überwiegend auf das soziale Milieu zurück.

---

277 Abkürzung für *allgemein*; wenn die Aussage nicht spezifisch für Familien nichtdeutscher Muttersprache Gültigkeit hat, sondern von den LehrerInnen übergreifend für alle SchülerInnen formuliert wurde.

7.2.4 Modifikationen des Unterrichts zur erfolgreichen Integration der türkischen und kurdischen Kinder im Gemeinsamen Unterricht

Ein wesentlicher Faktor in den Konstrukten der Lehrerinnen und Lehrer zur Lernentwicklung der türkischen und kurdischen Kinder, sowie für ihre Art der Unterrichtsgestaltung, stellt der Bereich Sprache (getrennt nach Zweit- und Muttersprache) dar.

- *Zweitsprachentwicklung*

Die eine Lehrerin (Salomon) sieht in der Sprachförderung in Deutsch (individuell auf der Basis von Sprachstandsanalysen) positive Aspekte für die Lern- und Leistungsentwicklung, jedoch sollte diese in Verbindung von Handeln und Sprache und in Lerngruppen mit gleichem Sprachstand erfolgen. Besonders der Deutschunterricht bedarf i.E. einer stärkeren Differenzierung. Gesonderte Sprachförderkurse hält sie für verfehlt und unpädagogisch. Die Kollegin (Welat) sieht keine abweichende Sprachentwicklung bei den Kindern aus der Türkei, sie erkennt vielmehr allgemeine sprachliche Probleme bei allen Kindern, deren Ursachen sie in einer Überforderung der Eltern mit der Erziehung vermutet. Sie fordert den Erwerb von Kompetenzen für die Zweitsprachentwicklung in der Lehreraus- und Fortbildung. Durch die kleinschrittige und handlungsorientierte Vorgehensweise im Unterricht, sowie durch die Reduktion der abstrakten Sprache resp. einfacherer Sprachmuster und der Vermittlung von konkreten Erfolgserlebnissen, richtet sie ihren Unterricht auf die Lern- und Leistungsentwicklung der Kinder türkischer Herkunft aus. Dabei erscheint es ihr wichtig, gefühlsmäßig auf die individuelle Situation einzugehen.

Die Lehrerinnen und der Lehrer der Grundschule 2 zeigen alle eine, vom Umfang her, angeglichene Gewichtung der Sprache in ihren Abbildungen. Die Sprachförderkurse werden von einer Lehrerin (Orchidee) generell als positives Mittel zum Zweitspracherwerb eingeschätzt. Im Unterricht machen sich i.E. besonders die Sprachverständnisschwierigkeiten bemerkbar, insbesondere im Umgang mit Arbeitsanweisungen. Deshalb vermindert sie die Relevanz der Unterrichtssprache Deutsch, reduziert die verbalen Anteile im Unterricht und forciert die Bildung von bilingualen Arbeitsgruppen (durch Anteil der deutschen Kinder). Generell sieht sie in den mangelnden Türkisch- und Deutschkenntnissen einen Faktor für die Lernschwierigkeiten und den erhöhten Förderbedarf der Kinder. Die Lehrerin mit dem Synonym „Tee" konstatiert eine beidseitige Sprachlosigkeit und eine doppelte Halbsprachigkeit bei den Kindern, die sich in Sprach- und Verständnisschwierigkeiten und anfänglich großen Lernschwierigkeiten äußern. Im Unterricht sollten i.E. anschauliche und wiederholende Erklärungen, detaillierte Wiederholungen und klare Formulierungen durch die Lehrkraft vorgenommen werden. Der

Unterricht sollte handlungsorientiert erfolgen, die verbalen Anteile reduziert werden und die türkischsprachigen SchülerInnen sollten mit deutschen Tischnachbarn zusammensitzen. Bei den Kindern der Migrantenfamilien aus der Türkei sieht sie die Notwendigkeit des Erlernens von Strategien wie „Sich melden" und „Fragen". Sie wertet die Zweitsprachförderkurse ebenfalls positiv, beklagt allerdings das geringe Angebot, so dass nur die Kinder mit den größten Schwierigkeiten dieses in Anspruch nehmen können.

Der Lehrer mit dem Synonym „Tuba" hebt hervor, dass die deutsche Sprache ein wichtiges Kriterium in der Leistungsbemessung ist. Er hält es für bedeutsam, dass die Kinder im Unterricht Deutsch und nicht Türkisch sprechen, da die anderen Kinder ansonsten wegen des Nichtverstehens verunsichert werden. In den Sprachkursen sieht er, genauso wie die anderen Kolleginnen dieser Schule, ein Mittel zur Verbesserung der Sprache und der Anwendung. Ergänzend schlägt er die Einrichtung von Sprachkursen für die Eltern vor (die Bereitschaft der Eltern vorausgesetzt). Er selbst hat ein positives Moment im Einsatz von Computern erkannt, dem er für Kinder mit Sprachschwierigkeiten durch die Rechtschreibprogramme besondere Bedeutung zuerkennt. Seine Teamkollegin (Musik) sieht in der kulturellen Struktur des Umfeldes die Ursache für einen intrakulturellen Rückzug der Kinder und den dadurch beeinträchtigten Zweitspracherwerb. Sie stellt eine mangelnde Erfahrung und ein mangelndes Sprachverständnis (ihrer Person) fest und sieht die Notwendigkeit einer Fortbildung „Deutsch für Kinder nichtdeutscher Muttersprache". Als Unterrichtsmethode hebt sie die Handlungsorientierung hervor.

Der Lehrer (Blau) an der Grundschule 3 hat deutlich die stärkste Dominanz des Faktors Sprache in seiner Strukturabbildung[278]. Er stellt ebenso geringe Zweitsprach- wie Muttersprachkenntnisse fest und das besonders bei türkischen Kindern. Verstärkt durch die bikulturelle Situation, den großen Anteil türkischer Kinder, erfolgt eine sprachliche Ausgrenzung von der Kommunikation; und die kulturellen Gruppen grenzen sich ab. Die schwierige kommunikative Situation wird durch den schwachen Sprachstand bei deutschen Kindern und Verhaltensauffälligkeiten verstärkt. Durch die dominante Kommunikation in Türkisch sind die anderen Kinder und der Lehrer ausgeschlossen und das führt zur Verärgerung und Belastung der Lehrkraft. Seine Kollegin (Ira) arbeitet dagegen in einer multikulturellen Klasse und folglich nimmt die Sprache einen geringeren Raum in der Abbildung ein. Die Zweitsprachförderung sollte i.E. durch das Studium „Deutsch als Fremdsprache" von den Lehrerinnen gefördert werden, um Unsicherheit und Unkenntnis der Lehrkräfte zu verringern und die Verständigungs- und Erklärungsmöglichkeiten zu erhöhen. In den Klassen entsteht durch die Unterrichtssprache Deutsch

---

[278] In seiner Klasse ist der Anteil der Kinder nichtdeutscher Muttersprache im Vergleich zu den anderen LehrerInnen am größten und die Zusammensetzung der Klasse ist fast monokulturell *türkisch* (siehe Angaben unter Kapitel 7.1.3.1).

und die Kommunikation der Kinder in der Muttersprache i.E. eine künstliche Situation, gemeinsames Spiel und gemeinsames Lernen können diese positiv beeinflussen. Die kulturelle Situation im Kiez mit einer stark monokulturell geprägten ausländischen Bevölkerung verstärkt die Tendenzen der Kinder, sich in ihrer Muttersprache zu unterhalten[279].

- *Muttersprachliche Entwicklung*
Insgesamt gehen fünf Lehrkräfte in ihren Konstrukten auf die Bedeutung der Muttersprache ein. Die beiden Teamkolleginnen (Orchidee und Tee) der Grundschule 2 erkennen die Bedeutung der Muttersprache für die Zweitsprachentwicklung. Die eine Lehrerin (Orchidee) konstatiert die geringen Türkischkenntnisse und sieht in der Förderung der Muttersprache durch Zweisprachige Erziehung, der Mitarbeit türkischer und kurdischer Eltern und Kolleginnen bzw. Kollegen sowie der Einbindung der Muttersprache in den Unterricht wesentliche positive Einflüsse[280]. Die andere (Tee) stellt jedoch auch fest, dass die Umsetzung der Zweisprachigen Erziehung für die LehrerInnen nicht mehr überschaubar wäre. Sie proklamiert den Erwerb von Türkischkenntnissen durch die Lehrkräfte als eine wesentliche Grundlage für die Sensibilität und die Einschätzung der Sprachprobleme der Kinder. Sie erachtet die Einbeziehung der Muttersprache (freiwilliges Angebot für alle Kinder) als positiven Faktor für die Orientierung der Kinder türkischer oder kurdischer Herkunft und zum Rückgang der Vereinzelung dieser. Im Gegensatz zu dieser Auffassung sollte die Pflege der Muttersprache nach dem Lehrer (Tuba) in der Freizeit erfolgen, u.a. durch Angebote der Schule und interkulturelle Kontakte.

Die Lehrerin (Ira) sieht in der Zweisprachigen Erziehung positive Auswirkungen auf das Weltwissen in der Muttersprache. Auch der Lehrer (Blau) der Grundschule 3 (mit Zweisprachiger Erziehung) stellt geringe Muttersprachenkenntnisse bei den Kindern aus der Türkei fest. Er kritisiert die Konzepte des Sprachförderunterrichts und der Zweisprachigen Erziehung, da sie kein einheitliches Konzept haben und im Rahmen eines herkömmlichen Frontalunterrichts angeboten werden. Er würde die Erarbeitung gemeinsamer pädagogischer Konzepte in einem türkisch- und deutschsprachigen Kollegium

---

[279] Dies kann durch die Erfahrungen der Forscherin bestätigt werden, die bei ihren Besuchen an der Schule in den Pausensituationen eine starke Dominanz der türkischen Sprache auf den Fluren und im Schulhof feststellte. In einer Situation im Treppenhaus der Schule kam es zu einem Konflikt zwischen deutschen und türkischen Kindern. Es verstärkte die Konfliktträchtigkeit der Situation, dass die Kinder miteinander in ihren Muttersprachen kommunizierten. Die deutschen Kinder waren so ausgeschlossen von den Prozessen ihrer Konfliktgegner und konnten die sich andeutende Annäherung nicht erfassen. Dadurch kam es zu einer Eskala tion.

[280] Dies liegt sicherlich in den Türkischkenntnissen der Kollegin (Tee) begründet; diese hat verschiedentlich versucht, die Muttersprache in den Unterricht zu integrieren. Siehe: Aussagen der Lehrerin im Interview (Tee, Z. 204).

befürworten, dies könnte sich positiv auf die erfolgreiche Integration auswirken.

- *Übergreifende und allgemeine Konzepte*

Der „interkulturelle Aspekt" kommt bei den Planungen und der Organisation des Unterrichts, in Bezug auf eine erfolgreiche Integration der türkischen und kurdischen Kinder im Gemeinsamen Unterricht, wesentlich weniger zum Tragen als die Interventionen und Modifikationen bezüglich des sprachlichen Entwicklungsstandes der Kinder. Die beiden Lehrerinnen aus dem ersten Team der Grundschule 2 lassen in ihren Konstrukten deutlich erkennen, dass die Erfahrungen mit der Einbeziehung der kulturellen Herkunft der Kinder einen positiven Effekt auf ihre Sensibilität für die besonderen Lernanforderungen im Unterricht hat. So beschreibt die Lehrerin (Orchidee) besondere Anforderungen der türkischsprachigen SchülerInnen an das Unterrichtskonzept, indem sie hervorhebt, dass Freiarbeit und Wochenplanarbeit die türkischen und kurdischen Kinder in der Klasse häufig überfordert und zu Orientierungslosigkeit führt. Dem kann mit einem Methodentraining entgegen gewirkt werden. Positiv wirkt sich i.E eine kleinschrittige, anschauliche Gestaltung des Unterrichts, die Bildung von kooperativen Lerngruppen mit deutschen Kindern und die Zuteilung von homogenen Aufgaben innerhalb der Lerngruppen aus. Darin sieht sie vor allem die Möglichkeit, sich an den anderen Kindern zu orientieren. Die Kollegin (Tee) ergänzt das Erlernen von Strategien, wie „Sich melden" oder Fragen stellen. Sie sieht in der Interkulturellen Pädagogik (Informationen zu äußeren und familiären Rahmenbedingungen – damit eher konservative Ausländerpädagogik) einen positiven Wirkfaktor auf das Engagement der Lehrkräfte und somit auf die Bereitschaft und Sensibilität für die Arbeit in multikulturellen Klassen und Lerngruppen. Diese sollten sich mit den Unterrichtsmethoden und der antirassistischen Erziehung befassen, sowie Wissen über die Vermittlung zwischen den Kulturen erwerben. Generell sieht sie die Integration nur gewährleistet bei einem Anteil von unter 50% Kindern türkischer Herkunft.

Die Lehrerin mit dem Synonym „Salomon" setzt ebenfalls stark auf die Funktion des Helfersystems unter den Kindern, dies verringert die Notwendigkeit von Spezialprogrammen durch die Lehrerin und wirkt sich positiv auf die erfolgreiche Integration der Kinder aus der Türkei aus. Sie sieht allerdings auch den Bedarf, dass diese Kooperationen von der Lehrerin initiiert und gesteuert werden müssen.

Abbildung 21: Konzepte und Modifikationen des Unterrichts mit der Orientierung an der Sprachentwicklung

	Externe und segregative (Förder-) Konzepte	Interventionen und Modifikationen im Unterricht	Ziele/Erfolge
Salomon	Verfehlter und unpädagogischer Ansatz	Verbindung von Handeln und Sprache; Differenzierung des Deutschunterrichts; Lerngruppen mit homogenem Sprachstand	Sprachförderung in Deutsch;
Welat	Zweitsprachförderkurse	Kleinschrittige und handlungsorientierte Vorgehensweise; Reduktion der abstrakten Sprache; Vermittlung konkreter Erfolgserlebnisse	Verringerung der Sprachverständnisschwierigkeiten; Verbesserung der Lern- und Leistungsentwicklung
Orchidee	Zweitsprachförderkurse; Förderung der Muttersprache durch Zweisprachige Erziehung	Verminderung der Relevanz der Unterrichtssprache Deutsch; Reduktion der verbalen Anteile im Unterricht; Bildung bilingualer Arbeitsgruppen, Mitarbeit türkischer und kurdischer Eltern und KollegInnen; Einbindung der Muttersprache in den Unterricht; Weniger freie Arbeit und Wochenplanarbeit; Methodentraining; Kleinschrittige und anschauliche Unterrichtsgestaltung; Bildung kooperativer Lerngruppen mit deutschen Kindern	Zweitspracherwerb; Verringerung der Sprachverständnisschwierigkeiten im Umgang mit Arbeitsanweisungen; Orientierung
Tee	Zweitsprachförderkurse; Förderung der Muttersprache durch Zweisprachige Erziehung	Anschauliche, wiederholende Erklärungen; Detaillierte Wiederholungen; Klare Formulierungen; Handlungsorientierung; Erlernen von Strategien wie „sich melden" und Fragen; Erwerb von Türkischkenntnissen durch die LehrerInnen; Einbeziehung der Muttersprache i. d. Unterricht (freiwilliges Angebot für alle Kinder); Ausbildung der LehrerInnen in Interkultureller Pädagogik und antirassistischer Erziehung	Verringerung der doppelten Halbsprachigkeit; Verringerung der beidseitigen Sprachlosigkeit; Orientierung der türkischen und kurdischen Kinder; Reduzierung der Vereinzelung
Tuba	Zweitsprachförderkurse; Sprachkurse für Eltern; Muttersprache i. d. Freizeit zu pflegen	Kinder sollen Deutsch im Unterricht sprechen; Computereinsatz für das Schreiben mit Rechtschreibprogrammen für schnelle Erfolgserlebnisse	Verbesserung der Sprache Deutsch und der Anwendung
Musik		Fortbildung „Deutsch für Kinder nichtdeutscher Muttersprache"	
Blau	Mangel an einheitlichem Konzept zwischen Sprachförderunterricht und Zweisprachiger Erziehung; Herkömmlicher Frontalunterricht	Gemeinsame Erarbeitung eines pädagogischen Konzeptes in einem türkisch-deutschen Kollegium	
Ira	Zweisprachige Erziehung	Studium „Deutsch als Fremdsprache"; Gemeinsames Spielen und Lernen	Zweitsprachenförderung; Verbesserung des Weltwissens in der Muttersprache

Resumee: Fünf der LehrerInnen sehen die Zweitsprachförderkurse als ein legitimes und sinnvolles Konzept für die Förderung der deutschen Sprache. Zwei LehrerInnen kritisieren dieses Konzept jedoch; die Lehrerin (Salomon) sieht generell ein verfehltes Konzept dahinter und einen unpädagogischen Ansatz, und der Lehrer (Blau) bemängelt, dass es sich vorrangig um herkömmlichen Frontalunterricht handelt. Er sieht vor allem in der mangelnden Koordination zwischen Sprachförderunterricht und Zweisprachiger Erziehung einen hemmenden Faktor auf die Effekte. Die Sprachförderkurse und auch die Organisation des Zweisprachigen Unterrichts erfolgt oftmals segregativ (bspw. an der Grundschule 3 dadurch, dass die Kinder türkischer Muttersprache in Klassen zusammengefasst werden). Nur die Lehrerin mit dem Synonym „Salomon" hebt die Bedeutung des Lernens in Verbindung von Handeln und Sprache dezidiert hervor. Sie sieht die Vermittlung der Deutschkenntnisse besser im gemeinsamen Unterricht mit den deutschen Kindern gewährleistet. Dieser Helferfunktion deutschsprachiger Kinder, sowie der Lernanregungen durch die Kommunikation mit diesen, bemessen auch die Lehrerinnen (Orchidee; Tee und Ira) besondere Bedeutung zu. Zwei Lehrerinnen (Orchidee und Tee) machen auf die Bedeutung des muttersprachlichen Lernens aufmerksam und verweisen auf Zweisprachige Erziehung sowie die Einbindung der Muttersprache in den Unterricht.

Insgesamt kann man der Übersicht entnehmen, dass die LehrerInnen (außer Tuba) alle Modifikationen an ihrem Unterricht vornehmen. Von einigen wird ein Aus- und Fortbildungsbedürfnis auf Seiten der LehrerInnen konstatiert, und es werden diverse Ansätze zur generellen Orientierung des Unterrichtskonzeptes an den Bedürfnissen der türkischen und kurdischen (Kinder nichtdeutscher Muttersprache allgemein) vorgetragen, wie Reduktion verbaler Anteile, Anschaulichkeit, Kleinschrittigkeit etc.. Einige dieser Begriffe entstammen dem Wortschatz der Sonderpädagogik und sind sicherlich allgemein für Kinder mit geringen Sprachkenntnissen, einer Sprachentwicklungsverzögerung, für Kinder mit Sinnesbehinderungen oder sogar ohne Lautsprache förderlich. Dies könnte ein Faktor sein, der gleichsam für den Gemeinsamen Unterricht wie für die Integration von Kindern nichtdeutscher Muttersprache Gültigkeit hat. Denkbar wäre, dass gerade die LehrerInnen im gemeinsamen Unterricht diesen Formen der Unterrichtsanpassung besondere Aufmerksamkeit schenken.

Die Zielsetzungen orientieren sich stark an der Sprachentwicklung, der Verbesserung der Lern- und Leistungsentwicklung und der Orientierung im Unterricht.

7.2.5 Qualifikationen und Kompetenzen der LehrerInnen für den Unterricht in kulturell heterogenen Lerngruppen

Bereits bei der Auswahl der Konzepte aus den Interviews wurde erkannt, dass die Angaben zur Aus- und Fortbildung und zu notwendigen Kompetenzen für den Unterricht in multikulturellen bzw. heterogenen Lerngruppen nicht nur auf die Fragestellungen der Forscherin erfolgten, sondern sich durch den gesamten Text hindurch ziehen. Hinzu kam die Notwendigkeit, das Auswertungsmaterial für die Strukturlegung zu reduzieren; u.a. deshalb wurde das Konzept K 5: „Qualifikationen und Kompetenzen der LehrerInnen für den Unterricht in kulturell heterogenen Lerngruppen", aus der Strukturlegung herausgenommen, es sei denn, die LehrerInnen stellten einen direkten Bezug zu ihrer Unterrichtsarbeit her. An dieser Stelle erfolgt deshalb eine qualitative Analyse der Interviews[281] nach den Kompetenzen und Qualifikationen.

Grundsätzlich hebt die Lehrerin mit dem Synonym „Salomon" die Bedeutung einer Zurückhaltung in politischer und kultureller Position für die Arbeit in kulturell heterogenen Lerngruppen hervor[282]. Generell sollten LehrerInnen Offenheit und kosmopolitisches Denken im Umgang mit Kindern ethnischer Minderheiten zeigen. Im Verlauf des Studiums hat sie keine themenbezogenen Ausbildungsinhalte absolviert, wurde jedoch in der zweiten Ausbildungsphase an der Sonderschule damit konfrontiert. *„Aber das war eher so die Notwendigkeit des Schulalltags, weniger die Idee der Ausbildung, dass man diesen Aspekt eben im Unterricht überhaupt grundsätzlich bedenken sollte"* (Salomon, Z. 653[283]). In der Ausbildungsphase 2 wurde es zwar thematisiert, aber *„in der Ausbildung war schon, bauen sie für diese Schüler was Besonderes ein. Aber im Sinne von machen sie, sehen sie zu, dass sie eine gute Stunde hinkriegen [...]; nicht, wir halten das wichtig, dass diese Menschen auch integriert sind"* (ebd., Z. 666). In den Fachrichtungen Lernbehindertenpädagogik, Verhaltensgestörtenpädagogik und Geistigbehindertenpädagogik spielte die kulturelle Heterogenität der Kinder keine Rolle. Die Informationsgewinnung über die kulturellen Hintergründe zeigt sich nach ihrer Erfahrung als sehr arbeits- und zeitaufwändig in Klassen mit sehr heterogener nationaler Herkunft der Kinder. Den Unterricht so zu planen, dass jede Schü-

---

281 Diese erfolgt zur besseren Übersicht in derselben Reihung der LehrerInnen wie im gesamten Kapitel.
282 Interessant erscheint hier, dass die Lehrerin den Begriff „politische Zurückhaltung" im Interview im Zusammenhang mit der Haltung türkischer und kurdischer Kinder nennt (Salomon, Z. 375ff). Bei der Strukturlegung ergänzt sie das Wort „kulturelle" und verwendet die Legekarte um ihre persönliche Grundhaltung zu charakterisieren. Ursprünglich hatte der Begriff eine negative Bedeutung, da sie von den SchülerInnen mehr politisches Bewusstsein erwartet.
283 Die Zeilennummern beziehen sich auf die Angaben in der tabellarischen Auswertung der Inhaltsanalyse und sind in der Regel deckungsgleich mit der Position des Textausschnittes in den Interviews.

lerIn angesprochen wird ist i.E. Erfahrungssache. Sie sieht keine generellen kulturellen Differenzen zwischen einem deutschen, einem holländischen oder einem türkischen Kind, die besondere Kompetenzen der LehrerInnen erfordern würden und möchte eigentlich Begriffe wie kulturell, ethnisch etc. nicht verwenden, sondern stellt den Menschen an die erste Stelle.

Die Kollegin an der Grundschule 1 (Welat) spürt einen Leistungsdruck; insbesondere in Bezug auf ihre Aufgabe als Integrationslehrerin[284]. *„Ich bin ganz normaler Grundschullehrer und mache das nur, weil ich eben diese Sonderzusatzausbildung für pädagogische Psychologie habe"..."Wenn ich ständig vertreten muss, was nicht sein soll, dann hat dieses Kind hinterher keinen Erfolg, ich habe keinen Erfolg"* (Welat, Z. 133ff). *„Ich stehe als absoluter Versager da, was hinterher meiner Nicht-Ausbildung zugeschrieben werden könnte"* (ebd., Z.130). Sie sieht in der kulturellen Meinungsvielfalt in der Klasse eine pädagogische Herausforderung, aber auch die Möglichkeit andere Meinungen zu verstehen. Sie bedauert es, keine Kompetenzen für den Unterricht in multikulturellen Lerngruppen in der Ausbildung erworben zu haben (ebd., Z. 598). Obwohl sie mehrere Jahre in rein türkischen Klassen (Vorbereitungsklassen) gearbeitet hat, hat sie keine Fortbildungsangebote wahrgenommen, da es solche zu diesem Zeitpunkt nicht gab. *„...später gab es zwar noch diese Kinder, aber da gab es immer irgendwelche anderen Fortbildungen, die wichtiger waren, so zum Beispiel Frauen und Mädchen im Unterricht, und Englisch-Früherziehung und solche Sachen"* (ebd., Z. 605). Sie hebt einen situativen und individuellen Ansatz für die Arbeit mit den Kindern nichtdeutscher Muttersprache hervor, der war i.E. immer sehr erfolgreich und deshalb bedarf es keiner Fortbildung. Die Erfahrungen als Sprachlehrerin für Englisch sind häufig übertragbar auf die Zweitsprachförderkurse[285].

Die LehrerInnen der Grundschule 2 differieren stärker in ihren Auffassungen als die zuvor genannten Lehrerinnen. Die Lehrerin mit dem Synonym „Orchidee" beschreibt Probleme in der personellen Zusammensetzung des Teams. Insbesondere die Mitarbeit einer Einzelfallhelferin kritisiert sie und wäre zufriedener, wenn anstelle der EZFH eine weitere Lehrkraft mit im Unterricht wäre. Die Kooperation ist schwierig, sie hat kein Vertrauen, um offen Kritik zu äußern (obwohl die EZFH i.E. eindeutig Fehler macht). In der Zusammenarbeit mit einer „ausgebildeten KollegIn" wäre die Kooperation leichter und ein Rollenwechsel eher möglich (Orchidee, Z. 111ff), die Teamarbeit im Kontext einer Integrationsklasse erfährt von ihr eine hohe Wertung. Im Rahmen ihres Studiums hat die Lehrerin eine Pflichtveranstaltung Ausländerpädagogik *„machen müssen"*, in der zweiten Ausbildungsphase hatte dieses Thema keinen Stellenwert. In dieser Lehrveranstaltung sah sie die erste Auseinandersetzung mit dem

---

[284] Dieser kann sie durch häufige Vertretungseinsätze für KollegInnen oftmals nicht gerecht werden (Welat, Z. 126).
[285] Sie ist in diesem Angebot der Schule für Kinder nichtdeutscher Muttersprache als Lehrerin tätig.

Thema: *"...das war eigentlich das erste Mal, dass ich mich auch wirklich intensiver mit kulturellem Hintergrund nichtdeutscher Herkunftskinder auseinander gesetzt habe. Mehr gelesen habe über den Koran und einfach mehr erfahren habe und mir die Problematik deutlich wurde"* (ebd., Z. 789). Dieses Wissen war eine Grundlage für ihre weitere Arbeit und sie ist der Auffassung, dass es eine stärkere Gewichtung in beiden Ausbildungsphasen bekommen sollte. Fortbildungen hat sie zur „geschlechtsspezifischen Problematik" sowie zu Musik und Tänzen besucht. Die Erstere hat für sie besondere Effekte auf die Arbeit, *„Um mehr Verständnis zu entwickeln für bestimmte Traditionen oder Vorgaben die in den Elternhäusern anzutreffen sind. Wie man alleine an die Eltern rankommt, um sie dazu zu kriegen, dass ihre Kinder mit auf die Klassenreise [kommen]"* (ebd., Z. 814). Generell muss man i.E. „...*über Elternarbeit dann einfach Grenzen versuchen zu erweitern"* (ebd., 869). Sie empfiehlt an sich immer, Fortbildungen zu besuchen, kennt jedoch das Angebot nicht, da sie sich selbst zurzeit in einem Zusatzstudium Sonderpädagogik befindet. Wichtig ist neben den Unterrichtsmethoden, *„dass man einfach ein Stück den Mut zur Lücke im Rahmenplan entwickelt [...] Ich setze mich einfach darüber hinweg, weil es macht keinen Sinn, den Rahmenplan zu erfüllen, aber die Bedürfnisse der Kinder nicht zu berücksichtigen"* (ebd., Z 857).

Ihre Teamkollegin (Tee) betont, sicherlich auf Grund der Basis eigener Erfahrungen, die positiven Effekte, wenn die LehrerInnen Türkischkenntnisse erworben haben, da sie die Probleme der Kinder besser einschätzen können und Differenzen zwischen den Sprachen erkennen. Von den Kindern bekommt sie dafür einige Anerkennung. Auch in der Antirassistischen Erziehung sieht sie eine gute Basis für die Entwicklung von Ideen, um den Kindern besser zu helfen (Tee; Z. 1154). In diesem Bereich erkennt sie auch einen Fortbildungsbedarf. Sie kennt keine Fortbildungen zur Vermittlung zwischen den Kulturen, berichtet aber von KollegInnen, die nach England reisen, um sich dort die Interkulturelle Pädagogik anzusehen. *„Nur im Bereich Zweisprachige Alphabetisierung gibt es Fortbildung. Da macht man entweder mit oder man macht nicht mit, dann geht man auch nicht zu den Fortbildungen letztendlich"* (ebd., Z. 1401).

Die Lehrerin aus dem zweiten Team der Schule (Musik) hat keine Inhalte in der Ausbildung vermittelt bekommen – *„gab es nicht"* – sie hat jedoch eine Fortbildung „Deutsch mit Kindern nichtdeutscher Muttersprache" besucht. *„...du habe Ich schon von profitiert. Ja gerade, weil das hauptsächlich der Tenor war, eben praktisch mit diesen Kindern zu arbeiten und anhand von praktischem Tun das Vokabular beizubringen. Und das habe ich übernommen und das ist tatsächlich hilfreich"* (Musik; Z. 505). Ihr Teamkollege (Tuba) fasst sich bei den diesbezüglichen Fragen sehr kurz, indem sie immer mit „Nein" beantwortet. Generell kann der Besuch einer Fortbildungsveranstaltung nur ein Gewinn sein, dass macht er jedoch von der jeweiligen Fortbildung abhängig, denn s. E. sind nicht alle hilfreich.

Der Lehrer (Blau) der Grundschule 3 berichtet von einem Kollegen, der eine Fortbildung zur Zweisprachigen Alphabetisierung besucht hat; auf Grund seiner Erzählungen „*habe ich mir gedacht, ich schenke mir das*" (Code Blau; Z. 697). Ansonsten findet er es interessanter Integrationsfortbildungen zu besuchen, in denen „*dann so interkulturelle Sachen auch so am Rande zur Sprache kommen*" (ebd., Z. 698). In Fortbildungen zur Montessoripädagogik und Anwendungsmöglichkeiten des Computers trifft man auf KollegInnen aus interkulturellen Klassen[286], die von ihren Erfahrungen berichten. Die Seminare zur Emigrantenpädagogik an der Universität waren interessant, aber weit weg. Relevanter seien die Beobachtungen in der Zweisprachigen Erziehung an der Schule. Seine Kollegin (Ira) hat ein Studium „Deutsch als Fremdsprache" absolviert und ist dadurch geschult auf den deutsch-türkischen Sprachvergleich und Rechtschreibfehler der Kinder werden erklärbar. „*Warum die Kinder Bulume schreiben... diese Sprossvokale, diese Konsonantenhäufung ist grauenhaft für die türkischen Kinder*" (Ira; Z. 587). Sie hatte keine Interkulturelle Pädagogik an der Universität – „*gab es nicht*". Im Rahmen der Fortbildung hat sie einen Türkischkurs für deutsche LehrerInnen besucht.

Resümee: Insgesamt muss festgestellt werden, dass nur zwei der acht LehrerInnen im Rahmen der ersten Ausbildungsphase das Angebot einer spezifischen Lehrveranstaltung hatten bzw. wahrgenommen haben. Die Bewertung der Relevanz für die Schulpraxis fällt unterschiedlich aus. Die Lehrerin (Orchidee) sieht darin eine gute Grundlage für ihre Arbeit und eine Möglichkeit, größeren Einfluss auf Entscheidungen der Eltern zu nehmen. Der Lehrer (Blau) hat die Seminare zur Emigrantenpädagogik besucht aber keine persönliche Relation zur Thematik herstellen können. Nur eine Lehrerin (Welat) bedauert es, dass sie keine Ausbildungsinhalte zur Interkulturellen Pädagogik angeboten bekam.

Es muss auch festgestellt werden, dass die LehrerInnen ein relativ geringes Interesse an Fortbildungen zum Unterricht in kulturell heterogenen Lerngruppen aufweisen. Teilweise haben sie negative Erfahrungen von KollegInnen bekundet bekommen. Die Frage nach einer empfohlenen Fortbildung wurde ebenfalls überwiegend damit beantwortet, dass man darin keinen Bedarf sehe. Andere Fortbildungen – zu Themen wie Integration, Computer, Montessori, Sonderpädagogik – erfahren deutlich bei einem Großteil der LehrerInnen höheren Stellenwert. Eine Lehrerin hat Fortbildungen zur „Geschlechtsspezifischen Problematik" und zu Musik und Tanz besucht (Orchidee). Stärker frequentiert scheinen dahingehend Fortbildungen zur Sprache, wie der Transfer von Inhalten aus dem Fremdspracherwerb (Welat), „Deutsch mit Kindern nichtdeutscher Muttersprache" (Musik), das Studium „Deutsch als Fremdsprache" (Ira) sowie Türkischkurse (CodeTee und Ira). Dies ist sicherlich Ausdruck dessen, dass die sprachlichen und kommunikativen Pro-

---

[286] Er selber arbeitet in einer *bikulturellen* Klasse.

bleme eine große Präsenz in der Wahrnehmung des Unterrichts in kulturell heterogenen Lerngruppen durch die LehrerInnen haben.

Andererseits äußern einige LehrerInnen auch direkt, dass sie ein geringeres Interesse daran haben, bspw. eine Lehrerin (Salomon), die deutlich macht, sie habe eher einen biografischen Zugang zur spanischen Sprache und zur südamerikanischen Kultur oder ein Lehrer (Blau), der trotz der Dominanz türkischer SchülerInnen in seiner Klasse, eher Interesse hat, sich mit Integrationsfortbildungen zu befassen. Er distanziert sich privat so weit, dass er bewusst aus diesem Stadtteil weggezogen ist. „...*ich bin halt aus diesem Multikulti-Bereich mehr oder weniger bewusst ausgezogen, in den grünen Randbereich der Stadt, um dort meine Ruhe zu haben. ...finde dann dadurch kaum noch Kontakte zu den ausländischen Mitbürgern in Berlin. Weil ich wohne halt draußen und da gibt es die nicht mehr. Und obwohl die türkischen Eltern hier immer sagen, na ja, ich würde ja auch gerne wegziehen, sagen sie halt auch gleichzeitig, aber dahin wo du wohnst kann ich ja nicht ziehen, weil da sind sie ja ausländerfeindlich. Wobei das so nicht stimmt. Auch dort wohnen Ausländer, aber es sind halt keine Türken*" (ebd., Z. 597).

Die Lehrerin mit dem Synonym „Salomon" hält eine spezifische Fortbildung ebenfalls für nicht notwendig, da sie den Menschen an erster Stelle vor seiner kulturellen Herkunft sieht. Allerdings betont sie den Aufwand, sich mit den kulturellen Hintergründen der vielen Nationalitäten in ihrer Klasse auseinanderzusetzen.

7.2.6 *Wahrnehmungen und Bezüge zur kulturellen Lebenswelt der Migrantenkinder aus der Türkei*

Die LehrerInnen wurden im Rahmen des Interviews zu ihrem Wissen über den kulturellen Hintergrund und ihre Bezüge zur türkischen bzw. kurdischen Kultur befragt. Da diese ebenfalls nur vereinzelt in die Strukturabbildungen eingearbeitet wurden, erfolgt an dieser Stelle die qualitative Analyse der Interviews.

Grundschule 1: Das Wissen der Lehrerin mit dem Synonym „Salomon" über den kulturellen Hintergrund der Kinder beruht weitestgehend auf einem privaten Kontakt ihres Mannes zu einem bekannten türkischen Sänger und auf den Erzählungen der SchülerInnen im Unterricht. Darüber gewinnt sie Informationen zum familiären und lebensweltlichen Background. Insbesondere ein Mädchen mit Down-Syndrom bringt viel von ihrer türkischen Kultur ein (durch Tanz und Musik). Ansonsten, in politischen oder sozial motivierten Gesprächen im Unterricht dominiert eher die „ausländische" und weniger die spezifische kulturelle Herkunft. Die andere Lehrerin der Grundschule 1 (Welat) hat Einblicke in das familiäre Zusammenleben gewinnen können durch gemeinsame Hausbesuche mit einer türkischen Kollegin der vorherigen Schule. Ihr Eindruck von der Geschlechtertrennung hat sich bestätigt, weil die

Frauen im Haushalt zwar die Gäste versorgt haben, jedoch im Gespräch nicht als gleichwertige Partner anerkannt wurden. Zudem hat sie einige Kontakte zu Eltern ihrer früheren Schule gehabt, zu dieser Familie war sie einmal zum Ramadan Fest eingeladen. Die SchülerInnen bringen sich nach ihrer Erfahrung in das schulische Leben ein, bspw. über Erzählungen von traditionellen Festen. Zu ihrem Erfahrungshintergrund bzgl. der türkischen Kultur zählen auch Urlaubsreisen in die Türkei, auf denen sie von der Küche und der Freundlichkeit der Türken überrascht und begeistert war. *"...also ich bin immer wieder erstaunt, wie nett oder wie freundlich man in der Türkei aufgenommen wird, obwohl die Türken hier das oftmals schwer haben in der Gesellschaft"* (Welat; Z. 442).

Die Lehrerin (Orchidee) der Grundschule 2 äußert, dass die Kinder wenig über ihren kulturellen Hintergrund einbringen. *"...so dass wir regelrecht intervenieren müssen und manchmal sogar wirklich mit einem bisschen Druck...also Fotos mitzubringen aus der Türkei, und zu zeigen wo sie herkommen. Ich glaube wir haben zwei Kinder mittlerweile, die immer noch nicht mitgebracht haben "* (Orchidee; Z. 566). Woran das liegt, ist ihr unklar. Die Kollegin (Tee) hat ein deutlich breiteres Wissen[287] als die anderen LehrerInnen. Sie sieht die Gefahr der stereotypen Wahrnehmung der Kinder durch ältere KollegInnen. Dennoch zeigen auch die von ihr konstatierten Charakteristika des kulturellen Lebens in türkischsprachigen Familien – bspw. weniger spannende und abwechslungsreiche Freizeitgestaltung, geringere Fragebereitschaft – eine defizitäre Sicht. Sie stellt ihre persönliche Unwissenheit und Unsicherheit im Umgang mit der fremden Religion und Kultur fest. *"Wir Lehrer wissen auch oft über vieles nicht so [Bescheid] und haben eine Hemmschwelle bestimmte Dinge anzusprechen"* (Tee; Z. 169). Die deutschen Kinder sind i.E. an der Kultur der anderen Kinder interessiert, insbesondere wenn es sich umso etwas Exotisches wie eine Beschneidung handelt.

Der Lehrer (Tuba) verweist darauf, dass die kulturellen, lebensweltlichen und religiösen Hintergründe individuell sind. Auch er gewinnt seine Informationen aus den Erzählungen der Kinder im Unterricht. Seine Teamkollegin (Musik) konstatiert, dass sie ein geringes Wissen über die kulturelle Lebenswelt der Kinder hat. Auch ihre Kenntnisse beruhen auf den Erzählungen der Kinder, daraus zieht sie die Erkenntnis, dass die Religion oft große Bedeutung hat. Bezüge zur türkischen oder kurdischen Kultur hat sie keine und konstatiert ihr geringes Wissen über den kulturellen Hintergrund der Kinder.

Der Lehrer mit dem Synonym Blau an der Grundschule 3 gibt an, einiges Wissen über den sozialen und ökonomischen Hintergrund der türkischen und

---

287 Eventuell begründet sich dies, weil die LehrerIn als Einzige der Befragten ihren Wohnsitz im Bezirk Kreuzberg hat und somit in einem multikulturellen Umfeld lebt. Sicherlich ist es jedoch auch begründet in dem deutlichen Interesse für interkulturelle Fragestellungen allgemein sowie dem Interesse an den Kindern nichtdeutscher Muttersprache in ihrer Klasse.

kurdischen Familien zu haben. Er macht regelmäßig Hausbesuche und stellt dabei fest, dass die Wohnungen nicht kindgerecht sind.

Er stellt bei seinen türkischsprachigen Schülern Identitätsprobleme fest (mit Ausnahme der SpätmigrantInnen). Er beschreibt ein Fallbeispiel (Blau; Z. 536ff), dem er entnimmt, dass die Jungen, obwohl sie sich stark auf die kulturelle Identität berufen, keine Aussagen dazu machen können. Seine Kollegin an der Schule (Ira) nennt zahlreiche negative Faktoren, wie Rollenfestlegung im Elternhaus, geringe Alphabetisierungsquote, Arbeitslosigkeit, traditionelle Familienstrukturen, etc.. Sie weiß, dass der Geburtstag eine geringere Wertigkeit hat und dass die Kinder häufig wegen der religiösen Feste fehlen. Ansonsten hat sie eine stärkere Verbindung zur arabischen Kultur.

Resümee: Insgesamt wird durch die Analyse der Aussagen der LehrerInnen deutlich, dass sie überwiegend ein erhebliches Wissensdefizit in Bezug auf den kulturellen Hintergrund der Kinder haben. Teilweise ist die Beschreibung desselben stark defizitorientiert und liegt in der Hervorhebung der Differenzen zur eigenen Kultur. In den meisten Interviews tritt der kulturelle Hintergrund der SchülerInnen nur im Rahmen von traditionellen Rollenverteilungen und Familienstrukturen, türkischen Spezialitäten, Bräuchen und Traditionen, religiösen Symbolen oder Praktiken, sowie Musik und Tanz hervor, da die LehrerInnen darauf vertrauen, dass die Kinder ihre Kultur selbsttätig in den Unterricht und die Schule einbringen. Wenige LehrerInnen zeigen auch eine Sensibilität für kulturspezifische Deutungsmuster, wie die Lehrerin mit dem Synonym „Welat" in einem Fallbeispiel: „... bei den Jungen, die brausen oft wegen Kleinigkeiten unheimlich auf. Wenn man einem deutschen Kind sagt, versuche es doch einfach mal, das nicht zu beachten, drehe dich einfach um und sage: So ein Quatsch; und gehe weg. Lasse die einfach in Frieden. Das können deutsche Kinder eher umsetzen, als Versuch" (Welat; Z. 297).

Die Migrantensubkultur, in der die meisten Familien in Kreuzberg leben, kommt in keinem Interview zum Ausdruck, vielmehr vertreten die LehrerInnen einen statischen Kulturbegriff[288]. Nur eine Lehrerin hebt im Interview *„positive fremde"* und *„kulturelle Werte"* (Ira) hervor, bspw. im Islam, und geht auf diese in ihrem Unterricht ein. *„Werte von denen wir uns etwas abkucken können; (wie Gastfreundschaft, Leben in der Großfamilie, ...)"* (Ira; Z. 634). Einige andere sehen in der Konfrontation mit fremden Werten einen positiven Einfluss auf die Reflexion der eigenen. Zahlreiche der defizitären Sichtweisen der LehrerInnen, werden an der nationalen bzw. ethnischen Zugehörigkeit festgemacht, sind allerdings sicherlich stärker im Zusammenhang mit den sozialen Bedingungen im Wohnumfeld und den strukturellen Benachteiligungen von Migrantenfamilien zu sehen (siehe auch 7.2.2).

---

288 Geprägt von traditionellen Vorstellungen.

7.2.7 Wahrnehmungen und Einstellungen zur ethnischen und kulturellen Heterogenität in der Lerngruppe

Die LehrerInnen wurden im Rahmen des Interviews nach ihrer Bewertung der kulturellen Heterogenität für die SchülerInnen der Klasse, im Sinne von Bereicherung bzw. Belastung, befragt. Im folgenden werden die Aussagen der LehrerInnen diesbezüglich evaluiert.

UntersuchungspartnerInnen der Grundschule 1: Die Lehrerin mit dem Synonym „Salomon" sagt, dass die kulturelle Heterogenität in ihrer Klasse nicht so ins Gewicht fällt. Dem Kontakt mit anderen Kulturen und Sprachen beschreibt sie als spannend und interessant für die SchülerInnen. Die kulturelle Heterogenität ist für sie generell ein bereichernder Faktor. Die Verschiedenheit zu thematisieren und zu akzeptieren, birgt eine gewisse Schutzfunktion, für alle die *„mal so ein bisschen anders sind"* (ebd., Z. 284). Auch ihre Kollegin an der Schule (Welat) sieht, dass die Kinder eher profitieren von der kulturellen Heterogenität. Die Auseinandersetzung mit anderen lebensweltlichen Erfahrungen ist positiv und bereichernd für ihren Unterricht. Für die Kinder ist die Multikulturalität normal und selbstverständlich.

UntersuchungspartnerInnen der Grundschule 2: Die Lehrerin mit dem Synonym „Orchidee" berichtet, dass die kulturelle Heterogenität in der Klasse u.a. thematisiert wird, wenn es zu ausländerfeindlichen Äußerungen gekommen ist. Die kulturelle Heterogenität ist für die Kinder in Kreuzberg *„das Normalste der Welt"* und die Kinder nehmen ihre Freunde in der Regel nicht als Ausländer wahr. *„Das hat so eine Selbstverständlichkeit, wie wir miteinander leben oder lernen, ich glaube da könnten die gar nichts zu sagen"* (Orchidee; Z. 406) und sie ist überzeugt, dass die Kinder im Grundschulalter die kulturelle Heterogenität noch nicht ausreichend bewusst werten können. Ihres Erachtens spielt das Elternhaus eine große Rolle, wie die Kinder die Pluralität der Kulturen wahrnehmen. So profitiert ein Junge sehr von dieser, *„weil er auch so ein Stück darauf getrimmt ist, genauer zu kucken"* (ebd., Z. 379). *„Der weiß zum Beispiel mehr über türkische Feste zu erzählen und den Hintergrund, als die türkischen Kinder das selber können"* (ebd., Z. 374). Von manchen Eltern ist das multikulturelle Umfeld erwünscht, das hat für sie eine Selbstverständlichkeit und manche wünschen *„sogar auch, dass ihre Kinder mit anderen Kulturen aufwachsen"* (ebd., Z. 343). Die Lehrerin hat *„oft den Eindruck, dass die deutschen Kinder eben in gewisser Weise weniger von den türkischen Kindern profitieren"* (ebd., Z. 384), ohne dass sie es an etwas fest machen könnte. Deutsch ist die Unterrichtssprache und die Bereitschaft der Kinder, bis auf das Zählen oder die Wochentage, Türkisch zu lernen, schätzt sie gering ein. *„Die Sprache ist ihnen so fremd, dass ich merke, dass manche auch sagen ich will das gar nicht. Das ist mir zu schwer, das interessiert mich nicht"* (ebd., Z. 389). Die Kinder zeigen i.E. auch wenig Bereitschaft sich damit auseinanderzusetzen, *„es sei denn, es ist mal der Reißer, wie ein Beschneidungsfest oder so. Das ist dann so spannend,* *da fragen sie dann schon nach. Warum und wieso und wie wird das gefeiert. Das interessiert sie dann schon"* (ebd., Z. 391ff). Sie glaubt, *„dass man für die türkischen Kinder ganz eindeutig sagen kann, dass sie von der Heterogenität profitieren"* (ebd., Z. 348). *„Ich glaube sogar oft, dass der Unterricht besser laufen würde, wenn der Anteil türkischer Kinder niedriger wäre"* (ebd., Z. 350), es wäre einfacher und würde *„mehr für die schulischen Leistungen bringen"* (ebd., Z. 362). Die türkischen Mädchen würden eher profitieren, wenn sie sich weniger in intrakulturelle Gruppen zurückziehen könnten.

Auch ihre Teamkollegin (Tee) bestätigt, dass bei Interesse die MitschülerInnen von den kultrspezifischen Themen profitieren. Sie sagt aber auch konsequent, dass die deutschen Kinder weniger inhaltlich oder in Bezug auf den schulischen Lernstoff von den Kindern mit Sprachschwierigkeiten profitieren können. *„Anders wäre das bei Zweisprachiger Erziehung, oder in der Deutsch-Türkischen Europaschule, wo sie durch das Erlernen der türkischen Sprache ganz klar auch inhaltlich profitieren"* (ebd., Z. 658). Den Gewinn für die deutschen Kinder sieht sie in der Entwicklung von Toleranz und Akzeptanz und einer größeren Selbstverständlichkeit im Umgang mit anderen Sprachen, Sichtweisen oder Gepflogenheiten. Der Lehrer mit dem Synonym „Tuba" betont ebenso die Bedeutung für die Entwicklung von Toleranz differerierender Meinungen und Glaubensbekenntnisse und ist der Auffassung, dass die *„Kinder eher mehr profitieren"* von der kulturellen Heterogenität in der Klasse. Er vermutet jedoch in der Religiösität in den muslimischen Familien und der dogmatischen Sicht einen negativen Einfluss auf o.g. Prozesse einer wechselseitigen Toleranz. Seine Kollegin (Musik) bestätigt die Annahme, dass die Kinder von der kulturellen Heterogenität profitieren und hebt ebenfalls die Bedeutung für den sozialen Umgang miteinander hervor.

UntersuchungspartnerInnen der Grundschule 3: Der Lehrer mit dem Synonym „Blau" unterscheidet zwischen unterschiedlichen Klassen und sieht eine Relation zu dem Leistungsspektrum innerhalb dieser. Es ist seines Erachtens schwierig, einen positiven Effekt zu sehen, wenn das obere Leistungsfeld fehlt. Bei einer größeren Streuung der Leistungsstärke wird der Unterricht jedoch interessant, da die Kinder sich untereinander helfen und gegenseitig motivieren können. Die Kollegin an der Schule (Ira) bewertet die kulturelle Heterogenität dahingegen generell positiv. *„Finde ich persönlich wunderbar"* (ebd., Z. 236). Es gibt Situationen, wo sie sich positiv oder auch negativ äußert, aber regulär erkennt sie bei den Kindern ein großes Interesse an anderen Kulturen. Manche Kinder aus türkischen Migrantenfamilien wünschen sich jedoch auch, in intrakulturellen Situationen zu leben und zu lernen, da sie das Spielen und die Kommunikation zwischen den Kindern (sprachlich) erleichtern. Dennoch wertet sie die stark nationalhomogenen türkischen Klassen als weniger sinnvoll. Sie berichtet von einem Fallbeispiel, in welchem die Kinder in einer Frustrationssituation auf kulturell belegte Stigmen in verbalen Aggressionen zurückgreifen. *„... wenn Kinder gefrustet sind, da hatten wir heute gerade eine*

Situation, da hat ein pakistanisches Kind gesagt: Du blöder Deutscher. Das war aber Frust gegenüber diesem anderen Kind und da werden dann schnell so Stigmata benutzt, um denen eins auszuwischen." (ebd., Z. 255).

Resümee: Der Anteil der LehrerInnen, die in der kulturellen Heterogenität „eher" oder „generell" eine Bereicherung für die SchülerInnen sehen, dominiert. Nur ein Lehrer (Blau) differenziert in Bezug auf das Leistungsspektrum der Klassen[289] und die Teamkolleginnen (Orchidee und Tee) bestärken diese Sicht, indem sie zwischen den sprachlichen, kognitiven und sozialen Einflüssen differenzieren. Die deutschen Kinder profitieren von der Entwicklung sozialer Kompetenzen in der Auseinandersetzung mit anderen Sprachen, Sichtweisen, religiöser Bekenntnisse oder Gepflogenheiten. Diese Effekte werden von allen LehrerInnen genannt, außer von dem Lehrer (Blau), der eine fast rein türkische Klasse unterrichtet. Die Lehrerin mit dem Synonym „Salomon" hebt die Wirkungen auf eine stärkere Akzeptanz der Verschiedenheiten und der damit zusammenhängenden „Schutzfunktion" für alle Kinder hervor. Es werden jedoch auch kulturelle Abgrenzungsprozesse wegen der leichteren intrakulturellen Interaktion und Kommunikation und in Folge von Frustrationen beschrieben. Die sprachlichen Schwierigkeiten der Kinder sind in Bezug auf die Vermittlung kognitiven Wissens für die deutschen Kinder eher negativ gewertet.

7.3 Hypothesenprüfung

Im folgenden wird den handlungsleitenden Fragestellungen für die Untersuchung nachgegangen, indem die einzelnen Hypothesen auf der Basis des Datenmaterials und der bisherigen Auswertungen verifiziert bzw. falsifiziert werden. Zur Übersicht über die Hypothesen, und die darin formulierten Grundannahmen, wird auf das Kapitel 2.5 verwiesen.

Zu Hypothese 1: Theorien Rekonstruktionshypothese
Erwartungskonform haben die Lehrerinnen und Lehrer in Integrationsklassen Subjektive Theorien, die im Rahmen eines Dialog-Konsens-Verfahrens wie der Heidelberger Struktur-Lege-Technik zu rekonstruieren sind. Somit kann die Hypothese 1 als verifiziert bezeichnet werden. Die Subjektiven Theorien basieren zu einem großen Teil auf impliziten Theorien, die den Lehrerinnen und Lehrern im Alltagshandeln geringer bewusst sind. Der Prozess der Rekonstruktion und Reflexion führte bei den Untersuchungspartnerinnen und -partnern zu einer Bewusstmachung, die gleichsam generell als positiv und

---

[289] Seine Klasse ist nach eigenen Angaben eine sehr homogene in Bezug auf die Leistungen der Kinder. Hinzu kommt, dass es sich eher um eine kulturell homogene Gruppe handelt und er folglich keine Aussagen zum Einfluss einer kulturellen Heterogenität treffen kann.

bereichernd erfahren wurde[290]. Die Subjektiven Theorien sind von einer auffallenden Individualität und Heterogenität der verwendeten Begriffe und Konzepte sowie deren Interpretation und Relationsstruktur geprägt. Auf der Basis der Ergebnisse in der vergleichenden Analyse der Modalstrukturen (Kapitel 7.2) und deren Kontrastivierung kann festgestellt werden, dass es jedoch eine Kongruenz der Relationsfaktoren in den „Subjektiven Theorien zur Integration türkischer und kurdischer SchülerInnen im Gemeinsamen Unterricht" gibt, denen jeweils von einer Majorität der Untersuchungspartnerinnen und -partner eine Relevanz zuerkannt wurde.

Zu Hypothese 2: Beeinflussung der Wahrnehmung durch Subjektive Theorien
Die Hypothese 2 dokumentiert die Annahme, dass die Subjektiven Theorien einen Einfluss auf die Wahrnehmung der türkischen und kurdischen Kinder im unterrichtlichen Kontext haben. Sie kann ebenfalls auf der Grundlage der Forschungsergebnisse als verifiziert betrachtet werden. Die Vielfältigkeit der Subjektiven Theorien kann jedoch nicht in einer linearen Kategorienbildung, wie vorweg vorgesehen, abgebildet werden. Vielmehr können deutlich intraindividuelle Bezüge sowie teilweise auch Klasseneffekte (als Folge der übereinstimmenden Klassenzusammensetzung, Rahmenbedingungen, Schulstruktur, pädagogische Konzepte etc.) oder Teameffekte (durch den Kompetenztransfer, Annäherung der pädagogischen Konzepte, zunehmender Konsens in den Argumentations- und Relationsstrukturen und in der Bewertung des Einflusses etc.) festgestellt werden, die in der Regel nur Einfluss auf ein Basiskonstrukt der Subjektiven Theorie (Wahrnehmung der kulturellen oder sprachlichen Heterogenität; Modifikationen in Bezug auf die kulturelle und sprachliche Heterogenität, etc.) haben. Diese können jeweils individuell im Kontext der Strukturabbildung nachgezeichnet und analysiert werden. Fest steht, dass durch die Subjektiven Theorien ein individuell ausgeprägter Fokus bzw. eine Leitdifferenz für das Handeln der Lehrerinnen und Lehrer im Unterricht entsteht.

Zu Hypothese 3: Stereotyp-Hypothese (3.1 Defizithypothese; 3.2 Potenzialhypothese; 3.3 Patthypothese)
Die Hypothese 3 (incl. Unterhypothesen 3.1-3.3) kann nicht global validiert werden, sondern es bedarf auf Grund der Forschungsergebnisse und der Auswertungen der Subjektiven Theorien, einer konsequenten Aufschlüsselung nach den Faktoren „Lern- und Leistungsentwicklung", „Sprachentwicklung" und „kulturelle Lebenswelt". Da die ersten beiden Konzepte Gegenstand des Konstruktes der Subjektiven Theorie waren, erfolgte die Auswertung auf der Basis der Analysen und Kontrastivierungen der Strukturabbildungen. Dadurch waren die Aussagen der Lehrerinnen und Lehrer bereits selbst reflektiert, reduziert und in ihrer Relations- und Argumentationsstruktur abgebildet. Der

---

290 Dies äußerten alle UntersuchungspartnerInnen (inclusive der Forscherin) nach den abgeschlossenen Rekonstruktionsprozessen.

Bereich Kultur bedarf jedoch einer zusätzlichen qualitativen Analyse (Kapitel 7.2.6 und 7.2.7).

Der Bereich „*Sprache*" nimmt insgesamt in den Subjektiven Theorien der Lehrerinnen und Lehrer in Integrationsklassen einen dominanteren Stellenwert ein als die Bereiche „Lernen" oder „Kultur". Damit können Parallelen zu den Untersuchungen von Lörzer (1989) festgestellt werden, der bei Westberliner Lehrerinnen und Lehrern als Hauptproblem für den Unterricht die „unzulänglichen Deutschkenntnisse" konstatierte. Der von allen Lehrerinnen und Lehrern als defizitär eingeschätzte Spracherwerbsstand der Migrantenkinder aus der Türkei in der Zweitsprache Deutsch[291] beschäftigte die Lehrkräfte insgesamt auch in ihren Argumentationssträngen für die Unterrichtsgestaltung am intensivsten. Sie konstatierten bei den Kindern große Sprach- und Verständnisschwierigkeiten, die häufig zu Lernschwierigkeiten werden. Einige wiesen auch auf die mangelnde Entwicklung der Muttersprache im Sinne einer doppelten Halbsprachigkeit oder eines „Semilingualismus" hin, die zu einer doppelten Sprachlosigkeit führen kann. Die Türkischkenntnisse wurden nur im Zusammenhang mit einem Unterrichtsprojekt[292] und in einem Einzelfall einer türkischen Schülerin mit Down-Syndrom[293] sowie einem anderen deutschen Integrationskind[294], als besonderes Potenzial der Kinder genannt. Ansonsten überwiegen in den Subjektiven Theorien die negativ bewerteten Einflüsse, wie die dominante türkischsprachige Kommunikation der Kinder untereinander im Unterricht bzw. auf Klassenreisen[295], die eingeschränkten Möglichkeiten der Anwendung der deutschen Sprache im monolingual türkischen Wohnumfeld sowie im Elternhaus der Kinder. Ein Lehrer vertrat die Auffassung, dass die Muttersprache im Freizeitbereich ausgeübt werden sollte. Schulzeit und Unterricht sollten genutzt werden, um die Deutschkenntnisse

---

291 Es wurde jedoch auch generell bei deutschen Kindern oder Kindern aus anderen Herkunftsländern eine defizitäre Sprachentwicklung festgestellt, die überwiegend auf das soziale Milieu im Einzugsbereich zurückgeführt wurde.

292 In diesem wurden durch die Strukturierung von Arbeitsgruppen im Sinne eines Helfersystems türkische Kinder mit deutschen Kindern zur Erlernung türkischer Worte zusammengesetzt. Die türkischen Kinder wurden bewusst zur Stärkung des Selbstbewusstseins und der Arbeitsmotivation als „HilfslehrerInnen" eingesetzt. In diesem Zusammenhang erfuhren die Türkischkenntnisse eine Wertung als besonderes Potenzial und als Kompetenz der Kinder (Tee).

293 Dass die Schülerin zweisprachig aufwächst hält die Lehrerin für ungewöhnlich bei einem geistig behinderten Kind. Es ist jedoch zu vermuten, dass zahlreiche geistig behinderte Kinder aus Migrantenfamilien zweisprachig aufwachsen, das Besondere scheint in diesem Fall die gute Ausprägung der deutschen Sprache zu sein (Salomon, Z. 231).

294 „Eines dieser deutschen Kinder, auch ein Integrationskind, hat sicherlich Vorteile von dieser Geschichte, von dem Leben hier im Kiez. ... es hat zwar noch nicht perfekt Lesen und Schreiben gelernt im Deutschen, aber immerhin schon perfekt Türkisch" (Interview: Code Blau, Z. 342).

295 Die SchülerInnen und LehrerInnen sind von der Kommunikation ausgeschlossen und so entsteht Unsicherheit und Angst, bspw. dass negativ oder kritisch über die eigene Person gesprochen wird.

der Kinder zu verbessern. Generell kann konstatiert werden, dass die Zweisprachigkeit nicht als „hoher kultureller Wert" (Dietrich 1997) der Kinder anerkannt wird. Insgesamt wurde eine stark defizitorientierte Sicht auf die verbalen Sprachkenntnisse im Deutschen und im Türkischen festgestellt. Lediglich die Lehrerinnen mit eigenen Türkischkenntnissen zeigten Verständnis für die Spracherwerbsschwierigkeiten sowie Probleme im Transfer zwischen den Sprachen der Kinder. Eine generelle Zweisprachigkeit bzw. Mehrsprachigkeit wurde nur von einer Lehrerin proklamiert[296], die anderen sahen in der Zweisprachigen Erziehung zusätzlich zum Gemeinsamen Unterricht oftmals eine Überforderung.

Auf Grund der obigen Situationsanalyse kann für den Bereich „Sprachentwicklung" eher die Defizithypothese verifiziert werden, da die individuellen Subjektiven Theorien von der defizitären Sicht dominiert wurden. Erkannte Potenziale in der Zweisprachigkeit oder der Sprachentwicklung der Migrantenkinder aus der Türkei hatten, in Relation zu den oben genannten Defiziten, einen zu geringen Stellenwert um die Patthypothese in Betracht zu ziehen.

Der Bereich „*Lernen*", d.h. die Wahrnehmung der Lern- und Leistungsentwicklung der türkischen und kurdischen Kinder, wird ebenfalls einer starken Tendenz zur defizitären Sicht unterworfen. Die Lehrerinnen der Grundschule 1 (mit einem relativ geringen Anteil an Kindern nichtdeutscher Muttersprache) heben sich hier deutlich von den anderen Untersuchungspartnerinnen und -partnern ab, indem sie allgemein differente Lernbedingungen auf Grund der sozialen und ökonomischen Situation und kein abweichendes Lernverhalten konstatieren. Im Gegensatz dazu scheint es durch die bikulturelle Situation in einigen Klassen (überwiegend deutsche und türkische Schülerinnen und Schüler) zu einer Polarisierung in der Wahrnehmung durch die Lehrerinnen und Lehrer zu kommen, die einerseits klare Aussagen mit einer deutlichen Trennschärfe zu der jeweiligen Personengruppe ermöglicht, aber den Stereotypisierungen der Schülerschaft Vorschub leistet. Die Ursache für das abweichende Lernverhalten und die defizitäre Lern- und Leistungsentwicklung der türkischen und kurdischen Kinder sehen diese Lehrkräfte[297] in den Sprachschwierigkeiten, sozio-ökonomischen Beeinträchtigungen und in dem mangelnden Bildungsniveau und -interesse der Eltern. Diese Erklärungsmodelle der Mehrzahl der Lehrkräfte an den Grundschulen 2 und 3 ist sicherlich auch mit dem sozialen Milieu des Einzugsbereiches begründbar. Besondere Lernfähigkeiten der Migrantenkinder aus der Türkei wurden nur in einem der Interviews benannt, im Zusammenhang mit einem türkischen Schüler, der erst seit ein paar Monaten in Deutschland ist, aber bereits gute

---

296 Die Lehrerin mit dem Synonym „Salomon" hebt die Bedeutung einer gemeinsamen dritten Sprache für den Unterricht hervor, bspw. Englisch.
297 Alle LehrerInnen der Grundschule 2 und 3, mit Ausnahme der Lehrerin mit dem Synonym „Ira", die nur im Einzelfall besondere Lernbedürfnisse feststellt.

Deutschkenntnisse hat und durch sein positives Lernverhalten auffällt[298], sowie von dem bereits zuvor genannten türkischen Mädchen mit Down-Syndrom, welches durch eine wesentlich bessere Leistungsentwicklung im Vergleich zur Geistigbehindertenschule auffällt[299].

Auf Grund der offensichtlichen Teilung der Lehrerinnen und Lehrer bezüglich der Wahrnehmung des Lern- und Leistungspotenzials kann die Hypothese 3 nicht für die Grundgesamtheit der Lehrkräfte beantwortet werden. Es zeigt sich eine Tendenz auf, dass in Verknüpfung mit einem schwierigen sozialen Milieu und einem höheren Anteil an Kindern nichtdeutscher Muttersprache (bzw. bilinguale Klassenzusammensetzungen) eher die Defizithypothese zuzutreffen scheint, wohingegen bei einem weniger problematischen Einzugsbereich und einem geringeren Ausländeranteil (bzw. multilinguale Klassenzusammensetzungen mit deutschsprachiger Dominanz) die Potenzial- oder Patthypothesen zutreffend sein könnten. Auf Grund der geringen Stichprobe und der Ausschnitthaftigkeit des Materials kann die Hypothese 3 in Bezug auf den Bereich „Lernen" nicht eindeutig verifiziert oder falsifiziert werden.

Der Bereich *„Kultur"* ist ebenfalls vielschichtig zu betrachten (siehe auch Hypothesen 4 und 5). Die Wahrnehmung und Beschreibung der Lebenssituation in den Elternhäusern der türkischen und kurdischen Kinder wird stark dominiert von dem sozio-ökonomisch geprägten Milieu des Stadtteiles. Dadurch besteht die Gefahr, dass aus der sozialisatorischen eine zunehmend kulturalistische Perspektive wird, wie einige Interviews und Strukturabbildungen nachweisen. Überwiegend muss eine stark defizitäre Sichtweise konstatiert werden, die bestimmt ist von Begriffen wie: Erfahrungs- und Anregungsarmut, Erlebnismängel und Entwicklungsverzögerungen der Kinder auf Grund der Sozialisation. Insgesamt werden das Bildungsinteresse, das Bildungsniveau[300], die Bildungsaspiration und das Bildungsbewusstsein der Migrantenfamilien aus der Türkei von vielen Lehrerinnen und Lehrern sehr gering eingeschätzt. Diesen Faktoren wird eine besondere Rolle im Zusammenhang mit den konstatierten Lernschwierigkeiten der Kinder zuerkannt, indem die Ursachen der Integrationsprobleme in der sozioökonomischen Benachteiligung vermutet werden.

In Bezug auf den kulturellen Hintergrund der Elternhäuser von türkischen und kurdischen Schülerinnen und Schülern sowie auf die muslimische Religion zeichnet sich ebenfalls eine eher defizitäre Sicht ab. Ansätze wie Hausbesuche oder Elternmitarbeit scheinen keine revidierende Funktion auf diese

---

298 Siehe Interview Blau, Z. 521.
299 Nach der Einschätzung der Mutter, welche Lehrerin an einer Schule für Geistigbehinderte ist (Salomon, Z. 259).
300 Dies trifft sicherlich auf die erste Generation der ArbeitsmigrantInnen aus der Türkei zu, muss jedoch für die 2. und 3. Generation relativiert werden. Auf Grund der sozialen Struktur im Einzugsbereich Kreuzberg kann angenommen werden, dass die genannten Bedingungen eher in der sozialen und ökonomischen Situation der Familien begründet sind.

Sichtweise zu haben, sondern werden eher als bestätigend dokumentiert. Dahingegen wird das Einbringen der kulturellen Lebenswelt durch die Schülerinnen und Schüler in den Unterricht sehr positiv bewertet und die Erweiterung der sozialen Kompetenzen aller Kinder in den Lerngruppen als Bereicherung erlebt. So muss die Hypothese zweigliedrig validiert werden, indem für das Elternhaus mit den diesbezüglichen Einflüssen auf die schulische Lebenswelt der Kinder eher die Defizithypothese, für die Wahrnehmung der Kinder im eigenen Unterricht eher die Patthypothese und für die Bereicherung der sozialen Beziehungen und Lernziele sogar eher die Potenzialhypothese (siehe Hypothesen 4 und 5) angenommen werden kann.

Zu den Hypothesen 4 und 5: Unterrichtsanalyse bezüglich der Anforderungen kultureller Heterogenität und Wahrnehmung der kulturellen Heterogenität
Die Bezüge und die wechselseitigen Relationen zwischen den Gegenständen der beiden Hypothesen 4 und 5 lassen es für ratsam erscheinen, diese auch nicht losgelöst voneinander zu betrachten. Die handlungsleitende Frage, ob die Lehrerinnen und Lehrer die ethnische, kulturelle und sprachliche Heterogenität ihrer Schülerschaft als anregende Vielfalt für die pädagogische Arbeit wahrnehmen, konnte nicht begrenzt auf der Basis der Kontrastivierungen in Kapitel 7.2.1-7.2.4 beantwortet werden. Es mussten zudem qualitative Auswertungen der Interviews vorgenommen werden, da die Aussagen zum ethnischen und kulturellen Hintergrund von den Untersuchungspartnerinnen und -partnern nur bedingt in einen Zusammenhang mit der Unterrichtsorganisation gebracht wurden (siehe Kapitel 7.2.5 bis 7.2.7).

Zum Bereich „*Kultur*" kann konstatiert werden, dass die Lehrerinnen und Lehrer überwiegend kulturelle Differenzen beschreiben, also jene, die in ihrer individuellen Perspektive *fremd* erscheinen. Dies führt zu einer differierenden Perspektive. Die Wahrnehmung und Wertung der kulturellen Hintergründe der Schülerinnen und Schüler basiert in der Regel auf diesen individuellen *Fremdheitsbestimmungen*, Verhalten, Meinungen oder Haltungen der Kinder werden vor diesem Hintergrund interpretiert. Gleichsam wird die kulturelle Gleichheit und Gemeinsamkeit vordergründig stärker gelebt, jedoch nicht ausreichend auf der Metaebene reflektiert.

Eine Thematisierung der ethnischen und kulturellen Bezüge im Unterricht erfolgt in der Regel nicht durch die Initiative oder geplante Integration kulturspezifischer oder interkultureller Lerninhalte der Lehrkräfte[301]. Vielmehr geben die Lehrerinnen und Lehrer überwiegend an, dass die differenten Kulturen durch die Schülerinnen und Schüler selbst in den Unterricht eingebracht werden. Insgesamt konnte auch ein Schwerpunkt der religiös motivierten Anforderungen (bspw. Sexualkundeunterricht und Schwimmunterricht) an die Unterrichtsgestaltung in Klassen mit türkischen und kurdischen Kindern fest-

---

301 Mit Ausnahme von den Vorbereitungen und Aktionen im Zusammenhang mit dem Internationalen Kinderfest an der Grundschule 2.

gestellt werden und einige Lehrerinnen und Lehrer berichteten von diesbezüglichen Konfrontationen mit den Elternhäusern. Positive Bewertung erfahren Beiträge der Kinder, wie folkloristische und traditionelle Aspekte (Musik und Tanz), die türkische Küche oder Kenntnisse der Mädchen in der Hausarbeit, welche einen ethnologistischen Blick fördern und die Differenzen hervorheben. Die Gefahr einer Ethnologisierung, auf der Basis eines national und territorial geprägten Kulturbegriffes, wird im Zusammenhang mit solchen punktuellen Aktionen nicht erkannt. Negative Wertung[302] erfährt häufig die „Geschlechterproblematik" im Sinne einer tradierten Rollenverteilung und der ungleichwertigen Anerkennung von Frauen[303], unabhängig von der geäußerten Haltung in Bezug auf einer gegenseitigen Relativierung der Normen und Werte. Darin sehen einige der involvierten Lehrkräfte einen wesentlichen Einflussfaktor auf das Sozial- und Lernverhalten der Jungen[304]. Mädchen werden tendenziell eher als angepasst sowie fleißig und motiviert in ihrem Lernverhalten beschrieben[305]. Insgesamt muss jedoch konstatiert werden, dass die Einstellungen der Untersuchungspartnerinnen und -partner eine deutliche Varianz zwischen kollektiven Fremdbildern und Stereotypen bis zu einer kosmopolitischen Offenheit im Umgang mit anderen Kulturen zeigen.

Generell hat die kulturelle Lebenswelt der Kinder in der Wahrnehmung der Lehrerinnen und Lehrer nach den o.a. Analysen einen geringeren Einfluss auf das Lern- und Leistungsverhalten und folglich auch auf den Unterricht. An einigen Stellen werden Relationen zwischen der Einbindung der Kultur in den Unterricht und der erfolgreichen Integration hergestellt, aber die Berücksichtigung der Kultur hat nach Auffassung der Lehrkräfte insgesamt einen eher sozialen – im Sinne einer Steigerung des Selbstwertgefühls und des Selbstvertrauens, Förderung von Toleranz und Akzeptanz etc. [306]– als einen kognitiven Stellenwert im Unterricht und Schulalltag, wobei die sozialen Effekte als positiver Einflussfaktor auf das Lernen gesehen werden. Von wenigen LehrerInnen werden dezidiert kulturelle Potenziale der Kinder benannt, die jedoch oftmals nach den eigenen Aussagen der Lehrkräfte nicht ausreichend im Unterricht gewürdigt werden. Unter Umständen hat auch hier wieder die multikulturelle

---

302 Gleichsam von Lehrerinnen und Lehrern.
303 Ein Bewusstsein für die Relativität der eigenen Wahrnehmungen, bzw. für die auch in vielen deutschen Familien traditionell geprägten Rollenverhältnisse, lässt sich nicht erkennen. Generell wird dies dem Faktor Religion zugeschrieben und mit einer ethnologistischen Sicht interpretiert.
304 Ebenso.
305 Vorwiegend von den Lehrerinnen.
306 Hierin sehen Marburger et al. einen erheblichen Widerspruch. Einerseits bekennen sich die LehrerInnen in generellen Postulaten zum Pluralitätskonzept, zu Akzeptanz und Toleranz, andererseits zeigen die Ausführungen zum Umgang und den Einstellungen zu nichtdeutschen Eltern eine geringe Relevanz dieser Orientierungen in der eigenen Auseinandersetzung (vgl. 1997, 57). Diese Beobachtung trifft auch in der vorliegenden Studie auf einige der LehrerInnen zu.

Klassenzusammensetzung – im Gegensatz zu bikulturell – einen Einfluss, da die drei Lehrerinnen[307] in deutlich stärker ethnisch und kulturell heterogenen Lerngruppen eine offenere und aufgeschlossenere Haltung gegenüber den kulturellen Hintergründen der Kinder haben und die Relativierung monokultureller Werte auf beiden Seiten propagieren. Allerdings wurde bereits an anderer Stelle auch schon der Faktor „Intensive Kulturkontakte" für diesen Effekt zur Begründung herangezogen[308]. Biografischen Faktoren für die Sensibilität im Umgang mit anderen Kulturen muss auf jeden Fall auf Grund der Untersuchungsergebnisse eine große Bedeutung zuerkannt werden.

Insgesamt kann festgestellt werden, dass die Lehrerinnen und Lehrer ihren Unterricht in Bezug auf die soziale Integration der türkischen und kurdischen Kinder analysieren, jedoch die kognitiven Lehrinhalte, das Unterrichtsmaterial und die thematischen Schwerpunkte nicht ausreichend an der kulturellen Heterogenität der Schülerschaft ausrichten (Hypothese 4). Dieselbe Zweiteilung tut sich auch in Bezug auf die Wertung der kulturellen Heterogenität als bereichernde Vielfalt für die pädagogische Arbeit auf (Hypothese 5). Die Effekte auf den Bereich soziale Kompetenz werden als bereichernd erfahren, mögliche Konsequenzen für den Erwerb von kognitiven Fähigkeiten oftmals nicht ausreichend durchdacht. Dies zeigt sich auch darin, dass die Lehrerinnen und Lehrer mehrheitlich ein diesbezügliches Wissensdefizit konstatieren (siehe auch Hypothese 8). Somit können auch diese Hypothesen nicht global beantwortet werden. Für das soziale Lernen könnten beide auf Grund des Stellenwertes in den Subjektiven Theorien verifiziert, für das kognitive Lernen müssten sie jedoch auf der Basis der Strukturabbildungen sowie der Interviews eher verifiziert werden.

Zu Hypothese 6: Didaktisch-methodische Ausrichtung in Bezug auf die kulturelle Heterogenität/Homogenität
Die Unterrichtsmethoden werden von den Lehrerinnen und Lehrern sichtlich in der Praxis in Bezug auf die Anforderungen der Kinder nichtdeutscher Muttersprache evaluiert. Ihres Erachtens haben sich die Unterrichtsmethoden im Gemeinsamen Unterricht, wie Differenzierung, Binnendifferenzierung, Handlungsorientierung, Projektarbeit und Wochenplanarbeit, generell auch im Unterricht von mehrsprachigen Klassen bewährt. Gerade die türkischen und kurdischen Kinder werden nach Ansicht einiger Lehrerinnen jedoch stark von Arbeitstechniken überfordert, haben einen stärkeren Unterstützungs- und Lenkungsbedarf und profitieren daher von dem Zwei-Pädagogen-System im Gemeinsamen Unterricht. Konsequente Freiarbeit und damit einhergehende selbstständige Arbeitsformen überfordern allerdings in der Erfahrung einiger

---

307 Die Lehrerinnen unter Code: Ira; Salomon und Welat.
308 Eine der Lehrerinnen lebt im Stadtteil Kreuzberg, zwei hatten private Kontakte zu TürkInnen oder haben Reiseerfahrungen aus der Türkei und eine Lehrerin lebt in einer bikulturellen Partnerschaft.

Lehrkräfte häufig Migrantenkinder aus der Türkei sprachlich und technisch. Ein Methodentraining wurde vorgeschlagen, aber auch die intensive Vorbereitung neuer Arbeitstechniken reflektiert. Generell zeigten sich der handlungsorientierte und der projektorientierte Unterricht als positiv gewertete Varianten. Einige der Lehrerinnen und Lehrer äußern in Bezug auf den Unterricht mit Kindern nichtdeutscher Muttersprache eine bewusst kontroverse Haltung zum Rahmenplan, der den Lernvoraussetzungen, -bedürfnissen und der individuellen Lernentwicklung der Kinder nicht gerecht wird. Darum nehmen sie überwiegend Differenzierungen der Lerninhalte[309] sowie der sprachlichen Anforderungen im Unterricht[310] vor.

Im Rahmen der Modifikationen im Hinblick auf die Zweisprachigkeit nehmen sie inhaltliche Differenzierungen (nach Glumpler/Apeltauer 1997) vor, indem sie im Morgenkreis, Gesprächskreisen und in der Projektarbeit Geschichten und Erzählungen der Kinder (bspw. von den Wochenendaktivitäten, traditionellen Festen, etc.) integrieren. Sie fördern bewusst den ungesteuerten Spracherwerb (a.a.O.) mit Tagesplan- und Wochenplanarbeit (u.a. auch Projektarbeit und flexible Sozialformen), teilweise auch den gesteuerten durch die Zusammensetzung der Arbeitsgruppen mit einer bewussten Orientierung am Sprachstand der Kinder.

Wenn man die von den Lehrerinnen und Lehrern favorisierten didaktisch-methodischen Modifikationen des Unterrichts gruppiert nach „Intentionen in Bezug auf die sprachliche Heterogenität, im Zusammenhang mit Orientierungs- und Strukturierungserfordernissen" sowie in Bezug auf die stärkere „Akzentuierung der Interkulturellen Pädagogik" im gemeinsamen Unterricht, muss festgestellt werden, dass zum ersten Bereich zahlreiche konkrete Modifikationen (siehe Kapitel 7.2.5) und Interventionen benannt werden. Dem zweiten Bereich kommt ein durchweg geringerer Stellenwert zu (siehe ebd.), da die kulturelle Lebenswelt der Kinder nur unzureichend im Bewusstsein einiger Lehrkräfte scheint. Dies leistet jedoch vermutlich einer Polarisierung zwischen schulischer und familiärer Lebenswelt Vorschub, die von einigen Lehrerinnen und Lehrern zwar beschrieben, jedoch nicht in ihren Auswirkungen für die Kinder reflektiert wurde. Insbesondere den verwendeten Lehr- und Lernmaterialien sowie den thematischen Lerninhalten wurde, mit einigen Ausnahmen, bei den involvierten Lehrkräften geringere Aufmerksamkeit in Bezug auf die interkulturelle Relevanz zuteil. Deshalb kann die Hypothese 6 für die Mehrzahl der Untersuchungspartnerinnen und -partner nicht eindeutig und global beantwortet werden. Keiner der Lehrkräfte stagniert auf der Herstellung eine kulturellen Homogenität, im Sinne einer assimilativen Integration der Kinder nichtdeutscher Muttersprache. Ein *aktiver* Umgang mit der

---

309 Insbesondere in Bezug auf Lerninhalte, die auf dem Umweltwissen und der Umwelterfahrung der Kinder aufbauen.
310 Durch Reduktion der verbalen Anteile im Unterricht und der abstrakten Sprache, stärkere Anschaulichkeit, Helfersysteme unter den Kindern, flexible Sozialformen etc.

kulturellen Heterogenität wird aber ebenfalls nur in vereinzelten Interventionen deutlich. Außer den Aktionen im Rahmen eines interkulturellen Kinderfestes bzw. der Zweisprachigen Alphabetisierung wurden keine konkretisierten Aktivitäten durch die Lehrpersonen zur Integration der kulturellen Lebenswelt der Kinder offenbar[311].

Zu Hypothese 7: Subjektives Empfinden der Integrationsleistung durch die LehrerInnen, 7.1 Analoge Integrationsleistung, 7.2 Spezifische Integrationsleistung, 7.3 Spezifische Integrationsleistung bei festgestelltem sonderpädagogischem Förderbedarf
Generell kann den Aussagen und den Strukturabbildungen der Subjektiven Theorien entnommen werden, dass die Lehrerinnen und Lehrer auch diesbezüglich differenten Gruppierungen zuzuordnen wären. Die Mehrzahl der Untersuchungspartnerinnen und -partner definiert die Integration der Kinder nichtdeutscher Muttersprache eindeutig als spezifische Integrationsleistung. Dies bezieht sich jedoch deutlich stärker auf die sprachliche Heterogenität als auf die kulturelle oder ethnische Vielfalt oder Herkunft der Kinder, der meines Erachtens zu wenig Aufmerksamkeit zuerkannt wird. Interessant erscheint es, dass die Lehrerinnen und Lehrer in allen Fallbeispielen zu so genannten Gutachtenkindern nichtdeutscher Muttersprache immer sehr viel positive Varianzen aufzählen. Dies scheint von ihnen als sehr erfolgreich eingeschätzt zu werden. Insgesamt muss festgestellt werden, dass auch diese Hypothesen nicht global für die Untersuchungspartnerinnen und -partner beantwortet werden können.

Zu Hypothese 8: Wissensdefizite der Lehrerinnen und Lehrer in Bezug auf Unterricht in kulturell heterogenen Lerngruppen
Auf Grund der Auswertungen der Interviews (in Kapitel 7.2.6) kann angenommen werden, dass die Lehrerinnen und Lehrer, u.a. forciert durch die Zusammenarbeit im Rahmen der Studie, ein Wissensdefizit in Bezug auf den kulturellen, lebensweltlichen Hintergrund ihrer Schülerinnen und Schüler aufweisen und die es auch erkannt haben[312]. Dieses verstärkt sich mit der wachsenden Heterogenität der nationalen Herkunft in der Lerngruppe[313]. Ein Kompetenzdefizit wird von ihnen dahingegen nicht erkannt, wie sich aus der von ihnen als gering eingeschätzten Notwendigkeit einer Fortbildung zum

---

311 Auffällig war, dass insbesondere die LehrerInnen der Schule mit dem höchsten Ausländeranteil der Aufgabe der interkulturellen Erziehung den geringsten Raum in ihren Subjektiven Theorien einräumten. Dies könnte einerseits auf die Selbstverständlichkeit eines solchen Ansatzes, aber auch auf die klare Aufgabenverteilung mit dem Angebot der Zweisprachigen Alphabetisierung an der Grundschule 3 zusammenhängen.
312 Von drei der Befragten wurde dies im Anschluss an das Interview für die eigene Person konstatiert. Zwei LehrerInnen machten diesbezügliche Aussagen im Interview.
313 Beispielsweise bei der Klassenzusammensetzung der Lehrerin mit dem Synonym „Ira"; 24 SchülerInnen, darunter 14 Kinder nichtdeutscher Muttersprache aus 7 Nationen.

Unterricht in kulturell heterogenen Lerngruppen (im Gegensatz zu der Wertung von Fortbildungen zum Zweitspracherwerb) ablesen lässt. Dies ist jedoch meines Erachtens auch Ausdruck der nicht erkannten Aufgaben im Zusammenhang mit einer Interkulturellen Pädagogik.

Zu Hypothese 9: Entwicklung konkreter Lösungsansätze
Es werden zahlreiche konkrete Lösungsansätze der Lehrerinnen und Lehrer für die Arbeit in kulturell, ethnisch und sprachlich heterogenen Lerngruppen genannt. So werden zur Verbesserung des sprachlichen Verständnisses zwischen LehrerInnen und SchülerInnen die verbalen Anteile bzw. die abstrakte Sprache im Unterricht reduziert. Die Ausrichtung des Unterrichts erfolgt weniger an verbalsprachlichen Strukturen zur Vermeidung von Sprachverständnisschwierigkeiten. Es wird ein stärkeres Arbeiten mit Anschauung, Symbolen und Ritualen zur Strukturierung des Schulvormittags praktiziert, da die Anordnungen und Arbeitsanweisungen der Lehrkräfte oftmals nicht ausreichend verstanden werden und dies führt häufig zu Arbeitsunruhe und geringer Motivation. Die Lehrerinnen und Lehrer initiieren Helfersysteme unter den Kindern. So können sich die Kinder untereinander Hilfe holen und geben, ohne stetig die Lehrperson ansprechen zu müssen. Oftmals wurde angeregt, flexiblere Sozialformen, wie intra- und interkulturelle, multilinguale und monolinguale, mit homogenem oder heterogenem Sprachstand, im Unterricht umzusetzen. Diese können einerseits einem intrakulturellen Rückzug bzw. einer Abgrenzung entgegen wirken, andererseits kommt ihnen auch nach Ansicht der LehrerInnen eine bedeutende Funktion in der Übung der Zweitsprache Deutsch für die Kinder nichtdeutscher Muttersprache zu. Hinzu kommen Überlegungen zu Angeboten im nach- und außerschulischen Bereich zur Erweiterung der Umwelterfahrungen, Förderung der Muttersprache, Aufbau eines Weltwissens in der Muttersprache etc. Auf Grund der vielfältigen Lösungsansätze und -strategien der Lehrerinnen und Lehrer kann die Hypothese 9 generell als verifiziert erachtet werden.

7.4 Überlegungen zu einer explanativen Validierung

Im Rahmen des Forschungsprogramms Subjektive Theorien (Groeben/ Scheele) wären diverse Formen der Explanativen Validierung für das vorliegende Forschungsvorhaben potenziell denkbar, unterlagen jedoch Vorbehalten der Forscherin in Bezug auf die Kongruenz mit den Leitzielen der Untersuchung (siehe Kapitel 6.1.1). Unter dem Aspekt der Gleichstellung von Erkenntnissubjekt und Erkenntnisobjekt im Sinne eines gemeinsamen Forschungsprozesses können nach Auffassung der Forscherin nur eine begrenzte Anzahl an methodischen Vorgehensweisen in Betracht gezogen werden. Diese müssen für die vorliegende Studie allerdings auf Grund ihres zeitlichen und organisatorischen Aufwandes unbeachtet bleiben, sollen jedoch im Folgenden kurz skizziert werden.

(1) Unterrichtsbeobachtungen
Eine methodische Variante für die explanative Validierung, d.h. der falsifikationstheoretischen Überprüfung ob die Rekonstruktionsergebnisse über die Untersuchungssituation hinaus bestand und Erklärungskraft für das Handeln der Lehrerinnen und Lehrer haben, wäre die Durchführung von Unterrichtsbeobachtungen durch die Forscherin gewesen. Da die Fragestellung der Arbeit jedoch direkt an die „subjektiven, expliziten und impliziten Handlungsintentionen" geknüpft ist und die tatsächlichen Handlungen nicht evaluiert werden sollen, kann diese Vorgehensweise außer Betracht gezogen werden. Die Unterrichtsbeobachtungen und deren Auswertungen alleine durch die Forscherin unterlägen der Gefahr der individuellen Verzerrung der Beobachtungsmomente. Das Handeln der Lehrerinnen und Lehrer wird als generell rational[314] im Kontext der je individuellen situativen und personellen Bestimmungsfaktoren vorausgesetzt und somit keiner Evaluierung durch die Forscherin ausgesetzt[315].

Kurzzeitig wurde die Möglichkeit einer gegenseitigen Beobachtung zweier befragter Lehrpersonen im Unterricht, im Rahmen einer angeleiteten Teambeobachtung erwogen. Da jedoch nur 4 der 8 Untersuchungspartnerinnen und -partner in einer Teamkonstellation arbeiten (in der auch ein weiteres Teammitglied befragt wurde), schloss sich diese methodische Vorgehensweise ebenfalls aus. Bei Folgestudien oder weiteren Forschungsarbeiten wäre diese Vorgehensweise bei der Planung und Auswahl der Untersuchungspartnerinnen und -partner frühzeitig zu berücksichtigen.

(2) Gruppendiskussion auf der Grundlage der erhobenen Konstrukte und Konzepte
Ziel der Untersuchung war nicht die Erstellung einer Gegenwartsanalyse der Lehr- und Lernsituation, sondern es wurde angestrebt, in einem kooperativen Prozess mit den Lehrerinnen und Lehrern die subjektiven Erfahrungen mit einem Unterricht zu rekonstruieren, der auf die Heterogenität seiner Schülerschaft eingeht, und diese produktiv in den Unterrichtsprozess einbezieht. Ein Gruppendiskussionsverfahren mit allen Untersuchungspartnerinnen und -partnern (Flick 1995, 131ff; Dreher/Dreher 1995, 186ff; vgl. auch Gehrmann 1999) wäre geeignet um diesen begonnenen dialogischen Prozess der Reflexi-

---

314 Im Gegensatz zum Merkmal der „potenziellen" Rationalität im Forschungsprogramm Subjektive Theorien.
315 Eine solche Vorgehensweise schloss sich bereits dadurch aus, dass die Forscherin selbst über kein Lehramt verfügt und geringere Unterrichtserfahrungen als die befragten LehrerInnen aufweisen kann. In diesem Kontext konnten die LehrerInnen zweifelsfrei als die eigentlichen ExpertInnen für die handlungsleitende Fragestellung der Studie anerkannt werden.

on zwischen Theorie und Praxis fortzuführen und zu intensivieren und im Sinne der „kooperativen Forschung[316]„ (Altrichter/Posch 1994) auszubauen. Als Gesprächsanlass für die Gruppendiskussion, wären grundsätzlich mehrere Varianten[317] denkbar, wie Diskussionen: 1. Auf der Basis von Ausschnitten aus Abbildungsstrukturen der individuellen Subjektiven Theorien (bspw. eine Kontrastivierung widersprüchlicher Handlungskonzepte zweier Lehrerinnen oder Lehrer[318]); 2. Auf der Grundlage spezifischer Handlungskonzepte (Unterrichtsplanung, methodisch-didaktische Gestaltung etc.), bspw. auf der Basis von Überschneidungen in den Subjektiven Theorien; 3. Anhand ausgewählter Einflussfaktoren und Relationsstrukturen aus den generierten Modalstrukturen (Sprachschwierigkeiten, Elternhaus, etc.) in Bezug auf die Unterrichtsarbeit; 4. Auf der Basis von Kontrastivierungen der generierten Modalstrukturen im Kontrast zu fundierten wissenschaftlichen Theorieansätzen (bspw. Binnendifferenzierung vor dem Hintergrund der Modifikationen für Schülerinnen und Schüler nichtdeutscher Mutter sprache)[319].

Die Gruppendiskussionen bieten den Teilnehmerinnen und Teilnehmern die Möglichkeit eigene inhaltliche Schwerpunkte, unabhängig von den im Forschungsprozess rekrutierten, zu setzen (vgl. Gehrmann 1999). Dadurch wäre es möglich den Radius der möglichen Handlungskonzepte unabhängig von den, von der Forscherin durch die Interviewfragen vorgegebenen, zu erweitern. Generell könnte diese Vorgehensweise dazu beitragen, dass die Kooperationsbeziehungen innerhalb der Schulen inter- als auch intradisziplinär vertieft und die „Klärung des Selbstverständnisses" (Hinz et al. 1998, 65) intensiviert wird.

(3) Anleitung selbsttätiger Innovationen und Modifikationen
Die Methode scheint zudem geeignet um selbsttätige Innovationen und Modifikationen der Handlungskonzepte von Lehrpersonen anzuleiten, bspw. im Rahmen einer kooperativen Lehrerfortbildung (Bspw. Lehrerverhaltenstraining nach Händel-Mattes 1994). In diesem Zusammenhang erscheint die Überlegung interessant, eine erneute Einzelbefragung der Lehrerinnen und Lehrer durchzuführen, um die Effekte der Untersuchungsmethode auf die weitere pädagogische Arbeit zu eruieren.

---

316 Von kooperativer Forschung sprechen Altrichter u. Posch, wenn mehrere LehrerInnen (aus einer oder mehreren Schulen) bei der Untersuchung von Fragestellungen zusammenarbeiten, ihre Erfahrungen und Ergebnisse zur Diskussion stellen und wechselseitig kommentieren.
317 Die Auflistung erhebt keinen Anspruch auf Vollständigkeit, sie ist vielmehr Ausdruck eines *Brain stormings*.
318 Voraussetzung wäre die Anonymisierung der Personen.
319 Zu einer solchen Vorgehensweise, in welcher wissenschaftliche Theorien an Subjektiven Theorien von LehrerInnen in der Praxis evaluiert werden, sind mir keine Forschungsarbeiten oder Veröffentlichungen bekannt.

8 Reflexion und Diskussion der Untersuchungsergebnisse

8.1 Zusammenfassung und Reflexion der Ergebnisse

„Grundsätzlich ist vielleicht die Bereitschaft [im gemeinsamen Unterricht] größer, sich mit Vielfältigkeiten zu beschäftigen und auseinanderzusetzen, aber ich denke, das muss nicht zwangsläufig so sein. Kann gut sein, dass die Lehrer sehr engagiert sind die behinderten Kinder zu integrieren, aber deswegen trotzdem so die Haltung haben, jetzt müssen wir uns damit auch noch beschäftigen, das geht doch irgendwie zu weit" (Tee, Z. 1450).

Die von der Lehrerin beschriebene Haltung bestimmte erfreulicherweise nur einen geringeren Anteil der Interviews und der rekonstruierten Subjektiven Theorien. Dennoch konnte festgestellt werden, dass es nicht nur die integrativen Grundeinstellungen alleine sind, die dazu führen, den Unterricht auch in Bezug auf andere Ebenen der Heterogenität auszurichten. Individuelle und sozio-politische Einstellungen[320], biografische Zugänge und eigene Fremdheitserfahrungen – sei es in Bezug auf Sprache, Ethnie oder Kultur – haben sich als entscheidende Wirkungsfaktoren auf der personalen Ebene für die Handlungsorientierungen und -ziele der Lehrerinnen und Lehrer erwiesen. Diesen muss vereinzelt sogar eine stärkere Funktion im Hinblick auf die erfolgreiche Integration der türkischen und kurdischen Migrantenkinder, zuerkannt werden als den institutionellen Aus- und Fortbildungsangeboten oder diversen Integrationsmaßnahmen, wie der zweisprachigen Erziehung oder Zweitsprachförderkursen. Die Sensibilität und das Interesse für die Lebenswelten der Kinder kann im Rahmen von Ausbildungskonzepten nur bedingt vermittelt, jedoch sicher gefördert werden.

Entscheidende Einflussvariablen auf die Handlungsintentionen der Lehrerinnen und Lehrer konnten in den Rahmenbedingungen der pädagogischen Arbeit nachgewiesen werden. Zu den positiven Wirkungsfaktoren zählen die konsequente Umsetzung eines Zwei-Pädagogen-Systems, ein Handlungsspielraum in Bezug auf die Unterrichtsorganisation und didaktik und ein gutes soziales Klima in der Klasse. Eine bikulturelle bzw. bilinguale Situation wurde generell

---

320 Zahlreiche Interviews waren von einem ambivalenten Verhältnis zur Türkei geprägt, das dazu führte, dass LehrerInnen bspw. Reisen in das Land aus politischen Gründen ausschlossen. Einige LehrerInnen konstatierten allgemein, dass die türkische Kultur bei uns wenig anerkannt ist.

negativer für den Kulturkontakt und den Spracherwerb eingeschätzt als eine eher multikulturelle Zusammensetzung der Schülerschaft.

Die Kumulation von sozial belastenden Faktoren, geringem Bildungsinteresse und einer mangelnden Unterstützung und Anregung der Kinder in den türkischen und kurdischen Elternhäusern war das am häufigsten genannte Erklärungsmodell für die schulischen Lernschwierigkeiten nach dem auf der defizitären Sprachentwicklung basierenden.

Die handlungsleitenden Fragen der Untersuchung galten den besonderen Potenzialen eines gemeinsamen Unterrichts für die Integration von Kindern aus türkischen Migrantenfamilien. Der Übersicht halber sollen im Folgenden noch einmal die bereits in den vorherigen Kapiteln intensiver erörterten Ergebnisse der vorliegenden Studie kurz skizziert werden.

- Auf der Basis der statistischen Analysen kann eine positive Entwicklung zu einer *Schule für alle Kinder* durch die Umsetzung des Gemeinsamen Unterrichts für Kinder mit und ohne Behinderungen festgestellt werden. Mit den Erfahrungen der Schulen im Gemeinsamen Unterricht, wächst deutlich auch die generelle Integrationsbereitschaft[321] gegenüber anderen Gruppen wie den Kindern nichtdeutscher Herkunft und Muttersprache.
- Bereits die Literaturanalyse konnte Parallelen zwischen der didaktisch-methodischen Ausgestaltung eines gemeinsamen Unterrichts für Kinder mit und ohne Behinderungen sowie dem Unterricht in mehrsprachigen Klassen aufzeigen. Die an der Untersuchung beteiligten Lehrerinnen und Lehrer bestätigten durch ihre Reflexionen generell diese theoretische Annahme, indem sie den Elementen der integrativen Didaktik, wie projekt-, handlungs- und anschauungsorientiertes Arbeiten, innere Differenzierung und Individualisierung, gleichsam eine Bewährung im Unterricht von ethnisch, kulturell und sprachlich heterogenen Lerngruppen zuerkannten.
- In Bezug auf die sprachliche Heterogenität der Kinder bedarf es einer, an den individuellen Umfeldbedingungen und der Klassensituation orientierten, Anpassung der diversen didaktisch-methodischen Elemente. Die Bedeutung einer curricularen Anpassung der Lehrinhalte und Lernmaterialien an die ethnische und kulturelle Heterogenität der Schülerschaft wurde nur von Teilen der Lehrkräfte erkannt, jedoch nach eigenen Aussagen ungenügend in der Praxis berücksichtigt. Für die konkrete Verwirklichung in der schulischen Praxis bedarf es zusätzlicher Qualifikationen und Kompetenzen in Bezug auf eine Interkulturelle Erziehung[322].
- Die Bedeutung einer konsequenten Freiarbeit wurde verschiedentlich für die Gruppe der türkischen und kurdischen Schülerinnen und Schüler rela-

---

321 Integrationsbereitschaft im Gegensatz zur Integrationsfähigkeit, die auf der Basis des methodischen Vorgehens und der Erhebungsdaten nur vermutet, jedoch nicht explizit bestätigt werden kann.
322 Häufig konnte der Eindruck gewonnen werden, dass diese als *Selbstläufer* angenommen wird.

tiviert, da einige Lehrkräfte einen deutlich größeren Orientierungs- und Lenkungsbedarf des Lernprozesses bei dieser Gruppe feststellen konnten[323]. Diesbezüglich wurden individuelle Modifikationen des Unterrichtskonzeptes vorgenommen, wie stärkere Orientierung am Wochen- oder Tagesplan, Helfersysteme unter den Kindern, Intensivierung eines geregelten Tagesablaufes durch Regeln und Rituale etc.
- Es konnte festgestellt werden, dass die Lehrerinnen und Lehrer, welche ihren Unterricht auf einem subjektorientierten, „expansiven" Lernbegriff (Holzkamp, nach Schumann 1998) aufbauen, generell auch die besonderen Lernbedürfnisse und Lernfähigkeiten der Kinder nichtdeutscher Muttersprache, incl. der Gruppe der Migrantenkinder aus der Türkei, stärker in ihren Unterrichtskonzepten berücksichtigen[324].
- Zwischen den positiven Einstellungen, in Bezug auf eine soziale Kultur von Toleranz und Akzeptanz in der Lerngruppe, einerseits in Bezug auf Kinder mit und ohne Beeinträchtigungen oder Behinderungen und andererseits in Bezug auf die ethnische, kulturelle und lebensweltliche Heterogenität der Kinder, kann eine Allianz im Sinne einer nichtaussondernden *Pädagogik der Vielfalt* konstatiert werden.
- Die Integration der Kinder mit sonderpädagogischem Förderbedarf aus türkischen und kurdischen Migrantenfamilien wird generell als positiv bewertet. Die Lehrerinnen und Lehrer erkennen jedoch teilweise ein Konfliktpotenzial in der Elternarbeit auf Grund kulturell differierender Deutungs- und Handlungsmuster.
- Die Einstellungen der türkischen und kurdischen Eltern zur Integrativen Erziehung und zum Gemeinsamen Unterricht wurden von jenen mit behinderten Kindern durchweg als positiv charakterisiert, wohingegen bei Eltern nichtbehinderter Kinder eine starke Skepsis festgestellt wird.

Offensichtlich hat der Gemeinsame Unterricht zahlreiche positive Aspekte für die Integration von Kindern mit nichtdeutscher Muttersprache, die bislang nur unzureichend erforscht wurden. In vielen Bereichen muss jedoch auch festgestellt werden, dass die Unterrichtswirklichkeit sich noch nicht ausreichend auf die ethnische Pluralität der Schüler- und Elternschaft eingestellt hat. Deshalb bedarf es dringend einer Reform der Aus- und Fortbildungskonzepte, die durch ihre selektiven Strukturen[325] (Sonderpädagogik, Integrationspädagogik,

---

323 Die UntersuchungspartnerInnen differenzierten häufig zwischen Mädchen und Jungen. Die geschlechtsspezifischen Wertungen des Lernverhaltens sind in der Aufbereitung des Datenmaterials bislang nur peripher berücksichtigt.
324 Im Gegensatz zu den Ergebnissen von Marburger et al. (1997). Diese konnten keine eindeutigen Charakteristika bei den 40 befragten LehrerInnen feststellen, die die Abweichungen der wenigen LehrerInnen vom negativ bewerteten *mainstream* begründet hätten.
325 Das neue Lehrerbildungsgesetz in Berlin, welches seit Januar 2000 Gültigkeit hat, sieht den Erwerb von Seminarscheinen zum „Unterricht mit Kindern nichtdeutscher Herkunftssprache" ebenso vor wie zum „Gemeinsamen Unterricht von behinderten und nichtbehin-

Interkulturelle Pädagogik etc.) der Entwicklung von Handlungskonzepten für eine Gemeinsame Unterrichtspraxis für *alle* Kinder entgegen stehen. Die universitären Strukturen bedürfen einer Öffnung zwischen den Disziplinen und einer Annäherung im Interesse einer demokratischen Schullandschaft, welche die Interessen aller Minderheiten stärker berücksichtigt. Dies gilt gleichsam für den Bereich der Schulforschung, der ebenfalls stärker interdisziplinär ausgerichtet werden sollte. Die oben genannten Befunde sollten den Blick für die ethnischen, kulturellen oder sprachlichen Minderheiten u.a. auch in der integrationspädagogischen Diskussion schärfen.

8.2 Herausforderungen für die Pädagogik der Vielfalt im Kontext einer nichtaussondernden Schule

Auf Grund der o.a. Forschungsergebnisse und Erkenntnisse wird deutlich, dass mit zunehmender Qualifikation der Schulen in Bezug auf eine nichtaussondernde, subjektorientierte Pädagogik im Rahmen des Gemeinsamen Unterrichts für Kinder mit und ohne Behinderungen der Weg zu einer „fundamentalen Neuorientierung der schulpädagogischen Tradition" (Werning, 1995) eingeleitet wurde. Das bislang vorherrschende Homogenitätsdogma wird zunehmend durch die Prinzipien Heterogenität und Pluralität abgelöst im Hinblick auf eine *Schule für alle*, die es sich zum Ziel gesetzt hat, für alle Kinder und Jugendlichen zu einem entwicklungsförderlichen Raum zu werden. Dies kann einerseits für die Ebene der konkreten Handlungskonzepte im Unterricht als auch auf bildungspolitischer Ebene als zunehmend formulierte Zielsetzung für die Schule der Zukunft gesehen werden. Diese Entwicklungen schließen explizit bzw. implizit die Gruppe der Kinder nichtdeutscher Muttersprache in ihren Überlegungen mit ein. So wurde bei den regionalen Vergleichen zwischen den Bundesländern von Boos-Nünning u. Henscheid (1998) nachgewiesen, dass in jenen Ländern, in welchen ein stark ausgebautes Gesamtschulangebot existiert, Schülerinnen und Schüler nichtdeutscher Staatsangehörigkeit relativ hohe Anteile in dieser Schulform als auch höhere Gymnasialquoten erreichen als in Ländern mit nur vereinzelten Gesamtschulen (ebd., 11). Ebenso konnten die vorgelegten Erhebungen für die Stadt Berlin deutlich aufzeigen, dass diese Kinder auch von den Entwicklungen zu einer nichtaussondernden Grundschule im Zusammenhang mit dem Gemeinsamen Unterricht profitieren. Zumindest konnte nachgewiesen werden, dass die Selektionsquoten an die Sonderschulen für Lernbehinderte deutlich reduziert wurden.

---

derten Kindern". Diese stringente Trennung wird der Situation in den Schulen und der Überein stimmungen in den Handlungsansätzen nicht gerecht.

Ob dies nur ein Effekt der verringerten Selektionsmechanismen ist oder auch ein Erfolg der pädagogischen Arbeit von Lehrerinnen und Lehrern an den integrativ arbeitenden Schulen, konnte auf der Datenbasis der Untersuchung nicht eindeutig nachgewiesen werden. Im Zentrum einer Schule ohne Aussonderung und der Gestaltung im Rahmen einer Pädagogik der Vielfalt sollten nach Faust-Siehl u.a. (1996; nach Heyer 1998) drei Aufgaben stehen,

- der erzieherische Auftrag, Lernen in der Gemeinschaft mit anderen möglich zu machen,
- der staatsbürgerliche Auftrag, Demokratie erfahrbar werden zu lassen und
- der Unterrichtsauftrag, Kindern die Aneignung der Welt zu ermöglichen.

Das ist nach Heyer (a.a.O.) keine pädagogische, sondern eine bildungspolitisch begründete Entscheidung, wie die Analysen und Daten dieser Studie bestätigen.

8.3 Offene und neue Forschungsfragen

Die vorliegende Studie ist weit davon entfernt, alle Fragen, die sie aufgeworfen hat, auch beantworten zu können. So entsteht durch die Reflexionen im Rahmen der Struktur-Lege-Technik mit den Lehrerinnen und Lehrern eine Art Vakuum zwischen den im Prozess rekonstruierten oder entstandenen Erwartungshaltungen an die eigene Unterrichtsarbeit und dem Schulalltag. Die konstruktivistische Vorgehensweise der Studie sollte im Weiteren durch eine interaktionistische ergänzt und fortgesetzt werden (siehe Kapitel 7.4). Allgemein scheint es nach den oben aufgezeigten Ergebnissen der Studie erforderlich, weitere Forschung in Bezug auf die Verknüpfung und das Zusammendenken der beiden pädagogischen Ansätze ‚Interkulturelle Pädagogik' und ‚Integrative Pädagogik' im Kontext einer nichtaussondernden Schulkultur und -pädagogik zu initiieren. Insbesondere sollte in Kooperation mit den Lehrerinnen und Lehrern in Schulen an Aus- und Fortbildungskonzepten gearbeitet werden, welche der Heterogenität der situativen, personalen und sozialen Kontexte sowie dem aktuellen und individuellen Bedarf im schulischen Alltag gerecht zu werden versuchen, denn

„Integration soll im offenen Austausch und gegenseitiger Unterstützung mit Mut, Offenheit und Toleranz aller Betroffenen zur Veränderung von Schule beitragen und ein menschlicheres Leben miteinander ermöglichen" (Krawitz/Theiss-Scholz 1995, 149)".

Mögliche Fragestellungen könnten sein:

- Geschlechtsspezifische Deutungs- und Handlungsmuster,
- Auseinandersetzung mit der interreligiösen Erziehung,

- ‚Entmystifizierung' der Elternarbeit mit Familien aus einem islamischen Kulturkreis,
- Kulturspezifische Deutungs- und Handlungsmuster im Umgang mit Behinderungen (im Kontext der Kooperation zwischen Elternhaus u. Schule bzw. in Bezug auf die differierenden Einstellungen zur Integration), etc.

8.4 Perspektiven für die Lehreraus- und Fortbildung

Hinz (1993) hat bereits darauf verwiesen, welche Bedeutung der Persönlichkeit der Lehrerinnen und Lehrer im Zusammenhang mit dem Umgang mit Heterogenität im Kontext begrenzter schulischer Rahmenbedingungen zukommt. Er sieht vor allem die Notwendigkeit die Lehrkräfte auf die daraus resultierenden Widersprüche und Begrenztheiten vorzubereiten, da sie diese in ihrer beruflichen Rolle aushalten müssen. Auf Grund der Forschungsergebnisse muss seinen Forderungen nach einer stärkeren Berücksichtigung der Arbeit in heterogenen Lerngruppen in allen Lehramtsstudiengängen generell zugestimmt werden. In der Weiterentwicklung der Ausbildungskonzepte für Pädagoginnen und Pädagogen muss m.E. jedoch ebenfalls zunehmend die Heterogenität der Persönlichkeiten angehender Lehrerinnen und Lehrer erkannt und im Rahmen eines dialektischen Verhältnisses zwischen Gleichheit und Verschiedenheit in die Aus- und Fortbildungskonzepte eingebunden werden. Bildung sollte nicht nur im Bereich Schule, sondern auch für Erwachsene und Professionelle auf der „Selbstbestimmungsfähigkeit", der „Mitbestimmungsfähigkeit" und der „Solidaritätsfähigkeit" (Klafki 1993, nach Krawitz/Theis-Scholz 1995) beruhen, dies gilt gleichsam für die Universitäten, die erste und zweite Ausbildungsphase und die Lehrerfort- und -weiterbildung. Die Aufmerksamkeit für die individuelle Geschichte und Biografie ist die Basis für Konzepte, die nicht nur fachliche und didaktische Kompetenzen vermitteln, sondern auch die Entwicklungs-, Anpassungs- und Änderungsbereitschaft der zukünftigen Lehrerinnen und Lehrer, für die unabsehbaren Anforderungen der Zukunft, mitbegründen. Den individuellen biografischen Zugängen zum Beruf der Lehrerin oder des Lehrers und den damit zusammenhängenden Einstellungen und Handlungsintentionen wird auf der hochschuldidaktischen Ebene zu wenig Bedeutung zubemessen. Die Lehrerbildung für die integrative Schule der Zukunft darf nicht nur auf den Erfahrungen von heute konzipiert werden, sondern muss eine flexible und handlungsfähige Persönlichkeit fördern, die auch im Kontext der ungewissen Anforderungen einer Schule von morgen, eine Pädagogik der Vielfalt entwickeln kann (vgl. Meister 1998).

Neben solchen grundlegenden Kompetenzen wie Offenheit für neue Erfahrungen und Sichtweisen, flexibler und kreativer Umgang mit Anforderungen der Praxis, Kooperationsbereitschaft und -kompetenz etc., erscheint es zudem notwendig ein Methoden- und Handlungsrepertoire für die Lernentwicklungsbegleitung und die Gestaltung von entwicklungsfördernden Lernumwelten zu vermitteln. Dazu bedürfen die Ansätze der Interkulturellen Erziehung, der Integrationspädagogik und der Sozialpädagogik einer stärkeren Verknüpfung in allen Studiengängen, damit die Individualität und Vielfalt der Kinder und Jugendlichen als Ausgangspunkt der pädagogischen Planung in einer *Pädagogik der Vielfalt* auf allen Ebenen der Heterogenität erkannt wird. Dies fördert die Kooperationsmotivation und -bereitschaft der Lehrerinnen und Lehrer mit anderen Disziplinen und Professionen im Hinblick auf die Gestaltung individueller Lernprozesse. Dazu bedarf es der besonderen Sensibilisierung für ethnische, kulturelle und soziale Bestimmungsmomente der kindlichen Lebenswelten, um eine Polarisierung dieser[326], zu vermeiden.

„Denn offensichtlich ist der Umgang mit nichtdeutschen SchülerInnen und ihren Eltern allein nicht hinreichend, um deren Interessen und Bedürfnisse zu sehen, Klischees und Vorurteile abzubauen, führt das Arbeiten in einem multiethnischen Kontext nicht per se verstärkt zu interkulturellen Perspektiven für Schule und Unterricht" (Marburger et al. 1997, 60).

Die diagnostischen Kompetenzen der angehenden Lehrerinnen und Lehrer sollten in Bezug zum *Schulversagen* und *Bildungserfolg* von Schülerinnen und Schülern in einer veränderten Sichtweise gründen. Der Sinn einer ökosystemisch orientierten Kind-Umfeld-Diagnose (Sander 1992) darf nicht darin bestehen, die Ursachen und Erklärungsmodelle für das Lernverhalten und die Leistungsentwicklung außerhalb der schulischen Sphäre zu eruieren[327], vielmehr sollten sie wissen, dass der schulische Lernerfolg der Kinder wesentlich davon abhängt, wie gut es ihnen gelingt, Inhalte, Formen und Niveau der Anforderungen auf die individuellen Lernvoraussetzungen der Kinder abzustimmen und dass somit Lernprobleme einzelner Kinder auch als Vermittlungsprobleme der Lehrkräfte definiert werden können (vgl. Kornmann 1995). Hinzu kommt eine notwendige Sensibilisierung für den ethnischen, kulturellen und sprachlichen sowie den sozialen Kontext der Lernbedingungen, -bedürfnisse und -fähigkeiten der Kinder. Generell sollte eine individuelle Bezugsnormorientierung vermittelt werden, die durch die Auseinandersetzung mit den eigenen Schwächen und Stärken gefördert werden kann.

Weiterer Bestandteil der Ausbildung sollte die Vermittlung nichtselektiver didaktisch-methodischer Konzepte und deren notwendigen Modifikationen in der schulischen Praxis vor dem Hintergrund der individuellen lebensweltlichen Anforderungen der Schülerinnen und Schüler sein. Beispielsweise, indem didaktische Modelle wie die *Entwicklungslogische Didaktik* nach

---

326 Wie sie sich in den Interviews der LehrerInnen gelegentlich abzeichnete.
327 Diese Auffassung zeigte sich in den Erklärungsansätzen für die Lernschwierigkeiten der türkischen und kurdischen Kinder, indem diese vorrangig auf außerunterrichtliche Faktoren wie die Sprachentwicklung und das geringe Bildungsniveau im Elternhaus zurückgeführt wurde.

Feuser, in Bezug auf die Sach-, Tätigkeits- und Handlungsstrukturanalyse oder den Gemeinsamen Gegenstand im Spiegel der sozialen, sprachlichen und kulturellen Heterogenität der Schülerschaft reflektiert werden.

Die Vermittlung von Konzepten interaktiver, kooperativer und beratender Handlungskompetenzen zur interdisziplinären Zusammenarbeit in Teamstrukturen mit Regel-, Sonder-, Sozial- und Integrationspädagogen, Mitarbeiterinnen des Zweitsprachförderunterrichts oder der Zweisprachigen Alphabetisierung sowie in der Elternarbeit, im Sinne eines „Kompetenzmodells" (vgl. Speck 1996), zählt ebenfalls zu den grundlegenden Qualifikationen, welche im Rahmen der Ausbildung vermittelt werden müssen. Insbesondere die Zusammenarbeit und Kooperation mit Eltern nichtdeutscher Schülerinnen und Schüler bedarf einer besseren Vorbereitung, da der Umgang mit nichtdeutschen Eltern ein besonderes Konfliktpotenzial zu enthalten scheint. Ganz entscheidend erscheint vor dem Hintergrund der Forschungsergebnisse die Entwicklung eines Bewusstseins über die subjektive Innenperspektive von Lehrenden, über die Effekte und Konsequenzen der individuellen Beurteilungsmaßstäbe, der Deutungsmacht und der Leitdifferenzen für das pädagogische Handeln und damit für die Lernentwicklung der Kinder und Jugendlichen.

„Ist in der LehrerInnenbildung ein Bewusstsein für die eigene Unvollkommenheit und für die durch die bestehenden Verhältnisse der eigenen Sozialisation bedingte Beschränktheit des eigenen Verständnisses für andere geweckt, bestehen bessere Chancen, dass der heimliche Lehrplan der geschlechtlichen, ethnisch-kulturellen und begabungsbezogenen Diskriminierung der bewussten Bearbeitung zugänglich gemacht werden kann" (Hinz 1993, 418).

So könnten bspw. eigene Fremdheitserfahrungen auf der Basis von individuellen Erfahrungen der Studierenden oder durch die Organisation von längeren Auslandsstudiengängen[328] forciert und reflektiert werden.

Die angehenden Lehrerinnen und Lehrer sollten sich als Lernentwicklungsbegleiter für die Schülerinnen und Schüler in ihrer je eigenen Entwicklungsdynamik und Umweltinterdependenz verstehen und nicht durch Leitbilder, vorgegebene Emanzipationswege oder kulturelle Wertvorstellungen die Entwicklung einer individuellen Lebensgestaltung hemmen (vgl. Prengel 1995). Krawitz u. Theis-Scholz (1995, 133) karikieren die in der Schule immer noch anzutreffenden nicht personenzentrierten Unterrichtsprozesse mit der Formel: „In der Schule bekommen die Kinder Antworten auf Fragen, die sie nicht gestellt haben". Grundlegend sollte dazu die Entwicklung einer persönlichen und didaktischen Offenheit für die nicht vor(her)gesehenen und pädagogisch nicht vorgeplanten Möglichkeiten von Kindern (vgl. Hoberg/ Münch 1996) forciert werden.

---

328 Jedoch nicht in den üblichen von Studierenden favorisierten Mitteleuropäischen oder Nordamerikanischen Staaten, sondern vielmehr in den dominierenden Herkunftsländern der Migrantenkinder.

Die Individualität der Einzugsbereiche, der Schul- und Klassensituationen sowie die individuell ausgeprägten Einstellungen und Haltungen, biografischen Bezüge, Qualifikationen und Kompetenzen der Lehrerinnen und Lehrer bestärken nachträglich den Eindruck, dass die Forschungsmethode dem Forschungsgegenstand angemessen war. Generell sollte mit der vorliegenden Studie nicht nur eine „Leistungsfähigkeit" der Integrationsschulen bezüglich der Integration türkischer und kurdischer Kinder evaluiert werden, sondern vielmehr im Sinne der Eigenverantwortung der Schulen für die Qualität des Lehrens und Lernens, ein schulinterner Prozess der Eigenevaluation des Unterrichts und der pädagogischen Handlungen durch die Lehrerinnen und Lehrer angeregt werden. Die Innovationsforschung ist, sowohl wissenschaftlich als auch pädagogisch-praktisch und bildungspolitisch, von erheblichem Gewinn (vgl. Preuss-Lausitz 1999, 54).

„,Qualitätssicherung' im Sinne besserer Erziehungs- und Lernergebnisse wird es jedenfalls nur dann geben, wenn die Prozesse innerhalb der Black Box studiert werden, anstatt mit immer feineren Methoden standardisierbare Ergebnisse abzufragen, ohne den Weg dorthin zu kennen" (ebd., 59).

Die Prozesshaftigkeit der Handlungen, Handlungskonzepte und -intentionen von Lehrerinnen und Lehrern in Bezug auf die Integration türkischer und kurdischer SchülerInnen im Gemeinsamen Unterricht nachzuzeichnen und ihr auch im Forschungszusammenhang gerecht zu werden, würde jedoch insgesamt einer längerfristigen Schulbegleitforschung, bspw. im Rahmen der Entwicklung flexibler, individuell auf die Praxis eingehender Gestaltung von Fortbildungscurricula oder -inhalten, erfordern.

Die Forschungsmethode und die Strukturabbildungen der Subjektiven Theorien als Ergebnisse können nach den vorliegenden Erfahrungen generell als effektive Form der „didaktischen Aufbereitung" (Altrichter/Posch 1994) bezeichnet werden, um die Lehrererfahrungen bspw. konstruktiv in die Lehreraus- und -fortbildung einzubeziehen[329]. Somit bieten sie die Möglichkeit zur Selbstevaluation der Lehrkräfte (in Bezug auf die Effektivität des eigenen Unterrichts im Hinblick auf die eigens gesetzten Ziele) und damit, individuell auf der Basis der situativen und kontextuellen Bedingungen eines Schulstandortes, Innovationen anzustoßen und bildungspolitisch zu verfolgen. Im Rahmen einer solchen kooperativen Schulentwicklungsbegleitung sind auch wesentliche Anregungen für die Kooperation zwischen den einzelnen drei Lehrerausbildungsphasen enthalten, die Synergieffekte (Meister 1998) intensivieren können.

Die individuellen Schulentwicklungsprozesse in Bezug auf eine *Pädagogik der Vielfalt* für eine *Schule für alle Kinder*, die sich bewusst gegen ein

---

329 Bspw. um die Effektivität von wissenschaftlichen, didaktischen Theorien zu hinterfragen, um die Darstellung „überraschender oder provozierender Ergebnisse" (Altrichter/Posch 1994) als Diskussions- und Gesprächsanlässe zu nutzen.

Homogenitätsdogma wendet, erfordert die Selbstreflexion der in ihr tätigen und handelnden sowie sie mitbestimmenden Professionen. Kollegien an einer nichtaussondernden Schule sollten sich zu „lernenden Systemen" (vgl. Hinz et al. 1998, 65) weiterentwickeln können, denn das ist, „was eine ‚gute Schule' ausmacht" (a.a.O.).

Verzeichnis der Abbildungen und Tabellen

Abb. 1: Formen der schulischen Erziehung behinderter Kinder 18
Abb. 2: Bildungsbeteiligung von Migrantenkindern im Deutschen Schulsystem (1995/96) 88
Abb. 3: Ausländeranteil in Prozent an den Schulen der Sekundarstufe im Vergleich der Bundesländer (1996) 89
Abb. 4: Ausl. SonderschülerInnen in % aller ausländischen SchülerInnen der jeweiligen Nationalität an Sonderschulen für Lernbehinderte (ab 1992 incl. Neue Bundesländer) 96
Abb. 5: Maßzahlen für die Überrepräsentation ausländischer Kinder und Jugendlicher in Sonderschulen für Lernbehinderte und Arbeitslosenquoten von Ausländern in den einzelnen Bundesländern der BRD im Jahre 1995 106
Abb. 6: Ausländische SchülerInnen in den Klassen 1-6 an Schulen für Lernbehinderte und Grundschulen in Berlin 126
Abb. 7: Regelwerk der SLT – Heidelberger Struktur-Legetechnik 134
Abb. 8: Forschungsdesign 149
Abb. 9: Katalogisierung der erfragten Konzepte nach Intention und Relationsstruktur 155
Abb. 10: Vorstrukturierung der Subjektiven Theorien 158
Abb. 11: Beteiligung der Berliner Bezirke am Gemeinsamen Unterricht der Primarstufe (1996/97) 164
Abb. 12: Vergleich des Ausländeranteils an den Schulformen des Primarstufenbereichs in den westlichen Bezirken Berlins 165
Abb. 13: Vergleich des Ausländeranteils an den diversen Schulformen des Primarstufenbereichs (Klasse 1-6) in den westlichen Berliner Bezirken im Schuljahr 1998/99 166
Abb. 14: Vergleich der Rangplätze in den Berliner Bezirken nach Entwicklung des Gemeinsamen Unterrichtes und Relativem Risiko-Index für ausländische Kinder an Sonderschulen für Lernbehinderte (1998/99) 168
Abb. 15: SchülerInnen und pädagogisches Personal an den ausgewählten Grundschulen 173

Abb. 16: Orientierungen der Ziele des Gemeinsamen Unterrichts bei den LehrerInnen 202
Abb. 17: Didaktisch-methodische Gestaltung des Gemeinsamen Unterrichts 205
Abb. 18: Negativ gewertete Rahmenbedingungen für die Gestaltung des Gemeinsamen Unterrichts.. 208
Abb. 19: Einfluss von und Umgang mit kultureller Heterogenität im Gemeinsamen Unterricht 212
Abb. 20: Wahrnehmung der Lern- und Leistungsentwicklung durch die LehrerInnen... 220
Abb. 21: Konzepte und Modifikationen des Unterrichts mit der Orientierung an der Sprachentwicklung................................... 224

Literaturverzeichnis

Akilab, Arbeitskreis Integrative LehrerInnen Ausbildung (Hg.) (1996): Aspekte integrativer Pädagogik und Didaktik. Aachen und Mainz

Albrecht, Friedrich/Hinz, Andreas/Moser, Vera (Hg.) (2000): Perspektiven der Sonderpädagogik. Disziplin- und professionsbezogene Standortbestimmungen. Neuwied; Berlin

Altrichter, Herbert/Posch, Peter (1994): Lehrer erforschen ihren Unterricht. Bad Heilbrunn

Apitzsch, Gisela (1994): Schulen für Lernbehinderte: Schulen für Migrantenkinder? In: Vierteljahreszeitschrift für Heilpädagogik und ihre Nachbargebiete 63. Jg., Heft 2, 354-357

Arbeitskreis Psychosoziale Situation ausländischer Familien (Hg.) (1986): Leiden in der Fremde? Zur psychosozialen Situation ausländischer Familien. Berlin

Atteslander, Peter (1985): Methoden der empirischen Sozialforschung. Berlin/New York

Auernheimer, Georg (1996): Einführung in die Interkulturelle Erziehung. 2. überarb. und erg. Aufl. Darmstadt

– (1997): Interkulturelle Pädagogik. In: Bernhard, Arnim/Rothermel, Lutz (Hg.): Handbuch Kritische Pädagogik. Weinheim 1997, 344-356

Auernheimer, Georg/Blumenthal, V. von/Stübig, H./Willmann, B. (1996): Interkulturelle Erziehung im Schulalltag. Fallstudien zum Umgang von Schulen mit der interkulturellen Situation. Münster; New York

Auernheimer, Georg/Dick, Rolf van/Petzel, Thomas/Sommer, Gert/Wagner, Ulrich (1998 und 1999): Der Umgang von Lehrerinnen und Lehrern mit interkulturellen Problemsituationen: Die Bedeutung von ethnischen Einstellungen. Wissenschaftlicher Abschlussbericht. Marburg und Köln

Bach, Heinz (1996): Begriffe im Bereich der Sonderpädagogik. Wegweiser und ihre Risiken. In: Opp, Günther/Peterander, Franz (Hg.): Focus Heilpädagogik. München 1996, 36-44

Baumeister, Alfons (1986): Subjektive Leistungsbeurteilungstheorien von Lehrern im Sonderschulbereich. In: Psychologie in Erziehung und Unterricht, 33. Jg., Heft 1, 46-52

Baur, Rupprecht S. (1992): Zur Interdependenz von Muttersprache und Zweitsprache bei jugoslawischen Migrantenkindern. In: Baur, Rupprecht S. et al. (Hg.): Interkulturelle Erziehung und Zweisprachigkeit. Baltmannsweiler 1992, 109-140

Baur, Rupprecht S./Meder, Gregor (1989): Die Rolle der Muttersprache bei der schulischen Sozialisation ausländischer Kinder. Diskussion Deutsch 20. Jg., 119-135

Begemann, Ernst (1970): Die Erziehung soziokulturell benachteiligter Schüler. Hannover
- (1993): Gesellschaftliche Integration „behinderter" Menschen erfordert eine solidarische Kultur. Zeitschrift für Heilpädagogik, 44. Jg., Heft 3, 153-169
Behnke, Anabel (1996): Interkulturelle Konzeptionen und ihre Umsetzung in der Praxis. Diplomarbeit an der Pädagogischen Hochschule Heidelberg
Benkmann, Rainer (1994): Dekategorisierung und Heterogenität – Aktuelle Probleme schulischer Integration von Kindern mit Lernschwierigkeiten in den vereinigten Staaten und der Bundesrepublik. In: Sonderpädagogik Heft 24, 4-13
Berndt, Jutta (o. J.): Sind ausländische Schüler in Berliner Sonderschulen überrepräsentiert? Auftragsstudie der Senatsschulverwaltung für Schule, Berufsausbildung und Sport. 4. Schulpraktisches Seminar im Bezirk Kreuzberg. Ermittlungen auf Grund der Daten bis zum Schuljahr 1987/88
Bildungskommission Nordrhein-Westfalen (1995): Zukunft der Bildung – Schule der Zukunft. Denkschrift der Kommission „Zukunft der Bildung – Schule der Zukunft" beim Ministerpräsidenten des Landes NRW. Neuwied, Kriftel, Berlin
Birkhan, Georg (1992): Die (Un-)Brauchbarkeit der klassischen Testgütekriterien für Dialog-Konsens-Verfahren. In: scheele, brigitte: Struktur-Lege-Verfahren als Dialog-Konsens-Methodik: Ein Zwischenfazit zur Forschungsentwicklung bei der Rekonstruktiven Erhebung Subjektiver Theorien. Münster, 231-293
Bleidick, Ulrich (1976): Metatheoretische Überlegungen zum Begriff der Behinderung. In: Zeitschrift für Heilpädagogik, 24. Jg., Heft 10, 824-845
- (1990): Vorwort. In: Schirrmacher, Annerose: Lernbehinderte ausländische Schüler. Weinheim 1990
- (1996): Pädagogik der Behinderten: Ein Ausblick. In: Opp, Günther/Peterander, Franz (Hg.): Focus Heilpädagogik. Projekt Zukunft. München 1996, 28-34
Bleidick, Ulrich/Rath, Waltraud/Schuck, Karl-Dieter (1995): Die Empfehlungen der Kultusministerkonferenz zur sonderpädagogischen Förderung in den Schulen der Bundesrepublik Deutschland. In: Zeitschrift für Pädagogik Heft 2, 247-264
Boban, Ines/Hinz, Andreas (1999): Gemeinsame Erziehung als Herausforderung für die Aus- und Fortbildung von Lehrkräften. In: Die Ministerpräsidentin des Landes Schleswig-Holstein und der Landesbeauftragte für Menschen mit Behinderung (Hg.): „Integration braucht Mut – Integration macht Mut", Dokumentation einer Fachtagung vom 30.10.1998, Kiel 1999, 60-69
Boos-Nünning, Ursula/Henscheid, Renate (1999): Die schulische und berufliche Bildung von Schülern und Schülerinnen türkischer Herkunft – Gutachten. Hg.: Türkischer Elternverein Berlin-Brandenburg e.V. Berlin
Borelli, Michele (Hg.) (1986): Interkulturelle Pädagogik. Positionen – Kontroversen – Perspektiven. Baltmannsweiler
Brody, Celeste M. (1993): Kooperatives Lernen und implizite Theorien der Lehrer aus konstruktivistischer Sicht. In: Huber, Günter L. (Hg.): Neue Perspektiven der Kooperation. Ausgewählte Beiträge der Internationalen Konferenz 1992 über Kooperatives Lernen. Hohengehren 1993, 105-117
Buber, Martin (1962): Das dialogische Prinzip. Heidelberg
Buchkremer, Hansjosef/Emmerich, Michaela (1987): Ausländerkinder: Sonder- und Sozialpädagogische Fragestellungen. Hamburg
Bukow, Wolf-Dietrich (1987): Krise, Konflikt und Krankheit als Ansatzpunkte ethnologistischer Zuschreibung. In: Buchkremer, Hansjosef/Emmerich, Michaela: Ausländerkinder: Sonder- und Sozialpädagogische Fragestellungen. Hamburg 1987

– (1994): Ethnizität und Rassismus. In: Roth, Hans-Joachhim (Hg.): Integration als Dialog. Hohengehren 1994, 52-77
– (1999a): Fremdheitskonzepte in der multikulturellen Gesellschaft. In: Kiesel, Doron/ Messerschmidt Astrid/Scherr, Alfred (Hg.): Die Erfindung der Fremdheit. Zur Kontroverse um Gleichheit und Differenz im Sozialstaat. In: Arnoldshainer Interkulturelle Diskurse 2, Frankfurt a.M. 1999, 37-48
– (1999b): Die Alltagssituation allochthoner Jugendlicher. Wege aus einer kulturalistisch reduzierten Minderheitenforschung am Beispiel der allochthonen Jugendlichen. In: Bukow, Wolf-Dietrich/Ottersbach, Markus (Hg.): Der Fundamentalismusverdacht – Plädoyer für eine Neuorientierung der Forschung im Umgang mit allochthonen Jugendlichen. In: Reihe Interkulturelle Studien, Band 4, Opladen 1999
Bukow, Wolf-Dietrich/Llaryora, Roberto (1993): Mitbürger aus der Fremde. Soziogenese ethnischer Minderheiten. Opladen
Bukow, Wolf-Dietrich/Ottersbach, Markus (Hg.) (1999): Der Fundamentalismusverdacht – Plädoyer für eine Neuorientierung der Forschung im Umgang mit allochthonen Jugendlichen. In: Reihe Interkulturelle Studien, Band 4, Opladen
Bukow, Wolf-Dietrich/Ottersbach, Markus (Hg.) (1999): Die Zivilgesellschaft in der Zerreißprobe. Wie reagieren Gesellschaft und Wissenschaft auf die postmoderne Herausforderung?, Opladen
Bundschuh, Konrad (1996): Schulische Erziehungsangebote für Kinder mit besonderen Lernbedürfnissen: Trends und Perspektiven. In: Opp, Günther/Peterander, Franz (Hg.): Focus Heilpädagogik. Projekt Zukunft. München 1996, 65-73
Bundschuh, Konrad/Heimlich, Ulrich/Krawitz, Rudi (Hg.) (1999): Wörterbuch Heilpädagogik. Ein Nachschlagewerk für Studium und pädagogische Praxis. Bad Heilbrunn/Obb.
Bürli, Alois (1994): Integration Behinderter im internationalen Vergleich – dargestellt am Beispiel einiger europäischer Länder. In: Eberwein, Hans (Hg.): Behinderte und Nichtbehinderte lernen gemeinsam. Handbuch der Integrationspädagogik (3. Aufl.) Weinheim 1994, 379-392
Carle, Ursula (1995): Mein Lehrplan sind die Kinder. Eine Analyse der Planungstätigkeit von Lehrerinnen und Lehrern an Förderschulen. Weinheim
Cloerkes, Günther (1997): Soziologie der Behinderten: eine Einführung. Heidelberg
Coburn-Staege, Ursula (1996): Interkulturelle Erziehung in Deutschland, Großbritannien und Italien. Gmünder Hochschulreihe Bd. 12, Schwäbisch Gmünd
– (1996): Neue Entwicklungen in interkultureller Erziehung. In: Coburn-Staege, Ursula/ Zirkel, Manfred (Hg.): Interkulturelle Erziehung in Deutschland, Großbritannien und Italien. Gmünder Hochschulreihe Bd. 12, Schwäbisch Gmünd 1996, 17-36
Coburn-Staege, Ursula/Zirkel, Manfred (Hg.) (1996): Interkulturelle Erziehung in Deutschland, Großbritannien und Italien. In: Gmünder Hochschulreihe Bd. 12, Schwäbisch Gmünd
Collatz, Jürgen/Kürsat-Ahlers, Elcin/Korporal, Johannes (1985): Gesundheit für alle. Die medizinische Versorgung türkischer Familien in der BRD. Hamburg
Cummins, James (1982): Die Schwellenniveau- und Interdependenzhypothese: Erklärung zum Erfolg zweisprachiger Erziehung. In: Swift, J. (Hg.): Bilinguale und multikulturelle Erziehung. Würzburg 1982, 34-43
Dann, Hanns-Dietrich (1982): Subjektive Theorien: Irrweg oder Forschungsprogramm? Zwischenbilanz eines kognitiven Konstrukts. Zentrum für Bildungsforschung, Arbeitsbericht 5. Konstanz
– (1992): Variation von Lege-Strukturen zur Wissensrepräsentation. In: Scheele, Brigitte (Hg.): Struktur-Lege-Verfahren als Dialog-Konsens-Methodik: Ein Zwischenfazit zur

Forschungsentwicklung bei der rekonstruktiven Erhebung Subjektiver Theorien. Münster 1992, 3-38
- (1994): Pädagogisches Verstehen: Subjektive Theorien und erfolgreiches Handeln von Lehrkräften. In: Reusser, Kurt/Reusser-Weyneth, Marianne: Verstehen. Psychologischer Prozess und didaktische Aufgabe. Bern 1994, 163-182
Dann, Hanns-Dietrich et al. (1982): Analyse und Modifikation subjektiver Theorien von Lehrern. Zentrum für Bildungsforschung, Sonderforschungsbereich 23, Forschungsbericht 43. Konstanz
Dann, Hanns-Dietrich/Krause, Frank (1988): Subjektive Theorien: Begleitphänomen oder Wissensbasis des Lehrerhandelns bei Unterrichtsstörungen? In: Psychologische Beiträge 30. Jg., Heft 3, 269-291
Dann, Hanns-Dietrich/Tennstaedt, Kurt-Christian/Humpert, Winfried/Krause, Frank (1987): Subjektive Theorien und erfolgreiches Handeln von Lehrern/-innen bei Unterrichtskonflikten. In: Unterrichtswissenschaft 15. Jg., Heft 3, 306-320
Dann, Hanns-Dietrich/Humpert, Winfried (1987): Eine empirische Analyse der Handlungswirksamkeit subjektiver Theorien von Lehrern in aggressionshaltigen Unterrichtsituationen. In: Zeitschrift für Sozialpsychologie, 18 Jg., Heft 1, 40-49
Datler, Wilfried et al. (Hg.) (1998): Zur Analyse heilpädagogischer Beziehungsprozesse. Luzern
Deppe-Wolfinger, Helga/Prengel, Annedore/Reiser, Helmut (1990): Integrative Pädagogik in der Grundschule. Weinheim und München
Dick, Rolf van/Wagner, Ulrich/Adams, Claudia/Petzel, Thomas (1997): Einstellungen zur Akkulturation: Erste Evaluation eines Fragebogens an sechs deutschen Stichproben. In: Gruppendynamik, 28 Jg., Heft 1, 83-92
Die Ministerpräsidentin des Landes Schleswig-Holstein und der Landesbeauftragte für Menschen mit Behinderung (Hg.) (1999): „Integration braucht Mut – Integration macht Mut", Dokumentation einer Fachtagung vom 30.10.1998, Kiel
Dietrich, Ingrid (1997): Thesen zur Veränderung der Schule unter den Bedingungen einer multikulturellen Gesellschaft. In: Lernen in Deutschland, Heft 1, 65-67
Doron, Kiesel/Messerschmidt, Astrid/Scherr, Albert (Hg.) (1999): Die Erfindung der Fremdheit. Zur Kontroverse um Gleichheit und Differenz im Sozialstaat. Frankfurt a.M.
Dreher, Eva/Dreher, Michael (1995): Gruppendiskussionsverfahren. In: Flick, Uwe et al. (Hg.): Handbuch Qualitative Sozialforschung. Grundlagen, Konzepte, Methoden und Anwendungen. 2. Aufl. Weinheim 1995, 186-188
Drexelius, Julia und Krüger, Anja (1995): „Springmesser und Schlagketten im Ranzen": Sichtweisen Betroffener über Gewalt in der Schule. In: Zeitschrift für Politische Psychologie 1.-2. Jg., Heft 3, 119-128
Dumke, Dieter/Krieger, Gertrude/Schäfer, Georg (1989): Schulische Integration in der Beurteilung von Eltern und Lehrern. Weinheim
Dunn, Lloyd M. (1973): An overview. In: Dunn, Lloyd M. (Hg.): Exeptional children in the schools. Special education in transition. New York 2. Auflage 1973, 1-62
Eberwein, Hans (1987a): Zum Problem der hinreichenden Förderung von Kindern mit Behinderungen in Grundschulen und Sonderschulen. In: Zeitschrift für Heilpädagogik, 38. Jg., Heft 5, 328-337
- (1987b): Fremdverstehen sozialer Randgruppen. Ethnografische Feldforschung in der Sonder- und Sozialpädagogik. Grundfragen, Methoden, Anwendungsbeispiele. Berlin
- (Hg.) (1994): Behinderte und Nichtbehinderte lernen gemeinsam. Handbuch der Integrationspädagogik (3. Aufl.) Weinheim

– (1995a): Zur Kritik des sonderpädagogischen Paradigmas und des Behinderungsbegriffs. In: Zeitschrift für Heilpädagogik Heft 46, 468-476
– (1995b): Gemeinsames Lernen von Behinderten und Nichtbehinderten – Chancen für eine Veränderung von Unterricht und Lehrerrolle. In: Eberwein, Hans/Mand, Johannes (Hg.): Forschen für die Schulpraxis – Was Lehrer über Erkenntnisse qualitativer Sozialforschung wissen sollten. Weinheim 1995 b, 236-253
– (Hg.) (1996a): Handbuch Lernen und Lern-Behinderungen. Aneignungsprobleme. Neues Verständnis von Lernen. Integrationspädagogische Lösungsansätze. Weinheim und Basel
– (1996b): Lernbehinderung – Faktum oder Konstrukt? Zum Begriff sowie zu Ursachen und Erscheinungsformen von Lern-Behinderung. In: Eberwein, Hans: Handbuch Lernen und Lern-Behinderungen. Aneignungsprobleme. Neues Verständnis von Lernen. Integrationspädagogische Lösungsansätze. Weinheim und Basel 1996
– (1998): Sonder- und Rehabilitationspädagogik – eine Pädagogik für „Behinderte" oder gegen Behinderungen? Sind Sonderschule verfassungswidrig? In: Eberwein, Hans/ Sasse, Ada: (Hg.): Behindert sein oder behindert werden? Interdisziplinäre Analysen zum Behinderungsbegriff. Neuwied; Berlin 1998, 66-95
– (1999): Weiterentwicklung des integrativen Unterrichts in Berlin. In: Berliner Lehrerzeitung, Heft 2, 16
– (2000): Verzicht auf Kategoriensysteme in der Integrationspädagogik. In: Albrecht, Friedrich/Hinz, Andreas/Moser, Vera (Hg.): Perspektiven der Sonderpädagogik. Disziplin- und professionsbezogene Standortbestimmungen. Neuwied; Berlin 2000, 95-106
Eberwein, Hans/Mand, Johannes (Hg.) (1995a): Forschen für die Schulpraxis – Was Lehrer über Erkenntnisse qualitativer Sozialforschung wissen sollten. Weinheim
– (1995b): Qualitative Sozialforschung und Schulalltag. Auswege aus praxisferner Forschung und forschungsferner Praxis. In: Eberwein, Hans/Mand, Johannes (Hg.): Forschen für die Schulpraxis – Was Lehrer über Erkenntnisse qualitativer Sozialforschung wissen sollten. Weinheim 1995a, 11-18
Eberwein, Hans/Sasse, Ada (Hg.) (1998): Behindert sein oder behindert werden? Interdisziplinäre Analysen zum Behinderungsbegriff. Neuwied; Berlin
Elis, Ali/Gökelma, Yusuf (Hg.) (1988): Migranten und Gesundheit am Beispiel der türkischen Mitbürger. Berlin
Ellgar-Rüttgardt, Sieglind (1990): Kritiker der Hilfsschule als Vorläufer der Integrationsbewegung. In: Eberwein, Hans (Hg.): Behinderte und Nichtbehinderte lernen gemeinsam. Handbuch der Integrationspädagogik; 2. Aufl. Weinheim, 38-44
Erdheim, Mario (1993): Therapie und Kultur – Zur gesellschaftlichen Produktion von Gesundheits- und Krankheitsvorstellungen. In: Ethnopsychoanalyse Bd. 3 Frankfurt am Main
Esser, Hartmut (1980): Aspekte der Wanderungssoziologie Assimilation und Integration von Wanderern, ethnischen Gruppen und Minderheiten – eine handlungstheoretische Analyse. Darmstadt und Neuwied
– (1989a): Familienmigration, Schulsituation und interethnische Beziehungen. Prozesse der „Integration" bei der zweiten Generation von Arbeitsmigranten. In: Zeitschrift für Pädagogik, 317ff
– (1989b): Familienmigration und Schulkarriere ausländischer Kinder und Jugendlicher. In: esser, hartmut (Hg.): Generation und Identität. Theoretische und empirische Beiträge zur Migrationssoziologie. Opladen 1990, 127-146
– (Hg.) (1990): Generation und Identität. Theoretische und empirische Beiträge zur Migrationssoziologie. Opladen

265

Essinger, Helmut/Ucar, Ali (1993): Erziehung: Interkulturell – Politisch – Antirassistisch. Von der interkulturellen zur antirassistischen Erziehung. Felsberg
Eydam, Christine (1996): Das Problem der ausländischen Kinder an der Sonderschule für Lernbehinderte (SFL). In: Sonderpädagogik in Berlin Heft 4, 17-25
Feuser, Georg (1984): Gemeinsame Erziehung behinderter und nichtbehinderter Kinder im Kindertagesheim. Ein Zwischenbericht. 1. Aufl. Bremen
– (1986): Integration: Humanitäre Mode oder humane Praxis? In: Demokratische Erziehung, 12. Jg., Heft 1, 22-27
– (1995): Behinderte Kinder und Jugendliche: Zwischen Integration und Aussonderung. Darmstadt
– (1998a): Gemeinsames Lernen am Gemeinsamen Gegenstand. Didaktisches Fundamentum einer Allgemeinen (integrativen) Pädagogik. In: Hildeschmidt, Anne/Schnell, Irmtraud (Hg.): Integrationspädagogik. Auf dem Weg zu einer Schule für alle. Weinheim und München 1998, 19-36
– (1998b): Allgemeine integrative Pädagogik und entwicklungslogische Didaktik. [1] und [2] In: BIDOK – Online Volltextbibliothek: Wiederveröffentlichung im Internet Seite 1-48, Original in: Zeitschrift Behindertenpädagogik 28, Heft
– (1999): Integration – eine Frage der Didaktik einer Allgemeinen Pädagogik [1] In: BIDOK – Online Volltextbibliothek: Wiederveröffentlichung im Internet Seite 1-13, Original in Zeitschrift Behinderte in Familie, Schule und Gesellschaft Heft 1
– (2000): Zum Verhältnis von Sonder- und Integrationspädagogik – eine Paradigmendiskussion. In: Albrecht, Friedrich/Hinz, Andreas/Moser, Vera (Hg.): Perspektiven der Sonderpädagogik. Disziplin- und professionsbezogene Standortbestimmungen. Neuwied, Berlin 20-43
Feuser, Georg/Meyer, Heike (1987): Integrativer Unterricht in der Grundschule. Solms-Oberbiel
Feuser, Georg/Wehrmann, Ilse (1985): Informationen zur gemeinsamen Erziehung und Bildung behinderter und nichtbehinderter Kinder (Integration) in Kindergarten, Kindertagesheim und Schule. Bremen, Selbstverlag
Fischer, Dieter (1994): Das befremdliche Vertraute und das vertraute Fremde. Interkulturell – Ein Weg dazu: der Dialog. Zusammen 14. Jg., Heft 1, 2-7
Flick, Uwe (1995a): Qualitative Forschung: Theorie, Methoden, Anwendung in Psychologie und Sozialwissenschaften. Hamburg
– (1995b): Stationen des qualitativen Forschungsprozesses. In: Flick, Uwe et al. (Hg.): Handbuch Qualitative Sozialforschung. Grundlagen, Konzepte, Methoden und Anwendungen. 2. Aufl. Weinheim 1995, 148-170
– (Hg.) (1995c): Handbuch Qualitative Sozialforschung. Grundlagen, Konzepte, Methoden und Anwendungen. 2. Aufl. Weinheim
Freinet, Célestin (1979): Die moderne französische Schule. Paderborn
Freyhoff, Gert (1996): Hilfe für Menschen mit Behinderungen in Ländern der Dritten Welt. In: Zwierlein, Eduard (Hg.): Handbuch Integration und Ausgrenzung. Behinderte Mitmenschen in der Gesellschaft. Neuwied; Kriftel; Berlin 1996, 601-606
Friebertshäuser, Barbara/Prengel, Annedore (Hg.) (1997): Handbuch der Qualitativen Forschungsmethoden, Weinheim
Fthenakis, Wassilios E./Sonner, Adelheid/Thrul, Rosemarie/Walbinder, Waltraud (1985): Bilingual-bikulturelle Entwicklung des Kindes. Ein Handbuch für Pädagogen und Linguisten. München
Füssel, Horst/Kretschmann, Reiner (1993): Gemeinsamer Unterricht für behinderte und nichtbehinderte Kinder. Pädagogische und juristische Voraussetzungen. Witterschlick

Gardener, Howard (1983): Frames of mind: The theory of multiple intelligences. New York
Gehrmann, Petra (1999): Gemeinsamer Unterricht – Fortschritt an Humanität und Demokratie? Literaturanalysen und Gruppendiskussionen mit Lehrerinnen und Lehrern zur Theorie und Praxis der Integration von Menschen mit Behinderung. Opladen 1999
Gehrmann, Petra/Hüwe, Birgit (1993) (Hg.): Forschungsprofile der Integration von Behinderten. Bochumer Symposium 1992. Essen
Gesetz und Verordnungsblatt für Berlin (1996): Gesetz zur Änderung des Schulgesetzes für Berlin vom 20. April 1996, Neufassung des § 10a Integration von Schülern mit sonderpädagogischem Förderbedarf
– (1997): 25. Gesetz zur Änderung des Schulgesetzes für Berlin (25.Änd.SchulG) vom 27. Januar 1997, Neufassung des § 35a Unterricht für Schüler nichtdeutscher Herkunftssprache
Ginnold, Antje/Hovorka, Hans/Kornmann, Reimer/Merz-Atalik, Kerstin/Peper, Jan (1997): Unveröffentlichtes Manuskript einer Arbeitsgruppensitzung auf der Jahrestagung der IntegrationsforscherInnen in Münchenwieler (Schweiz)
Glumpler, Edith (1995): Interkulturelle Bildung, interkulturelle Erziehung, interkulturelle Pädagogik und Didaktik – Eine Einführung. Dortmund
– (1996): Ausländische Kinder: Ein Fall für die Sonderschule? In: Akilab – Arbeitskreis Integrative LehrerInnen Ausbildung (Hg.): Aspekte integrativer Pädagogik und Didaktik. Aachen; Mainz 1996, 155-181
Glumpler, Edith/Apeltauer, Ernst (1997): Ausländische Kinder lernen Deutsch. Lernvoraussetzungen – Methodische Entscheidungen – Projekte. In: Bartnitzky, Horst/ Christiani, Reinhold (Hg.): Lehrerbücherei: Grundschule, Berlin 1997
Goddar, Jeannette (1999): Wie viel Muttersprache muss sein? Sprachkompetenz als Bildungschance. In Erziehung und Wissenschaft, Heft 6, 6-10
Gogolin, Ingrid/Krüger-Potratz, Marianne/Meyer, A. Meinert (1998) (Hg.): Pluralität und Bildung. In: Schriften der Deutschen Gesellschaft für Erziehungswissenschaften (DGfE), Opladen
Goll, Harald (1993): Heilpädagogische Musiktherapie. Grundlegende Entwicklung eines ganzheitlich angelegten ökologisch-dialogischen Theorie-Entwurfs ausgehend von Jugendlichen und Erwachsenen mit schwerer geistiger Behinderung. Frankfurt a.M. et al.
Goltz, Sigrun (1996): Ausländische Kinder als so genannte Lernbehinderte. In: Eberwein, Hans (Hg.): Handbuch der Lernbehindertenpädagogik. Weinheim und Basel 1996, 231-242
Groeben, Annemarie von der (1996): „In zwei Welten" Yildiz. In: Becker, Antoinette/ Hentig, Hartmut von (Hg.): Geschichten mit Kindern. Zum 60. Geburtstag von Gerold Becker. Seelze, 31-47
Groeben, Norbert (1986): Handeln, Tun, Verhalten als Einheiten einer verstehen-erklärenden Psychologie. Tübingen
Groeben, Norbert/Scheele, Brigitte (1977): Argumente für eine reflexive Psychologie des Subjekts. Darmstadt
– (1988a): Probleme bzw. Gegenstandsbereiche ohne (direkten) Lösungsanspruch. In: Groeben, Norbert/Wahl, Diethelm/Schlee, Jörg/Scheele, Brigitte: Forschungsprogramm Subjektive Theorien: Eine Einführung in die Psychologie des reflexiven Subjekts. Tübingen 1988a, 35-47
Groeben, Norbert/Wahl, Diethelm/Schlee, Jörg/Scheele, Brigitte (1988b): Forschungsprogramm Subjektive Theorien: Eine Einführung in die Psychologie des reflexiven Subjekts. Tübingen

Groterath, Angelika (1994): An der Sprache liegt es nicht. Interkulturelle Erfahrungen in der Therapie. Mainz
Grottian, Gieselind (1991): Gesundheit und Kranksein in der Migration. In: Interdisziplinäre Studien zum Verhältnis von Migrationen, Ethnizität und gesellschaftlicher Multikulturalität. Bd. 2 Frankfurt am Main
Gstettner, Peter (1999): Integration und Interkulturelles Lernen in einer Schule ohne Grenzen [1]. In: BIDOK – Online Volltextbibliothek: Wiederveröffentlichung Seite 1-7; Original in: Behinderte in Familie, Schule und Gesellschaft, Heft 1
Habermas, Jürgen (1968): Erkenntnis und Interesse. Frankfurt a.M.
– (1973): Wahrheitstheorien. In: Fahrenbach, H. (Hg.): Wirklichkeit und Reflexion. Pfullingen 1973, 211-256
Hamburger, Franz (1983): Erziehung in der Einwanderungsgesellschaft. Zeitschrift für Pädagogik, 18. Beiheft, 273-282
– (1994): Pädagogik der Einwanderungsgesellschaft. Frankfurt am Main
Hanckel, Christoph/Heyse, Helmut/Kalweit, Udo (1994): Psychologie macht Schule. Berichte aus der Schulpsychologie. Kongressbericht der 10. Bundeskonferenz 1992 in Heidelberg. Bonn
Hart, Hans-Ulrich (1992): Wertsysteme von Englischlehrern. Eine kritische Analyse alltäglichen Englischunterrichts. Egelsbach; Köln; New York
Heimlich, Ulrich (1996): Orte und Konzepte sonderpädagogischer Förderung. Ökologische Entwicklungsperspektiven der Heilpädagogik. In: Zeitschrift für Heilpädagogik, Heft 47, 46-54
– (Hg.) (1997): Zwischen Aussonderung und Integration. Schülerorientierte Förderung bei Lern- und Verhaltensschwierigkeiten. Neuwied; Kriftel; Berlin
Heintze, Andreas/Helbig, Gisela/Jungbluth, Paul/Kienast, Eckhard/Marburger, Helga (1997) (Hg.): Schule und multiethnische Schülerschaft. Sichtweisen, Orientierungen und Handlungsmuster von Lehrerinnen und Lehrern. Werkstatt Bericht der Technischen Universität Berlin. Frankfurt am Main 1997
Herwartz-Emden, Leonie (1980): Türkische Eltern und Berliner Schule. Berlin
– (1997): Ausländische Familien in Deutschland – Stereotypen und Alltagsrealitäten. In: Lernen in Deutschland – Zeitschrift für interkulturelle Erziehung in Praxis und Theorie, Heft 1, 10-22
Heyer, Peter (1990): Grundschule – Schule für alle Kinder. Voraussetzungen und Prozesse zur Entwicklung integrativer Arbeit. In: Eberwein, Hans (Hg.): Behinderte und Nichtbehinderte lernen gemeinsam. Handbuch der Integrationspädagogik (2. Aufl.) Weinheim 1990, 179-189
– (1998a): Bausteine einer integrativen Didaktik für die Grundschule. In: Rosenberger, Manfred (Hg.): Schule ohne Aussonderung – Idee, Konzepte, Zukunftschancen. Pädagogische Förderung behinderter und von Behinderung bedrohter Kinder und Jugendlicher. Neuwied und Berlin 1998, 89-102
– (1998b): Länderbericht Berlin. In: Rosenberger, Manfred (Hg.): Schule ohne Aussonderung – Idee, Konzepte, Zukunftschancen. Pädagogische Förderung behinderter und von Behinderung bedrohter Kinder und Jugendlicher. Neuwied und Berlin 1998, 162-176
Heyer, Peter/Preuss-Lausitz, Ulf/Schöler, Jutta (1997): Behinderte sind doch Kinder wie wir! – Gemeinsame Erziehung in einem neuen Bundesland. Hg. Vom Ministerium für Bildung, Jugend und Sport des Landes Brandenburg (MBJS), Referat für Presse und Öffentlichkeitsarbeit. Berlin
Hildeschmidt, Anne (1988): Kind-Umfeld-Diagnose – Weiterentwicklung des Konzepts und Anwendung in der Praxis. In: Sander, Alfred et al. (Hg.): Behinderte Kinder und

Jugendliche in Regelschulen. In: Saarbrücker Beiträge zur Integrationspädagogik, Bd. 2, St. Ingbert 1988, 25-68
Hildeschmidt, Anne/Sander, Alfred (1987): Zur Kind-Umfeld-Diagnose als Grundlage schulischer Integrationsentscheidungen. In: Verband Deutscher Sonderschulen, LV Saarland (Hg.): Sonderpädagogik im Saarland. 19. Jg., Heft 1, 6-15
– (1990): Der ökosystemische Ansatz als Grundlage für Einzelintegration. In: Eberwein, Hans (Hg.): Behinderte und Nichtbehinderte lernen gemeinsam. Handbuch der Integrationspädagogik (2. Aufl.) Weinheim 1990, 220-227
Hildeschmidt, Anne/Schnell, Irmtraud (Hg.) (1998): Integrationspädagogik. Auf dem Weg zu einer Schule für alle. Weinheim und München
Hinz, Andreas (1987): Schwerstbehinderte und Integrationsklassen. Überlegungen zu einem unvorstellbaren Thema. In: Wocken, Hans/Antor, Georg (Hg.): Integrationsklassen in Hamburg. Solms-Oberbiel, 307-314
– (1993): Heterogenität in der Schule: Integration – Interkulturelle Erziehung – Koedukation. Hamburg
– (1997): Von der Grundschule mit Integrationsklassen und Integrativen Regelklassen zur Integrationsschule. Veränderungen von Organisationsstrukturen als Teil von Schulentwicklungsprozessen. Hamburg
– (1998a): Pädagogik der Vielfalt – ein Ansatz auch für Schulen in Armutsgebieten. Überlegungen zu einer theoretischen Weiterentwicklung. In: Hildeschmidt, Anne/Schnell, Irmtraud (Hg.): Integrationspädagogik. Auf dem Weg zu einer Schule für alle. Weinheim und München 1998, 127-144
– (1998b): Hamburg – Länderbericht. In: Rosenberger, Manfred (Hg.): Schule ohne Aussonderung – Idee, Konzepte, Zukunftschancen. Pädagogische Förderung behinderter und von Behinderung bedrohter Kinder und Jugendlicher. Neuwied und Berlin 1998, 213-230
– (2000): Sonderpädagogik im Rahmen von Pädagogik der Vielfalt und Inclusive Education. Überlegungen zu neuen paradigmatischen Orientierungen. In: Albrecht, Friedrich/ Hinz, Andreas/Moser, Vera (Hg.): Perspektiven der Sonderpädagogik. Disziplin- und professionsbezogene Standortbestimmungen. Neuwied; Berlin 2000, 124-140
Hinz, Andreas/Katzenbach, Dieter/Rauer, Wulf/Schuck, Karl Dieter/Wocken, Hans/ Wudtke, Hubert (1998a): Die integrative Grundschule im sozialen Brennpunkt. Ergebnisse eines Hamburger Schulversuchs. In: Schuck, Karl Dieter/Rath, Waldtraut/ Bleidick, Ulrich (Hg.): Lebenswelten und Behinderung, Bd. 8. Hamburg 1998
– (1998b): Die Entwicklung der Kinder in der Integrativen Grundschule. In: Schuck, Karl Dieter/Rath, Waldtraut/Bleidick, Ulrich (Hg.): Lebenswelten und Behinderung, Bd. 9. Hamburg 1998
Hirsch, Mathias (1993): Das Fremde in uns Selbst. In: Köpp, Werner: Das Fremde in uns – die Fremden bei uns. Heidelberg, 10-24f
Hoberg, Michael/Munch, Jürgen (1996): Pflaumenkuhn und Eierbaum – Individualisiertes Lernen im gemeinsamen Unterricht – oder Nachlese zu einem hochschuldidaktischen Versuch. In: Akilab, Arbeitskreis Integrative LehrerInnen Ausbildung (Hg.): Aspekte integrativer Pädagogik und Didaktik. Aachen und Mainz, 183-195
Hohmeier, Jürgen (1996): Frühe Hilfen für ausländische Familien mit behinderten Kindern: Ergebnisse einer Befragung von Frühförderstellen. In: Geistige Behinderung, Heft 3, 241-248
Houbbé-Müller, Doris (1996): Randständige Immigrantenkinder in Schulklassen. Qualitative Analyse der sozialen Bedingungen und deren personaler Bewältigung. Bern; Stuttgart; Wien

Huber, Günter L. (Hg.) (1993): Neue Perspektiven der Kooperation. Ausgewählte Beiträge der Internationalen Konferenz 1992 über Kooperatives Lernen. Hohengehren
Huber, Günter L./Mandl, Horst (1982): Verbale Daten. Weinheim
Humpert, Winfried (1983): Zur empirischen Fassbarkeit subjektiver Situationsdefinitionen: Die Aggressionsbegriffe von Lehrern. In: Zeitschrift für Sozialpsychologie, 14. Jg., 44-58
Iben, Gerd (1995): Randgruppenforschung und Schule. In: Eberwein, Hans und Mand, Johannes Hg.: Forschen für die Schulpraxis – Was Lehrer über Erkenntnisse qualitativer Sozialforschung wissen sollten. Weinheim 1995, 171 - 182
Inci (1989) (Internationale Cultur und Information für Frauen Hamburg): Beispiel aus dem Schulischen Alltag. Was hat die Schule, was haben Lehrerinnen und Lehrer damit zu tun? In: Hamburger Lehrerzeitung, Heft 6, 36-38
Jantzen, Wolfgang (1995): Bestandsaufnahmen und Perspektiven der Sonderpädagogik als Wissenschaft. In: Zeitschrift für Heilpädagogik, Heft 46, 368-377
– (2000): Möglichkeiten und Chancen des Gemeinsamen Unterrichts von behinderten und nichtbehinderten Kindern: Didaktische Grundfragen. In: Zeitschrift für Heilpädagogik, Heft 2, 46-55
Jetter, Karlheinz (1996): Prämissen eines erziehungswissenschaftlichen Konzepts und einer pädagogischen Praxis integrativer Pädagogik. In: Eberwein, Hans (Hg.): Behinderte und Nichtbehinderte lernen gemeinsam. Handbuch der Integrationspädagogik. Weinheim, 135-141
Katzenbach, Dieter/Hinz, Andreas (1999) (Hg.): Wegmarken und Stolpersteine in der Weiterentwicklung der Integrativen Grundschule. In: Schuck, Karl Dieter/Rath, Waldtraut/Bleidick, Ulrich (Hg.): Lebenswelten und Behinderung, Bd. 11. Hamburg 1999
Kiesel, Doron/Messerschmidt, Astrid/Scherr, Alfred (1999) (Hg.): Die Erfindung der Fremdheit. Zur Kontroverse um Gleichheit und Differenz im Sozialstaat. In: Arnoldshainer Interkulturelle Diskurse 2, Frankfurt a.M.
Klafki, Wolfgang (1985): Neue Studien zur Bildungstheorie und Didaktik. Weinheim
– (1995): Bildungsperspektiven. Grundzüge internationaler Erziehung. In: Klement, Karl/Oswald, Friedrich/Rieder, Albert (Hg.): Bildung. Schwelle zur Freiheit. Bericht des 11. Europäischen Symposiums. Wien 1995, 2-10
– (1998): Schlüsselprobleme der modernen Welt und die Aufgaben der Schule – Grundlinien einer neuen Allgemeinbildungskonzeption in internationaler/interkultureller Perspektive. In: Gogolin, Ingrid/Krüger-Potratz, Marianne/Meyer, A. Meinert (Hg.): Pluralität und Bildung. In: Schriften der Deutschen Gesellschaft für Erziehungswissenschaften (DGfE), Opladen, 232-243
Klein, Ferdinand (1999): Zur Lebensgeschichte in der Arbeit mit behinderten Menschen unter der Perspektive des Sinns. In: Behinderte in Familie, Schule und Gesellschaft; Graz, Heft 6, 63-78
Klein, Ferdinand/Meier, Richard (1998): Forschungsbericht „Gemeinsamer Unterricht in der Grundschule". Wiesbaden
Klein, Gerhard (1996a): Ziele und Konzepte des Modellversuchs. In: Die neue Sonderschule, Heft 2, 96-100
– (1996b): Ergebnisse des Modellversuchs. In Die neue Sonderschule, Heft 2, 105-109
Klemm, Klaus (1984): Bildungsplanung. In: Auernheimer, Georg (Hg.) Handwörterbuch Ausländerarbeit. Weinheim 1984, 92-95
– (1985): Interkulturelle Erziehung – Versuch einer Eingrenzung. In: Die Deutsche Schule 77, 176-187

Knauer, Sabine (1999): Tragende Pfeiler von Schulentwicklung. In: Berliner Lehrerzeitung, Heft 2, 14 f
Kobi, Emil E. (1990): Was bedeutet Integration? – Analyse eines Begriffs. In: Eberwein, Hans (Hg.): Behinderte und Nichtbehinderte lernen gemeinsam. Handbuch der Integrationspädagogik (2. Aufl.) Weinheim 1990, 54-62?
– (1998): Integrale Denkanstöße zum Thema Integration. In: Zeitschrift für Heilpädagogik 49. Jg., Heft 8, 374 f
Koch-Priewe, Barbara (1986): Subjektive didaktische Theorien von Lehrern. Tätigkeitstheorie, bildungstheoretische Didaktik und alltägliche Handeln im Unterricht. Frankfurt am Main
Köpp, Werner (1993): Das Fremde in uns – die Fremden bei uns. Heidelberg
Köpp, Werner/Rohner, Robert (1993): Das Fremde in uns – die Fremden bei uns. Ausländer in Psychotherapie und Beratung. Heidelberg
Koray, Sybel (1993): Wege aus der Sprachlosigkeit – Migrantenfamilien in Beratung und Therapie. In: Köpp, Werner/Rohner, Robert: Das Fremde in uns – die Fremden bei uns. Heidelberg 1993, 114-120
Körner, Stefan (1996): Spielen ist möglich: Zur Frühförderung von Kindern aus Migrantenfamilien. In: Die Randschau, Zeitschrift für Behindertenpolitik, Heft 3, 38-41
Kornmann, Reimer (1991): Förderdiagnostik bei ausländischen Kindern. In: Psychologie, Erziehung, Unterricht 38, 133-151
– (1995): Was nur Lehrerinnen und Lehrer über Lernprobleme ihrer Schülerinnen und Schüler wissen können: Inventar zur Evaluierung eigenen Unterrichts. In: Eberwein, Hans/Mand, Johannes (Hg.): Forschen für die Schulpraxis – Was Lehrer über Erkenntnisse qualitativer Sozialforschung wissen sollten. Weinheim 1995, 364-376
– (1998a): Aktuelle Konzeptionen für Erziehung und Bildung und ihre Implikationen für die Pädagogische Diagnostik. In: Strittmatter-Haubold, v./Häcker, Th. (Hg.): Das Ende der Erziehung? Lehren und Lernen für das nächste Jahrtausend. Weinheim 198, 125-146
– (1998b): Wie ist das zunehmende Schulversagen bei Kindern von Migranten zu erklären und zu beheben? In: Vierteljahreszeitschrift für Heilpädagogik und ihre Nachbargebiete 67. Jg., Heft 1, 55-68
– (1998c): Der Beitrag der Förderdiagnostik zur Schule ohne Aussonderung – ein Fallbeispiel. In: Rosenberger, Manfred (Hg.): Schule ohne Aussonderung – Idee, Konzepte, Zukunftschancen. Pädagogische Förderung behinderter und von Behinderung bedrohter Kinder und Jugendlicher. Neuwied und Berlin 1998, 129-139
Kornmann, Reimer/Burgard, Peter/Eichling, Hans-Martin (1999): Zur Überrepräsentation von ausländischen Kindern und Jugendlichen in Schulen für Lernbehinderte – Revision älterer und Mitteilung neuer Ergebnisse. In: Zeitschrift für Heilpädagogik 50. Jg., Heft 3, 106-109
Kornmann, Reimer/Klingele, Christoph (1996): Ausländische Kinder und Jugendliche an Schulen für Lernbehinderte in den alten Bundesländern – noch immer erheblich überrepräsentiert und dies mit steigender Tendenz. In: Zeitschrift für Heilpädagogik 47. Jg., Heft 1, 2-9
Kornmann, Reimer/Klingele, Christoph/Iriogbe-Ganninger, Julian (1997): Zur Überrepräsentation ausländischer Kinder und Jugendlicher an Schulen für Lernbehinderte: Der alarmierende Trend hält an. In: Zeitschrift für Heilpädagogik 48. Jg., Heft 5, 203-207
Korporal, Johannes/Tietze, Konrad W./Zink, Angela (1985) (Hg.): Schwangerschaft und medizinische Betreuung: Vorsorge und Behandlung durch Kassenärzte im Vergleich deutsche Frauen und ausländische Frauen. Berlin; New York

Krawitz, Rudi (Hg.) (1995): Die Integration behinderter Kinder in die Schule. Ein Schulversuch von der Grundschule zur Sekundarstufe 1. Bad Heilbrunn

Krawitz, Rudi/Theis-Scholz, Margit (1995): Integrative Pädagogik und die notwendigen Konsequenzen für die Lehrerinnen und Lehrerbildung. In: Krawitz, Rudi (Hg.): Die Integration behinderter Kinder in die Schule. Ein Schulversuch von der Grundschule zur Sekundarstufe 1. Bad Heilbrunn 1995, 130-155

Kronig, Wilfried (1996): Besorgnis erregende Entwicklungen in der schulischen Zuweisungspraxis bei ausländischen Kindern mit Lernschwierigkeiten. In: Vierteljahreszeitschrift für Heilpädagogik und ihre Nachbargebiete 65. Jg., Heft 1, 62-79

Krüger, Heinz-Hermann (1997): Einführung in Theorien und Methoden der Erziehungswissenschaft. Opladen

Kultusministerkonferenz der Länder der Bundesrepublik Deutschland, KMK (1994): Empfehlungen zur sonderpädagogischen Förderung in den Schulen der Bundesrepublik Deutschland. Beschlossen von der KMK am 6. Mai 1994. Gedruckt in: Zeitschrift für Heilpädagogik, 45. Jg, 484-494

Lafranchi, Andrea (1992): Immigrantenkinder. Plädoyer für eine integrative Pädagogik. Luzern

– (1995): Immigranten und Schule. Transformationsprozesse in traditionalen Familienwelten als Voraussetzung für schulische Überleben von Immigrantenkindern. Opladen

Lamnek, S. (1988a): Qualitative Sozialforschung. Bd. 1: Methodologie. München

– (1988b): Qualitative Sozialforschung. Bd. 2: Methoden und Techniken. München

Landesschulamt Berlin Abt. II (1996): Jahresstatistik zur sonderpädagogischen Förderung in Berlin (gemäß bezirklicher Angaben im Schuljahr 1996/97) – Kommentierung ausgewählter Daten, Berlin 25.9.1996

Langfeldt, Hans-Peter/Kratzer, Petra (1994): Alltagstheorien von Lehrern und Lehrerinnen über aggressives Verhalten von Kindern. In: Hanckel, Christoph/Heyse, Helmut/Kalweit, Udo: Psychologie macht Schule. Berichte aus der Schulpsychologie. Kongressbericht der 10. Bundeskonferenz 1992 in Heidelberg. Bonn 1994, 188-199

Lenhardt, Gero (1999): Ethnische Quotierung und Gerechtigkeit im Bildungssystem. In: Doron, Kiesel/Messerschmidt, Astrid/Scherr, Albert (Hg.): Die Erfindung der Fremdheit. Zur Kontroverse um Gleichheit und Differenz im Sozialstaat. Frankfurt a.M. 1999, 89-100

Lenk, Hans (1978a): Handlung als Interpretationskonstrukt. In: Lenk, Hans (Hg.): Handlungstheorie – interdisziplinär. Band 2, München 1978, 279-350

– (Hg.) (1978b): Handlungstheorie – interdisziplinär. Band 2, München

Lörzer, Wolfgang (1989): Diskriminierung ausländischer Schüler durch Schule und Lehrer. In: Holzkamp, Klaus (Hg.): Forum Kritische Psychologie (1989) Heft 23, 86-107

Lummer, Christian (1994): Subjektive Theorien und Integration: Die Eingliederungsproblematik aus Zuwanderersicht, dargestellt am Beispiel von Vietnamflüchtlingen in Deutschland. Weinheim

Lüpke, Klaus von (1994): Nichts Besonderes. Zusammen-Leben und Arbeiten von Menschen mit und ohne Behinderung. Essen

Maikowski, Rainer (1999): Die Mühen der Ebene. Gemeinsame Erziehung in der Sekundarstufe I. In: Berliner Lehrerzeitung, Heft 2, 13+14

Marburger, Helga/Helbig, Gisela/Kienast, Eckhard (1997): Sichtweisen und Orientierungen Berliner Grundschullehrerinnen und -lehrer zur Multiethnizität der bundesdeutschen Gesellschaft und den Konsequenzen für Schule und Unterricht. In: Heintze, Andreas/Helbig, Gisela/Jungbluth, Paul/Kienast, Eckhard/Marburger, Helga (Hg.):

Schule und multiethnische Schülerschaft. Sichtweisen, Orientierungen und Handlungsmuster von Lehrerinnen und Lehrern. Werkstatt Bericht der Technischen Universität Berlin. Frankfurt am Main, 4-62

Markowetz, Reinhard (1997): Soziale Integration von Menschen mit Behinderungen. In: Cloerkes, Günther: Soziologie der Behinderten: eine Einführung. Heidelberg 1997, 187-268

Marsal, Eva (1995): Das Selbstkonzept. Subjektive Theorien Jugendlicher zur Genese, Binnenstruktur und Handlungskonsequenzen. Opladen

– (1997): Erschließung der Sinn- und Selbstdeutungsdimensionen mit den Dialog-Konsens-Methoden. In: Friebertshäuser, Barbara/Prengel, Annedore (Hg.): Handbuch der Qualitativen Forschungsmethoden. Weinheim

Matt, Hedwig (1999): Zwischen Integration und Integrationspädagogik. Die Sonderpädagogin kritisiert die mangelnde Qualifikation der Sonderpädagogen für die Integration. Berliner Lehrerzeitung, Heft 2, 10-12

Mayring, Philipp (1994): Qualitative Inhaltsanalyse. Weinheim

– (1995): Qualitative Inhaltsanalyse. In: Flick, Uwe et al. (Hg.): Handbuch Qualitative Sozialforschung. Grundlagen, Konzepte, Methoden und Anwendungen. 2. Aufl. Weinheim 1995, 209-212

Meister, Hans (1998): Lehrerbildung für eine integrative Schule der Zukunft. In: Hildeschmidt, Anne/Schnell, Irmtraud (Hg.): Integrationspädagogik. Auf dem Weg zu einer Schule für alle.Weinheim und München 1998, 363-381

Merz-Atalik, Kerstin (1997): Aspekte der Beratung türkischer und kurdischer Eltern von Kindern mit Behinderungen. Integrative Prozesse begleiten. In: Gemeinsam leben 5. Jg., Heft 1, 16-21

– (1998a): Integration ausländischer Jugendlicher mit Behinderungen im gemeinsamen Unterricht – Eine Herausforderung an die Integrationspädagogik. In: Preuss-Lausitz, Ulf/Maikowski, Rainer (Hg.): Integrationspädagogik in der Sekundarstufe. Gemeinsame Erziehung behinderter und nichtbehinderter Jugendlicher. Weinheim und Basel 1998, 136-153

– (1998b): Kulturspezifische Einstellungen zu Krankheit und Behinderung in Familien türkischer Herkunft. In: Datler, Wilfried et al. (Hg.): Zur Analyse heilpädagogischer Beziehungsprozesse. Luzern 1998, 315-321

– (1999a): Interkulturelle Pädagogik. In: Bundschuh, Konrad/Heimlich, Ulrich/Krawitz, Rudi (Hg.): Wörterbuch Heilpädagogik. Ein Nachschlagewerk für Studium und pädagogische Praxis. Bad Heilbrunn/Obb. 1999, 160-163

– (1999b): Rezension zu: Klein, Ferdinand/Meier, Richard: Forschungsbericht „Gemeinsamer Unterricht in der Grundschule", Wiesbaden 1998. In: Die neue Sonderschule, 44. Jg., Heft 3, 227-229

– (1999c): The problem of Special-Educational Advancement of Children from Migrant Families – Integrative Help in the Regular Schools to prevent Multiple Processes of Social Separation. In: Holzer, Brigitte/Vreede, Arthur/Weigt, Gabriele (Hg.): Disability in Different Cultures. Reflections on Local Concepts. Bielefeld, 154-167

Montessori, Maria (1965): Grundlagen meiner Pädagogik. Hg. von B. Michael. Heidelberg

Müller, Rene (1998): Zum Stand der Verwirklichung in der Schweiz. In: Rosenberger, Manfred: Schule ohne Aussonderung: Idee, Konzepte, Zukunftschancen. Pädagogische Förderung behinderter und von Behinderung bedrohter Kinder und Jugendlicher. Neuwied und Berlin 1998, 366-376

Muth, Jakob (1986): Integration von Behinderten. Über die Gemeinsamkeit im Bildungswesen. Essen

Mutzeck, Wolfgang (1987): Schwierige Situationen im Berufsalltag und Wege ihrer Bewältigung. Ein Fortbildungskurs zur Modifikation subjektiver psychologischer Theorien. In: Schlee, Joerg/Wahl, Diethelm (Hg.): Veränderung subjektiver Theorien bei Lehrern. Oldenburg 1987, 152-173
– (1988): Von der Absicht zum Handeln. Rekonstruktion und Analyse subjektiver Theorien zum Transfer von Fortbildungsinhalten in den Berufsalltag. Weinheim
Nauck, Bernhard/Diefenbach, Heike (1997): Bildungbeteiligung von Kindern aus Familien ausländischer Herkunft: Eine methodenkritische Diskussion des Forschungsstands und eine empirische Bestandsaufnahme. In: Schmidt, Folker (Hg.): Methodische Probleme der empirischen Erziehungswissenschaft. Baltmannsweiler 1997, 289-308
Neubert, Dieter/Cloerkes, Günther (1994): Behinderung und Behinderte in verschiedenen Kulturen. Heidelberg
Neumann, Ursula (1994): Ausländische Kinder an deutschen Schulen. In: Roth, Leo (Hg.): Pädagogik. Handbuch für Studium und Praxis. München 1994, 432-344
Nieke, Wolfgang (1986): Multikulturelle Gesellschaft und interkulturelle Erziehung. Zur Theoriebildung der Ausländerpädagogik. In: Die Deutsche Schule 78. Jg., 462-473
– (1995): Interkulturelle Erziehung und Bildung – Wertorientierungen im Alltag. Opladen
Oertel, Birgid (1998): Auf dem Weg zu einer integrativen Schulpraxis in Europa. HELIOS II – ein Programm zur Förderung der Eingliederung und Chancengleichheit von Menschen mit Behinderung. In: Hildeschmidt, Anne/Schnell, Irmtraud (Hg.): Integrationspädagogik. Auf dem Weg zu einer Schule für alle. Weinheim; München 1998, 101-107
Ohnacker, Klaus/Scherer, Dagmar/Wöll, Gerhard (1985): Krank im fremden Land. Bedingungen eines psychologischen Beratungskonzeptes für ausländische Arbeitnehmer. Berlin
Opp, Günther (1993): Mainstreaming in den USA. Heilpädagogische Integration im Vergleich. München
Opp, Günther/Peterander, Franz (1996) (Hg.): Focus Heilpädagogik. Projekt Zukunft. München
Ostermann, Birgit (1990): „Wer versteht mich?" Der Krankheitsbegriff zwischen Volksmedizin und High-Tech; zur Benachteiligung von AusländerInnen in deutschen Arztpraxen. Fankfurt a.M..
Özelsel, Michaela M. (1990): Gesundheit und Migration. Eine psychologisch-empirische Untersuchung an Deutschen und Türken in Deutschland und der Türkei. München
Palmowski, Winfried (1996): Anders handeln. Lehrerverhalten in Konfliktsituationen. Ein Übersichts- und Praxisbuch. Dortmund
Petersen, Peter (1980): Der kleine Jena-Plan. Weinheim und Basel
Petzel, Thomas/Wagner, Ulrich/van Dick, Rolf/Stellmacher, Jost/Lenke, Silvia (1997): Der Einfluss autoritaristischer Einstellungen von Lehrerinnen und Lehren auf ihr Verhalten in konflikthaften interkulturellen Situationen in der Schule. In: Gruppendynamik, 28 Jg., Heft 3, 291-303
Podlesch, Wolfgang (1999): Was denn nun Frau Stahmer? Widersprüchliche Verordnungen über die gemeinsame Bildung und Erziehung von Behinderten und Nichtbehinderten sorgen für Verwirrung. Berliner Lehrerzeitung, Heft 2, 9
Prengel, Annedore (1995): Pädagogik der Vielfalt: Verschiedenheit und Gleichberechtigung in Interkultureller, Feministischer und Integrativer Pädagogik. 2. Aufl. Opladen
– (2000): Interdiskursive Heterogenität – Zum Verhältnis von Integrationspädagogik, Sonderpädagogik und Allgemeiner Pädagogik. In: Albrecht, Friedrich/Hinz, Andreas/Moser, Vera (Hg.): Perspektiven der Sonderpädagogik. Disziplin- und professionsbezogene Standortbestimmungen. Neuwied; Berlin 2000, 74-83.

Preuss-Lausitz, Ulf (1993): Die Kinder des Jahrhunderts. Zur Pädagogik der Vielfalt im Jahr 2000. Weinheim und Basel
– (1998a): Umsetzungsstrategien für die integrative Schule der Zukunft. In: Rosenberger, Manfred: Schule ohne Aussonderung: Idee, Konzepte, Zukunftschancen. Pädagogische Förderung behinderter und von Behinderung bedrohter Kinder und Jugendlicher. Neuwied und Berlin 1998, 66-88
– (1998b): Bewältigung von Vielfalt. Untersuchungen zu Transfereffekten gemeinsamer Erziehung. In: Hildeschmidt, Anne/Schnell, Irmtraud (Hg.): Integrationspädagogik. Auf dem Weg zu einer Schule für alle. Weinheim; München 1998, 223-240
– (1999): Demokratische Selbstvergewisserung anstelle von Black-Box-Messungen. In: Brügelmann, Hans (Hg.): Was leisten unsere Schulen? Zur Qualität und Evaluation von Unterricht. Seelze-Velber 1999, 54-58
– (2000): Sonderpädagogik der Zukunft? Vom Ghetto zur sozialen Kohäsion. In: Albrecht, Friedrich/Hinz, Andreas/Moser, Vera (Hg.): Perspektiven der Sonderpädagogik. Disziplin- und professionsbezogene Standortbestimmungen. Neuwied; Berlin, 84-94
Preuss-Lausitz, Ulf/Maikowski, Rainer (Hg.) (1998): Integrationspädagogik in der Sekundarstufe. Gemeinsame Erziehung behinderter und nichtbehinderter Jugendlicher. Weinheim und Basel
Puritz, Ulrich (1998): Sexy „Kanake". In: Gogolin, Ingrid et al. (Hg.): Pluralität und Bildung. Opladen, 25-42
Radtke, Frank-Olaf (1995): Migration und Ethnizität. In: Flick, Uwe et al. (Hg.): Handbuch Qualitative Sozialforschung. Grundlagen, Konzepte, Methoden und Anwendungen. 2. Aufl. Weinheim 1995, 391-394
Rauer, Wulf/Schuck, Karl Dieter (1999): Bildungswege von Kindern in der Integrativen Grundschule. In: Schuck, Karl Dieter/Rath, Waldtraut/Bleidick, Ulrich (Hg.): Lebenswelten und Behinderung, Bd. 10. Hamburg 1999
Reiser, Helga R. (Hg.) (1981): Sonderschulen – Schulen für Ausländerkinder? Berlin
Reiser, Helmut/Klein, Gabriele/Kreie, Gisela/Kron, Maria (1987): Integrative Prozesse im Kindergarten. Über die gemeinsame Erziehung von Behinderten und Nichtbehinderten. München
Reiser, Helmut/Loeken, Hiltrud/Dlugosch, Andrea (1998): Aktuelle Grenzen der Integrationsfähigkeit von Grundschulen. Ergebnisse einer empirischen Studie. In: Hildeschmidt, Anne/Schnell, Irmtraud (Hg.): Integrationspädagogik. Auf dem Weg zu einer Schule für alle. Weinheim und München 1998, 145-159
Reusser, Kurt/Reusser-Weyneth, Marianne (1994): Verstehen. Psychologischer Prozess und didaktische Aufgabe. Bern
Rogers, Carl R. (1974): Lernen in Freiheit. Zur Bildungsreform in Schule und Universität. München
Rosenberger, Manfred (1998): Schule ohne Aussonderung: Idee, Konzepte, Zukunftschancen. Pädagogische Förderung behinderter und von Behinderung bedrohter Kinder und Jugendlicher. Neuwied und Berlin
Roser, Otto (1995): „Zur Utopie der Freundschaft". Einleitungsreferat auf dem Jahrestreffen der IntegrationsforscherInnen 1995 in Innsbruck. Unveröffentlichtes Manuskript
Roth, Hans-Joachhim (Hg.) (1994): Integration als Dialog. Interkulturelle Pädagogik im Spannungsfeld von Wissenschaft und Praxis. In: Interkulturelle Erziehung in Praxis und Theorie Bd. 18; Hohengehren
– (1994): „Pädagogik zu Pferd" und „Pädagogik zu Fuß" – Zum Verhältnis von Theorie und Praxis in der Interkulturellen Pädagogik. In: Roth, Hans-Joachhim (Hg.): Integration als Dialog. 1994, 84-104

– (1999): Und immer wieder das Kopftuch – Zur Bedeutung des Themas Islam im Kontext Interkultureller Pädagogik. In: Bukow, Wolf-Dietrich/Ottersbach, Markus (Hg.): Der Fundamentalismusverdacht – Plädoyer für eine Neuorientierung der Forschung im Umgang mit allochthonen Jugendlichen. In: Reihe Interkulturelle Studien, Band 4, Opladen 1999

Salamanca Erklärung (1994): Salamanca Erklärung und der Aktionsrahmen zur Pädagogik für besondere Bedürfnisse. Weltkonferenz für besondere Bedürfnisse: Zugang und Qualität am 7.-10. Juni, Salamanca (Spanien)

Sander, Alfred (1989): Kind-Umfeld-Diagnose als neuer Ansatz in der Sonderpädagogik. In: Senator für Schulwesen, Berufsausbildung und Sport (Hg.): Sonderpädagogik heute – Bewährtes und Neues. Dokumentation der Fachtagung des Sonderpädagogischen Forums Berlin vom 23. – 25.11.1987, Berlin 1989, 130-145

– (1992): Kind-Umfeld-Diagnose als Voraussetzung integrativen Unterrichts. In: Gehrmann, Petra/Hüwe, Birgit: Forschungsprofile der Integration von Behinderten – Bochumer Symposium 1992. Essen 1993, 63-71

– (1996): Neue Formen der sonderpädagogischen Förderung in deutschen Schulen. In: Recht der Jugend und des Bildungswesens, 44. Jg., Heft 2, 174-187

– (1998): Schulorganisatorische Formen und Aspekte. In: Rosenberger, Manfred: Schule ohne Aussonderung: Idee, Konzepte, Zukunftschancen. Pädagogische Förderung behinderter und von Behinderung bedrohter Kinder und Jugendlicher. Neuwied und Berlin 1998, 54-64

Sander, Alfred et al. (1988) (Hg.): Behinderte Kinder und Jugendliche in Regelschulen. In: Saarbrücker Beiträge zur Integrationspädagogik, Bd. 2, St. Ingbert

Scheele, Brigitte (1992): Struktur-Lege-Verfahren als Dialog-Konsens-Methodik: Ein Zwischenfazit zur Forschungsentwicklung bei der rekonstruktiven Erhebung Subjektiver Theorien. Münster

Scheele, Brigitte/Groeben, Norbert (1988): Dialog-Konsens-Methoden zur Rekonstruktion subjektiver Theorien: Die Heidelberger Struktur-Lege-Technik (SLT), konsensuale Ziel-Mittel-Argumentation und kommunikative Flussdiagramm-Beschreibung von Handlungen. Tübingen

Scherr, Albert (1999): Die Konstruktion von Fremdheit in sozialen Prozessen. Zur Kritik und Weiterentwicklung soziologischer und erziehungswissenschaftlicher Fremdheitsdiskurse. In: Kiesel, Doron/Messerschmidt, Astrid/Scherr, Alfred (Hg.): Die Erfindung der Fremdheit. Zur Kontroverse um Gleichheit und Differenz im Sozialstaat. In: Arnoldshainer Interkulturelle Diskurse 2, Frankfurt a.M. 1999, 49-65

Schindele, Rudolf (1980): Organisatorische Möglichkeiten der Unterrichtung und Erziehung Behinderter. In: Schindele, Rudolf R. (Hg.): Unterricht und Erziehung Behinderter in Regelschulen. 2. Auflage Rheinstetten 1980, 6-49

Schirmacher, Annerose (1990): Lernbehinderte ausländische Schüler. Weinheim

Schiweck, Ralf (1999): Gemeinsamer Unterricht – Gemeinsame Erziehung. In: Berliner Lehrerzeitung, Heft 2, 8

Schlee, Jörg (1988): Menschenbildannahmen: Vom Verhalten zum Handeln. In: Groeben, Norbert et al.: Forschungsprogramm Subjektive Theorien – Eine Einführung in die Psychologie des reflexiven Subjekts. Tübingen 1988, 11-16

– (1992): Beratung und Supervision in kollegialen Unterstützungsgruppen. In: Pallasch, Waldemar/Mutzeck, Wolfgang/Reimers, Heino (1992): Beratung – Training – Supervision. Weinheim, 188-199

Schlee, Joerg/Wahl, Diethelm (Hg.) (1987): Veränderung subjektiver Theorien bei Lehrern. Oldenburg

Schmidt, Folker (1997) (Hg.): Methodische Probleme der empirischen Erziehungswissenschaft. Baltmannsweiler
Schmidt, Georg (1981): Integration – Ein pädagogisches Schlagwort. In: Reiser, Helga R. (Hg.): Sonderschulen – Schulen für Ausländerkinder? Berlin, 49-69
Schnell, Irmtraud (1998): Wir konnten damals erst übermorgen anfangen... Zur Geschichte der Bewegung für gemeinsames Spielen, Leben und Lernen von Kindern und Jugendlichen mit und ohne Behinderung unter besonderer Berücksichtigung der Verwirklichung und der politischen Bedingungen im Saarland. In: Hildeschmidt, Anne/Schnell, Irmtraud (Hg.): Integrationspädagogik. Auf dem Weg zu einer Schule für alle. Weinheim und München 1998, 53-77
Schöler, Jutta (1993): Integrative Schule – Integrativer Unterricht. Ratgeber für Eltern und Lehrer. 1. Aufl. Reinbek
– (1995): Fallanalyse: Nurgül – Der Duft der Rose kehrt zurück. In: Eberwein, Hans/Mand, Johannes (Hg.): Forschen für die Schulpraxis. Was Lehrer über Erkenntnisse qualitativer Sozialforschung wissen sollten. Weinheim 1995, 323-343
– (1997a): Leitfaden zur Kooperation von Lehrerinnen und Lehrern – nicht nur in Integrationsklassen. Heinsberg
– (1997b): Aktuelle Situation und Perspektiven der gemeinsamen Erziehung und Unterrichtung von behinderten und nichtbehinderten Kindern und Jugendlichen. Unveröffentlichtes Manuskript zu einem Vortrag auf dem 1. Integrationstag Sachsen-Anhalt am 2. Juli 1997
– (1998a): Stand und Perspektiven der gemeinsamen Erziehung behinderter und nichtbehinderter Schülerinnen und Schüler in Europa. In: Hildeschmidt, Anne/Schnell, Irmtraud (Hg.): Integrationspädagogik. Auf dem Weg zu einer Schule für alle. Weinheim und München 1998, 109-126
– (Hg.) (1998b): Normalität für Kinder mit Behinderungen: Integration. Texte und Wirkungen von Ludwig-Otto Roser. In Buchreihe: Gemeinsame Leben und Lernen: Integration von Menschen mit Behinderungen – Praxis und Theorie. Neuwied, Kriftel, Berlin
– (1999a): Integrative Schule – Integrativer Unterricht. Ratgeber für Eltern und Lehrer. 2. Überarb. Aufl., Neuwied und Berlin 1999
– (1999b): Die Aufgaben der Schulleitung bei der gemeinsamen Erziehung behinderter und nichtbehinderter Kinder. In: Gemeinsam Leben, 7. Jg., Heft 3, 118-124
Schor, Bruno/Eberhard, Hans (1994): Schulische Kooperation – Ein wirkungsvoller Weg zur Integration. München
– (1996): Miteinanderlernen ein Tor zum Miteinanderleben. Vergleichsstudie zur Entwicklung des pädagogischen Zusammenwirkens von Förderschulen und allgemeinbildenden Schulen. Donauwörth
– (1997): Integration durch Kooperation. Bericht zur Fachtagung über den Schulversuch.
Schuck, Karl Dieter/Rath, Waldtraud/Bleidick, Ulrich (Hg.) (1998): Lebenswelten und Behinderung, Band 8 - 11. Hamburg 1998, 1999
Schumann, Monika (1998): Zur Bedeutung des subjektorientierten, „expansiven" Lernens in der Pädagogik. In: Gemeinsam leben, 6. Jg., Heft 4, 161-164.
Sekretariat der ständigen Konferenz der Kultusminister der Länder in der Bundesrepublik Deutschland (Hg.) (1997): Statistische Veröffentlichungen der Kultusministerkonferenz. Ausländische Schüler und Schulabsolventen 1987 bis 1996. Dokumentation Nr. 143, Bonn im November 1997
– (Hg.) (1997): Statistische Veröffentlichungen der Kultusministerkonferenz. Schüler, Klassen, Lehrer und Absolventen der Schulen 1987 bis 1996. Dokumentation Nr. 142, Bonn im September 1997

Senatsverwaltung für Gesundheit und Soziales – Ausländerbeauftragte (Hg.) (1990): Unser Kind hat eine Behinderung. Beratung – Hilfe – Selbsthilfe, Berlin November 1990

Senatsverwaltung für Schule, Berufsbildung und Sport (Hg.) (1995): Schulgesetz für Berlin. Berlin Juni 1995

Senatsverwaltung für Schule, Jugend und Sport (1997): Richtlinien für die Lehrerstundenzumessung und die Organisation der Berliner Schule ab dem Schuljahr 1997/98 – Rundschreiben II Nr. 15/1997

Sierck, Udo (1995): NORMalisierung von rechts. Biopolitik und „neue Rechte". Hamburg

Skutta, Sabine (1994): Versorgungslage und psychosoziale Situation von Familien mit behinderten Kindern in der Türkei. Frankfurt am Main

Speck, Otto (1998): System Heilpädagogik. Eine ökologisch-reflexive Grundlegung. 4. Aufl. München

Staatsinstitut für Schulpädagogik und Bildungsforschung München (Hg.) (1996): Mehr Erfolg durch Teamarbeit. Eine Herausforderung für das Sonderpädagogische Förderzentrum. Donauwörth

– (Hg.) (1993): Info zum Schulversuch „Schule für Kinder und Jugendliche mit sonderpädagogischem Förderbedarf" (Sonderpädagogisches Förderzentrum). Donauwörth 1993

Ständige Konferenz der Kultusminister der Länder in der Bundesrepublik Deutschland – KMK (1994) (Hg.): Empfehlungen zur sonderpädagogischen Förderung in den Schulen in der Bundesrepublik Deutschland. Bonn 1994

Steinmüller, Ulrich/Engin, Havva (1999): Türkischunterricht an allgemeinbildenden Schulen in der Bundesrepublik Deutschland – Gutachten. Hg.: Türkischer Elternverein in Berlin-Brandenburg e.V. Berlin 1999

Stoellger, Norbert (1997): Das Sonderpädagogische Förderzentrum – Darstellung und Erläuterung eines Reformkonzeptes. In: Zeitschrift für Heilpädagogik, Heft 3, 98-104

– (1992): Von der Sonderschule zum sonderpädagogischen Förderzentrum – Tendenzen der Weiterentwicklung des organisierten Systems sonderpädagogischer Förderung in der Schule. In: Zeitschrift für Heilpädagogik, Heft 7, 445-458

Stössel, Angelika (1989): Subjektive Theorien von Patienten mit Morbus Crohn und Colitis ulcerosa über ihre Krankheit. Universität Heidelberg, Psychologisches Institut, Dipl. Arbeit 1989

Stössel, Angelika/Scheele, Brigitte (1989): Nomothetikorientierte Zusammenfassung Subjektiver Theorien zu übergreifenden Modalstrukturen. Universität Heidelberg, Psychologisches Institut, Bericht Nr. 63

– (1992): Interindividuelle Integration Subjektiver Theorien zu Modalstrukturen. In: Scheele, Brigitte: Struktur-Lege-Verfahren als Dialog-Konsens-Methodik: Ein Zwischenfazit zur Forschungsentwicklung bei der rekonstruktiven Erhebung Subjektiver Theorien. Münster 1992, 333-384

Sturny-Bossart, G. (1996): Jedes zweite Kind in Kleinklassen besitzt einen ausländischen Pass. In: Schweizerische Zeitschrift für Heilpädagogik 2. Jg., Heft 3, 13-18

Suhrweier, Horst/Hetzner, Renate (Hg.) (1993): Förderdiagnostik für Kinder mit Behinderungen. Berlin

Theis, Margit (1992): Subjektive Theorien von Grundschullehrern und -lehrerinnen zur Integration lernbeeinträchtigter Schüler in die Grundschule. Diss. Koblenz, Landau Univ. 1992

Theis-Scholz, Margit/Thümmel, Inge (1997): Handlungsorientierungen von Grund- und Sonderschullehrern: Was Pädagogen zur Integration von lernbeeinträchtigten Schülern in die Regelschule meinen. Pfaffenweiler 1997

Theunissen, Georg (1999): Kooperationsklassen – eine wegweisende Perspektive für einen Gemeinsamen Unterricht nichtbehinderter und geistig behinderter Kinder und Jugendlicher? In: Zeitschrift für Heilpädagogik, Heft 10, 458-465
Theunissen, Georg/Ziemen, Kerstin (1996): Behindertenfeindlichkeit und Menschenbild. In: Zwierlein, Eduard (Hg.): Handbuch Integration und Ausgrenzung. Behinderte Mitmenschen in der Gesellschaft. Neuwied; Kriftel; Berlin 1996, 175-184
Thomas, Helga (1998): Die Gefährdung der Allgemeinbildung durch das Kopftuch. Eine Replik. In: Gogolin, Ingrid et al. (Hg.): Pluralität und Bildung. Opladen, 55-62
Thommen, Beat (1985): Alltagspsychologie von Lehrern über verhaltensauffällige Schüler. Bern
Thümmel, Ingeborg (1992): Subjektive Theorien und Initiativbereitschaft von rheinlandpfälzischen SonderschullehrerInnen zur integrativen Beschulung von lernbeeinträchtigten SchülerInnen in Grundschulen. Diss. Koblenz, Landau Univ. 1992
Tietze, Uwe Peter (1990): Zur Erfassung berufsbezogener subjektiver Theorien und Kognitionen von Mathematiklehrern in der Sekundarstufe II. In: Haussmann, Kristina/ Reiss, Matthias (Hg.): Mathematische Lehr-Lern-Denkprozesse. Göttingen 1990, 93-106
Treiber, Bernhard (1980): Erklärung von Förderungseffekten in Schulklassen durch Merkmale subjektiver Unterrichtstheorien ihrer Lehrer. Bericht aus dem Psychologischen Institut; Diskussionspapier Nr. 22, Heidelberg
Trommsdorff, Gisela (1987): Behinderte in der Sicht verschiedener Kulturen. In: Klauer, Karl Josef/Mitter, Wolfgang (Hg.): Vergleichende Sonderpädagogik. Handbuch der Sonderpädagogik, Band 11. Berlin 1987, 23-47
Türkischer Elternverein in Berlin-Brandenburg e.V. (Hg.) (1999a): Gutachten „Die schulische und berufliche Bildung von Schülern und Schülerinnen türkischer Herkunft". Autorinnen: Ursula Boos-Nünning und Renate Henscheid. Publikation des Projektes „Vernetzungs- und Koordinationsstelle für MultiplikatorInnen türkischer Elternvereine in Deutschland", Berlin
– (Hg.) (1999b): Gutachten „Türkischunterricht an allgemeinbildenden Schulen in der Bundesrepublik Deutschland". Autoren: Ulrich Steinmüller und Havva Engin. Publikation des Projektes „Vernetzungs- und Koordinationsstelle für MultiplikatorInnen türkischer Elternvereine in Deutschland", Berlin
Ucar, Ali (1996): Benachteiligt: Ausländische Kinder in der deutschen Sonderschule. Eine empirische Untersuchung zur Lage der türkischen Kinder in der Schule für Lernbehinderte. Baltmannsweiler
Viet-Entus, Susanne (1999): Immer weniger Deutsche in Problemschulen – Anhaltende Abwanderung aus westlichen Innenstadtbezirken. In: Berliner Morgenpost, Donnerstag der 14.1.1999
von Klitzing, Kai (1984): Zwischen zwei Kulturen – Was macht Ausländer krank. Frankfurt a.M.
Wagner, Petra (1993): Das eigene Leben kommt nicht vor. Immigrantenkinder in der Schule. In: Leggewie, Claus/Senocak, Zafer (Hg.): Deutsche Türken – Das Ende der Geduld. Reinbek, Berlin, 103ff
Wagner, Ulrich/van Dick, Rolf/Petzel, Thomas/Auernheimer, Georg/Sommer, Gert (o. J.).: Der Umgang von Lehrerinnen und Lehrern mit interkulturellen Problemsituationen. Die Bedeutung von ethnischen Einstellungen. Unveröffentlichtes Manuskript eines Forschungsberichtes der Phillips-Universität Marburg und der Universität zu Köln.
Wahl, Diethelm (1985): Empirische Validierung subjektiver Theorien über Prognosen. Ergebnisse eines Forschungsprojektes. In: Pädagogische Hochschule Weingarten: Be-

richt über den 34. Kongress der Deutschen Gesellschaft für Psychologie in Wien 1984. Band II: Anwendungsbezogene Forschung. Göttingen 1985, 746-748

Walkowiak, Ursula (1985): Türkische Kinder in Schulen für geistig Behinderte. Anregungen zur Diskussion. Geistige Behinderung, Heft 1, 54-59

Watkins, Amanda (1996): Besondere Erziehungsbedürfnisse und Ethnizität: Der Synergie-Effekt. In: Coburn-Staege, Ursula/Zirkel, Manfred (Hg.): Interkulturelle Erziehung in Deutschland, Großbritannien und Italien. In: Gmünder Hochschulreihe Bd. 12, Schwäbisch Gmünd 1996, 69-78

Weiß, Edgar (1996): Multikulturelle Gesellschaft – interkulturelle Pädagogik – transkulturelle Identität. Pädagogische Probleme und Aufgaben im Einwanderungsland. In: Kritische Pädagogik, Heft 1, 3-28

Werhahn, Peter (1992): Behinderte ausländische Kinder und ihre Familien in der kinderärztlichen Praxis. In: Biermann, Gerd (Hg.): Handbuch der Kinderpsychotherapie. Band 5, München 1992, 332-344

Werning, Rolf (1996): Anmerkungen zu einer Didaktik des Gemeinsamen Unterrichts. In: Zeitschrift für Heilpädagogik, Heft 11, 463-469

Wocken, Hans (1987a): Integrationsklassen in Hamburg. In: Wocken, Hans/Antor, Georg (Hg.): Integrationsklassen in Hamburg. Oberbiel 1987, 65-89

– (1987b): Das Aufnahmeverfahren für die Integrationsklassen in Hamburg. In: Wocken, Hans/Antor, Georg (Hg.): Integrationsklassen in Hamburg. Oberbiel 1987, 118-123

– (1987c): Soziale Integration behinderter Kinder. In: Wocken, Hans/Antor, Georg (Hg.): Integrationsklassen in Hamburg. Oberbiel 1987, 203-275

– (1993): Bewältigung von Andersartigkeit. Untersuchungen zur Sozialen Distanz in verschiedenen Schulen. In: Gehrmann, Petra/Hüwe, Birgit: Forschungsprofile der Integration von Behinderten. Essen 1993, 86-106

– (1998): Gemeinsame Lernsituationen. Eine Skizze zur Theorie des gemeinsamen Unterrichts. In: Hildeschmidt, Anne/Schnell, Irmtraud (Hg.): Integrationspädagogik. Auf dem Weg zu einer Schule für alle. Weinheim und München 1998, 37-52

Wocken, Hans/Antor, Georg (Hg.) (1987): Integrationsklassen in Hamburg. Oberbiel

Wolf-Almanasreh, Rosi (1991): „Alles nur wegen der Religion...?"- Überlegungen zur interkulturellen Beratung. In: Apsel, Roland (Hg.): Ethnopsychoanalyse Band 1; Frankfurt a.M.

Wygotsky, Lew S. (1977): Denken und Sprechen (Moskau 1994). Frankfurt a.M. 1977

Zimmer, Jürgen (1986): Interkulturelle Erziehung zur internationalen Verständigung. In: Borelli, Michele (Hg.): Interkulturelle Pädagogik. Positionen – Kontroversen – Perspektiven. Baltmannsweiler 1986

Zimmermann, Emil (1995): Gesundheitliche Lage und psychosoziale Probleme ausländischer Kinder in der Bundesrepublik Deutschland. In: Koch, Eckhardt/Oezek, Metin/ Pfeiffer, Wolfgang (Hg.): Psychologie und Pathologie der Migration. Deutsch-türkische Perspektiven. Freiburg i.Br. 1995, 246-256

Zukunft der Bildung – Schule der Zukunft (1995): Denkschrift der Kommission „Zukunft der Bildung – Schule der Zukunft" beim Ministerpräsidenten des Landes Nordrhein-Westfalen. Neuwied; Kriftel; Berlin

# Forschungsinstrumentarium

(1) Anschreiben an die LehrerInnen über die Schulleitung zur Information über die Intentionen und den Ablauf der Befragungen

Absender

An die
Grundschule XY
z.Hd. Schulleitung

Ort, Datum

Sehr geehrte Frau oder Herr XY,
Sehr geehrte Lehrerinnen und Lehrer der Grundschule XY,

im Zusammenhang mit meiner 6-jährigen Tätigkeit als sozialpädagogische Einzelfallhilfe in Integrationsklassen und -gruppen in Berlin entstand die Idee, die besondere Lernsituation von türkischen und kurdischen SchülerInnen im gemeinsamen Unterricht von behinderten und nichtbehinderten SchülerInnen an Grundschulen zu thematisieren.

Ich bin von Hause aus Diplom Pädagogin und habe den Schwerpunkt Heil- und Sonderpädagogik studiert. Zur Zeit arbeite ich als wissenschaftliche Mitarbeiterin an der XY-Universität in X, am Institut für Rehabilitationspädagogik. Der Schwerpunkt meiner Lehre (Lehramt-, Diplom und Magisterstudiengänge) und Forschung liegt auf der Integrationspädagogik, der Interkulturellen Pädagogik und der Schulsozialarbeit. Im Rahmen meiner Promotion an der XY-Universität Berlin führe ich eine Studie zum Unterricht von türkischen und kurdischen Kindern in Integrationsklassen durch. Im Zusammenhang mit meiner wissenschaftlichen Untersuchung bitte ich Sie als Lehrerinnen und Lehrer in Integrationsklassen um Ihre Mitarbeit. Die kurze Darstellung meines Forschungsvorhabens soll Ihnen für eine Entscheidung ausreichend Vorinformationen zum Gegenstand und der Methode der Untersuchung liefern.

Bislang haben die Grundschule X, die Grundschule Y sowie die Grundschule Z Bereitschaft zur Zusammenarbeit signalisiert. Zum gegebenen Zeitpunkt ist davon auszugehen, dass ca. 12 Lehrerinnen und Lehrer befragt werden. Die Befragung erfolgt in 3 Stufen: Schriftliche Befragung (Fragebogen; Klassenzusammensetzung und Schülerschaft) (ca. 20-30 min.); Interview 1:

Zur Wahrnehmung der türkischen und kurdischen SchülerInnen im Unterricht (Leitfadeninterview mit Tonbandaufzeichnung; ca. 2 Stunden); Interview 2: Gemeinsame Auswertung der in Interview 1 erhobenen Daten in einem Dialog zwischen Interviewerin und den befragten Personen. Ziel ist ein gemeinsamer Konsens in der Interpretation der vorliegenden Aussagen. Methode: Heidelberger-Struktur-Legetechnik (ca. 1,5-2 Stunden). Die Befragungen sollen in den Monaten Mai und Juni durchgeführt werden. In einer Vorabbefragung mit 1 Lehrer/-in (welche ebenfalls in die Studie mit einfließt) sollen die methodischen Grundlagen noch einmal evaluiert werden. Eine Genehmigung für eine wissenschaftliche Untersuchung öffentlichen Rechts von der Senatsschulverwaltung Abt. II liegt vor.

Ich verpflichte mich zur Einhaltung der für eine wissenschaftliche Untersuchung öffent lichen Rechts erforderlichen Datenschutzbestimmungen: Sämtliche, im Rahmen der o.g. Untersuchung erhobenen Daten (Fragebogen, Interviewaufzeichnungen auf Tonband) werden anonymisiert erhoben und geführt. Die Namen der Interviewpartner/-innen sind nur meiner Person bekannt. Die Wiedergabe der erhobenen Daten (Fragebogen und Tonbandaufzeichnungen) erfolgt nur mit dem Einverständnis der Interviewpartner/-innen sowie in anonymisierter Form. Die Daten werden ausschließlich für die Auswertung im Rahmen der Untersuchung „Subjektiver Theorien von Lehrer/innen zur integrativen Beschulung türkischer und kurdischer Schüler/innen im gemeinsamen Unterricht der Primarstufe" verwandt. Die Seite 1, der schriftlichen Befragung, mit den Angaben zur Person der Lehrerin/des Lehrers werden gesondert von den anderen Unterlagen (inhaltliche Fragestellungen) geführt und nach der Auswertung (auf Wunsch 3 Monate nach der Befragung) vernichtet. Die Tonbandaufzeichnungen erfolgen ebenfalls nur zu diesem Zwecke und werden nach der wissenschaftlichen Auswertung vernichtet. Die Teilnahme an den Befragungen der Untersuchung ist freiwillig.

Ich hoffe Ihnen damit ausreichend Informationen für eine Entscheidung zu Gunsten einer Zusammenarbeit mit mir gegeben zu haben. Sollten sich noch weitere Fragen ergeben, können Sie sich jederzeit an mich wenden.

In der Hoffnung auf eine gegenseitig bereichernde Zusammenarbeit verbleibe ich
mit herzlichen Grüßen

Kerstin Merz-Atalik

(2) Anschreiben an die LehrerInnen zur Information über die datenschutzrechtlichen Vereinbarungen und zur Terminierung

Sehr geehrte Lehrerin, sehr geehrter Lehrer,
Liebe Frau............. , Lieber Herr..............,

Sie unterrichten in einer Berliner Integrationsklasse, in der auch einige türkische oder kurdische Schülerinnen und Schüler unterrichtet werden. Ich freue mich sehr, dass Sie sich bereit erklärt haben, an der Untersuchung zur Lernsituation von türkischen und kurdischen Schülerinnen und Schülern im Gemeinsamen Unterricht mitzuwirken.

Im Zusammenhang mit einer mehrjährigen Tätigkeit als sozialpädagogische Einzelfallhilfe in Berliner Integrationsklassen entstand die Idee, die besondere Lernsituation von Kindern nichtdeutscher Muttersprache im gemeinsamen Unterricht von behinderten und nichtbehinderten Schülerinnen und Schülern intensiver zu thematisieren. Ihre Mitarbeit soll dazu beitragen die Integrationsperspektive von Schülerinnen und Schülern aus anderen Kulturkreisen im gemeinsamen Unterricht zu ermitteln und Folgerungen für eine erfolgreiche Fortsetzung und Weiterentwicklung zu liefern.

Für unser Gespräch am wünsche ich mir, dass Sie Ihre persönlichen Gedanken und Ideen zum Gemeinsamen Lernen allgemein und zur Lernsituation der Schülergruppe der türkischen und/oder kurdischen Schülerinnen und Schüler im speziellen spontan äußern und gemeinsam mit mir diskutieren. Um bei diesem Gespräch gleich mit wesentlichen Fragestellungen beginnen zu können, bitte ich Sie zuvor einen kurzen Fragebogen zu demografischen Daten und zur Klassensituation auszufüllen und diesen zu unserem Gespräch mitzubringen.

Im ersten Teil des Interviews werde ich Sie bitten, den Begriff „Integration" aus mehreren Perspektiven zu definieren und Ihre persönlichen Bezüge dazu darzulegen. Im zweiten Teil werde ich Sie nach konkreten, von Ihnen selbst gewählten Fallbeispielen zur Lernsituation von türkischen oder kurdischen Schülerinnen oder Schülern in Ihrem Unterricht fragen. In dem dritten und letzten Teil geht es mir um die Anforderungen heterogener Lerngruppen an Organisation und Planung von Unterricht. Ihre Aussagen werden selbstverständlich diskret behandelt.

Ich hoffe Ihnen damit ausreichend Informationen zum Ziel und Verlauf des Interviews gegeben zu haben. Wenn Sie noch fragen haben, können Sie sich jederzeit – auch während des Interviews – an mich wenden.

Ich freue mich auf unsere Zusammenarbeit.

(3) Fragebogen für die Lehrerinnen zur Erfassung personenbezogener Daten und der Klassensituation

Kennworte der zugehörigen Interviews: 1. _____ Tonband: _____
                                                  2. _____ Tonband: _____

Schule _____
Klasse _____ Klassenstufe _____

1. Angaben zur Person

1.1 Welcher Altersgruppe gehören sie an?
                                                  20-29 Jahre (..)
                                                  30-39 Jahre (..)
                                                  40-49 Jahre (..)
                                                  50-59 Jahre (..)
                                                  60 Jahre und älter (..)

1.2 Geschlecht   Weiblich (..)
                                                  Männlich (..)

1.3 Wie lange sind Sie schon als Lehrer/-in tätig?
    (Einschließlich Referendariat)   Bis 3 Jahre (..)
                                                  4-10 Jahre (..)
                                                  11-20 Jahre (..)
                                                  20-30 Jahre (..)
                                                  mehr als 30 Jahre (..)

1.4 Wie lange arbeiten Sie bereits in Integrationsklassen? _____
    An dieser Schule _____
    In dieser Klasse _____

1.6 Welche Ausbildung haben Sie?
                                                  Grundschullehrer/-in (..)
                                                  Sonderschullehrer/-in (..)
                                                  Sonstige _____
                                Zusatzausbildungen _____

1.7 Welche Funktion i.d. Klasse / Schule haben Sie?
                                                  Klassenlehrer/-in (..)
                                                  Fachlehrer/-in (..)
                                                  Sonstige _____
                  Zusätzliche Funktionen auf Schulebene _____

2. Angaben zur personellen Ausstattung der Klasse

2.1 Wieviele Lehrer/-innen bzw. Pädagog/-innen sind mit welchen Stundenkontingenten in der Klasse tätig?   Gesamt: _____

	Anzahl	WoStd.
Grundschulpädagog/inn/en	_____	_____
Sonderpädagog/inn/en	_____	_____
Sozialpädagog/inn/en	_____	_____
Erzieher/inn/en	_____	_____
Sonstige Qualifikationen	_____	_____

Fragebogen f.d. LehrerInnen zur Klassensituation

2.2 Arbeiten in der Klasse auch Kolleg/inn/en mit nichtdeutscher Muttersprache?
        Ja (..)
        Nein (..)
Mit welcher Muttersprache? _____
In welcher Funktion?
(Klassenlehrer, Sonderpädagoge etc.) _____

2.3 Über welche Sprachkompetenzen verfügen Sie?
Muttersprachlich: _____
Evtl. Zweitsprache: _____

3. Zusammensetzung der Schülerschaft

GESAMTSCHÜLERSCHAFT

3.1 Wieviele Schüler/inn/en werden in Ihrer Klasse unterrichtet? _____
3.1.1 Darunter Mädchen _____ Jungen _____

AUSLÄNDER- ODER AUSSIEDLERKINDER

2.2 Sind in der Klasse auch Kinder mit nichtdeutscher Muttersprache? Ja (..)
        Nein (..)

3.2.1 Wenn „Ja"- Wieviele? _____
3.2.2 Darunter Mädchen _____ Jungen _____

3.2.3 Aus welchen Herkunftsländern kommen diese Kinder oder Ihre Familien? Bitte listen Sie die konkreten Zahlen auf:

3.2.4 Herkunftsland   Anzahl (gesamt)   Mädchen / Jungen
_____   _____   _____
_____   _____   _____
_____   _____   _____
_____   _____   _____

3.2.5 Anzahl der Kinder aus Familien türkischer Herkunft? _____
Darunter Mädchen _____ Jungen _____
3.2.6 Anzahl der Kinder aus Familien kurdischer Herkunft? _____
Darunter Mädchen _____ Jungen _____

„GUTACHTENKINDER"

3.3 In ihrer Klasse werden auch Kinder mit sonderpädagogischem Förderbedarf, sogenannte Gutachtenkinder unterrichtet.

3.3.1 Wieviele? _____
3.3.2 Darunter Mädchen _____ Jungen _____

Fragebogen f.d. LehrerInnen zur Klassensituation

3.3.3 Sind darunter Kinder mit nichtdeutscher Muttersprache?   Ja   (..)
                                                                Nein (..)

3.3.4 Wenn „Ja" - Wieviele?   _____
3.3.5 Darunter Mädchen   _____   Jungen _____

3.4   Sind darunter Kinder aus türkischen Familien?   Ja   (..)
                                                                Nein (..)

3.4.1 Wenn „Ja" - Wieviele?   _____
3.4.2 Darunter Mädchen   _____   Jungen _____

3.5   Sind darunter Kinder aus kurdischen Familien?   Ja   (..)
                                                                Nein (..)

3.5.1 Wenn „Ja" - Wieviele?   _____
3.5.2 Darunter Mädchen   _____   Jungen _____

3.6   Welcher sonderpädagogische Förderbedarf wurde bei diesen türkischen und kurdischen Kindern festgestellt? (Art, Umfang etc.) Bitte auflisten nach Kind 1, Kind 2 etc., das Geschlecht und die Volkszugehörigkeit (türkisch / kurdisch) angeben!

_____
_____
_____
_____

3.7   Aus welchen Herkunftsländern kommen die anderen Gutachtenkinder? Bitte auflisten:

<u>Herkunftsland</u>   <u>Anzahl (gesamt)</u>   <u>Mädchen / Jungen</u>
_____
_____
_____
_____

3.7   Welcher sonderpädagogische Förderbedarf wurde bei diesen Kindern festgestellt? (Art, Umfang etc.) Bitte auflisten nach Kind 1, Kind 2 etc. und das Geschlecht angeben!

_____
_____
_____

Fragebogen f.d. LehrerInnen zur Klassensituation

SONDERPÄDAGOGISCHER FÖRDERBEDARF

3.8 In welchen Förderbereichen können Sie (persönliche Einschätzung) besonders häufig einen sonderpädagogischen Förderbedarf bei den Kindern mit nichtdeutscher Muttersprache feststellen?

Lernen (..)
Verhalten (..)
Sprache (..)
Motorik (..)
Sonstiges _____

3.9 In welchen Förderbereichen wird besonders häufig die Feststellung eines sonderpädagogischen Förderbedarfs bei Kindern mit nichtdeutscher Muttersprache beantragt, bzw. bewilligt? Nennen Sie bitte nicht mehr als zwei.

_____

Anmerkungen: _____
_____
_____

Interviewleitfaden zur Explikation der Subjektiven Theorien Seite 1

Kennworte der zugehörigen Fragebogen: 1. _____ Tonband: _____
                                             2. _____ Tonband: _____

Schule _____
Klasse _____ Klassenstufe _____

1. INTEGRATION VON KINDERN MIT BEEINTRÄCHTIGUNGEN

1.1 Definition von Integration (allgemein)
Bei den folgenden Fragen geht es mir um den Begriff Integration im allgemeinen.

1.1.1 Was bedeutet für Sie Integration? [ST]

1.1.2 Was sind die Ziele und Merkmale von Integration? [ST]

1.2 Persönliche Erfahrungen mit der Integration von Kindern m. Beeinträchtigungen

1.2.1 Welche konkreten Unterrichtsbedingungen haben Sie in Ihrer Klasse?
Wie schätzen Sie diese in bezug auf die Wirkungen auf einen integrativen Unterricht ein? [ST]

        Stichworte: - Klassenfrequenz
                          - Zweipädagogensystem
                          - Methodisch-Didaktische Unterrichtsgestaltung
                          - Räumlichkeiten
                          - Ausländeranteil [H3]
                          - Heterogenität im Lern- und Leistungsverhalten
                          - Elternbeteiligung
                          - Heterogenität der sozioökonomischen Bedingungen im Elternhaus
                          - Anteile Jungen und Mädchen
                          ....

1.2.2 Welche Unterrichtsbedingungen erachten sie für wünschenswert für eine erfolgreiche Integration behinderter Schüler/-innen in die Klasse? [ST]

Welche sind gegeben und / oder welche fehlen i.E.?

1.2.3 Sind Sie bei bestimmten Unterrichtsbedingungen an die Grenzen Ihrer Fähigkeit zur Integration von Kindern mit Beeinträchtigungen gestossen? [ST; evtl H 3]

        a)   Wenn, ja - Welche Bedingungen waren das?

        b)   Warum?

Interviewleitfaden zur Explikation der Subjektiven Theorien   *Seite 2*

1.2.5   Stellen sie sich vor, eine neue Kollegin oder ein neuer Kollege möchte im nächsten Jahr auch in Ihrer Integrationsklasse tätig werden. Sie / er bittet Sie um eine Beratung. Welche Vorteile und welche Probleme würden Sie ihr oder ihm nennen? [ST]

Zu 1.1 Definition von Integration (allgemein)

1.1.3   Können Sie mir ein Beispiel für die erfolgreiche Integration eines sogenannten „Gutachtenkindes" in die Unterrichtsprozesse nennen? [ST]

1.1.4   Worin äußert sich nach Ihrer Einschätzung ein erfolgreicher integrativer Unterricht? [ST]

1.1.5   Vielleicht könnten Sie auch ein Beispiel für einen weniger erfolgreichen integrativen Unterricht schildern? [ST]

Zu 3   Bewältigung von (kultureller) Heterogenität

3.1   Würden Sie ihre Klasse eher als eine homogene (gleiche, bzw. einheitliche) oder als eine heterogene (nicht gleiche, bzw. einheitliche) Lerngruppe bezeichnen? [H5]

3.2   Welche Ebenen der Heterogenität / Homogenität unter den Schüler/-innen können Sie erkennen? [H5]
Bspw. Kulturelle, Soziale, in bezug auf das Lern- und Leistungsverhalten

3.3   Worin äußert sich diese Heterogenität / Homogenität? [H5 / 6]

3.4   Wie bewerten Sie diese Heterogenität / Homogenität - erschwerend/ belastend/ anregend/ erleichternd für die Art, in der Sie unterrichten möchten? [H5]

3.5   *Wenn zuvor kulturelle Ebene der Heterogenität von der befragten Person benannt:*
Wie bewerten Sie die kulturelle Heterogenität? [H5]

3.6   Wird die kulturelle Heterogenität in ihrer Klasse als etwas Selbstverständliches/ Normales wahrgenommen oder gab es Anlässe, diese Heterogenität zur Sprache zu bringen?
Bitte nennen sie Beispiele: In der Klasse?
                                      Bei Elterngesprächen?
                                      Im Kollegium?

3.7   Würden sie sagen, daß die Schülerinnen und Schüler ihrer Klasse von der kulturellen

Interviewleitfaden zur Explikation der Subjektiven Theorien Seite 3

Heterogenität der Schülerschaft eher mehr oder weniger profitieren? [H5]

3.8 Wie denken Sie würden die Mitschülerinnen und -schüler der türkischen und kurdischen Kinder das selber einschätzen? Würden sie eher Vor- oder Nachteile benennen?

a) Welche?

3.9 Wie denken Sie würden die türkischen und kurdischen Kinder die kulturelle Heterogenität in der Klasse einschätzen? Würden sie eher Vor- oder Nachteile benennen?

a) Welche?

2 INTEGRATION TÜRKISCHER UND KURDISCHER SCHÜLER/INNEN

„Die folgenden Fragestellungen befassen sich mit der besonderen Situation der türkischen und kurdischen Schüler/-innen Ihrer Klasse. Dabei geht es mir vor allem um die Kinder ohne sonderpädagogischen Förderbedarf. Bitte weisen Sie bei den Beschreibungen von konkreten Fällen darauf hin, ob ein sonderpädagogischer Förderbedarf festgestellt wurde, bzw. vorliegt. Auch andere Hintergrundinformationen über das ausgewählte Kind können für das Verständnis Ihrer Erläuterungen hilfreich sein, bspw. über Ihr Wissen zum Elternhaus, der Migrationsgeschichte, den Lernbedürfnissen etc. Die Informationen werden nur in anonymisierter Form verwertet."

2.1 Welche Besonderheiten, die sich nach Ihrer Einschätzung auf die kulturelle Identität der Kinder beziehen, können Sie bei den türkischen bzw. bei den kurdischen Schüler/-innen in Ihrer Klasse erkennen? [H3]

2.2 Welche Besonderheiten in bezug auf ihre Fähigkeiten, ihr Lernverhalten und ihre Lernbedürfnisse haben Sie feststellen können? [H3]

2.3 Welche besonderen Anforderungen stellen die türkischen und/oder kurdischen Schülerinnen und Schüler an ihre pädagogische Arbeit? [H3;4]

2.4 Gibt es an Ihrer Schule spezifische Hilfs- oder Förderangebote für die türkischen oder kurdischen Kinder, wie Dolmetscherdienste, Förderstunden oder spezifische Hausaufgabenbetreuung? [H3]

a) Wenn, ja - Welche sind das?

b) Halten sie solche Angebote für notwendig? Warum? [H3;4;5;7;8]

c) Welche Angebote halten Sie, bzw. würden Sie für wünschenswert halten? [H3;4;5;7;8]

Interviewleitfaden zur Explikation der Subjektiven Theorien

d) Warum?

2.5 Was wissen Sie über den kulturellen und lebensweltlichen Hintergrund der Kinder aus türkischen bzw. aus kurdischen Migrantenfamilien? [H3;5]

Stichworte:
Ausmaße der individuellen Prägung durch die kulturelle Herkunft
„Migrantenkultur"
Familienbeziehungen und Rollenverteilung
Religion
Ernährung
Soziale Integration in Deutschland
Wohnverhältnisse
Aufenthaltsstatus
Lebensgestaltung
....

2.6 Was bringen die Kinder von ihrem kulturellen und lebensweltlichen Hintergrund in das schulische Leben ein? [H3;5]

Beispielsweise: Was erzählen die Kinder im Morgenkreis oder was geben sie in Aufsätzen und Erzählungen wieder (türk. Fernsehen, religiöse Feste, Speisen, Kleidung, nationale Bräuche, Auswirkungen der Tatsache Wechselkind zu sein, Erfahrungen der Kinder bei Reisen ins Mutterland, Flucht- und Bürgerkriegserfahrungen etc.)?

2.7 Welche Bezüge haben Sie persönlich zur türkischen bzw. zur kurdischen Kultur? [ST]

Beispielsweise: Durch Kontakte zu Türken oder Kurden, Reisen, Freunde oder Familienmitglieder.

2.8 Welche Erfahrungen haben Sie mit den türkischen und kurdischen Schüler/-innen in Ihrem Unterricht gemacht? [H1-8]

Beispiele für:
Irritation der Lehrer/-innen
Bereicherung des Unterrichts
Störung oder Erschwernis des Unterrichts
Grenzen der Belastbarkeit auf Seiten der Lehrer/in
Neue oder veränderte Sichtweisen
Anregungen für die Lehrtätigkeit
Soziale Beziehungen

2.9 Gab es im Verlauf Ihrer Schulpraxis eine Situation, bei der die Unterrichtsprozesse für die Lernsituation eines türkischen / kurdischen Kindes nicht so erfolgreich oder besonders erfolgreich verliefen? [H3;5;6]

2.9.1	Wenn - ja - bitte schildern Sie mir diese Situation. [H3;5;6]
2.9.2	Waren für dieses Kind besondere pädagogische oder organisatorische Änderungen an Ihrem Unterrichtskonzept erforderlich? [H6;7]
2.10	Worin äußert sich ein erfolgreicher integrativer Unterricht für ein türkisches oder kurdisches Kind? Woran erkennen sie, daß ein solches Kind sich in Ihrem Unterricht wohl fühlt? [H6;7]
2.11	Von welcher der von Ihnen angewandten Unterrichtsmethoden profitieren die türkischen und kurdischen Schüler/-innen Ihres Erachtens am meisten? [H6;7]

3 BEWÄLTIGUNG VON (KULTURELLER) HETEROGENITÄT

3.10 zu   Welche Formen des Unterrichts halten Sie für geeignet um heterogene Lerngruppen unterrichten? [ST]

3.11   Welche besonderen pädagogischen und didaktischen Herausforderungen und Chancen für Sie als Lehrer/-in birgt der Unterricht in heterogenen Lerngruppen? [ST]

3.12   Haben Sie im Rahmen ihrer Lehrerausbildung Kompetenzen für den Unterricht in kulturell heterogenen Lerngruppen vermittelt bekommen? [H7]

Wenn ja:
a) Welche waren das und wie sehen Sie deren Relevanz für Ihren Unterricht?

3.13   Haben Sie an einer Fortbildung für den Unterricht in kulturell heterogenen Lerngruppen teilgenommen? [H7]

Wenn ja:
a) Welche Art von Fortbildung/en war/en das und wie sehen Sie die Relevanz für Ihren Unterricht?

3.14   Stellen Sie sich vor ein(e) neue(r) Kolleg(in)e möchte im nächsten Jahr in einer multikulturell zusammengesetzten Klasse tätig werden. Sie er bittet Sie um eine Beratung. Welche Vorteile und welche Probleme würden Sie ihm/ Ihr nennen? [H3-7]

3.15 Welche Hinweise würden Sie ihm für die Unterrichtsorganisation und -planung geben? [H4;6]

3.16 Welche Fortbildungen sollte er/sie gegebenenfalls besuchen? [H7]

3.17 Gibt es ganz persönliche Erfahrungen und Kompetenzen die Sie gemacht haben in bezug auf die Planung und Gestaltung eines gemeinsamen Unterrichts für türkische / kurdische Kinder mit deutschen und anderen nichtdeutschen Kindern, die Sie anderen Lehrerinnen und Lehrern mitgeben könnten? [H8]

Strukturabbildungen der Subjektiven Theorien

I. Code: Salomon

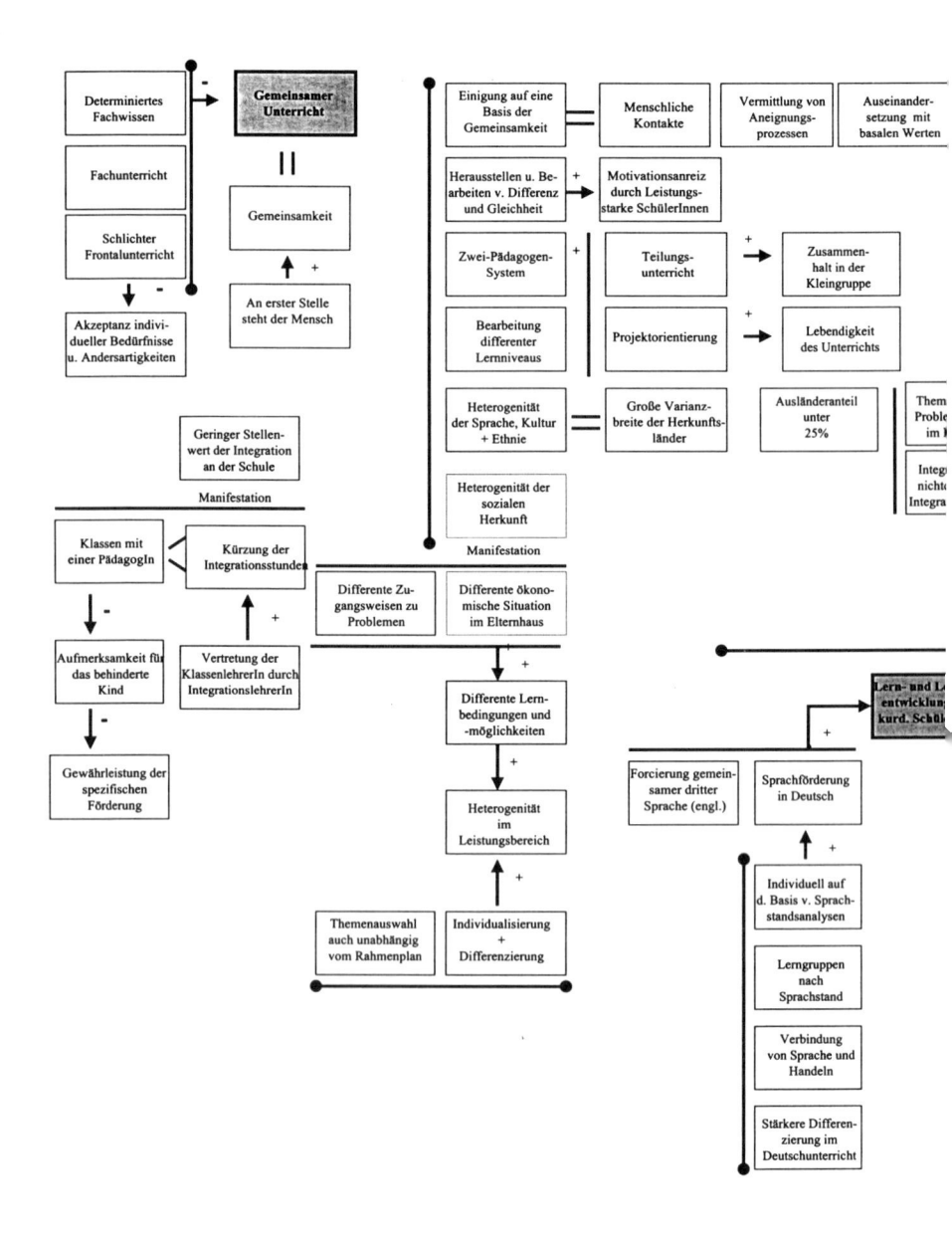

- Determiniertes Fachwissen — **Gemeinsamer Unterricht**
- Fachunterricht ‖ Gemeinsamkeit
- Schlichter Frontalunterricht
- Akzeptanz individueller Bedürfnisse u. Andersartigkeiten
- An erster Stelle steht der Mensch

- Einigung auf eine Basis der Gemeinsamkeit = Menschliche Kontakte — Vermittlung von Aneignungsprozessen — Auseinandersetzung mit basalen Werten
- Herausstellen u. Bearbeiten v. Differenz und Gleichheit + Motivationsanreiz durch Leistungsstarke SchülerInnen
- Zwei-Pädagogen-System + Teilungsunterricht → + Zusammenhalt in der Kleingruppe
- Bearbeitung differenter Lernniveaus + Projektorientierung → + Lebendigkeit des Unterrichts
- Heterogenität der Sprache, Kultur + Ethnie = Große Varianzbreite der Herkunftsländer — Ausländeranteil unter 25%
- Heterogenität der sozialen Herkunft

- Geringer Stellenwert der Integration an der Schule
- Manifestation
- Klassen mit einer PädagogIn — Kürzung der Integrationsstunden
- Aufmerksamkeit für das behinderte Kind — Vertretung der KlassenlehrerIn durch IntegrationslehrerIn
- Gewährleistung der spezifischen Förderung

- Manifestation
- Differente Zugangsweisen zu Problemen — Differente ökonomische Situation im Elternhaus
- Differente Lernbedingungen und -möglichkeiten
- Heterogenität im Leistungsbereich
- Themenauswahl auch unabhängig vom Rahmenplan + Individualisierung + Differenzierung

- Forcierung gemeinsamer dritter Sprache (engl.) — Sprachförderung in Deutsch
- Individuell auf d. Basis v. Sprachstandsanalysen
- Lerngruppen nach Sprachstand
- Verbindung von Sprache und Handeln
- Stärkere Differenzierung im Deutschunterricht

- Lern- und L entwicklun kurd. Schül

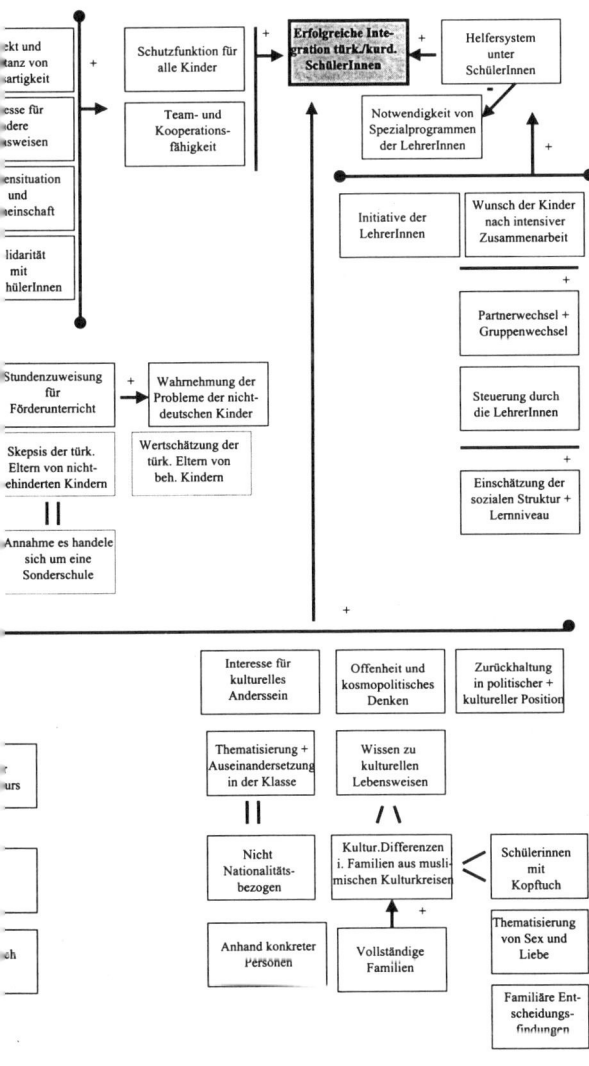

```
ekt und                                    ┌─────────────────┐  +  ┌─────────────────────┐  +  ┌─────────────────┐
tanz von        +                          │ Schutzfunktion für│────▶│ Erfolgreiche Inte-  │◀────│ Helfersystem    │
artigkeit                                  │ alle Kinder      │     │ gration türk./kurd. │     │ unter           │
                                           └─────────────────┘     │ SchülerInnen        │     │ SchülerInnen    │
                                                                    └─────────────────────┘     └─────────────────┘
esse für                                   ┌─────────────────┐           ▲                      ┌─────────────────────┐
dere                                       │ Team- und       │           │                      │ Notwendigkeit von   │
sweisen                                    │ Kooperations-   │           │                      │ Spezialprogrammen   │
                                           │ fähigkeit       │           │                      │ der LehrerInnen     │
                                           └─────────────────┘           │                      └─────────────────────┘
ensituation                                                              │                              +
und
einschaft                                                      ┌─────────────────┐    ┌─────────────────────┐
                                                               │ Initiative der  │    │ Wunsch der Kinder   │
                                                               │ LehrerInnen     │    │ nach intensiver     │
lidarität                                                      └─────────────────┘    │ Zusammenarbeit      │
mit                                                                                    └─────────────────────┘
hülerInnen                                                                                        +

                                                                                       ┌─────────────────────┐
                                                                                       │ Partnerwechsel +    │
                                                                                       │ Gruppenwechsel      │
                                                                                       └─────────────────────┘

Stundenzuweisung  +   Wahrnehmung der
für               ──▶ Probleme der nicht-                                              ┌─────────────────────┐
Förderunterricht      deutschen Kinder                                                 │ Steuerung durch     │
                                                                                       │ die LehrerInnen     │
Skepsis der türk.     Wertschätzung der                                                └─────────────────────┘
Eltern von nicht-     türk. Eltern von                                                            +
ehinderten Kindern    beh. Kindern                                                     ┌─────────────────────┐
                                                                                       │ Einschätzung der    │
                                                                                       │ sozialen Struktur + │
   ||                                                                                  │ Lernniveau          │
                                                                                       └─────────────────────┘
Annahme es handele
sich um eine
Sonderschule

                                                         +
```

```
                    ┌─────────────────┐    ┌─────────────────────┐    ┌─────────────────────┐
                    │ Interesse für   │    │ Offenheit und       │    │ Zurückhaltung       │
                    │ kulturelles     │    │ kosmopolitisches    │    │ in politischer +    │
                    │ Anderssein      │    │ Denken              │    │ kultureller Position│
                    └─────────────────┘    └─────────────────────┘    └─────────────────────┘

                    ┌─────────────────┐    ┌─────────────────────┐
                    │ Thematisierung +│    │ Wissen zu           │
r                   │ Auseinandersetzung   │ kulturellen         │
urs                 │ in der Klasse   │    │ Lebensweisen        │
                    └─────────────────┘    └─────────────────────┘
                            ||                      /\

                    ┌─────────────────┐    ┌─────────────────────┐    ┌─────────────────────┐
                    │ Nicht           │    │ Kultur.Differenzen  │    │ Schülerinnen        │
                    │ Nationalitäts-  │    │ i. Familien aus musli-  │ mit                 │
                    │ bezogen         │    │ mischen Kulturkreisen│   │ Kopftuch            │
                    └─────────────────┘    └─────────────────────┘    └─────────────────────┘
                                                    ▲
                                                    +                 ┌─────────────────────┐
                    ┌─────────────────┐    ┌─────────────────────┐    │ Thematisierung      │
ch                  │ Anhand konkreter│    │ Vollständige        │    │ von Sex und         │
                    │ Personen        │    │ Familien            │    │ Liebe               │
                    └─────────────────┘    └─────────────────────┘    └─────────────────────┘

                                                                       ┌─────────────────────┐
                                                                       │ Familiäre Ent-      │
                                                                       │ scheidungs-         │
                                                                       │ findungen           │
                                                                       └─────────────────────┘
```

Strukturabbildung: Subjektive Theorie Code „Salomon"

II. Code: Welat

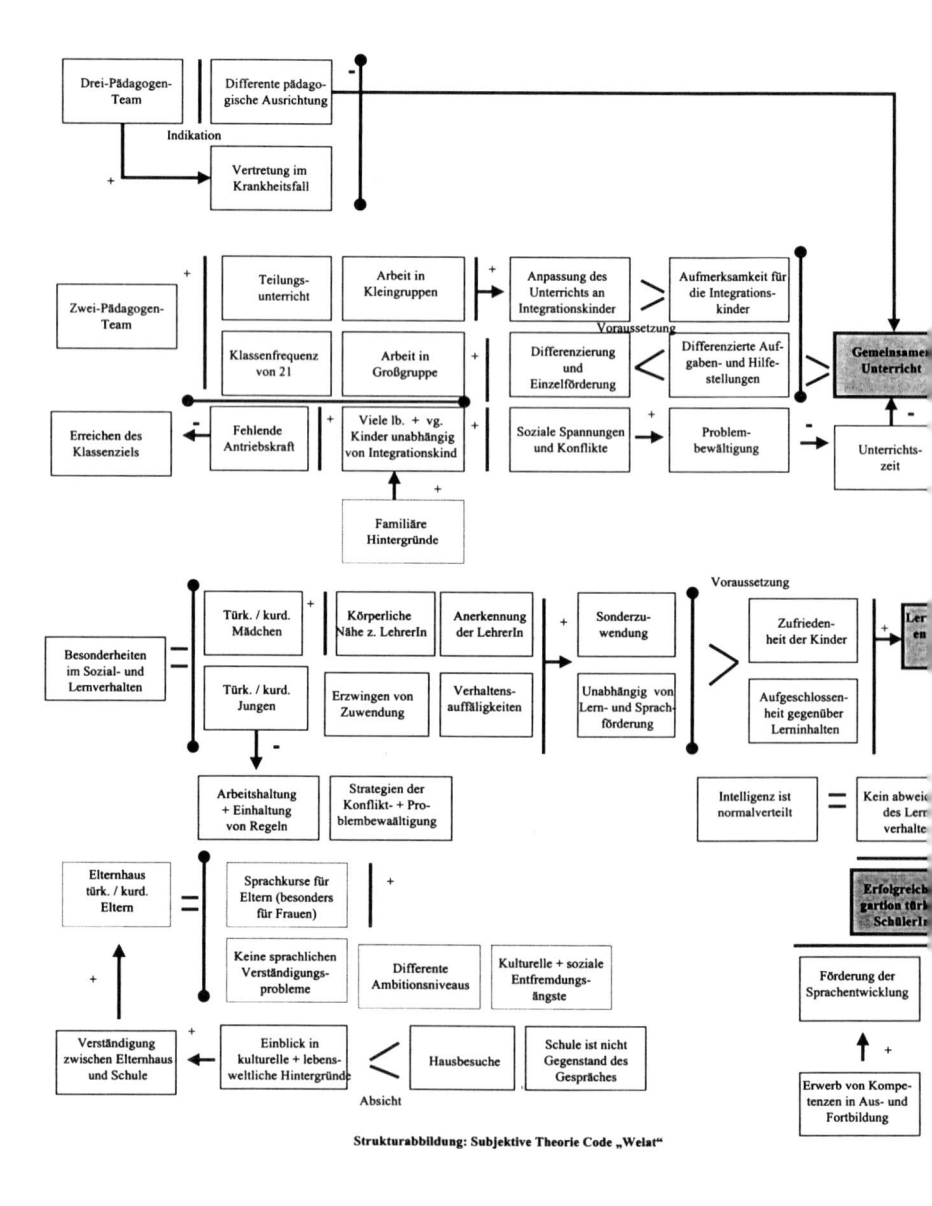

Strukturabbildung: Subjektive Theorie Code „Welat"

298

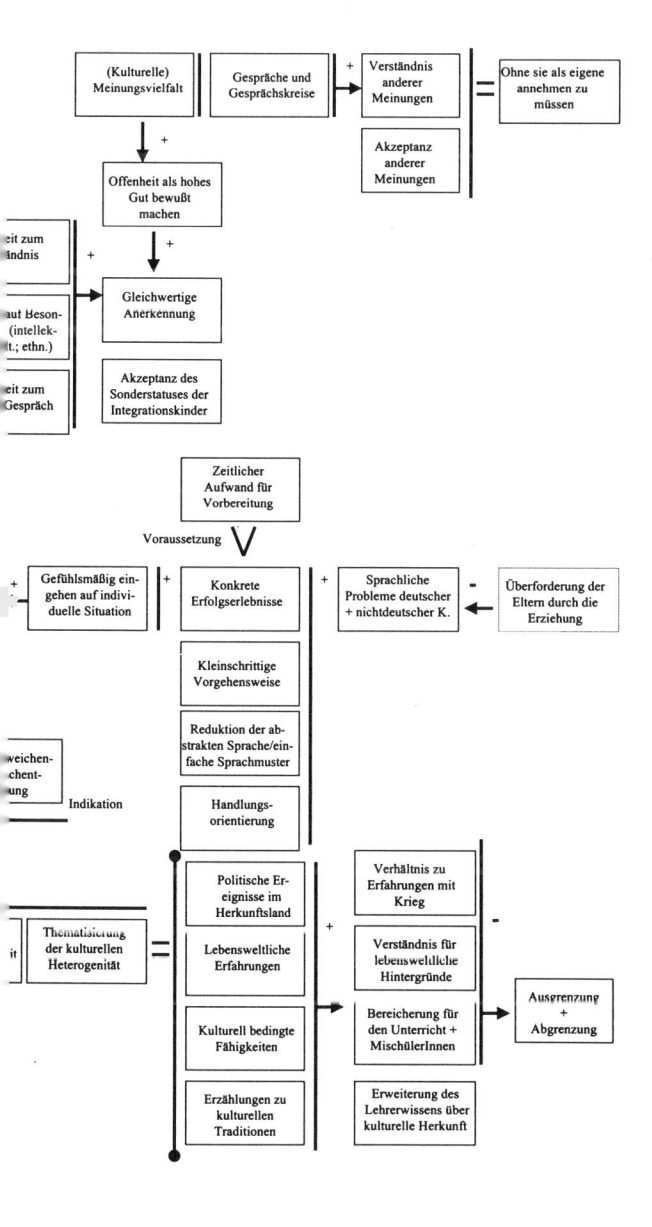

```
                                                    +  Verständnis      ┌─────────────┐
        (Kulturelle)          Gespräche und            anderer          │Ohne sie als eigene│
       Meinungsvielfalt       Gesprächskreise          Meinungen    =   │ annehmen zu │
                                                                        │   müssen    │
                                                                        └─────────────┘
                  +                                    Akzeptanz
                                                        anderer
              Offenheit als hohes                       Meinungen
                Gut bewußt
                 machen
 eit zum
 ändnis        +       +
                            Gleichwertige
 aut Beson-                 Anerkennung
 (intellek-
 lt.; ethn.)
                            Akzeptanz des
 eit zum                    Sonderstatuses der
 Gespräch                   Integrationskinder


                           Zeitlicher
                           Aufwand für
                           Vorbereitung
                Voraussetzung  \/
  +  Gefühlsmäßig ein-  +  Konkrete         +  Sprachliche        -  Überforderung der
  -  gehen auf indivi-     Erfolgserlebnisse   Probleme deutscher    Eltern durch die
     duelle Situation                          + nichtdeutscher K.   Erziehung

                           Kleinschrittige
                           Vorgehensweise

                           Reduktion der ab-
                           strakten Sprache/ein-
weichen-                   fache Sprachmuster
chent-
ung                        Handlungs-
          Indikation       orientierung

                                                Verhältnis zu
                           Politische Er-       Erfahrungen mit
                           eignisse im          Krieg
                           Herkunftsland
     Thematisierung                         +   Verständnis für
 it  der kulturellen   =   Lebensweltliche      lebensweltliche
     Heterogenität         Erfahrungen          Hintergründe
                                                                     Ausgrenzung
                           Kulturell bedingte   Bereicherung für         +
                           Fähigkeiten          den Unterricht +     Abgrenzung
                                                MischlerInnen

                           Erzählungen zu       Erweiterung des
                           kulturellen          Lehrerwissens über
                           Traditionen          kulturelle Herkunft
```

III. Code: Musik

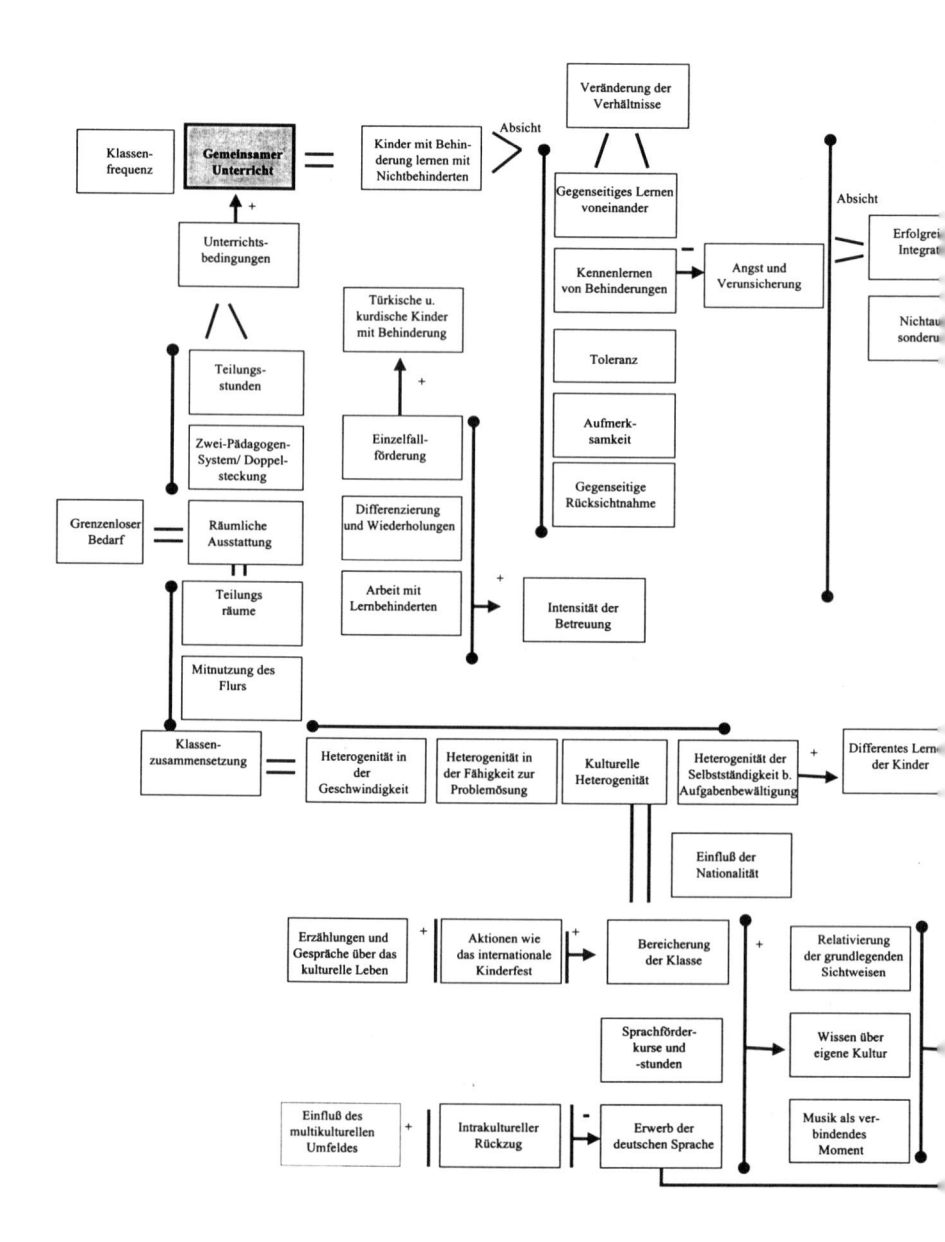

Strukturabbildung: Subjektive Theorie Code „Musik"

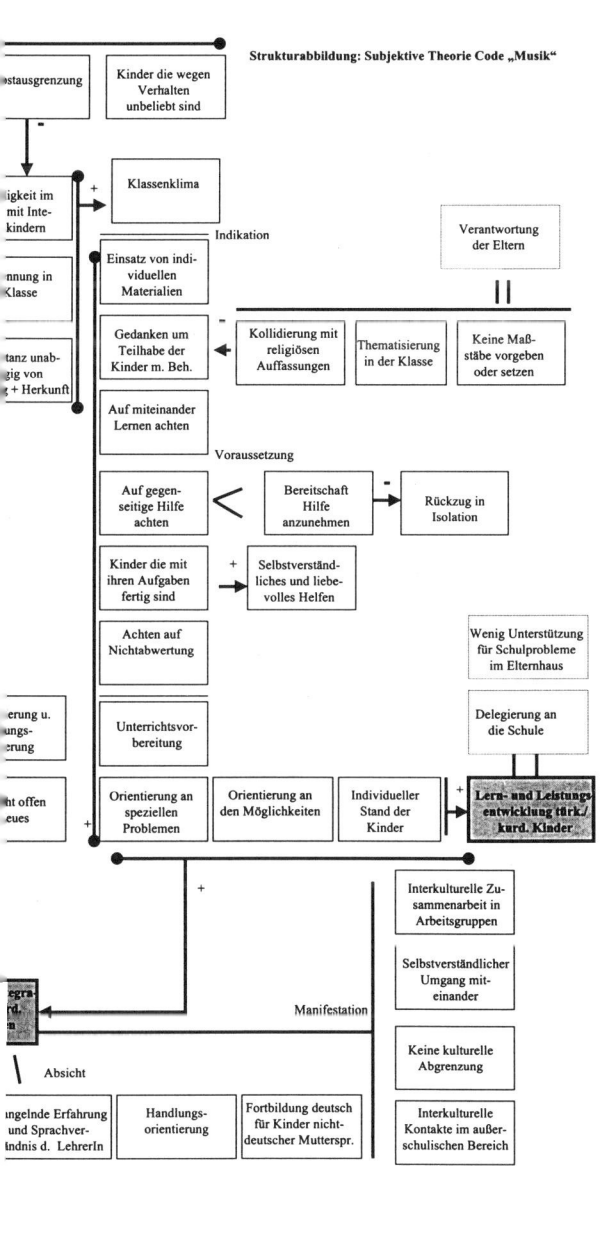

- stausgrenzung
- Kinder die wegen Verhalten unbeliebt sind

- igkeit im mit Inte- kindern
- +
- Klassenklima
- nnung in Klasse
- Einsatz von individuellen Materialien
- Indikation
- Verantwortung der Eltern
- ‖
- tanz unab- gig von + Herkunft
- Gedanken um Teilhabe der Kinder m. Beh.
- −
- Kollidierung mit religiösen Auffassungen
- Thematisierung in der Klasse
- Keine Maßstäbe vorgeben oder setzen

- Auf miteinander Lernen achten

Voraussetzung

- Auf gegenseitige Hilfe achten
- <
- Bereitschaft Hilfe anzunehmen
- −
- Rückzug in Isolation

- Kinder die mit ihren Aufgaben fertig sind
- +
- Selbstverständliches und liebevolles Helfen

- Achten auf Nichtabwertung
- Wenig Unterstützung für Schulprobleme im Elternhaus

- erung u. ungs- erung
- Unterrichtsvorbereitung
- Delegierung an die Schule

- ht offen eues
- Orientierung an speziellen Problemen
- Orientierung an den Möglichkeiten
- Individueller Stand der Kinder
- +
- **Lern- und Leistungsentwicklung türk./ kurd. Kinder**

- +
- Interkulturelle Zusammenarbeit in Arbeitsgruppen

- Selbstverständlicher Umgang miteinander

Manifestation

- Keine kulturelle Abgrenzung

- Absicht

- ngelnde Erfahrung und Sprachverständnis d. LehrerIn
- Handlungsorientierung
- Fortbildung deutsch für Kinder nichtdeutscher Mutterspr.
- Interkulturelle Kontakte im außerschulischen Bereich

301

IV. Code: Orchidee

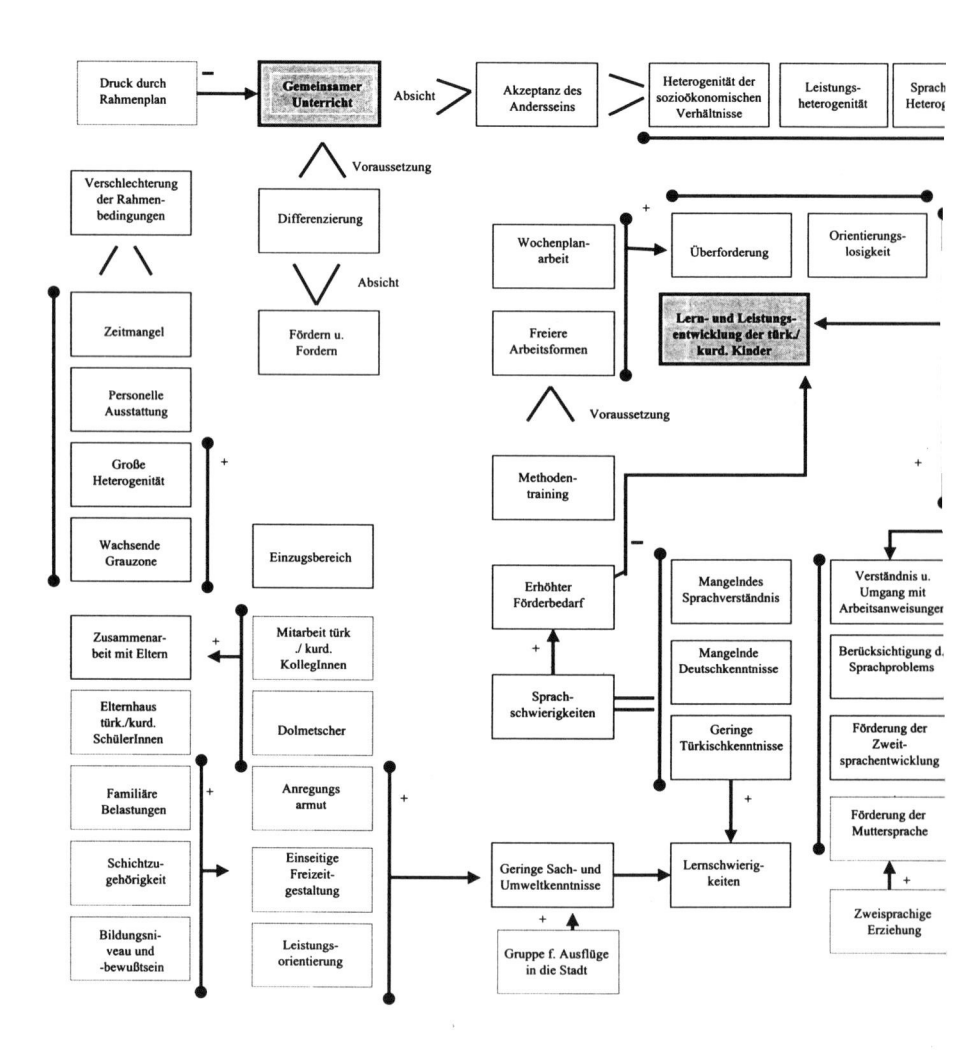

Strukturabbildung: Subjektive Theorie Code „Orchidee"

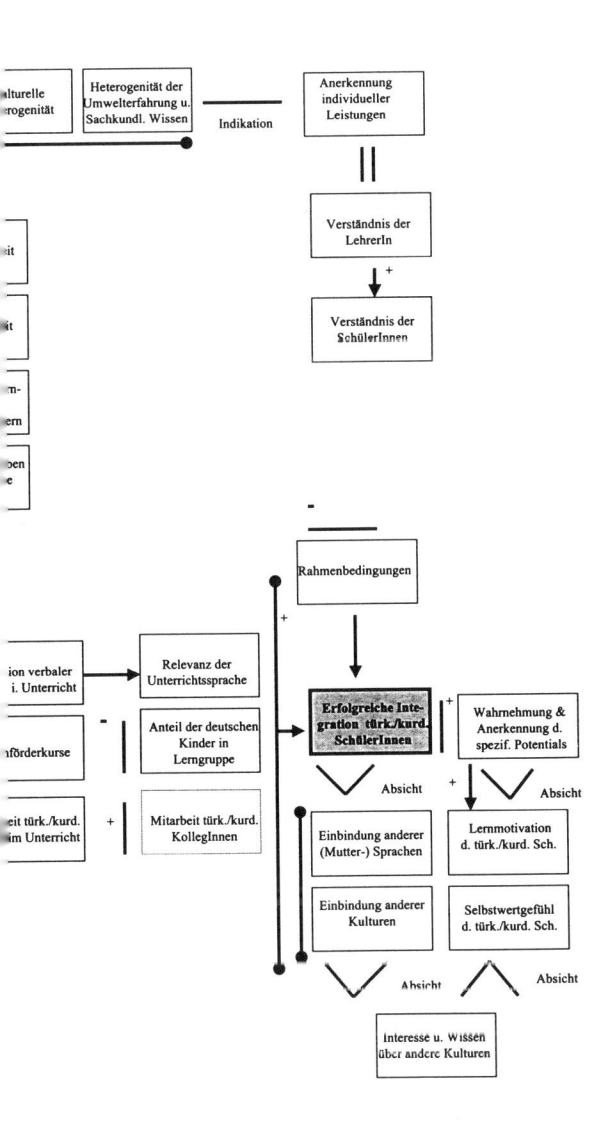

| ulturelle | Heterogenität der Umwelterfahrung u. Sachkundl. Wissen | Indikation | Anerkennung individueller Leistungen |

$$\|$$

Verständnis der LehrerIn

+ ↓

Verständnis der SchülerInnen

—

Rahmenbedingungen

+ ↓

| ion verbaler i. Unterricht | Relevanz der Unterrichtssprache | | Erfolgreiche Integration türk./kurd. SchülerInnen | + | Wahrnehmung & Anerkennung d. spezif. Potentials |

nförderkurse — Anteil der deutschen Kinder in Lerngruppe

Absicht ↘ ↙ + ↘ Absicht

eit türk./kurd. im Unterricht + Mitarbeit türk./kurd. KollegInnen

Einbindung anderer (Mutter-) Sprachen

Lernmotivation d. türk./kurd. Sch.

Einbindung anderer Kulturen

Selbstwertgefühl d. türk./kurd. Sch.

Absicht ↘ ↙ Absicht

Interesse u. Wissen über andere Kulturen

V. Code: Tee

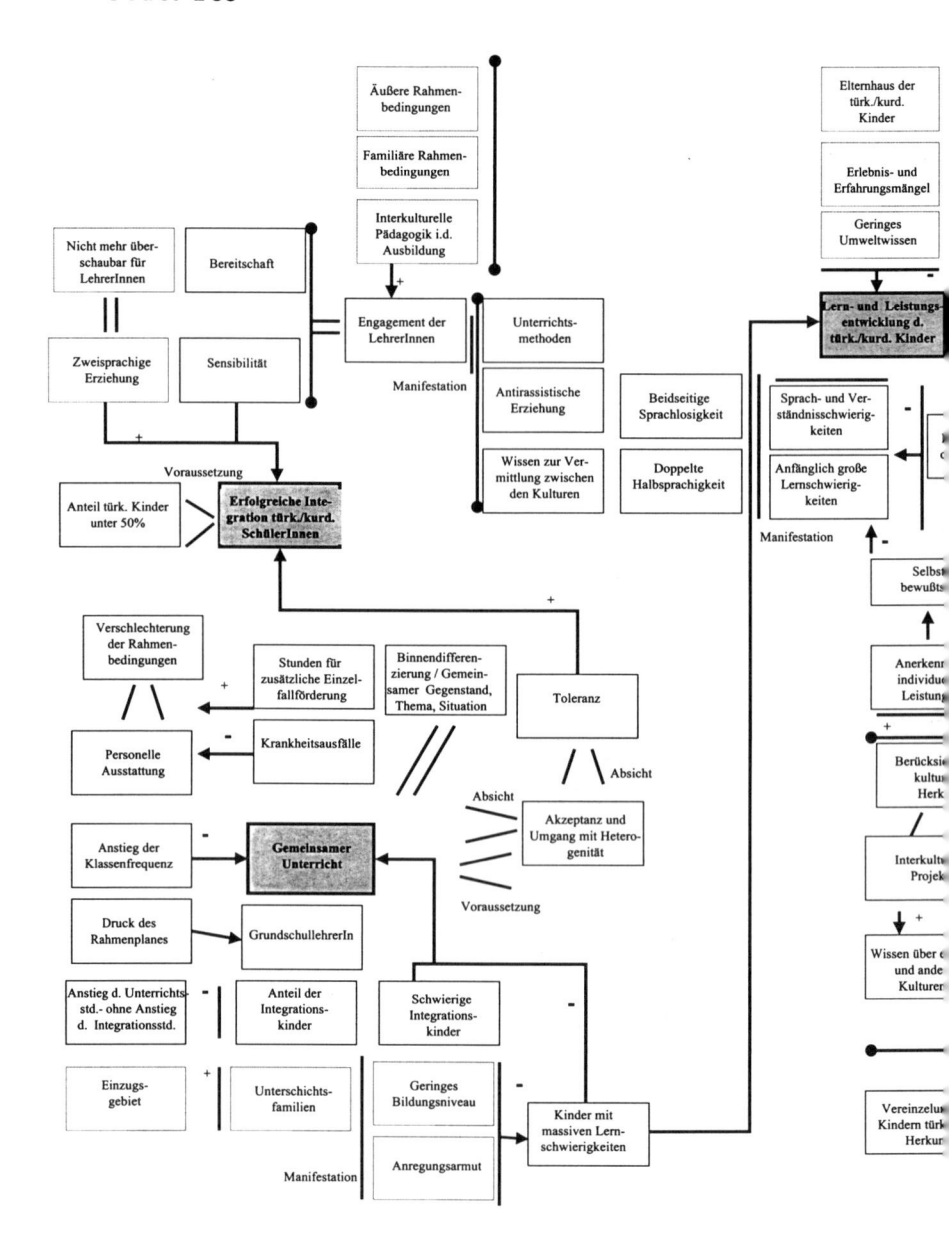

```
                    ┌──────────────┐
                    │ Außerschulische│
                    │ Zusammenkünfte│
                    └──────────────┘
┌─────────┐  ┌──────────────┐  ┌──────────────┐  ┌──────────────┐
│unikation│  │Zusammenarbeit│  │Verständigungs-│  │Mitarbeit mutter-│ +
│ischen   │  │mit Eltern türk./│ │probleme      │  │sprachlicher   │
│LehrerInnen│ │kurd. Kinder │  │              │  │KollegInnen    │
└─────────┘  └──────────────┘  └──────────────┘  └──────────────┘
```

\ / Voraussetzung

```
┌─────────┐     ┌──────────────┐
│eziehung bei│ = │Großes Engage-│
│'rojekten │     │ment bei      │
│         │     │türk./kurd. Eltern│
└─────────┘     └──────────────┘
```

```
┌──────────┐ ┌──────────┐ ┌──────────┐ ┌──────────────┐ +  ┌──────────────┐
│Wiederholende│ │Anschauliche│ │Detaillierte│ │Klare Formu-  │    │Reduktion     │
│Erklärungen│ │Erklärungen│ │Wiederholungen│ │lierungen von Ar-│    │verbaler Anteile│
│          │ │          │ │          │ │beitsanweisungen│    │im Unterricht │
└──────────┘ └──────────┘ └──────────┘ └──────────────┘    └──────────────┘

                                                    ┌──────────────┐
                                                    │Deutsche Tisch-│
                                                    │nachbarn      │
                                                    └──────────────┘

                                                    ┌──────────────┐
                                                    │Erlernen von  │
                                                    │Strategien wie│
                                                    │Fragen + Melden│
                                                    └──────────────┘

              ┌──────────────┐  ┌──────────────┐  ┌──────────────┐
              │Anregungen für│  │Angebot nicht │  │Zweitsprach-  │
              │die eigene Unter-│ │ausreichend  │  │förderkurse   │
              │richtsgestaltung│ │              │  │              │
              └──────────────┘  └──────────────┘  └──────────────┘
                                                        ↓ +
                                                    ┌──────────────┐
              ┌──────────────┐  ┌──────────────┐    │Kinder mit    │
              │Berücksichtigung│ │Erwerb von Kennt-│ │größten Schwierig-│
              │der Muttersprache│ │nissen über kult.│ │keiten        │
              │              │  │Hintergrund   │    │              │
              └──────────────┘  └──────────────┘    └──────────────┘
```

```
┌─────────┐ ┌──────────────┐ ┌──────────────┐
│ikenntnisse│ │Freiwilliges Angebot│ │Bei SchülerInnen│
│der      │ │Türkisch für  │ │              │
│erlnnen  │ │alle Kinder   │ │              │
└─────────┘ └──────────────┘ └──────────────┘

┌─────────┐ ┌──────────────┐ ┌──────────────┐
│nfinden der│ │Positive Resonanz│ │Bei LehrerInnen│
│leme mit │ │bei allen Kindern│ │              │
│oracherwerb│ │              │ │              │
└─────────┘ └──────────────┘ └──────────────┘

┌─────────┐ ┌──────────────┐
│schätzung│ │Türkischsprachige│
│         │ │Kinder erleben │
│robleme  │ │sich kompetent │
└─────────┘ └──────────────┘

┌──────────┐
│Orientierung für│            Strukturabbildung: Subjektive Theorie Code „Tee"
│türk./kurd. Kinder│
└──────────┘
```

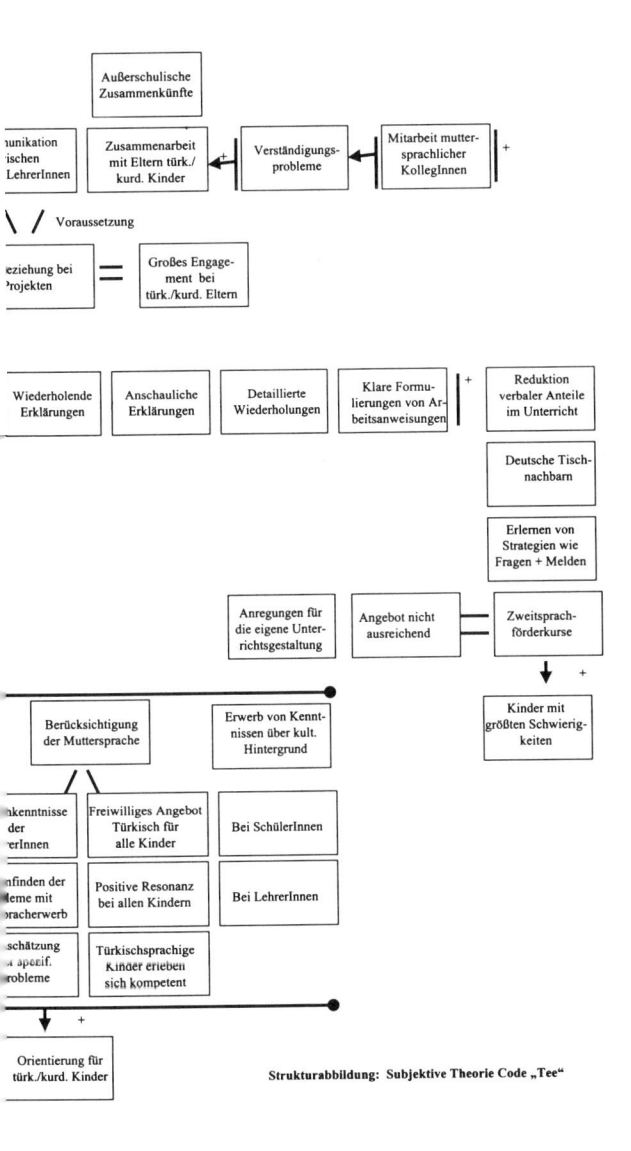

VI. Code: Tuba

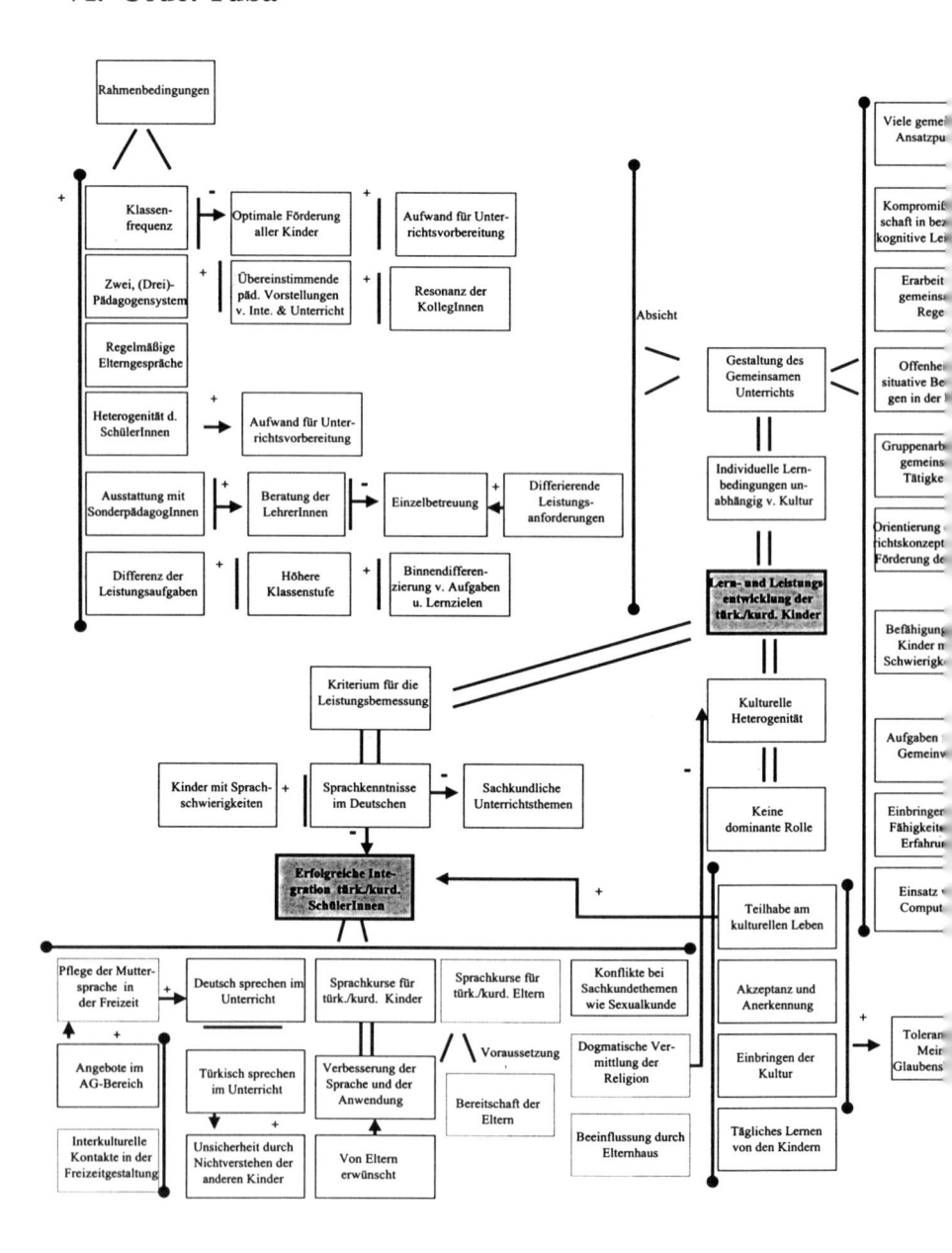

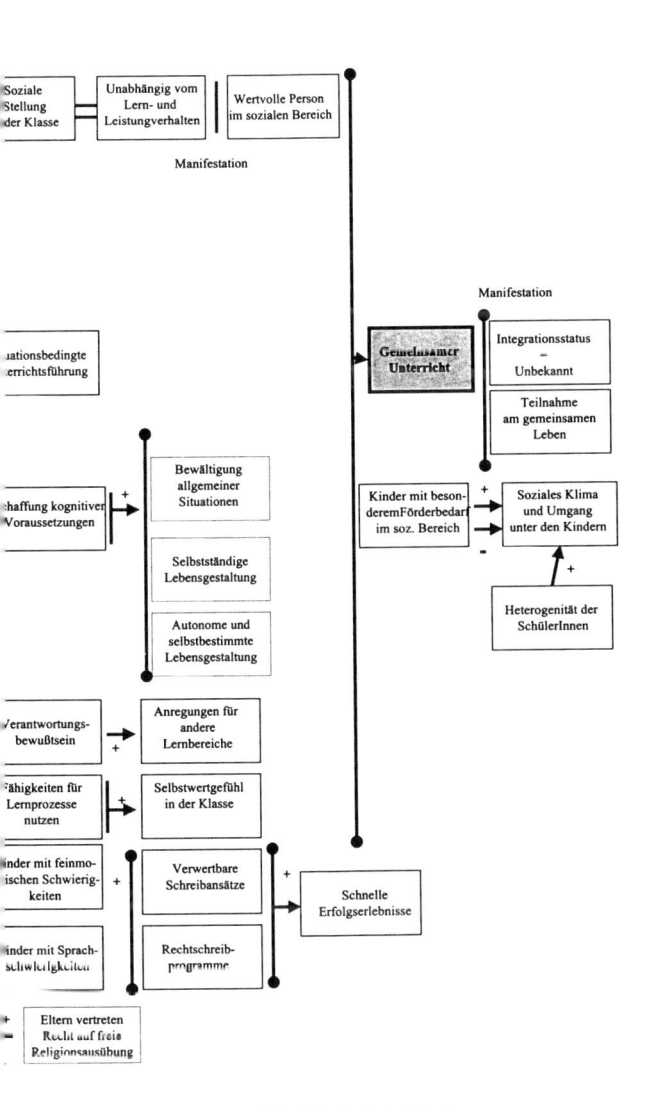

Strukturabbildung: Subjektive Theorie Code „Tuba"

- Soziale Stellung der Klasse
- Unabhängig vom Lern- und Leistungverhalten
- Wertvolle Person im sozialen Bereich

Manifestation

- ationsbedingte errichtsführung

Manifestation

- Gemeinsamer Unterricht
- Integrationsstatus – Unbekannt
- Teilnahme am gemeinsamen Leben

- haffung kognitiver Voraussetzungen +→ Bewältigung allgemeiner Situationen
- Selbstständige Lebensgestaltung
- Autonome und selbstbestimmte Lebensgestaltung

- Kinder mit besonderem Förderbedarf im soz. Bereich +→ Soziales Klima und Umgang unter den Kindern
- –
- Heterogenität der SchülerInnen +→

- erantwortungsbewußtsein +→ Anregungen für andere Lernbereiche
- ähigkeiten für Lernprozesse nutzen +→ Selbstwertgefühl in der Klasse
- inder mit feinmotorischen Schwierigkeiten +→ Verwertbare Schreibansätze +→ Schnelle Erfolgserlebnisse
- inder mit Sprachschwierigkeiten → Rechtschreibprogramme

+ = Eltern vertreten
− = Recht auf freie Religionsausübung

VII. Code: Blau

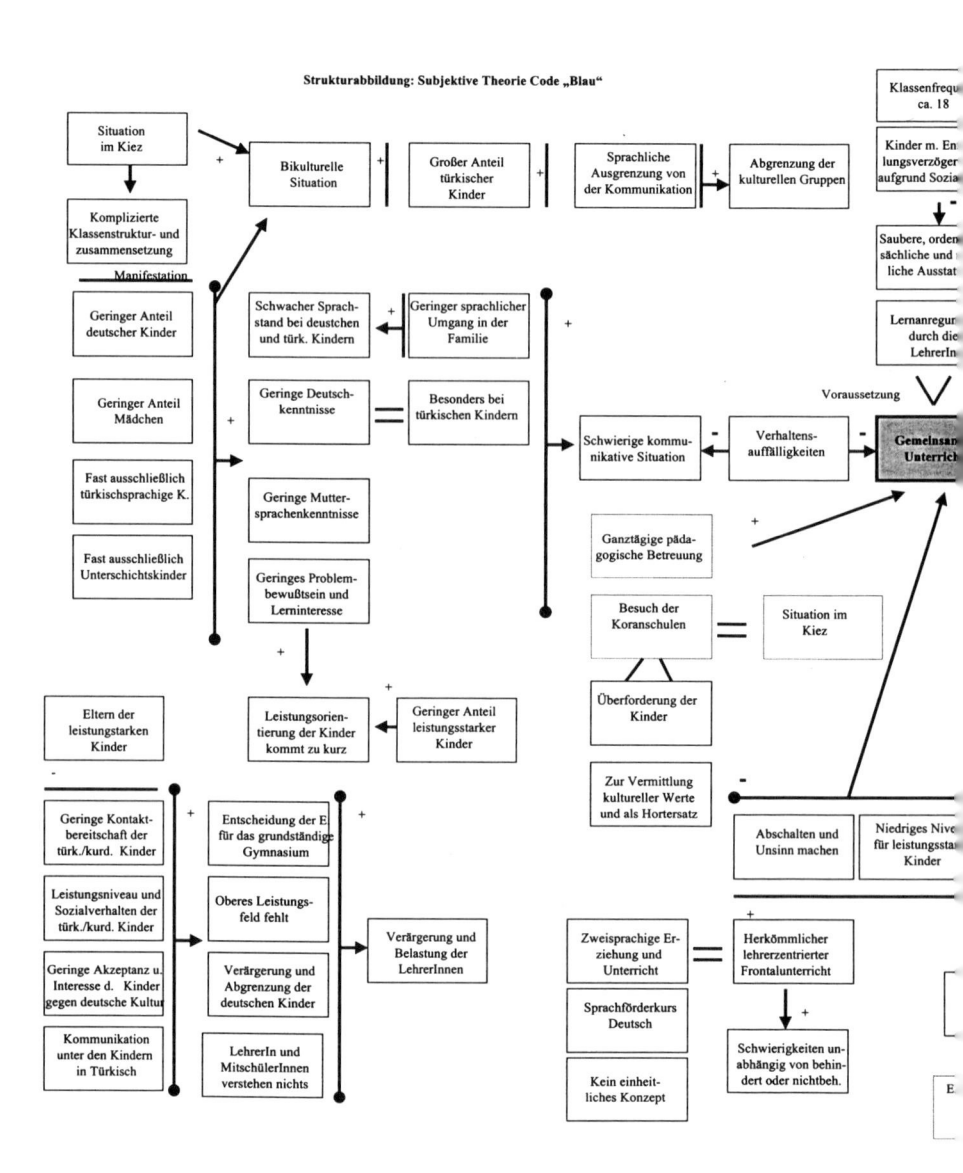

Strukturabbildung: Subjektive Theorie Code „Blau"

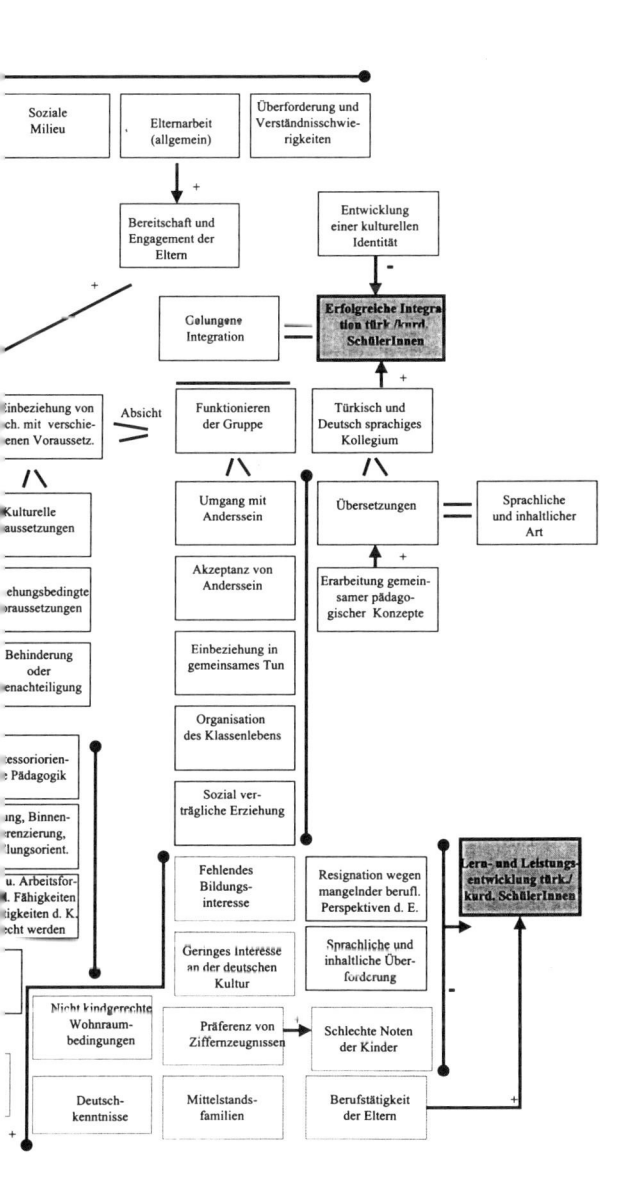

| Soziale Milieu | Elternarbeit (allgemein) | Überforderung und Verständnisschwierigkeiten |

Bereitschaft und Engagement der Eltern

Entwicklung einer kulturellen Identität

Gelungene Integration

Erfolgreiche Integration türk./kurd. SchülerInnen

Einbeziehung von ch. mit verschiedenen Voraussetz. — Absicht — Funktionieren der Gruppe

Türkisch und Deutsch sprachiges Kollegium

Kulturelle aussetzungen

Umgang mit Anderssein

Übersetzungen

Sprachliche und inhaltlicher Art

ehungsbedingte raussetzungen

Akzeptanz von Anderssein

Erarbeitung gemeinsamer pädagogischer Konzepte

Behinderung oder enachteiligung

Einbeziehung in gemeinsames Tun

essoriorientie Pädagogik

Organisation des Klassenlebens

ung, Binnenrenzierung, lungsorient.

Sozial verträgliche Erziehung

u. Arbeitsfor-l. Fähigkeiten tigkeiten d. K. echt werden

Fehlendes Bildungsinteresse

Resignation wegen mangelnder berufl. Perspektiven d. E.

Lern- und Leistungsentwicklung türk./kurd. SchülerInnen

Geringes Interesse an der deutschen Kultur

Sprachliche und inhaltliche Überforderung

Nicht kindgerechte Wohnraumbedingungen

Präferenz von Ziffernzeugnissen

Schlechte Noten der Kinder

Deutschkenntnisse

Mittelstandsfamilien

Berufstätigkeit der Eltern

VIII. Code: Ira

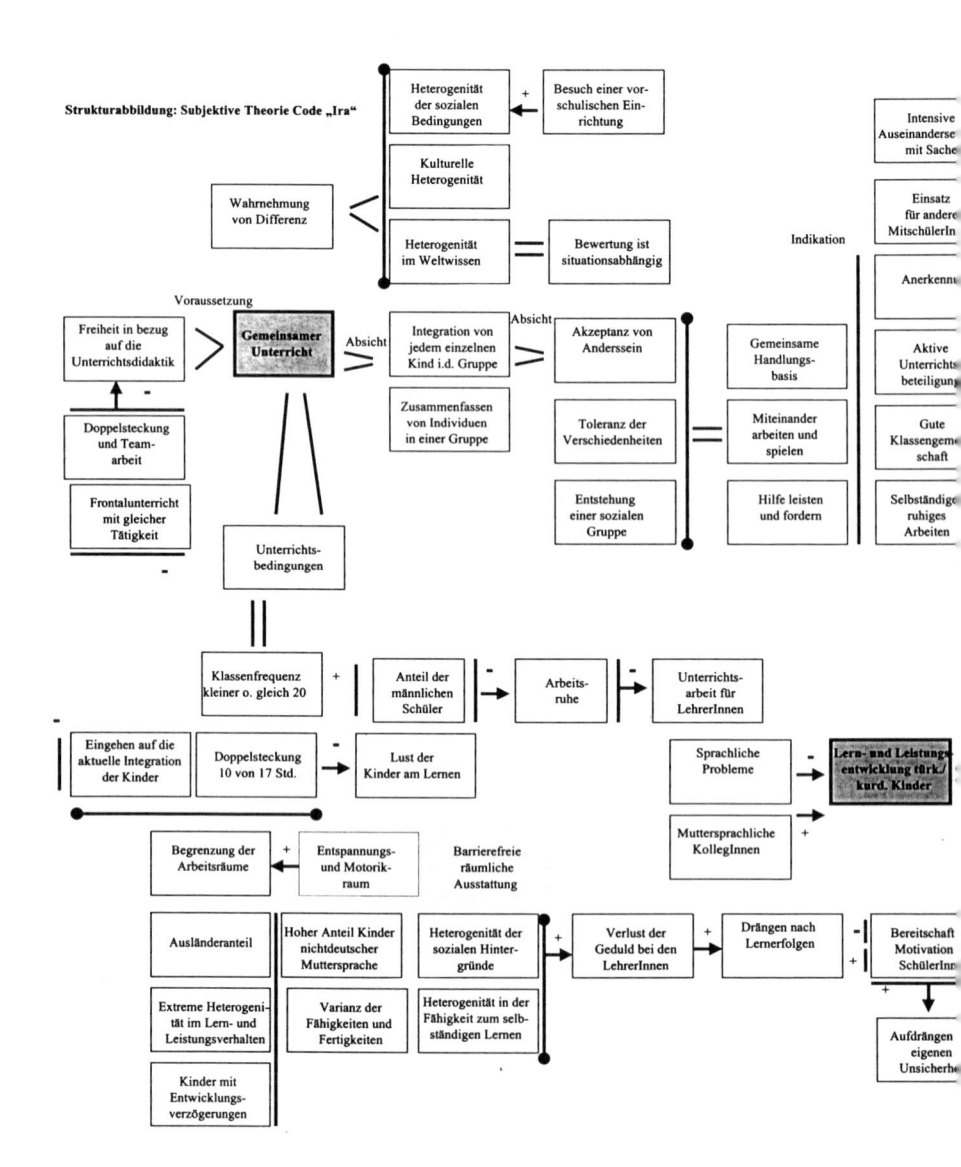

Strukturabbildung: Subjektive Theorie Code „Ira"

- Wahrnehmung von Differenz
  - Heterogenität der sozialen Bedingungen + Besuch einer vorschulischen Einrichtung
  - Kulturelle Heterogenität
  - Heterogenität im Weltwissen = Bewertung ist situationsabhängig

- Voraussetzung
  - Freiheit in bezug auf die Unterrichtsdidaktik
  - Doppelsteckung und Teamarbeit
  - Frontalunterricht mit gleicher Tätigkeit

- **Gemeinsamer Unterricht** → Absicht
  - Integration von jedem einzelnen Kind i.d. Gruppe → Absicht → Akzeptanz von Anderssein
  - Zusammenfassen von Individuen in einer Gruppe → Toleranz der Verschiedenheiten
  - Entstehung einer sozialen Gruppe

- Indikation
  - Gemeinsame Handlungsbasis
  - Miteinander arbeiten und spielen
  - Hilfe leisten und fordern

- Intensive Auseinandersetzung mit Sache
- Einsatz für andere MitschülerIn
- Anerkennung
- Aktive Unterrichtsbeteiligung
- Gute Klassengemeinschaft
- Selbständiges ruhiges Arbeiten

- Unterrichtsbedingungen
  - Klassenfrequenz kleiner o. gleich 20 + Anteil der männlichen Schüler − Arbeitsruhe − Unterrichtsarbeit für LehrerInnen
  - Eingehen auf die aktuelle Integration der Kinder
  - Doppelsteckung 10 von 17 Std. − Lust der Kinder am Lernen
  - Sprachliche Probleme − **Lern- und Leistungsentwicklung türk./kurd. Kinder**
  - Muttersprachliche KollegInnen +
  - Begrenzung der Arbeitsräume + Entspannungs- und Motorikraum ← Barrierefreie räumliche Ausstattung
  - Ausländeranteil, Hoher Anteil Kinder nichtdeutscher Muttersprache, Heterogenität der sozialen Hintergründe + Verlust der Geduld bei den LehrerInnen + Drängen nach Lernerfolgen − Bereitschaft Motivation SchülerInnen
  - Extreme Heterogenität im Lern- und Leistungsverhalten, Varianz der Fähigkeiten und Fertigkeiten, Heterogenität in der Fähigkeit zum selbständigen Lernen
  - Aufdrängen eigenen Unsicherheit
  - Kinder mit Entwicklungsverzögerungen

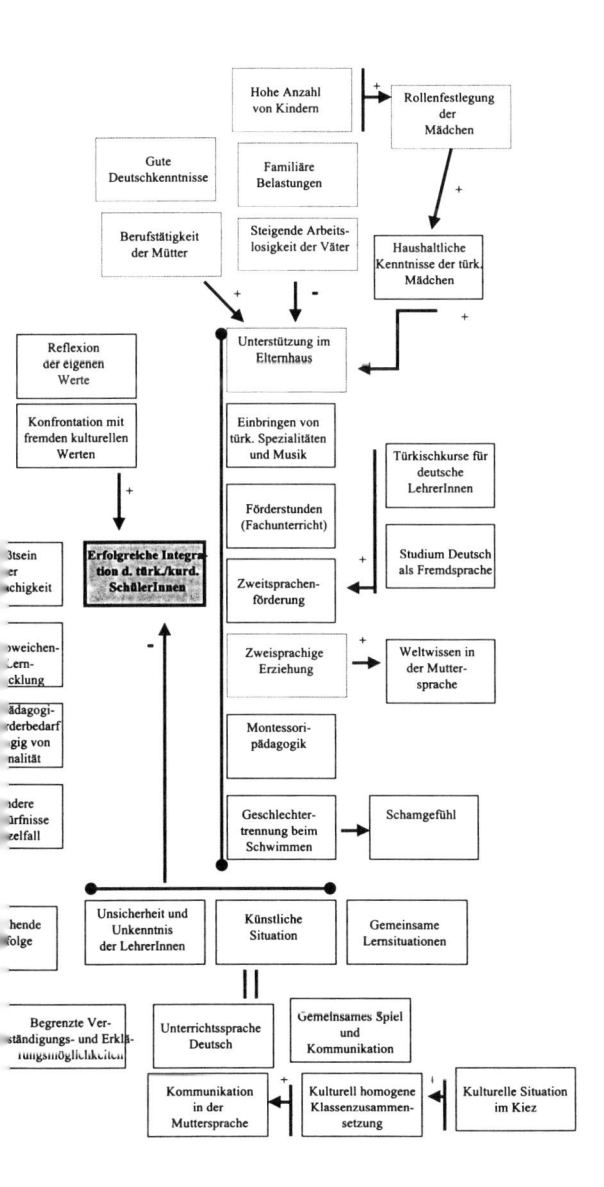

```
                    ┌─────────────┐  +  ┌─────────────┐
                    │ Hohe Anzahl │────▶│Rollenfestlegung│
                    │von Kindern  │     │     der      │
                    └─────────────┘     │   Mädchen    │
   ┌──────────────┐                     └──────┬───────┘
   │    Gute      │   ┌─────────────┐          │
   │Deutschkenntnisse│ │  Familiäre  │          │ +
   └──────────────┘   │ Belastungen │          ▼
                      └─────────────┘  ┌──────────────┐
   ┌──────────────┐   ┌─────────────┐  │ Haushaltliche│
   │Berufstätigkeit│   │Steigende Arbeits-│ │Kenntnisse der türk.│
   │  der Mütter  │   │losigkeit der Väter│ │   Mädchen    │
   └──────┬───────┘   └──────┬──────┘  └──────────────┘
          │  +              │  -                  +
          ▼                 ▼                     │
┌────────────┐    ┌──────────────┐◀───────────────┘
│ Reflexion  │    │Unterstützung im│
│der eigenen │    │  Elternhaus  │
│   Werte    │    └──────────────┘
└────────────┘    ┌──────────────┐
┌────────────┐    │Einbringen von│
│Konfrontation mit│ │türk. Spezialitäten│
│fremden kulturellen│ │  und Musik  │  ┌──────────────┐
│   Werten   │    └──────────────┘   │Türkischkurse für│
└──────┬─────┘                        │   deutsche   │
       │+       ┌──────────────┐     │  LehrerInnen │
       │        │ Förderstunden│     └──────────────┘
       ▼        │(Fachunterricht)│
┌────────────┐  └──────────────┘     ┌──────────────┐
│Erfolgreiche Integra-│                │Studium Deutsch│
│tion d. türk./kurd.│◀──┐  +          │als Fremdsprache│
│  SchülerInnen │     │  ┌──────────────┐  └──────────────┘
└──────┬─────┘       │  │Zweitsprachen-│
       ▲              │  │  förderung   │
       │ -            │  └──────────────┘
       │              │  ┌──────────────┐ +  ┌──────────────┐
       │              │  │ Zweisprachige│───▶│Weltwissen in │
       │              │  │  Erziehung   │    │der Mutter-   │
       │              │  └──────────────┘    │   sprache    │
       │              │  ┌──────────────┐    └──────────────┘
       │              │  │ Montessori-  │
       │              │  │  pädagogik   │
       │              │  └──────────────┘
       │              │  ┌──────────────┐    ┌──────────────┐
       │              │  │Geschlechter- │───▶│ Schamgefühl  │
       │              │  │trennung beim │    └──────────────┘
       │              │  │  Schwimmen   │
       │              │  └──────────────┘
       │    ┌──────────────┐ ┌─────────┐ ┌──────────────┐
       │    │Unsicherheit und│ │Künstliche│ │  Gemeinsame  │
       │    │  Unkenntnis  │ │Situation│ │Lernsituationen│
       │    │der LehrerInnen│ └─────────┘ └──────────────┘
       │    └──────────────┘
       │         ║
┌──────────┐ ┌──────────────┐ ┌──────────────┐
│Begrenzte Ver-│ │Unterrichtssprache│ │Gemeinsames Spiel│
│ständigungs- und Erklä-│ │   Deutsch    │ │      und     │
│rungsmöglichkeiten│ └──────────────┘ │ Kommunikation │
└──────────┘                          └──────────────┘
            ┌──────────────┐ ┌──────────────┐ ┌──────────────┐
            │Kommunikation │ │Kulturell homogene│◀│Kulturelle Situation│
            │    in der    │+│Klassenzusammen-│ │   im Kiez    │
            │ Muttersprache│ │   setzung    │ └──────────────┘
            └──────────────┘ └──────────────┘
```

311